Die Arbeit mit D.U. – DeutschUnterricht

W0224125

Hilfreiche Kästen in den Kapiteln

Das müssen Sie wissen

Wissen

Hier finden Sie Regeln, z. B. für die Rechtschreibung.

Das müssen Sie können

Methode

Diese Kästen erklären Ihnen, wie Sie eine Arbeitstechnik anwenden.

Das wissen Sie bereits

Grundwissen

Hier wird bereits Gelerntes kurz zusammengefasst.

Verweise

Manchmal finden Sie Pfeile. Folgt nur eine Seitenzahl (z. B. → S. 12), bedeutet das, dass auf dieser Seite im Schulbuch weitere Hilfen zur Bearbeitung der Aufgabe stehen oder Sie dort etwas nachlesen können. Sehen Sie neben der Seitenzahl die Abkürzung AH, ist das ein Verweis auf passende Seiten im Arbeitsheft.

Hilfen im Anhang

Damit Sie einzelne Tipps und Arbeitstechniken schnell finden und in allen Kapiteln nutzen können, sind diese im Anhang (→ S. 252 ff.) noch einmal übersichtlich zusammengestellt.

Der Anhang von D.U. bietet Ihnen die Möglichkeit, genau auf diejenigen Hilfen zurückzugreifen, die zu Ihrer Arbeitsweise passen und die Ihnen dabei helfen, Ihren persönlichen Lernweg zu gehen.

- Der Anhang ist gegliedert nach den übergeordneten Bereichen **Sprechen und Zuhören**, **Schreiben**, **Lesen – mit Texten und Medien umgehen** und **Sprache und Sprachgebrauch untersuchen und reflektieren**.
- Am Anfang jedes Lernbereichs finden Sie eine Übersicht, was Sie im vorherigen Schuljahr schon gelernt haben. Über den Mediencode daneben können Sie das Grundwissen aufrufen.
- Kurze Einleitungstexte vor den Kästen beschreiben, in welchen Situationen Sie die Hinweise jeweils nutzen können.
- Zu welcher Fähigkeit („Kompetenz“) Sie jeweils einen Tipp erhalten, steht in der Randspalte neben den Kästen. Hier finden Sie auch Hinweise zu den Seiten im Buch, auf denen die Inhalte der Kästen eingeführt und geübt werden.
- Auf den Seiten 288 f. finden Sie konkrete Hilfen zu Aufgaben, die auf den Lernseiten mit → Hilfe in der Randspalte gekennzeichnet sind.

D.U.

DeutschUnterricht

10

Bayern

C.C.Buchner

D.U.

DeutschUnterricht

Bayern

Herausgegeben von Thorsten Zimmer

D.U. 10

Bearbeitet von Alena Ebben, Ute Egloffstein, Gunter Fuchs, Lisa Gaier, Cora Gierse, Bettina Harnischmacher, Ingo Köhne, Stefanie Mauder, Stefan Rauwolf, Lukas Reif, Maria Silbernagl, Elisabeth Thiede-Kumher, Tanja Trumm, Beate Wolfsteiner und Thorsten Zimmer

Zu diesem Lehrwerk sind erhältlich:
- Arbeitsheft 10, ISBN 978-3-661-11050-9
- Digitales Lehrermaterial **click & teach** Einzellizenz, Bestell-Nr. 110601
- Digitales Lehrermaterial **click & teach** Box (Karte mit Freischaltcode), ISBN 978-3-661-11160-5

Weitere Materialien finden Sie unter www.ccbuchner.de.

Dieser Titel ist auch als digitale Ausgabe **click & study** unter www.ccbuchner.de erhältlich.

1. Auflage, 1. Druck 2022
Alle Drucke dieser Auflage sind, weil untereinander unverändert, nebeneinander benutzbar.

Dieses Werk folgt der reformierten Rechtschreibung und Zeichensetzung. Ausnahmen bilden Texte, bei denen künstlerische, philologische oder lizenzrechtliche Gründe einer Änderung entgegenstehen.

Die enthaltenen Links verweisen auf digitale Inhalte, die der Verlag bei verlagsseitigen Angeboten in eigener Verantwortung zur Verfügung stellt. Links auf Angebote Dritter wurden nach den gleichen Qualitätskriterien wie die verlagsseitigen Angebote ausgewählt und bei Erstellung des Lehrmittels sorgfältig geprüft. Für spätere Änderungen der verknüpften Inhalte kann keine Verantwortung übernommen werden.

Redaktion: Marie-Therese Muswieck
Layout und Satz: tiff.any GmbH & Co. KG, Berlin
Illustrationen: tiff.any GmbH & Co. KG, Berlin
Umschlag: mgo360 GmbH & Co. KG, Bamberg
Druck und Bindung: Firmengruppe Appl, aprinta Druck, Wemding

www.ccbuchner.de

ISBN 978-3-661-**11040**-0

Inhaltsverzeichnis

1 Wenn ich „groß“ bin ...

Kommunikation untersuchen und konstruktiv miteinander sprechen

2 Wa(h)re Schönheit?!

Anspruchsvolle Texte verstehen, analysieren, vergleichen und bewerten

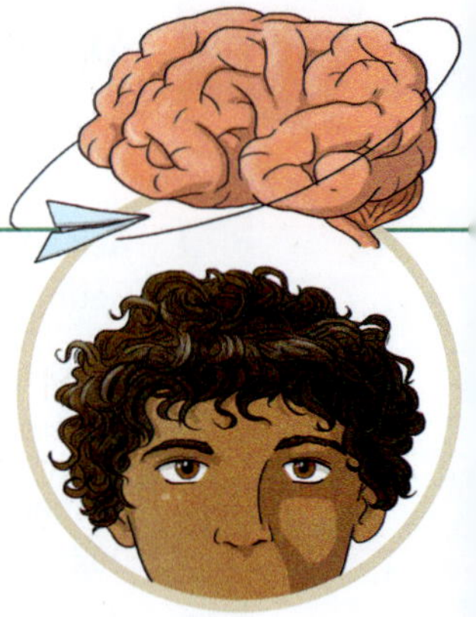

3 Hirndoping!?

Materialgestützt informieren

4 Wie wollen wir leben?

Argumentieren in Erörterung und Essay

5 Sapere aude!

Die Ideen der Aufklärung erarbeiten

6 Das Ich und das Fremde

Erzählende Texte erschließen

7 Vielleicht aber kommt es auf uns an

Politische Gedichte und Zeitgedichte lesen und erschließen

8 Ich allein in seinen Händen?

Einen dramatischen Text interpretieren

9 Literatur.Weiter.Denken.

Sich mit Literaturproduktion und -rezeption auseinandersetzen

10 Stil, sicher?

Über Textgestaltung nachdenken

11 Richtig schreiben? – Eine interessante Geschichte

Ausgewählte Phänomene der Rechtschreibung üben

A Anhang

Übersicht über die Mediencodes

Verwendung

Bitte geben Sie den gewünschten Mediencode in die Suchmaske auf www.ccbuchner.de/medien ein.

Suche:
Mediencode

1 Wenn ich „groß“ bin …

Kommunikation untersuchen und konstruktiv miteinander sprechen

1 Sehen Sie sich die Bilder und die Aussagen an. Überlegen Sie, in welchen Situationen solche Sätze fallen. Machen Sie sich Notizen dazu.

2 Vergleichen Sie zu zweit Ihre Notizen. Diskutieren Sie anschließend über die Auswirkungen solcher Aussagen in der Klasse.

3 Überlegen Sie sich mögliche Reaktionen auf die Aussagen von Menschen, die den Beruf tatsächlich ausüben. Formulieren Sie zwei Reaktionen pro Aussage und tragen Sie sie auf unterschiedliche Weise vor.

4 Besprechen Sie die vorgetragenen Reaktionen in der Klasse. Gehen Sie auf den Inhalt, den Ausdruck sowie auf die Absicht ein, die Sie hinter den Aussagen erkennen können.

5 Notieren Sie sich Gedanken zu eigenen Berufswünschen: Welche Kriterien sind Ihnen dabei wichtig, welche weniger? Erläutern Sie Ihre Gedanken dann in der Klasse.

Was wissen Sie noch? Test unter: 11040-01

„Ärzte bewundere ich sehr. Sie haben so viel Verantwortung und müssen wichtige Entscheidungen treffen, oft wirklich über Leben und Tod. Es ist völlig berechtigt, dass sie so gut verdienen."

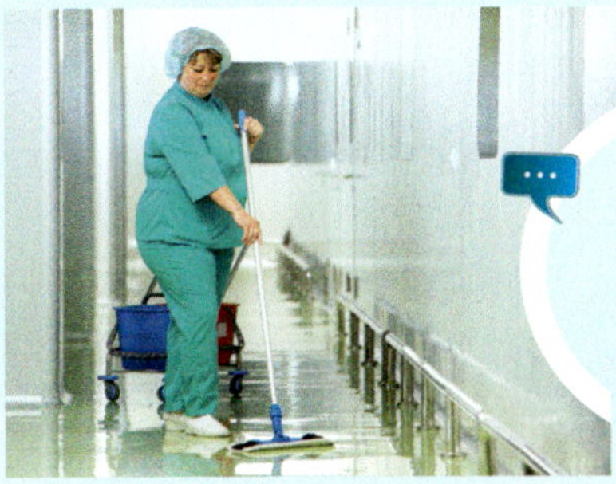

„Mit so einem Notenschnitt kannst du vielleicht noch Putzfrau im Supermarkt werden."

„Die Müllabfuhr habe ich zum ersten Mal richtig bemerkt, als sie gestreikt hat. Da wurde eine Woche kein Müll abgeholt, das war widerlich."

„Ein Freund möchte beruflich zur Feuerwehr gehen. Er ist schon Jahre lang bei der freiwilligen Feuerwehr und will sich jetzt ausbilden lassen. Ich glaube, er mag den Nervenkitzel. Die ständige Bereitschaft wäre nichts für mich."

„Dürfen Vertreter eigentlich noch an der Haustür klingeln? Bei uns war gestern jemand, der uns einen Staubsauger aufschwatzen wollte. Ist das nicht eigentlich verboten?"

Nach neun Jahren endet in Deutschland die Pflichtschulzeit; die spätere Berufswahl wird also ein immer wichtigeres Thema. Mit Abitur in der Tasche stehen Ihnen alle Möglichkeiten offen, da ist es gar nicht leicht, eine Entscheidung zu treffen. Eigene Anliegen formulieren, zuhören, auf andere eingehen und fair kommunizieren sind Fähigkeiten, die in jedem Berufsbild gefragt sind. In diesem Kapitel lernen und trainieren Sie deswegen, ...

... gelingende und misslingende Kommunikation zu untersuchen,
... die vier Aspekte der Kommunikation zu deuten,
... Körpersprache und Sprechweise richtig zu deuten und zur Unterstützung des Gesagten einzusetzen,
... Notizen und Mitschriften zu Gesprächen anzufertigen,
... eine Debatte zu planen, durchzuführen und auszuwerten.

1

Ach wirklich?

Gelingende und misslingende Kommunikation untersuchen

1 Notieren Sie Stellen, an denen das Gespräch im Pausenhof misslingt.

Lena: „Habt ihr gehört? Anna will nach der Zehnten aufhören und eine Ausbildung zur Kosmetikerin machen."

Tim: „Wieso sagst du das so spöttisch?"

Lena: „Kosmetikerin? Toller Beruf, da hast du echte Aufstiegschancen."

Tim: „Meine Güte, nur weil du Medizin studieren willst, urteilst du so über andere."

Noah: „Ach komm, Tim, tu doch nicht so. Der Plan ist Mist. Oder kannst du dir vorstellen, den ganzen Tag Beine zu waxen?"

Tim: „Ach, lass mich doch!"

Enya: „Jetzt beruhigen wir uns mal. Wir wollen doch alle nur das Beste für Anna, kein Grund sich aufzuregen."

Lena: „Ach ja, Enya, die große Friedensstifterin."

Enya: „Besser Friedensstifterin als arrogante Pute! Du weißt ganz genau, dass du es nicht lassen kannst, dich immer in das Leben von allen anderen einzumischen. Und dabei weißt du immer alles besser. "

Lena: „Ist das so? Vielleicht bin ich einfach nur nicht so angepasst wie du. Ich sage jedenfalls nicht toll zu einem Job, bei dem du nicht mal 2000 Euro im Monat verdienen kannst."

Tim: „Geld ist halt auch nicht alles. Es gibt ja schon noch andere Gründe, sich für einen Beruf zu entscheiden."

Lena: „Ja, Ansehen zum Beispiel. Auch ganz toll bei einer Kosmetikerin!"

Enya: „Weißt du was, denk doch, was du willst. Ich habe keine Lust mehr zu diskutieren."

Noah: „Ich auch nicht, komm, Enya, wir gehen!"

2 Gleichen Sie Ihre Notizen aus Aufgabe 1 dann mit folgenden Misslingensfaktoren ab. Ordnen Sie einzelne Gesprächsbeiträge aus Ihren Notizen passend zu:

persönlich werden | autoritär werden | ironisch werden

blockieren | unterbrechen | „totreden" | provozieren usw.

Das wissen Sie bereits

Gelingende und misslingende Kommunikation

Um zu erkennen, wie und warum eine Kommunikation misslingt oder gelingt, ist es hilfreich, zwischen **Sach- und Beziehungsebene** zu unterscheiden. Auf der **Sachebene** werden Inhalte durch Äußerungen vermittelt. Je nachdem, **wie** diese Inhalte vermittelt werden, in welcher Situation sie kommuniziert werden und in welcher Beziehung die Gesprächspartner stehen, kann die sachliche Wahrnehmung des Inhalts durch die mitschwingenden Aussagen auf der **Beziehungsebene** erschwert und blockiert werden. Dies kann dann dazu führen, dass eine negative Reaktion des Empfängers wiederum zu einer negativen Wahrnehmung des Senders führt. Die Kommunikation wird **unsachlich** und persönlich. Ist so eine **Wechselwirkung** erst einmal in Gang gesetzt, ist es schwer, sie zu unterbrechen und das Gespräch wieder in gelingende Bahnen zu lenken. Wie etwas kommuniziert wird, hat also einen Einfluss darauf, ob Kommunikation gelingt. Die Prinzipien der **Themenzentrierten Interaktion** ermöglichen eine faire und rücksichtsvolle Art der Kommunikation (→ S. 21).

3 Untersuchen Sie die notierten Stellen aus den Aufgaben 1 und 2 genauer, indem Sie entsprechende Fachbegriffe aus dem Wissenskasten oben verwenden, und ergänzen Sie Ihre Notizen. Tauschen Sie sich zu zweit über die Ergebnisse aus.

4 Wählen und bearbeiten Sie eine der folgenden Aufgaben zum Gespräch oben.

- Wählen Sie einen der Gesprächsbeiträge aus. Formulieren Sie ihn um, sodass ein gelingendes Gespräch ermöglicht wird.
- Wählen Sie einen der Gesprächsbeiträge aus. Formulieren Sie eine Reaktion darauf, die ein Gelingen des Gesprächs ermöglicht.
- Wählen Sie einen der Gesprächsbeiträge aus. Formulieren Sie eine Antwort darauf, in der Sie aufzeigen, weshalb der Gesprächsbeitrag nicht den Grundlagen der fairen Kommunikation entspricht, und gleichzeitig einen Ausweg aus dem Konflikt anbieten.

5 In der persönlichen Kommunikation spielt auch die Körpersprache eine wichtige Rolle. Sehen Sie sich die Zeichnungen an und notieren Sie, welche Stimmung auf ihnen ausgedrückt wird. Ordnen Sie die Zeichnungen anschließend einzelnen Gesprächsbeiträgen aus Aufgabe 1 zu.

6 Zeigen Sie anhand von drei Beiträgen, wie die Körpersprache zum Misslingen des Beitrags beiträgt. Arbeiten Sie zu zweit, stellen Sie die Körpersprache nach und notieren Sie ihre Wirkung.

7 Anna hat das Gespräch im Pausenhof mit angehört. Arbeiten Sie zu zweit und sprechen Sie diesen Satz auf unterschiedliche Weise: empört, genervt, beleidigt, arrogant. Finden Sie zwei weitere Sprechweisen und üben Sie das Sprechen des Satzes in den unterschiedlichen Stimmungen.

„Ich darf doch selbst entscheiden, was ich mit meinem Leben machen will!"

8 Bilden Sie nun Vierer-Gruppen und sprechen Sie den Satz auf drei unterschiedliche Weisen aus. Die anderen müssen herausfinden, welche Sprechweise gewählt wurde. Notieren Sie stichpunktartig, was die unterschiedlichen Sprechweisen kennzeichnet.

9 Sprechen Sie in den Gruppen auch darüber, welche Berufsvorstellungen Sie haben und was Ihnen bei der späteren Berufswahl wichtig ist. Achten Sie darauf, fair und sachlich zu kommunizieren. Setzen Sie Gestik, Mimik und Tonfall passend zu Ihren Beiträgen ein.

Mir persönlich ist ganz wichtig, …

Ich verstehe deine Argumente, allerdings finde ich …

Du sagtest ja gerade, dass …

Da stimme ich dir völlig / zum Teil / gar nicht zu, denn …

10 Auch Tim möchte nach der Zehnten eine Ausbildung machen und zwar als Koch. Im Gespräch mit Freunden fällt der Satz: „Die meisten Köche verdienen wirklich nicht viel Geld, Tim“. Formulieren Sie zu zweit mindestens zwei mögliche Antworten von Tim.

Das müssen Sie wissen

Das Kommunikationsmodell von Schulz von Thun

Das **Kommunikationsmodell** von Friedemann Schulz von Thun wird auch Vier-Ohren-Modell genannt. Es besagt, dass jede Äußerung vier Botschaften hat:

- **Sachinformation** bezeichnet das eigentliche Thema, über das informiert wird.
- **Selbstkundgabe** bedeutet, dass man durch die Art und Weise, wie man etwas sagt, immer auch etwas über sich selbst aussagt.
- **Beziehungsseite** bedeutet, dass in der Botschaft immer ein Hinweis darauf versteckt ist, wie der Sender die Beziehung zum Empfänger wahrnimmt.
- Als **Appell** bezeichnet man den Teil der Äußerung, der den Empfänger zu einer (sprachlichen) Handlung auffordert.

Im Gespräch hat ein Sender also vier „Schnäbel“ zur Verfügung, mit denen er **sprechen** kann. Der Empfänger wiederum hat vier „Ohren“, mit denen er die Nachricht **hören** kann. Damit ein Gespräch **gelingt**, ist es wichtig, sich diese verschiedenen Sprech- und Wahrnehmungsebenen bewusst zu machen. Viele Konflikte und Missverständnisse entstehen, weil Sender und Empfänger auf verschiedenen Ebenen kommunizieren.

→ Grafik S. 252

11 Ordnen Sie die untenstehenden Antworten auf den Gesprächsbeitrag aus Aufgabe 10 den vier Ebenen nach Schulz von Thun zu und begründen Sie Ihre Entscheidung. Ordnen Sie auch Ihre selbst formulierten Antworten einer der Ebenen zu.

a) „Das ist schon lange mein Traumberuf. Ich mache das auf jeden Fall.“
b) „Ich bin alt genug, das selbst zu entscheiden, da musst du mir nicht reinreden.“
c) „Ja, man verdient nicht so viel, aber mir ist anderes wichtiger, zum Beispiel Menschen einen schönen Abend zu machen.“
d) „Mach dir deswegen keine Sorgen, ich brauche nicht viel.“

12 Formulieren Sie unterschiedliche Antworten auf folgende Gesprächsbeiträge, indem Sie auf mindestens zwei Ebenen reagieren.

a) „Schon klar, dass du später mal die Welt retten willst!“
b) „Geld ist eben nicht alles im Leben.“
c) „Manche haben sich ja mit der Frage, was sie später machen möchten, noch gar nicht beschäftigt.“
d) „Das ist doch ein Bürojob ohne Kontakt zu Menschen.“

13 Entschärfen Sie die sich anbahnenden Konflikte, indem Sie auf der Sachebene antworten. Notieren Sie die Antworten und vergleichen Sie diese in Partnerarbeit.

a) „Ärzte sind nicht zwangsläufig die besseren Menschen!“
b) „Letztes Jahr habe ich auch noch gedacht, dass Geld gar keine Rolle spielt im Leben…“
c) „Eine 60-Stunden-Woche und immerzu erreichbar sein, viel Spaß dabei!“

1

Dieser Punkt ist wirklich wichtig!

Zuhören und Notizen zu Gesprächen anfertigen

1 Sammeln Sie Situationen, in denen Sie sich von Gehörtem Notizen machen. Notieren Sie auch, wozu Sie die Notizen später nutzen können.

Hörtext: 11040-02

→ Hilfe S. 288

2 Hören Sie sich die Informationen zu den veränderten Berufswelten an. Wählen Sie eine der folgenden Aufgaben dazu aus.

- Machen Sie sich Notizen zur Arbeitswelt früher. Nutzen Sie anschließend die Notizen, um darüber einen kurzen informierenden Text zu schreiben.
- Machen Sie sich Notizen darüber, wie sich die Arbeitswelt verändert hat. Anschließend nutzen Sie die Notizen, um darüber einen kurzen informierenden Text zu verfassen.
- Machen Sie sich Notizen über Vor- und Nachteile in der heutigen Arbeitswelt im Vergleich zur früheren. Nutzen Sie die Notizen für eine kurze Stellungnahme zur Frage, ob Sie sich die Arbeitswelt von früher zurückwünschen.

3 Arbeiten Sie in Vierer-Gruppen und reflektieren Sie, wie Sie beim Mitschreiben vorgegangen sind. Gestalten Sie ein Lernplakat zum Thema „Richtig zuhören und effektiv mitschreiben".

Folgende Vorschläge können Ihnen dabei helfen:

vor dem Vortrag Thema klären

auf Schlagwörter achten

vor dem Vortrag Zweck der Notizen klären

während des Vortrags ...

Notizblatt vorbereiten

nach dem Vortrag ...

4 Auch im Klassenzimmer gibt es Situationen, in denen Sie sich zu Gehörtem Notizen machen müssen. Sehen Sie sich folgende Notizen aus der Mitschrift eines Klassengespräches zum Thema „Gestaltung des ersten Halbjahres nach der Schulzeit" an und sortieren Sie gelungene und weniger gelungene Stellen. Begründe Sie die Auswahl mündlich.

Max mal wieder ohne Meinung

Lena: Urlaub, Urlaub, Urlaub!

Vorschlag: Freiwilliges Soziales Jahr – hilfreich für die Gesellschaft und die eigene Horizonterweiterung

Alternative: Praktik. c. Id. v. Jakob mit Hinweis auf ???
wg. Job u. Studium ... auch: finanz. ... ???

Frage immer wieder: Finanzierung?
Gespräch dreht sich im Kreis

Paula: Also im vergangenen Jahr hat mein älterer Bruder Abitur gemacht. Er hatte die Möglichkeit, in einer Zeitungsredaktion zu arbeiten und konnte dann ... ???

5 Wählen Sie ca. fünf Personen aus der Klasse aus, die vorne im Halbkreis ihre Pläne fürs erste Jahr nach der Schule vorstellen und diese diskutieren.
Alle anderen machen sich Notizen während des Gesprächs über die Ideen für die Zeit nach der Schule und über die Gründe, die dafür genannt werden.

6 Nutzen Sie die Notizen aus Aufgabe 5. Arbeiten Sie zu zweit und strukturieren Sie die Notizen so, dass sie das Wichtigste des Gesprächs übersichtlich zusammenfassen.

7 Vergleichen Sie Ihre Zusammenfassungen in Vierer-Gruppen. Sprechen Sie über Gemeinsamkeiten und Unterschiede.

8 Formulieren Sie den für Sie wichtigsten Grundsatz beim Mitschreiben von Gehörtem als Tipp in Ihren Unterlagen.

1

Immer fair bleiben!

Demokratisch diskutieren

1 Soll jeder Jugendliche nach der Schule zu einem Jahr Freiwilligendienst verpflichtet werden? Notieren Sie ein Argument, das dafür, sowie eines, das dagegen spricht.

2 Nutzen Sie Ihre Notizen aus Aufgabe 1 und passen Sie Ihre Formulierungen an die unterschiedlichen Situationen an.

Sie diskutieren die Frage zu Hause beim Abendessen mit Ihrer Familie.

Sie sprechen im Pausenhof mit Freunden darüber.

Sie nehmen an einer Debatte von „Jugend debattiert" teil.

3 Vergleichen Sie Ihre Argumente in Partnerarbeit. Untersuchen Sie, ob die Formulierungen für den gegebenen Kontext und den gegebenen Adressaten angemessen sind.

Das müssen Sie können

So kommunizieren Sie angemessen

Den eigenen Standpunkt **sachlich** und **bestimmt** zu vertreten, ist eine wichtige Fähigkeit im Berufsleben. Eine **faire und demokratische Gesprächskultur** trägt entscheidend zu einem guten Klima bei – auf der Arbeit und in der Gesellschaft. Dabei spielt neben dem Inhalt das **Sprachregister** eine wichtige Rolle. Unter Sprachregister versteht man eine der **Situation**, dem **Kontext** und dem **Adressaten charakteristische Sprechweise**, die durch eine bestimmte Wortwahl oder Satzstrukturen gekennzeichnet ist. Mit Freunden auf dem Pausenhof zum Beispiel spricht man anders als mit der Lehrkraft im Klassenzimmer.

4 Nutzen Sie Ihre Argumente aus den Aufgaben 2 und 3 und spielen Sie in Gruppen zu viert eines der Gespräche kurz durch (max. 4 Min.).

beim Abendessen in der Familie

im Pausenhof mit Freunden

bei einer Debatte von „Jugend debattiert"

5 Tragen Sie einige Gespräche in der Klasse vor. Die Zuhörenden machen sich Notizen zum Inhalt, zur verwendeten Sprache und zu den Strategien des Argumentierens.

Arbeitsblatt: 11040–03

6 Werten Sie Ihre Notizen aus Aufgabe 5 aus. Bearbeiten Sie eine der Aufgaben:

- Wählen Sie ein Argument, das Sie überzeugt hat, und notieren Sie warum.
- Wählen Sie ein sprachliches Beispiel aus, das Sie notiert haben, und begründen Sie, ob es sprachlich gelungen ist oder nicht.
- Wählen Sie eine Strategie, die Sie überzeugt hat, und begründen Sie dies.

Das müssen Sie wissen

Themenzentrierte Interaktion

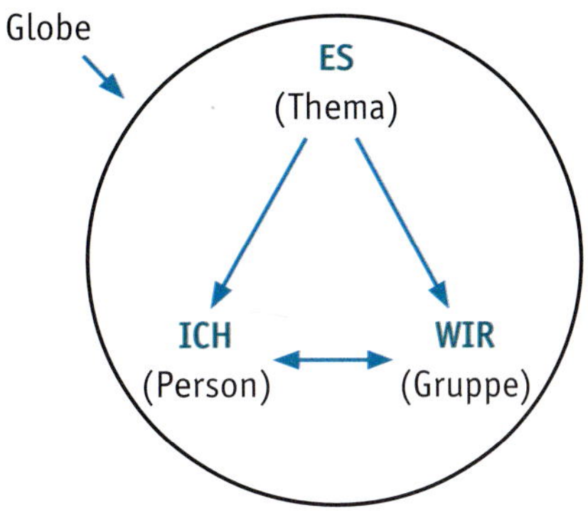

Ursprünglich aus der Pädagogik stammend findet die Themenzentrierte Interaktion nach Ruth Cohn immer mehr auch in der Arbeitswelt Beachtung. Um gut im Team zusammenarbeiten zu können, sollte nicht nur Wert auf das Thema / die Aufgabe, sondern auch auf die einzelnen Teammitglieder und ihre Beziehungen zueinander gelegt werden.

So verhindert man, dass einzelne Teammitglieder sich ausklinken oder abgelenkt werden. Werden Bedürfnisse oder Konflikte ignoriert, beeinträchtigt dies die Zusammenarbeit und das Arbeitsergebnis.

Deswegen ist es sinnvoll, **Teamgespräche** nach den Regeln der TZI zu leiten, die eine **faire** und **rücksichtsvolle** Art der **Kommunikation** sicherstellen will.

Einige dieser Regeln lauten:

- **Ich-Botschaften** senden: Sprechen Sie von „ich", nicht von „wir" oder „man". Vermeiden Sie es, andere zu interpretieren, sondern sprechen Sie von der Reaktion, die etwas bei Ihnen persönlich auslöst.
- **Verallgemeinerungen vermeiden**
- Andere **ausreden lassen**.
- **Fragen** stellen und erklären, warum diese für Sie wichtig sind
- **nacheinander sprechen**
- **Seitengespräche** ernst nehmen und klären

7 Nicht nur in persönlichen Gesprächen sollte fair miteinander umgegangen werden, sondern auch in digitalen Umgebungen wie sozialen Netzwerken. Formulieren Sie einen möglichen Kommentar zu diesen Aussagen, der der TZI entspricht.

Couch_Potatoe01 Ein Jahr Freiwilligendienst? Bist du bescheuert?!
Oh_oh @Couch_Potatoe01 Ist ja klar, dass du als totaler Egoist so denkst. Immer dasselbe mit euch faulen Leuten.

1

Damit setzen wir uns genau auseinander!

Eine Debatte planen, durchführen und auswerten

1 Ergänzen Sie den folgenden Satz: *Fair und sachgerecht zu kommunizieren, heißt für mich …*

Arbeitsblatt: 11040–04

2 Vergleichen Sie nun die TZI mit den Regeln der Debatte: Notieren Sie Gemeinsamkeiten und Unterschiede und besprechen Sie diese in der Klasse.

Das können Sie bereits

Debatte

Eine Debatte ist ein **Streitgespräch**, bei dem eine **Entscheidungsfrage** nach festen Regeln diskutiert wird. Ziel einer Debatte ist es nicht, einen Konsens zu finden, sondern eine strittige Frage in der Pro- und in der Kontra-Position auszuleuchten und mit **Argumenten zu überzeugen**.
Die Teilnehmer an einer Debatte müssen sich **präzise ausdrücken**, um den eigenen Standpunkt **sachlich** zu **vertreten**, außerdem müssen sie **fair** auf die Argumente der Gegenseite **eingehen**. Eine auf allen Ebenen (d. h. Inhalt, Ausdruck, Körpersprache, Sprechweise) **angemessene Kommunikation** ist unerlässlich für einen guten Debattenverlauf.

Link: 11040–05

3 Sehen Sie sich einen Teil des letzten Bundesfinales von „Jugend debattiert" an und notieren Sie sprachliche Formulierungen, die die Gliederung der mündlichen Argumentation deutlich machen, um sie später selbst anzuwenden.

4 Wählen Sie eine der folgenden Debattenfragen aus. Finden Sie je zwei zustimmende und zwei ablehnende Argumente und notieren Sie sie mit einer überzeugenden Begründung.

1. Soll ab Klasse 9 für jede Jahrgangsstufe ein verpflichtendes Praktikum zur Berufsorientierung eingeführt werden?
2. Soll Firmen, die Arbeitskräfte suchen, gestattet werden, Zehntklässler für eine Ausbildung aus der Schule abzuwerben?

5 Diejenigen, die das gleiche Thema gewählt haben, gehen in Gruppen zu viert zusammen. Die Gruppen werden der Pro- oder der Kontra-Seite zugelost. Bereiten Sie Argumente für Ihre Position gemeinsam vor, indem Sie stichhaltige Begründungen formulieren, aber auch Gegenargumente vorwegnehmen (→ S. 80).

6 Arbeiten Sie in der gleichen Gruppe weiter. Wenden Sie sich nun der angemessenen Wortwahl, der Sprechweise und einem angemessenen Körperausdruck zu. Machen Sie sich bei einzelnen Argumenten dazu Notizen.

7 Üben Sie in der gleichen Gruppe einen kurzen Ausschnitt aus der Debatte, indem jemand ein Argument anbringt und jemand anderes darauf reagiert. Die anderen beiden geben Feedback darauf.

8 Entsenden Sie aus Ihrer Gruppe eine Person, die im Plenum an der Debatte teilnimmt. Die übrigen machen sich arbeitsteilig Notizen zu folgenden Aspekten:

- *Inhalt: überzeugend? Gegenargumente?*
- *Wortwahl und argumentative Strategien: angemessen und überzeugend?*
- *Körpersprache: Mimik, Gestik und Tonfall angemessen und überzeugend?*
- *Grundlagen fairer Kommunikation: Regeln der TZI?*

9 Gehen Sie genauso für das zweite Thema vor. Werten Sie auch diese Debatte anschließend im Plenum aus. Sprechen Sie vor allem auch darüber, ob fair und sachgerecht kommuniziert wurde. Belegen Sie Ihre Wahrnehmungen an Beispielen.

1

Was Sie schon können!

Kompetenztest

Kommunikationsstörungen erkennen, zu gelingender Kommunikation beitragen

1 Nennen Sie zwei Gelingensbedingungen für ein Gespräch sowie zwei mögliche Gründe für misslingende Kommunikation.

2 Formulieren Sie drei Tipps, wie die Gesprächspartner durch Körpersprache zum Gelingen eines Gesprächs beitragen können.

3 Im Gespräch über Ihre Pläne sagt ein Elternteil: „Du willst also nach dem Abi ein Jahr ins Ausland gehen." Notieren Sie, wie Sie diesen Satz je nach Tonfall auffassen. Notieren Sie mindestens drei verschiedene Möglichkeiten.

4 Untersuchen Sie folgende Sprechbeiträge aus einem Gespräch auf dem Schulweg im Hinblick auf Wirkung und Gegenwirkung.

Laura:	Komm schon, Französisch ist eine super Sprache, klar nehmen wir das in der Oberstufe weiter.
Tim:	Weiß nicht. Wenn man der Liebling vom Französischlehrer ist, ist das natürlich einfach.
Laura:	Was willst du damit denn sagen?
Tim:	Ach nichts...
Laura:	Typisch für dich, du bist nur neidisch.

5 Zeigen Sie an folgendem Satz der Klassensprecherin zur Klasse die vier Botschaften einer Äußerung nach Friedemann Schulz von Thun auf.

Die vier Botschaften einer Äußerung deuten

„Das Licht war während der Pause schon wieder an."

6 Nennen Sie drei Tipps, wie man sinnvolle Notizen zu Gesprächen im Klassenzimmer anfertigt.

Notizen und Mitschriften zu Gesprächen anfertigen

7 Formulieren Sie Schritte, mit denen Sie sich auf eine Debatte vorbereiten.

Eine Debatte planen, durchführen und auswerten

8 Ergänzen Sie mindestens zwei Satzenden:
Neben dem, was gesagt wird, achten Beobachter der Debatte auch auf …

9 In der Debatte, ob zusätzliche Wahlkurse für die Oberstufe eingerichtet werden sollen, fällt folgendes Argument. Formulieren Sie ein Gegenargument dazu.

„Ich denke, für mich kommt kein zusätzlicher Wahlkurs in Frage, ich möchte noch genügend freie Zeit haben."

10 Untersuchen Sie die Prinzipien der Themenzentrierten Interaktion an folgendem Diskussionsbeitrag:

„Wir wollen doch alle möglichst rasch nach der Schule gutes Geld verdienen."

2 Wa(h)re Schönheit?!

Anspruchsvolle Texte verstehen, analysieren, vergleichen und bewerten

1 Bilden Sie zu jedem der Zitate eine Arbeitsgruppe, die den jeweiligen Text charakterisiert (Erscheinungsort? Kernaussage? Intention? Zielgruppe? Wirkung?), und stellen Sie sich dann gegenseitig Ihre Ergebnisse vor.

2 Diskutieren Sie kritisch den Begriff „Schönheit".

Was wissen Sie noch? Test unter: 11040–06

Jeder operative Eingriff birgt Gefahren für die Gesundheit. Gerade die Altersgruppe der Jugendlichen, die sehr empfänglich für Themen wie Schönheitsideal und Aussehen sind, soll vor Werbemaßnahmen geschützt werden, die Veränderungen mittels operativer plastisch-chirurgischer Eingriffe ohne medizinische Notwendigkeit zum Gegenstand haben. Deshalb wird entsprechende Werbung, die sich überwiegend oder ausschließlich an Jugendliche richtet, verboten. Dies gilt für jegliche Werbemaßnahmen, auch solche in sozialen Netzwerken.

www.bundesgesundheitsministerium.de, 2019

22 Tipps für besseres Aussehen → 1. Die Haut verwöhnen

Die Haut ist deshalb ein so wichtiges Attraktivitätsmerkmal, weil sie die Grenze des Körpers zur Umwelt darstellt. Ihr Zustand lässt uns erahnen, wie der Körper mit äußeren Einflüssen klarkommt. Weit vorn auf der Attraktivitätsskala ist eine ebenmäßige, leicht rosé oder bronzefarben angehauchte, ebenmäßige und glatte Haut. Das gilt insbesondere für das Gesicht. Bester Beauty-Booster ist Sauerstoff.

Annika Großkrüger, www.fitforfun.de, 11.11.2018

„Sie fühlte sich unwohl in ihrem Körper, wollte abnehmen. Und die Erfolge bei Instagram teilen. Jeder Like motivierte sie, extremer zu werden. Follower feierten ihren perfekten Sixpack und ihre dürren Beine. „Erschreckenderweise hat das sehr vielen Menschen gefallen", sagt die heute 28-Jährige. Louisa meint, nicht Instagram allein habe sie in die Essstörung getrieben. Aber die glatt polierte Welt dort habe sie auf jeden Fall befeuert. „Ich habe viel zu spät gemerkt, dass das vollkommen oberflächlich war, was ich da gemacht habe."

SPIEGEL.de / *Rebecca Erken: Junge Influencer, „Instagram hat ein Monster kreiert", 14.07. 2018*

In Zeitungen und im Internet werden viele öffentliche Themen und Positionen in Form von Texten repräsentiert, erläutert und erörtert. Texte zu verstehen, ihre Absichten zu erkennen und nachzuvollziehen, wie Leserinnen und Leser durch den Text geführt werden, sind wichtige Fähigkeiten. Der Deutschunterricht bereitet Sie auf das kritische Lesen solcher Texte vor. Im folgenden Kapitel üben Sie,

- **... Themen, Adressaten und Intentionen von Texten zu erfassen,**
- **... Textstrukturen zu untersuchen und zu beschreiben,**
- **... die Argumentationsweise nachzuvollziehen und zu analysieren,**
- **... Texte zu einem Thema zu vergleichen und ihre Qualität zu beurteilen,**
- **... eine schriftliche Textanalyse vorzubereiten und zu verfassen.**

2

Was heißt schon „schön"?

Themen, Adressaten und Intentionen erfassen

1 Sprechen Sie über den Titel „The Sexiest Man Alive" – Tauschen Sie sich über den Sinn und Unsinn eines solchen Titels aus. Was gilt eigentlich als „schön" und „sexy"? – Sammeln Sie Kriterien zur Definition.

2 Lesen Sie Text 1 über die Nominierung des Jahres 2020 auf der folgenden Seite. Ergänzen Sie Ihre Ergebnisse aus Aufgabe 1 in der Klasse.

3 Lesen Sie auch die übrigen Texte in diesem Teilkapitel quer und verschaffen Sie sich einen ersten Eindruck zu deren Themen und Absichten sowie zu möglichen Zielgruppen und Veröffentlichungsorten. Sammeln und besprechen Sie diese ersten Eindrücke in der Klasse.

Das müssen Sie können

So klären Sie die kommunikative Situation und Intention eines Textes grundlegend

Orientieren Sie sich bei der Beschreibung eines Textes zunächst an folgenden Fragen:

- **Wer** (Redaktion, Journalist / Journalistin, ...) wendet sich **auf welchem Weg** (print und / oder digital) **in welcher Form** (Leserbrief, Zeitungsartikel, Blog, ...) **mit welcher Intention** (informieren, Meinung bilden, appellieren, ...) an **welche Adressatengruppe** (Männer / Frauen, Altersgruppe, ...)?
- Welche **Gesamtaussage** und welche **Teilaussagen** werden formuliert?
- Welche Gestaltungselemente (Sprachebene, Hypertextelemente, Layout: Strukturierung, Bildgestaltung / Illustration, ...) werden verwendet?
- Welche **Kommunikationswege** (Medium, Verfügbarkeit) werden genutzt?

4 Nutzen Sie die Untersuchungsfragen und beschreiben Sie einige der Texte genauer:

- Untersuchen und beschreiben Sie die Texte 1 und 2.
- Untersuchen und beschreiben Sie Text 3.
- Untersuchen und beschreiben Sie Text 4.

1

STARS

Sexiest Man Alive 2020: Was braucht ein Mann, um wirklich sexy zu sein?

Das amerikanische „People“–Magazin kürt seit 35 Jahren den „Sexiest Man Alive“. Eine Auszeichnung, die nicht nur mit Aussehen, sondern auch mit Erfolg und Charisma zu tun hat. Hier erfahren Sie, wie Sie dem Club beitreten können.

[…] Der erste, der 1985 gewählt wurde, war Mel Gibson, während der neueste Michael B. Jordan ist. […] Ikonen, die den ästhetischen Zeitgeist irgendwie verdichten, den vorherrschenden Ausdruck der Männlichkeit des Augenblicks. Beim Scrollen durch die verschiedenen Persönlichkeiten können sehr unterschiedliche Typen identifiziert werden. […] Es gibt den Piratencharme von Johnny Depp, den schlauen Charme von Richard Gere, den schönen von Brad Pitt (alle zweimal gewählt). Vor allem Amerikaner, aber auch Neuseeländer, Briten, Kanadier sind unter den Gewinnern. Dank Obamas Wahl zum Präsidenten und der #blacklivesmatter-Bewegung[1] ist sogar der Anteil der Afroamerikaner zu Recht stärker vertreten. Nach dem ersten schüchternen Versuch, Denzel Washington 1996 zu wählen, sind seit mittlerweile drei Jahren in Folge Afroamerikaner die Gewinner.

Was braucht Mann, um zum Sexiest Man Alive gekürt zu werden?

[…] Alle Neugewählten befinden sich zwar fast immer auf dem Höhepunkt ihrer Karriere, aber sie haben auch andere Interessen als die, für die sie berühmt wurden: Sie haben einen Familiensinn (Michael B. Jordan widmete den Preis seiner Großmutter, [John] Legend seiner Frau und so weiter), sie kämpfen für den Schutz der Umwelt, sie sind leidenschaftlich in Bezug auf viele Dinge – und nicht nur ihre Arbeit. […] Sie alle sind selbstbewusste Männer genug, um es zu wagen, ihre Schwächen zu zeigen und eine Auszeichnung als der „Sexiest Man Alive“ nicht zu ernst zu nehmen.

Edizioni Condé S.p.A, Website gq italy: Simona Airoldi, „Sexiest man alive“, www.gq-magazin.de, 22.11.2020

[1] **blacklivesmatter-Bewegung:** Bewegung, die auf die Diskriminierung von Minderheiten – insbesondere von *people of color* – aufmerksam machen möchte

2

Franzi: *Sobald du dich verliebst, spielt das Aussehen sowieso keine Rolle mehr.*

Alpha: *Ich stimme für Wolverine.*

Sonneli: *@Alpha – Echt jetzt? Sein Kleidungsstil ist doch so eintönig.*

Chriga: *Sexiest Man Alive ist mein Mann, groß, trainiert, schlank, kurze Haare, top gestylt.*

Lilli: *Also sexy macht ihn wohl sein Haufen Kohle, das Aussehen kann's hier nicht sein. Aber seit Männer in Schottenröcken toll sein sollen, erstaunt mich nichts mehr.*

Emmi: *Was ist schon sexy oder heiß? Bei Männern oder Frauen.*

Kassemmel: *@Emmi – Also Barbie ist jedenfalls out, ohne Ausstrahlung geht bei Frauen und Männern gar nichts!*

Schneefrau: *@Emmi – Ein schöner Mensch muss positiv und begeisternd rüberkommen, völlig unabhängig vom Äußeren.*

Debo: *@Emmi – Wahre Schönheit kommt von innen. Gepflegt muss man allerdings sein!*

9 Kommentare

Das müssen Sie wissen

Journalistische Textsorten

Auch wenn es im Alltag Mischformen gibt, eignet sich die Unterscheidung der journalistischen Textsorten auch zur Textbeschreibung in der Schule: Zu den **informierenden Texten** gehören die eher knappe **Nachricht**, der umfangreichere, sachliche **Bericht** und die **persönlicher gefärbte Reportage**. Auch das **Feature**, das **Interview** und die **Umfrage** sind typische informierende Textsorten.
Zu den **argumentierenden Texten** zählen der **Kommentar**, der die subjektive Meinung des Verfassers widerspiegelt, Sachverhalte deutet und bewertet und sich dabei bewusst origineller und pointierter sprachlicher Mittel bedient (Ironie, Übertreibung, Umgangssprache, Vergleiche...), und die **Kritik** als Wertung einer künstlerischen Leistung. Die ironisch-polemische **Glosse** übt satirisch-zugespitzte Kritik (→ Grundwissen: 11039–58).

3 **Kommentar zum Schönheitswahn**

Falsche Ideale

Wer braucht noch Chirurgen? Für Schönheit gibt es Algorithmen. Auf Instagram sieht niemand mehr so aus, wie in der Realität – und alle machen mit.

Als Nutzer merkt man kaum noch, wie sehr die Technik bereits in unsere Wahrnehmung eingreift. Heutzutage ist es mitunter sehr schwer, einen ungefilterten Zugang zur Realität zu bekommen. Das gilt auch für die Selfies von Quasi-Prominenten auf Instagram. Die haben ja auch nur bedingt mit der Realität zu tun.

In Großbritannien wird deshalb seit ein paar Wochen ein Gesetz diskutiert, das Influencer dazu verpflichten soll, retuschierte Bilder als solche zu kennzeichnen. Genau wie heute schon die mannigfaltigen Produktplatzierungen mit dem Wörtchen Werbung versehen werden müssen, solle das in Zukunft in ähnlicher Weise auch geschehen, wenn das Bild bearbeitet wurde. So will man die oft noch jugendlichen Betrachter vor unrealistischen Schönheitsidealen und Körperwahrnehmungsstörungen beschützen.

Das «Instagram Face» mit seiner Weichzeichner-Ästhetik ist inzwischen zu einem kulturellen Fixpunkt geworden. Automatische Retusche-Apps mit sinnbildlichen Namen wie Plastica oder gar Fix Me sollen für ein Ergebnis wie nach einer Schönheits-OP sorgen. Man kann das obsessiv finden, doch für das Gros der Nutzer ist das Best-of der Schönheitsideale, das die Algorithmen der Apps den Nutzergesichtern verpassen, nur die zeitgemäße Form einer schnellen Lidstrichkorrektur auf der Club-Toilette. In einer Medienrealität, in der man das eigene Selbst kontinuierlich ins Netz überträgt, ist die permanente Perfektionierung der eigenen Inszenierung beinahe schon pathologisch diszipliniert. Der neueste Trend besteht offenbar darin, sich einen metallischen Schimmer auf das Gesicht zu montieren oder, warum auch immer, die eigene Stirn mit den Logos von Luxusmarken zu überlagern. Im besten Fall wirken die so bearbeiteten Fotos wie die eines wohlwollenden Androiden. Wer es übertreibt, erhält dagegen eine gänzlich alienhafte Mimik. Und alle machen mit. Die Gesichter werden danach optimiert, was die höchste Nutzerbindung und die meisten Likes verspricht. Ganz so, als würde die Technologie die Körper der Nutzer nach ihren eigenen Interessen neu definieren.

Michael Moorstedt/
Süddeutsche Zeitung, 17.09.2020

4 **Welche der nachfolgenden Schönheitsoperationen können Sie sich vorstellen, in den nächsten zwei Jahren durchführen zu lassen? – Top 10***

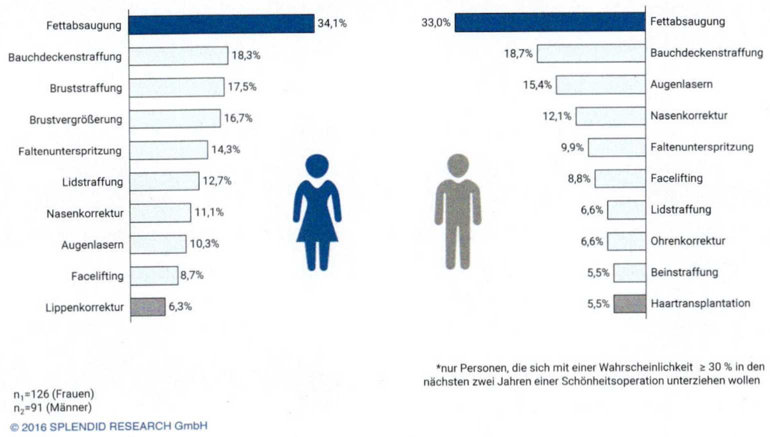

Studie: Aussehen und Schönheitsoperationen 2016, SPLENDID RESEARCH GmbH

5 Stellen Sie nacheinander die Ergebnisse Ihrer Textbeschreibungen vor. Diskutieren Sie zu jedem Text die Fragen, ob und inwiefern die Gestaltung des Textes und die Art seiner Veröffentlichung zur Zielgruppe passen.

6 Sprechen Sie in der Klasse über die Inhalte und Aussagen der Texte: Welche Aussage hat am meisten auf Sie gewirkt und warum? Welche Aussage war Ihnen neu, welche kannten Sie schon? Welche eigenen Positionen vertreten Sie jeweils?

Das müssen Sie wissen

Hypertexte – eine vielfach vernetzte Textform

Die **Entfaltung eines Themas** auf einer Internetseite beschränkt sich meist **nicht auf die eindimensionale Wiedergabe** eines geschriebenen Textes. In der Regel werden hierbei zahlreiche Möglichkeiten der **Verknüpfung** des Textes mit weiterführenden Hinweisen genutzt. Diese können zum Beispiel aus Bildern und Grafiken, Filmen und Podcasts, weiteren Textelementen und Verweisen auf andere Internetseiten bestehen. Die Elemente können sichtbar in die Start-Oberfläche eingebettet oder durch Links verknüpft sein. Durch diese Art der Verknüpfung – die Knoten nennt man ***knots*** – entsteht ein **Hypertext** als **vieldimensionales Bezugssystem** aus verschiedenen Medienformen.

7 Benennen Sie die Hypertext-Elemente der neben Aufgabe 1 abgebildeten Magazin-Seite und erklären Sie deren Aufgaben hinsichtlich des Haupttextes auf der Startseite.

8 Bei der Schülerzeitung soll eine Internetseite zur Frage „Was heißt schon schön?“ für die Klassen 9 und 10 gestaltet werden. Entwerfen und skizzieren Sie eine Seite samt Hypertextelementen. Nutzen und ergänzen Sie die Texte dieses Teilkapitels und der Auftaktseiten. Gestalten Sie die Website dann digital mithilfe eines kostenlosen Homepage-Baukastens.

2

Äußere Schönheit und innere Werte – ein Spannungsfeld!?

Textstrukturen untersuchen und beschreiben

1 Sehen Sie sich die Bilder im folgenden Text an und tauschen Sie sich in der Klasse darüber aus: Welche Eindrücke und Erwartungen an die Aussage des Textes wecken die Bilder?

2 Lesen Sie den Text „Innere Werte statt schöner Schein“ zunächst diagonal und tauschen Sie sich in der Klasse darüber aus, ob er den durch die Fotos geweckten Erwartungen entspricht.

1

Innere Werte statt schöner Schein
Das neue Frauenbild bei der „Miss-Germany“-Wahl – Persönlichkeit der Frauen im Fokus

Oldenburg/Berlin – Schlanke Frauen in Badeanzügen auf dem Laufsteg gibt es beim Wettbewerb „Miss Germany“ nicht mehr. Männer, die das Aussehen der Kandidatinnen bewerten, sind Vergangenheit. Seit diesem Jahr ist „Miss Germany“ kein Schönheitswettbewerb mehr, wie Organisator Max Klemmer aus dem niedersächsischen Oldenburg sagt. „Wir versuchen, diejenige Botschafterin zu finden, die Vorbild und Identifikationsfigur für eine Vielzahl von Frauen sein kann“, so der 25-Jährige, der die MGC-Miss Germany Corporation gemeinsam mit seinem Vater führt. Demnach steht bei dem Wettbewerb nun die Persönlichkeit der Frauen im Fokus. [...]

Die Wahl der Online-Unternehmerin Leonie Charlotte von Hase zur „Miss Germany“ im Februar war ein Wendepunkt. Erstmals bestand die Jury komplett aus Frauen, erstmals wurde eine 35-Jährige Gewinnerin, erstmals eine Mutter. „Ich bin keine Schönheitskönigin“, sagt die Titelträgerin, die in Namibia geboren und aufgewachsen ist. Das neue Konzept kommt bei vielen gut an. [Für die Wahl im kommenden Jahr haben sich rund 15 000 Frauen beworben – so viele wie nie zuvor.] Derzeit stellen sich die Top 32 auf der Homepage (missgermany.de/top32) vor, einige geben tiefe Einblicke in ihr Leben. Brustkrebs, Vergewaltigung, Depression, Mobbing, künstlicher Darmausgang – offen berichten Frauen von Lebenskrisen und dem Wunsch, anderen damit Mut zu machen. [...]

Die Kulturwissenschaftlerin Sylvia Pritsch vom Zentrum für interdisziplinäre Frauen- und Geschlechterforschung an der Universität Oldenburg sieht das Konzept zwiespältig. Wenn sich Frauen durch den Wettbewerb verwirklichen können, sei das die eine Seite. Die andere Seite sei, dass die Organisatoren mit den Frauen und Werbung Geld verdienen. „Alles hat einen bestimmten Preis und geschieht in einem bestimmten Kontext“, so die 56-Jährige. „Es geht weniger um die

Frauen als um Vermarktungsmöglichkeiten."
Aus dem Kreis der Titelträgerinnen kommen positive Rückmeldungen zum neuen Konzept. Der Wettbewerb geht mit der Zeit mit. Ich finde die Entwicklung toll", sagt die „Miss Germany" von 2017 Soraya Kohlmann aus Leipzig, die inzwischen Inhaberin eines Schönheitssalons ist. […]

Anne Julia Hagen, die den Wettbewerb im Jahr 2010 gewann, hat das ähnlich empfunden. […] „Das ist ein sehr großer Schritt", sagt Hagen, die in Florida lebt, als Model arbeitet und ihre Doktorarbeit in Kulturwissenschaft schreibt. Die Abgrenzung vom traditionellen Missen-Bild sei eine Weiterentwicklung.

Durch den Wandel könnten die Veranstalter zudem einen neuen Markt erschließen, sagt die 30-Jährige. Die Nachfrage nach klassischen Schönheitswettbewerben sei in Deutschland nicht mehr so groß. […]

© dpa, Helen Hoffmann, 16.12.2020

3 Lesen Sie nun den Text sequenziell: Formulieren Sie dann das Thema des Textes und gliedern Sie den Text in Sinnabschnitte. Formulieren Sie zu jedem Sinnabschnitt eine Frage, die von diesem beantwortet wird.

Das müssen Sie können

So beschreiben Sie Struktur und Themenentfaltung

Beschreiben Sie bei der genaueren Analyse auch die **Textstruktur**: Stellen Sie fest, in welche **Abschnitte** der Text eingeteilt werden kann und beschreiben Sie die Art und Weise der **thematischen Entfaltung**. Berücksichtigen Sie zum Beispiel, …

- welche **Funktion** (z. B. *darlegen, begründen, näher erläutern, veranschaulichen*) einzelne Textabschnitte in Bezug auf die Ausgangsthematik und im Blick auf andere Abschnitte erfüllen und wie der Leser durch den Text gelenkt wird,
- ob sich die Abschnitte auf **eine oder auf mehrere Ausgangsthemen** beziehen,
- ob und mit welcher **Wirkung** Informationen mit Argumenten vermischt werden,
- ob eine **oder mehrere Positionen** zur Ausgangsthematik formuliert werden.

Die Übertragung eines Textes in ein **beschriftetes Flussdiagramm** hilft bei der Veranschaulichung der thematischen Entfaltung.

4 Setzen Sie die Beschreibung des Aufbaus des Textes „Innere Werte statt schöner Schein" in folgendem Flussdiagramm fort:

Überschrift	antithetische Gegenüberstellung der neuen Vorstellung („innere Werte") in Abgrenzung von der Ausgangslage („schöner Schein")	weckt Neugier auf den Text
Unterüber-Schrift	Miss Germany-Wahl mit neuem Frauenbild	Konkretisierung der Thematik, Spannungsverhältnis zu den Fotos
Grundlagen-information Z. 1–xy	allgemeine Beschreibung des Vorgehens bei der Wahl der Miss Germany früher und heute	Verdeutlichung der völlig veränderten Denkweise

5 Nutzen Sie das Flussdiagramm: Beschreiben Sie die Entfaltung der Argumentation schriftlich. Gehen Sie auf die Funktion der einzelnen Abschnitte ein.

6 Lesen und erschließen Sie den folgenden Text schrittweise: Bestimmen Sie zunächst das Thema und formulieren Sie Ihre Erwartungen. Lesen Sie den Text dann gründlich: Notieren Sie, was Sie schon verstanden haben und welche Fragen Sie haben. Präzisieren Sie Ihr Verständnis und Klären Sie Ihre Fragen dann innerhalb einer Arbeitsgruppe.

2

Ulrich Renz

Schön und gut.
Die Geschichte eines Missverständnisses (2007, Auszug)

„Was ist das Schöne?" – Immer wieder kam Platon[1] im Kreis seiner Denkerkollegen mit dieser Frage an.

„Ein schönes Mädchen ist schön", antwortet ihm ein gewisser Hippias zu Beginn des berühmten Streitgesprächs „Hippias Maior."

„Du hast wie immer Recht", entgegnet darauf Platon, „aber auch eine schöne Stute ist schön."

Auch das gibt Platons Kontrahent mit Freuden zu, der gar nicht merkt, wie er aufs Glatteis geführt wird.

„Auch eine schöne Leier", fährt Platon fort, „eine schöne Kanne" usw. – bis Hippias zähneknirschend zugeben muss, dass er vielleicht doch nicht so genau weiß, was das Schöne ist. Immerhin einigen sich die beiden Philosophen am Ende darauf, dass auch das schönste Mädchen, verglichen mit einer Göttin, hässlich ist, „so wie der schönste Affe hässlich ist, mit dem menschlichen Geschlecht verglichen". Affe – Mensch – Gott. Hier klingt schon an, was Platon später in

[1] **Platon:** bedeutender antiker griechischer Philosoph (428/427 - 348/347 v. Chr.)

seinem berühmten *Gastmahl* als Lösung für das Problem des Schönen präsentiert: seine Stufenleiter des Schönen.

Ganz unten, am Fuß der Leiter, steht die Schönheit der irdischen Dinge, allen voran die Schönheit des menschlichen Körpers, welche jedoch von der Schönheit der Seele weit in den Schatten gestellt wird. Auf der nächsten Stufe folgen die „schönen Sitten und Lebensweisen", doch noch höher stehen – man ist ja nicht umsonst Philosoph –„die schönen Kenntnisse". Aber auch Wissen ist nicht alles. Ganz oben, erstrebenswerter noch als alle dem Menschen mögliche Weisheit, regiert das größtmögliche Glück überhaupt: die Erkenntnis der Schönheit selbst. Eben diese Idee der Schönheit – das ist der springende Punkt – ist gleichzeitig die höchste Wahrheit und das Gute an sich. Das Schöne lässt sich vom Guten so wenig trennen, dass Platon dafür einen einzigen Begriff verwendet: *Kalokagathia*, oft übersetzt als das „Zusammenfallen von Schönheit und Güte". Das Schöne ist das Gute – und umgekehrt.

Hier findet nun das Streitgespräch mit Hippias doch noch seine Lösung. Das Schöne ist eben nicht irgendeine Eigenschaft, die einem Gegenstand anhaftet (dem schönen Mädchen, der Stute oder der Vase), sondern es ist die *Idee* des vollkommenen Schönen, die in den schönen Dingen mehr oder weniger zum Vorschein kommt, die aber selbst unendlich viel größer und schöner ist als jeder irdische Gegenstand.

7 Stellen Sie die Struktur des Textes „Schön und gut" in Form eines Flussdiagramms dar. Übertragen Sie das Diagramm anschließend in eine schriftliche Beschreibung der Struktur und der Themenentfaltung. Orientieren Sie sich an folgenden Formulierungsbausteinen.

Die Überschrift des Textes weist schon auf den Inhalt hin, weckt das Interesse des Lesers aber insofern, dass sie … Der Text beginnt dann im ersten Abschnitt sofort im Thema. Durch die Wiedergabe der philosophischen Erörterung zur Frage nach der Schönheit vermittelt er dem Leser die zentrale Frage des Textes. Es geht nämlich um … Der Abschnitt ab Zeile 25 bringt das Thema dann noch einmal auf den Punkt und erklärt es weiterhin, indem … In einem Fazit wird dann … Insgesamt lenkt der Text seine Leser damit gut durch die Fragestellung, was … Er weckt sein Interesse, veranschaulicht die Fragestellung dann durch … Weiterhin … Außerdem … Schließlich

8 Bereiten Sie eine Diskussion zum „Veränderten Schönheitsbild bei der Misswahl" vor.

- Notieren Sie Stichwörter zu Ihrer eigenen Position samt Begründungen. Notieren Sie auch Ihre Vermutungen für die Ursachen der Veränderung.
- Beziehen Sie den Text über den „Sexiest Man Alive" ein. Welche Verbindungen zwischen den beiden Wahlen sehen sie?
- Beziehen Sie auch die Erklärung zu Platons Schönheitsbegriff ein. Welche Aussagen lassen sich auf die Miss-Wahl beziehen?

2

Selbstdesign und Körperoptimierung?

Die Argumentationsweise analysieren

1 Lesen Sie zunächst die Überschrift und den Lead des folgenden Textes und diskutieren Sie in der Klasse die darin enthaltenen Aussagen: Welche Reaktionen rufen diese bei Ihnen hervor? Welche Erwartungen haben Sie an den Text?

2 Lesen Sie den gesamten Text. Machen Sie Notizen und formulieren Sie die Kernaussage dann in einem Satz: *Der Text befasst sich insgesamt mit …*

[1]Lasst uns wieder mehr Respekt haben – vor uns und unserem Körper!

Je mehr wir an uns verändern (lassen) können, desto genormter wird das Schönheitsideal. Aber immer mehr Frauen wollen den Irrsinn nicht mehr mitmachen und begehren auf. Zum Glück.

[2]Als ich 14 war, sagte meine Mutter zu mir: „Pass auf, dass du nicht zu dick wirst." Heute würde sie für diesen Satz vermutlich an den Pranger gestellt. Ein Mädchen! In der Pubertät! Und dann so was! Ich nahm ihn damals zur Kenntnis, fragte mich, ob sie Recht haben könnte, und beschloss, ihn nicht zu ignorieren – aber auch nicht zu wichtig zu nehmen. Ich aß weiter die weißen Streifen von „Schoko-Mac" mit dem Löffel aus dem Glas und eine halbe Packung Toastbrot mit Leberwurst auf einmal.

Meine Mutter, damals 50, hatte in meinen Augen eine gesunde Eitelkeit. Sie machte jeden Morgen zehn Minuten Gymnastik, ging einmal die Woche zu einem Damen-Turnkurs und jeden Freitag zum Friseur. Sie achtete auf ihr Aussehen und ihren Körper, in einem Maße, das ich normal nennen würde. Und obwohl sie den bösen Satz zu mir gesagt hatte, entwickelte ich keine Essstörung. Aber mein Körper war mir nie komplett egal – und das empfinde ich bis heute als total normal. Wieso sollte er mir egal sein? Er ist ein wesentlicher Bestandteil von mir, und es ist mir wichtig, ihn zu mögen und auf ihn zu achten.

[3]*Im Zeitalter der Körperoptimierung ist der Grat zwischen gesunder Disziplin und krankhaftem Zwang extrem schmal geworden.*

Leider haben die Möglichkeiten, auf seinen Körper zu „achten", in den letzten zehn Jahren derart dramatisch zugenommen, dass die Frage, wo normale Instandhaltung aufhört und der Wahn beginnt, mittlerweile eine ganze Generation von Frauen spaltet. Ist es schon unnormal, regelmäßig Sport zu machen? Darf man sich Beine, Achseln, Bikini-Zone rasieren? Oder verrät man damit die Geschlechtsgenossinnen? Im Zeitalter der Körperoptimierung ist der Grat zwischen gesunder Disziplin und krankhaftem Zwang extrem schmal geworden. Junge Mädchen hungern sich in Size Zero, ihre Mütter haben Figuren wie 16-Jährige. Und seit auch noch minimalinvasive Eingriffe wie Botox[1], Filler[2] & Co. quasi zur Pflegeroutine gehören, ist unser Körperbild in eine wahnsinnige Schieflage geraten. Die Psychoanalytikerin Ada Borkenhagen hat sich mit dieser Schieflage intensiv

[1] **Botox:** Botulinumtoxin ist ein von Bakterien (C. botulinum) gebildetes Neurotoxin (Nervengift). Es hemmt die Signalübertragung von Nervenzellen auf Muskelzellen. Dadurch kommt es zu einer schlaffen Lähmung des Muskels. Botox wird in die Gesichtsmuskeln injiziert, um der Faltenbildung durch angespannte Gesichtsmuskulatur zu verhindern.

[2] **Filler:** eine Substanz (z. B. Hyaluronsäure), die man in die Haut oder Lippen injiziert, um das Gewebe aufzufüllen

beschäftigt: Sie forscht über die Gründe und Auswirkungen der Schönheitschirurgie. Ich rufe sie an, weil ich wissen will, warum es uns immer schwerer fällt, unseren Körper einfach mal schön zu finden – so wie er ist. „Weil es keinen natürlichen Körper gibt", sagt Ada Borkenhagen, „und den hat es nie gegeben. Er war immer kulturell bestimmt, und das wird so bleiben." Das heißt, der Körper galt immer als formbar. […]

[4]*Vielleicht ist genau das die dramatischste Entwicklung in der ganzen Sache: Schönheit hat keinen Spielraum mehr.*
Was wiederum den Druck auf die Frauen erhöht, nicht nur irgendwie attraktiv zu sein, sondern auch genau dieser Norm zu entsprechen. Ada Borkenhagen spricht von dem neuen Hübschheits-Ideal. „Schönheit lebt durch das Besondere. Hübschheit ist das, was die Schönheitschirurgie vorgibt", so definiert sie den Unterschied. Und die Macht der Schönheitsindustrie ist ungebremst. Vor allem die kleinen invasiven Eingriffe wie Botox, Filler oder Hyaluronsäure[3] haben innerhalb der vergangenen zehn Jahre einen Boom erlebt, die mittlerweile jeder Dermatologe um die Ecke anbietet.

Sich in der Mittagspause Nervengift in die bösen Falten injizieren zu lassen, ist so normal geworden wie schnell mal Wimpern färben beim Friseur.
Eine Gesichtskorrektur wird in ein paar Jahren genauso zur Körper-Instandhaltung gehören wie die Zahnspange. Ada Borkenhagen ist wenig optimistisch, was die Entwicklung angeht. Wir werden, davon ist sie überzeugt, diesen Trend weder aufhalten noch zurückdrehen können. So wie wir es in der deutschen Mittelschicht nicht mehr gewohnt sind, schiefe Zähne zu sehen, werden wir es bald nicht mehr gewohnt sein, stark alternde oder sehr unebene Gesichter zu sehen. „Wer es sich leisten kann, altert schön. Die anderen haben das Nachsehen", so Borkenhagen. Und das Altern, kein Witz, beginnt ab 35. Borkenhagen entwirft ein Szenario, in dem die Kluft zwischen Unter- und Mittelschicht immer größer werden wird, weil die einen ihre Falten wegspritzen können und die anderen nicht. Das ist doch alles Wahnsinn?

[5]Zum Glück gibt es mittlerweile genügend Frauen, die diesen Wahnsinn nicht mehr hinnehmen. Es ist tatsächlich eine neue Souveränität im Umgang mit dem krassen Schönheitsdiktat zu beobachten. Cameron Diaz ist vor einiger Zeit prominent ausgestiegen aus dem Botox-Zirkus. Man sah sie auf einmal nicht mehr maskenhaft erstarrt, sondern recht natürlich. Darauf angesprochen, sagte sie in einem Interview, sie sähe ihr Gesicht lieber altern, als eines zu haben, das überhaupt nicht mehr zu ihr gehöre. […]

Hübschsein macht nicht glücklich

Und eines, verdammt, sollten wir doch alle schon verstanden haben: Hübschheit ist vielleicht angenehm, aber sie macht nicht glücklich. Hübschheit ist eine Norm, ein Einheitslook, der auf Dauer ziemlich öde ist. Glücklich macht – wenn überhaupt – nur Schönheit. Und Schönheit ist Ausstrahlung. Haltung. Anmut. Lebendigkeit. Und das alles kann man nie im Leben hinspritzen.

Nikola Haaks,
BRIGITTE Psychologie Spezial 2017

[3] **Hyaluronsäure**: ein Polysaccharid (Kohlenhydrat), das natürlicherweise in Menschen und Tieren vorkommt. Es ist Bestandteil des Bindegewebes und hat die Eigenschaft, größere Mengen Wasser zu binden. Dadurch verleiht es der Haut Volumen.

3 Sprechen Sie in der Klasse über den Text: Fassen Sie wesentliche Inhalte mündlich zusammen. Formulieren Sie Ihre Erfahrungen und Meinungen. Sprechen Sie zum Beispiel darüber, ob sich die Aussagen auch auf Männer übertragen ließen?

4 Charakterisieren Sie die Art und Weise, wie der Text die Aussagen vermittelt. Entscheiden Sie zunächst, welche Satzeinleitungen Ihre prägnante Kernaussage aus Aufgabe 2 fortsetzen könnte: *Insgesamt versucht der Text, seine Leserinnen und Leser zu …*

Wortspeicher

informieren – unterhalten – provozieren – überzeugen – überreden – veranschaulichen – verdeutlichen – warnen – belustigen – nachdenklich machen – erzählen – bilden

5 Besprechen und begründen Sie Ihre Ergebnisse in einer Arbeitsgruppe. Formulieren Sie abschließend eine gemeinsame Aussage zur Art der Inhaltsvermittlung.

Arbeitsblatt: 11040–07

6 Arbeiten Sie arbeitsteilig und untersuchen Sie in ihrer Arbeitsgruppe einen der nummerierten Textabschnitte. Arbeiten Sie mit dem Untersuchungsraster.

Ich untersuche Abschnitt ______, Zeilen ______ – ______		
Inhaltlich geht es um …		
Der Abschnitt versucht, die Leserin / den Leser zu …	Dies sieht man am Aufbau des Abschnitts: Zuerst wird … dann geht es um …	Außerdem zeigt sich das an der Sprache des Abschnitts: In den Zeilen xy wird nämlich …

7 Tragen Sie die Ergebnisse Ihrer Untersuchungen nun zusammen: Präsentieren Sie die Ergebnisse Ihrer Arbeitsgruppe und moderieren Sie Fragen und Ergänzungen.

8 Legen Sie die einzelnen Untersuchungsraster so zusammen, dass Sie einen Überblick über den Gesamtaufbau des Textes bekommen und …

- fassen Sie den gesamten Verlauf der Argumentation mündlich zusammen.
- charakterisieren Sie die Argumentationsweise zusammenfassend: Welche grundsätzlichen Beobachtungen konnten Sie in mehreren Abschnitten machen?
- erläutern Sie die Art der Leselenkung: In welchen Schritten wird die Leserin / der Leser durch den Text geführt? Wie lenkt der Text das Lesen?

9 Gestalten Sie ein Gespräch zwischen der Autorin und dem Redakteur: Der Redakteur möchte die Textentfaltung verändern. Vervollständigen Sie jeden der unten aufgeführten Satzanfänge 1–4 des Redakteurs mit einem Textabschnitt und seiner Begründung und ergänzen Sie jeweils die ablehnende Antwort der Autorin.

„Nein! Auf keinen Fall! Das würde doch dazu führen, dass …“

1 „Abschnitt … sollten wir streichen!“
2 „Abschnitt … sollten wir an eine ganz andere Stelle setzen, nämlich …“
3 „Aus Abschnitt … sollten wir den Satz … streichen …“
4 „In Abschnitt … sollten wir den Satz … ändern …“

So beschreiben Sie die Argumentation eines Textes

Das müssen Sie können

Neben der Beschreibung der grundsätzlichen Themenentfaltung ist es auch aufschlussreich, die Art der Argumentation innerhalb einzelner Abschnitte genauer zu untersuchen. Die Hilfsfragen können bei der entsprechenden Analyse helfen:

1. Hilfsfragen zur Analyse einzelner Abschnitte:
- Welchen Bezug hat der Abschnitt zum Gesamtthema: Erklärt er? Verdeutlicht er? Argumentiert er? Schweift er ab? Geht er auf eine Gegenposition ein? Entkräftet er diese?
- Wie ausführlich ist der Abschnitt gestaltet? (knapp-reduziert bis umfassend-multiperspektivisch)
- Formuliert er nur ein (Ober-)Thema oder entwickelt er weitere Unterthemen?
- Werden Aussagen mit Beispielen und Erfahrungen untermauert?
- Sind die Ausführungen eher faktenbezogen-sachlich oder wertend-emotional? (Achten Sie v.a. auf die sprachliche Gestaltung: Wortwahl, sprachliche Mittel, Syntax.)
- Welche Arten von Argumenten werden verwendet? Unterscheiden Sie **Faktenargumente** *(Die Durchschnittstemperatur der Erde steigt jährlich …)*, **Autoritätsargumente** *(Auch Prof. Müller hat nachgewiesen, dass …)*, **normative Argumente** *(Freiheit ist ein hohes Gut! Daher …)*, **eigene Erfahrungen** *(Ich habe schon oft erlebt, dass …)*, **logische Schlüsse** *(Wenn …, dann …)*.

2. Hilfsfragen zur Analyse der sprachlichen Gestaltung der Abschnitte:
- Wie sind Argumente, Veranschaulichungen, Erklärungen, Erzählungen und Abschweifungen miteinander verbunden?
- Welche Absicht und welche Wirkung hat genau diese Textgestaltung? Wie werden das Lesen und die Lesewahrnehmung gelenkt?
- Wie sachlich oder unsachlich erscheint diese Gestaltung?

10 Notieren Sie weitere gestalterische Elemente (Fotos, Statistiken usw.), mit denen man den Text im Sinne seiner Absichten und der thematischen Entfaltung anreichern könnte.

11 Verfassen Sie zu diesem Text einen Leserbrief, in dem Sie sich mit einem oder mehreren Aspekten des Artikels argumentativ auseinandersetzen.

2

Virtuelle Selbstdarstellung

Texte zu einem Thema vergleichen und ihre Qualität beurteilen

1

cindystar · Folgen

cindystar Endlich wieder dabei beim Park-Live-Festival in Moskau. Zehn Tage megageiles Event, ging voll ab! So viele Fans aus aller Welt hier und ich direkt vor der Bühne dabei. David Guetta und Lana del Rey nach ihren Live Acts backstage getroffen!! Es war richtig nice. Period. 💯🔥🔥🔥

Kommentare

flipfloppy @cindystar Du bist wie immer mittendrin. Superfoto, da kommt was rüber! 😍

immortal_judy @cindystar Über ne Woche?!?! Neid 👏

kuschelcat @cindystar Wer ist denn drunter? Kennen wir den?

sandy_sky @kuschelcat Werd nich lästig, Datenschutz! 📱

Weitere Kommentare laden

1 Nutzen Sie den Post als Ausgangspunkt und sprechen Sie in der Klasse darüber, wie sich Jugendliche im Internet präsentieren: Gehen Sie auf typische Themen und Situationen ein und sprechen Sie über die Ehrlichkeit der Darstellungen. Schildern Sie auch eigene Erfahrungen.

2 Die Texte 2 und 3 beziehen sich auf das Thema „Selbstdarstellung im Internet". Lesen Sie die Texte zunächst quer und notieren Sie, welche grundsätzlichen Fragen und Positionen sie zum Thema enthalten.

3 Untersuchen und beschreiben Sie die Texte arbeitsteilig. Nutzen Sie die Untersuchungsaspekte im folgenden Kasten.

Das müssen Sie können

So untersuchen Sie Texte vergleichend

In den vorausgehenden Teilkapiteln haben Sie einige **Kriterien und Hilfsfragen zur Beschreibung von Texten** kennengelernt. Nutzen Sie diese auch als Grundlage eines **Textvergleichs**. Klären Sie zunächst das **Thema** und die **Absicht** des Textes, berücksichtigen Sie, wer den Text in welchem Zusammenhang zu welcher **Zeit** für welche **Zielgruppe** verfasst hat, um welche **Textsorte** es sich handelt, wie das Thema **entfaltet** wird, welche formalen und sprachlichen **Kennzeichen** auffallen und wie der Text **gelayoutet** ist. Vergleichen Sie die Ergebnisse miteinander und halten Sie Gemeinsamkeiten und Unterschiede fest. Belegen Sie Ihre Feststellungen mit Textstellen.

497

2 Analyse

Ungeschminkte Wahrheit: Der neue Natürlichkeitstrend in sozialen Netzwerken

Das Posten vermeidlich perfekter Bilder auf Instagram war gestern.

03.01.2021, 12:00 Uhr • Lesezeit: 5 Min. Gerade keine Zeit?

Jetzt speichern und später lesen

Sixpack und Thigh-Gap waren gestern. Nichts liegt auf Social Media derzeit so sehr im Trend wie Pickel, Speckröllchen und Co.
Influencerinnen wie Charlotte Weise machen es vor: Täglich präsentiert sie sich ihren knapp 135.000 Followern ungeschminkt und mit fettigem Haar – und wird dafür gefeiert. Mit ihrem herrlich ehrlichen Content zeigen sie, dass die Menschen nicht nur perfekte Bilder aus dem Beach-Club sehen wollen, für die bis zur letzten Pore Photoshop bemüht werden musste. Stattdessen glänzen sie mit Natürlichkeit – und beweisen, dass sich der Lebensunterhalt auch auf diese Weise verdienen lässt.

Mit Social Media zum Milliardengeschäft

Traumhäuser, Traumstrände, Traumkörper: Dafür sind Social-Media-Plattformen wie Instagram und Youtube bekannt. Und das Konzept hat in den vergangenen Jahren so gut funktioniert, dass daraus sogar eine eigene Berufsgruppe hervorgegangen ist. In den meisten Fällen präsentieren die Influencer ihr vermeintlich[1] perfektes Leben und preisen ganz nebenbei allerhand Produkte und Dienstleistungen an, egal, ob Klamottenmarke, Kosmetiklinie oder Luxus-Resort. An erster Stelle steht hierbei natürlich eines – und das ist der Kommerz.

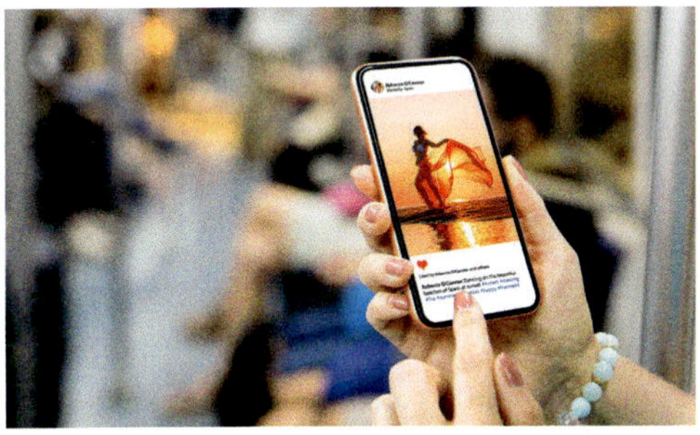

[…] Tatsächlich kann die scheinbare Dauerperfektion für junge Social-Media-Nutzer richtig gefährlich werden. Der Grund dafür: Die Pubertät ist eine wichtige Entwicklungsphase, in der das eigene Selbstbild maßgeblich vom Feedback anderer bestimmt wird. Sich mit anderen zu vergleichen, um den eigenen Platz in der Welt zu definieren, ist dabei ein wichtiger und andauernder Prozess. Bestehen die Inhalte, die Jugendliche zwischen 12 und 17 Jahren durchschnittlich zweieinhalb Stunden pro Tag konsumieren, allerdings lediglich aus gephotoshoppten Traumkörpern, ist ein Bezugsverlust zur Realität so gut wie vorprogrammiert.

Fortsetzung auf der Folgeseite

[1] **vermeintlich:** fälschlich angenommen, scheinbar

Ungeschminkte Wahrheit statt Glamour und Glitzer

Sogar einigen Influencern selbst ist das dauerhafte Streben nach Perfektion inzwischen zu anstrengend geworden. Aus diesem Wunsch nach mehr Natürlichkeit ist jetzt ein anderer, gegensätzlicher Trend entstanden – und der feiert den Mut zur Hässlichkeit. Vor allem unter dem Hashtag #mehrrealitätaufinstagram posten Instagrammerinnen wie Charlotte Weise, Dariadaria oder Vanezia_Blum Bilder, die sie zeigen, wie sie wirklich aussehen – und zwar mit unreiner Haut, Speckröllchen und fettigem Haar. Eine Influencerin, die genau mit dieser ungeschminkten Wahrheit erfolgreich geworden ist, ist die Österreicherin Antonia Schulze. Auf ihrem Instagram-Account Mutausbrueche zeigt sie regelmäßig, was das Absetzen der Pille mit ihrem Körper angerichtet hat – ein Thema, das viele junge Frauen beschäftigt. Auch heute, Jahre später, leidet sie noch immer unter Hautunreinheiten und Pickelmalen. […] „Für viele führen wir ein ‚perfektes Glamourleben' und werden beneidet. Deshalb finde ich, dass es wichtig ist, den Menschen zu zeigen, dass auch bei uns nicht alles so ist, wie es oft nach außen scheint. Wenn wir zeigen, dass wir dieselben Probleme wie jeder andere haben, sorgt das stattdessen für Sicherheit und Verständnis." […]

Gemeinsam für mehr Realität auf Social Media

„Ich weiß, wie schlimm die Psyche und das Selbstwertgefühl unter diesen Umständen und Problemen leiden können", berichtet Antonia alias Mutausbrüche weiter. „Deshalb mein Rat an alle, die manchmal an sich zweifeln: Du bist nicht alleine! Mein Kanal soll ein Ort für den Austausch sein, er soll einem das Gefühl geben, dass man mit diesen Problemen nicht alleine ist und es noch ganz viele andere Frauen gibt, die dasselbe beschäftigt. Und natürlich das Allerwichtigste: Unsere Haut bestimmt nicht unseren Wert!" […]

t3n.de, 03.01.2021

t3n digital pioneers

Informationen zur Quelle:
t3n.de ist die Onlineplattform der Marke t3n, die im Verlag yeebase media erscheint. Neben einer Berichterstattung zu Themen der digitalen Wirtschaft bietet die Website eine Jobbörse, ein Firmenverzeichnis, einen Eventkalender sowie einen wöchentlich erscheinenden Podcast und ein eigenes Netzwerk für die Digitalbranche. Nach Angaben der IVW[1] verzeichnet t3n.de rund vier Millionen Zugriffe pro Monat.

[1] IVW: Informationsgemeinschaft zur Feststellung der Verbreitung von Werbeträgern e.V.

876

3 Glosse

Mein selbstgebackenes Brot, meine Balkonpflanzen, meine Yoga-Verrenkung sind das neue mein Haus, mein Auto, mein Boot

#Inspirational. Wie man auf Instagram so richtig angibt

Auch schön: Online-Yogakurs mit Ziegen.

#Love, #Inspirational, #Beautiful – mit dergleichen Hashtags verzieren wir unsere Instagram-Postings, wenn wir der Welt zeigen wollen, wie gut es uns geht. Dabei sind wir natürlich extrem #thankful und wissen, dass wir super #privileged sind. Social Media haben immer schon Neidgefühle geschürt. Momentan herrscht aber geradezu ein Wettbewerb darum, wer die Corona-Krise #happier durchsteht, mehr #Qualitytime im Grünen verbringt und besser #Selfcare praktiziert. Wer es noch nicht draufhat, für den folgt jetzt ein Crashkurs im Angeben.

Filter, Filter, Filter!
Ganz wichtig: Mit einem lausigen Foto hat man auch bei tollem Motiv schon verloren. Man hat gerade den atemberaubendsten #Rainbow fotografiert? Damit man neben den 5.867 anderen Personen, die gleichzeitig dasselbe Motiv posten, nicht abstinkt, muss man die Farben ordentlich zur Geltung bringen. Dafür wurden Bearbeitungsprogramme am Smartphone und Instagram-Filter schließlich geschaffen. Reale Farben will niemand sehen. Das Rot soll strahlen, bis das Auge brennt.

Sehr wichtig sind Filter auch für #Foodlover. So wird auch das zu blass gebackene Laberl[1] mit der richtigen Bearbeitung zum krossen Brotwecken, wie ihn anno dazumal Oma auf dem Lande kredenzte. Und die Augenringe, die man auf dem Selfie hat, auf dem man mit Katze am Rücken den „hinabschauenden Hund" macht, kann man auch wegzaubern. Instagram pappt auch gleich etwas Make-up aufs Gesicht. So merken die anderen nicht, dass man davor eigentlich fünf Stunden Netflix geschaut hat.

Katzen, Kinder, Krieger
Stichwort hinabschauender Hund: Yoga kommt bei Neidern sowieso immer gut an. Wer den #Krieger in der #Natur vorführt, bekommt zusätzliche Neidpunkte von jenen, die seit Wochen vom vielen Backen das eine oder andere Kilo zugenommen haben und sich im Homeoffice im Jogginganzug nur

[1] **Laberl**: österreichische Brötchensorte

mehr zwischen Bett, Bad, Kühlschrank und Schreibtisch bewegen. Macht aber auch nichts, denn #wereinthistogether, schon vergessen?
Katzen und Kinder sind ohnehin ein Muss. Man zeigt das #Chaos in der (perfekt aufgeräumten und geputzten) Wohnung, das die lieben Kleinen hinterlassen haben. Ist aber trotzdem immer noch eine #happyfamily. Tipp: besser für die Fotos das unbenutzte, unbehandelte Holzspielzeug im #Scandidesign hervorholen und die Plastiksachen verstecken. Katzen inszenieren sich sowieso selbst, da muss man gar nicht viel tun. Ideal natürlich, wenn man gleich eine ganze Katzenbande beim Durchstirln[2] der Mistkübel in der Nachbarschaft antrifft – #natureishealing.

Die Perspektive macht's

Ja, #TinyHomes sind grad der letzte Schrei. Aber eigentlich wollen wir doch lieber mit großzügigem #Space prahlen. Der kleine Klopfbalkon schaut gleich viel luxuriöser aus, wenn man nur einen Ausschnitt zeigt. So leicht schräg, von unten im Eck fotografiert. Das morsche Holz am Boden bitte nicht zeigen. Oder einen schönen Teppich drauflegen. Und alle Pflanzen dicht zusammenstellen auf einer Seite. Dass die andere Wand kahl ist, wissen die Follower ja nicht. Irgendwo im Fotoarchiv hat man noch ein Foto vom Glas Sprudel an der Poolbar des letzten Urlaubs? Perfekt! So ein #tbt (throwback thursday) aus besseren Tagen ist auch immer eine gute Gelegenheit, darauf hinzuweisen, wo in der Weltgeschichte man schon herumgereist ist.

Bonus: Bibliothek beim Videocall

Die Angeberei muss freilich konsequent durchgezogen werden und darf nicht nur auf Instagram beschränkt sein. Wer etwas auf sich hält, platziert sich beim Videocall vor einem Bücherregal. Dabei gilt es auch darauf zu achten, welche Werke hier zu sehen sind. Denn #Booklover machen einen Screenshot, vergrößern diesen und analysieren. Marcel Proust, Robert Musil, Ingeborg Bachmann, Peter Handke (man will ja auch provozieren), Elfriede Jelinek und dergleichen sind ein guter Start. Dann noch Albert Camus' „Die Pest“ irgendwo lässig hervorschauen lassen und natürlich ganz viele Standardwerke aus Politik und Ökonomie. Das macht die #Analyse auf Twitter zu den wirtschaftlichen Folgen des Shutdowns[3] auch gleich glaubwürdiger.

Birgit Riegler, www.derstandard.at, 23.05.2020

[2] **durchstirln:** etw. unerlaubt / heimlich durchsuchen oder durchwühlen

Der Standard: bekannte österreichische Tageszeitung mit Sitz in Wien, politisch unabhängig und (links)liberal, nach dem Vorbild der New York Times gegründet

[3] **Shutdown:** Herunterfahren / Schließen des öffentlichen Lebens während der Corona-Pandemie, hier 16.03.-01.05.2020 in Österreich

4 Stellen Sie Ihre Untersuchungsergebnisse vor. Benennen Sie Gemeinsamkeiten und Unterschiede der Texte.

5 Im Internet werden Tools angeboten, mit denen man die Qualität eines Textes prüfen kann. Nutzen Sie die Ergebnisse der Prüfung des Textes von Birgit Riegler als Grundlage einer kritischen Diskussion solcher Tools.

Lange Sätze 11 | Lange Wörter 2 | Passiv 1 | Perfekt 6 | Unpersönliche Sprache 7

Modalverben 9 | Abkürzungen 1 | Füllwörter 12 | Adjektive 6 | Nominastil 9

6 Tools können nicht alles. Untersuchen Sie die sprachliche Gestaltung von Text 2 genauer: Arbeiten Sie die zentralen Themen des Textes heraus, indem Sie den Wortschatz untersuchen. Übertragen Sie die Tabelle ins Heft. Ergänzen Sie passende Oberbegriffe für die Wortfelder und weitere Beispiele aus dem Text.

	Psychologie		
Instagram (Untertitel) Influencerinnen (Z. 3) …	…	Lebensunterhalt (Z. 8) Milliardengeschäft (Z. 10) …	ungeschminkte (Titel) Natürlichkeits-trend (Titel) …

7 Nutzen Sie die Oberbegriffe aus Aufgabe 6: Formulieren Sie in ein bis zwei Sätzen einen Verstehensentwurf – also wie Sie Text 2 verstehen und was er Ihrer Meinung nach erreichen will.

8 Ein Tippfehler im Text? Diskutieren Sie die beiden Sätze zunächst zu zweit und notieren Ihre begründete Position dazu. Diskutieren Sie dann in der Klasse.
- Das Posten vermeidlich perfekter Bilder auf Instagram war gestern. (Untertitel)
- Das Posten vermeintlich perfekter Bilder auf Instagram war gestern.

9 Der Text stellt Schein und Realität auf sozialen Medien einander gegenüber. Notieren Sie mindestens vier passende Antithesen (→ Kasten S. 46) aus Text 2 (→ S. 41 f.), die diese Gegenüberstellung untermauern.

10 Analysieren Sie die folgenden Textzitate hinsichtlich ihrer Funktion oder Wirkung im Text mithilfe des Kastens auf der nächsten Seite. Übertragen Sie die Tabelle ins Heft und ergänzen Sie.

→ Hilfe S. 288

„Traumhäuser, Traumstrände, Traumkörper" (Z. 11)

„– und beweisen, dass sich der Lebensunterhalt auch auf diese Weise verdienen lässt." (Z. 8 f.)

„Ungeschminkte Wahrheit statt Glamour und Glitzer" (Z. 33)

„…– und zwar mit unreiner Haut, Speckröllchen und fettigem Haar." (Z. 40)

Textzitat	sprachliches Gestaltungsmittel	Funktion / Wirkung
„– und wird dafür gefeiert" (Z. 5)		

Das müssen Sie wissen

Merkblatt: 11040-08

So untersuchen Sie die sprachliche Gestaltung eines Textes

Lesen Sie den Text aufmerksam durch und markieren Sie sprachliche Auffälligkeiten, die Ihnen sofort ins Auge springen. Machen Sie sich Randnotizen, warum Ihnen die Textstelle aufgefallen ist und welche Wirkung diese auf Sie hat.
Untersuchen Sie den Text dann genauer, indem Sie Wortebene, Satzebene, besondere Gestaltungsmittel und Adressatenbezug bewusst unter die Lupe nehmen.
Beantworten Sie für sich folgende Fragen: Was lässt sich anhand der sprachlichen Gestaltung feststellen? Was sagt diese über den Autor / die Autorin aus? Für welche Leserschaft ist der Text geschrieben? Welche Intention lässt sich ableiten?

- **Wortebene**: Wortarten, Wortkomplexität, Wortfelder, Sprachregister (→ S. 20), Stilebenen (→ S. 128), Fremdwörter (→ S. 236, 240), Neologismen, Wortspiele und Redewendungen
- Besondere Gestaltungsmittel auf Wortebene: Repetitio, Enumeratio, Correctio, Emphase, Alliteration, Pleonasmus
- **Satzebene**: Satzbau, Satzlänge, Satzart, Satzform; Aufbrechen der Syntax durch Herausstellung am Anfang, Parenthese, Nachtrag oder Anakoluth
- Besondere Gestaltungsmittel auf der Satzebene: Anapher, Epipher, Parallelismus, Ellipse
- Besondere Gestaltungsmittel auf Wort- und Satzebene: Chiasmus, Klimax, Antithese, Hyperbel, Litotes, Ironie
- **Sprachbilder**: Vergleich, Metapher, Metonymie, Personifikation, Symbol
- **Adressatenbezug**: direkte und indirekte Ansprache der Leserschaft, rhetorische Frage, ...

Im Mediencode finden Sie Erklärungen und Beispiele zu den Untersuchungskategorien.

11 Untersuchen Sie nun die sprachliche Gestaltung von Text 3 genauer. Arbeiten Sie in Kleingruppen arbeitsteilig. Stellen Sie sich Ihre Ergebnisse danach gegenseitig vor.

- Wortfeld „Wettbewerb“
- Register und Stilebene
- Syntax und drei bis fünf besondere Gestaltungsmittel auf Wort- und / oder Satzebene

12 Diskutieren Sie in der Kleingruppe, inwiefern die sprachliche Gestaltung die Textintention stützt. Notieren Sie die Sprachmittel, die besonders dazu beitragen.
Formulieren Sie gemeinsam in ein bis zwei Sätzen, wie Sie Text 3 verstehen und was er Ihrer Meinung nach durch die sprachliche Gestaltung erreicht.

13 Bereiten Sie eine Stellungnahme zur Qualität der Texte 2 und 3 aus diesem Teilkapitel vor. Entwickeln Sie in Partnerarbeit geeignete Prüffragen und Beobachtungskriterien. Nutzen Sie zum Beispiel folgende Kategorien:

Seriosität | Inhalt | Lesbarkeit und Leserführung | Klarheit des äußeren und inneren Aufbaus | Intention des Textes / Autors | Nachvollziehbarkeit der Argumentation | Überzeugungskraft der Argumentation | Textintention gestützt durch sprachliche Gestaltungsmittel | Überprüfbarkeit | Klarheit und Verständlichkeit | sprachliche Korrektheit und passendes Sprachniveau

14 Die Redaktion der Schülerzeitung ist unsicher, ob sich die beiden Texte für die Leser der Klasse 10 eignen. Wählen Sie einen der Texte und bearbeiten Sie die folgenden Aufgaben, soweit Sie kommen:

- Formulieren Sie eine erste Einschätzung zur Qualität. Begründen Sie sie anhand zweier Kriterien, die Ihnen wichtig scheinen.
- Prüfen Sie die Qualität anhand der Kriterien aus Aufgabe 13 dann genauer.
- Formulieren Sie eine schriftliche Empfehlung für die Schülerzeitung.

15 In der Redaktion der Schülerzeitung entsteht auch eine inhaltliche Diskussion über die Thematik der Texte, zu der Sie eine Stellungnahme vorbereiten sollen: Notieren Sie, auf welche Fragestellung sich die Texte beziehen und welche Positionen sie dazu vertreten.

16 Verfassen Sie einen Leserbrief oder einen ausführlichen Internetkommentar zu einem der Texte. Beziehen Sie sich auf einzelne Aussagen des Textes und formulieren Sie Ihre Position samt Thesen, Argumenten und Beispielen.

So nehmen Sie persönlich Stellung

Das müssen Sie können

Mit dem in einem Text dargelegten Standpunkt einer Autorin / eines Autors setzt man sich kritisch auseinander, indem man auf die einzelnen bzw. auf ausgewählte Argumente und eventuelle Gegenargumente eingeht. Wichtig ist, dass man dabei ...

- Pauschalurteile und Verallgemeinerungen vermeidet,
- (ggf.) Einräumungen vornimmt *(Selbst wenn man davon ausgeht, dass ...)*,
- Schlussfolgerungen abwägend formuliert,
- Argumente mit passenden Beispielen untermauert,
- die eigenen Argumente auf inhaltliche und sprachliche Stichhaltigkeit prüft
- und den eigenen Standpunkt in Relation zu dem der Autorin / des Autors deutlich macht.

2

Neue Schönheitsideale?

Eine schriftliche Textanalyse vorbereiten und verfassen

1 Bereiten Sie die gründliche Beschäftigung mit dem folgenden Text vor. Lesen Sie den Text zunächst quer. Notieren Sie erste Vermutungen zum Thema und zur Absicht des Textes.

Fetisch Schönheit

Auch Body Positivity ist Schönheitstyrannei. Vielleicht wird es Zeit, dass wir uns mit anderen Dingen beschäftigen.

In den sozialen Netzwerken sehen wir in letzter Zeit vermehrt Bilder von Körpern, die nicht dem allgemeinen Schönheitsideal entsprechen. Vorgeführt werden Krähenfüße, Speckrollen, hängende Brüste und Dehnungsstreifen. Das ist gut. Wir können in Zeiten des Optimierungswahns nicht oft genug daran erinnert werden, wie die meisten Frauen nun einmal aussehen. Was mich allerdings irritiert, sind die trotzigen Behauptungen, die unter diesen Bildern stehen: Jede Frau, egal wie sie aussieht, sooo beautiful!

Die Sängerin Adele ließ sich im Mai 2020 [nach ihrem extremen Gewichtsverlust] für ihren Instagram-Account fotografieren. Foto: picture alliance / Photoshot

Ich habe es versucht, aber ich kann das so nicht sehen. Ich komme mir dabei vor wie im Märchen „Des Kaisers neue Kleider“, wo niemand, der den nackten Kaiser sieht, zugeben darf, was er sieht, sondern alle eifrig versichern, wie schön seine Kleider sind. In meinen Augen ist Schönheit ein extrem seltenes Phänomen, von ungerechten Göttern ziemlich wahllos verteilt. Die fiesesten Menschen sind manchmal wunderschön, während die liebenswürdigsten es nicht sind. Und – auch das ist ziemlich ungerecht – besonders schön anzuschauen sind eben doch junge Menschen. Warum müssen wir das leugnen? Schließlich ist Schönheit weder etwas, das uns zusteht, noch ein Verdienst. Und aus der Perspektive der Glücksforschung ist eine deutliche Warnung angebracht: Etwas hinterherzujagen, das wahllos verteilt und außerdem flüchtig ist, macht definitiv unglücklich.

Vielleicht liegt hier ja auch nur ein Missverständnis vor. Vielleicht möchten Frauen, die einander attestieren, wie schön sie sind, in Wirklichkeit sagen, dass sie gut sind, wie sie sind. Wertvoll, liebenswert. Das sollte dann aber, finde ich, auch ge-

nau so gesagt werden. Denn sonst laufen wir Gefahr, unter umgekehrten Vorzeichen doch wieder dem Götzen zu huldigen, in dessen Namen Frauen seit Generationen unter Druck gesetzt werden und sich selbst unter Druck setzen. Auch wenn wir sie bereitwillig verinnerlicht haben – es darf bezweifelt werden, dass die jeweils geltenden Standards von Frauen erfunden wurden. Um sich davon zu überzeugen, genügt ein Gang durch jede beliebige Gemäldegalerie. Frauen und ihre Körper wurden zu 98 Prozent durch die Augen von Männern betrachtet.

Meine Großmutter schüttelte über meine Obsession den Kopf

Warum nehmen wir Schönheit überhaupt so wichtig? Warum muss der Bauch einer Frau, die Kinder geboren hat, schön sein? Was ist das überhaupt für ein Maßstab? Reicht es nicht, dass er neue Menschen hervorgebracht hat?

Ich denke an meine Großmutter, Jahrgang 1907. Es war ihr Traum, Ärztin zu werden. Da ihre Eltern es unnötig fanden, dass eine Frau studiert, verdiente sie sich das Geld für ihr Medizinstudium selbst. Meine Großmutter war weder besonders hässlich noch besonders schön. Es war ihr nicht egal, wie sie aussah, regelmäßig ließ sie sich schöne Kleider anfertigen. Aber es war auch nichts, womit sie sich sonderlich viel beschäftigt hätte. Und wenn sie Vorbilder hatte, dann wohl eher jemanden wie die Ärztin Gabriele Possaner, die nach langem Kampf als erste Frau an einer Universität Österreich-Ungarns promovieren durfte. Als ich als Teenager begann, eine gewisse Obsession für mein Äußeres zu entwickeln, schüttelte sie verwundert den Kopf. Sie fand es viel interessanter, sich mit mir über Literatur zu unterhalten oder über wissenschaftliche Forschung.

Die Geheimwaffe des Patriarchats

Vielleicht ist es tatsächlich so, dass es sich bei unserer ganzen Schönheitsbesessenheit um eine Art Geheimwaffe des Patriarchats handelt, wie Naomi Wolff schon 1990 in ihrem Buch „Mythos Schönheit" vermutet hat. All die Zeit, alle Energie und alles Nachdenken, das Frauen auf die Beschäftigung mit ihrem Äußeren verwenden, so Wolffs These, fehlt ihnen, um den Männern Konkurrenz zu machen.

Wie wäre es also, wenn wir Falten und Fett einfach nicht so wichtig nähmen, anstatt uns abzumühen, sie schön zu finden? Was ein Jammer, dass die Sängerin Adele, die in ihrer Fülle jahrelang zeigte, dass Erfolg auf Können und Ausstrahlung beruhte, sich jetzt einer Norm angepasst hat, die sie aussehen lässt wie alle anderen. Dabei sollte diese Norm für das, was wirklich zählt, für Klugheit, Charisma und Stil, für Güte und Humor, für Persönlichkeit und Lebensleistung und selbst für die Liebe einfach keine große Rolle spielen.

Bettina Homann, www.tagesspiegel.de, 21.08.2020

2 Lesen Sie den Text noch einmal gründlich und überprüfen Sie Ihre Vermutungen aus Aufgabe 1. Formulieren Sie einen zusammenfassenden Satz als Einleitung der schriftlichen Textanalyse. Nennen Sie dabei die Autorin / den Autor, den Titel, die Textsorte. Fassen Sie den Inhalt und die Absicht des Textes kurz zusammen.

3 Übertragen Sie den Text in ein Flussdiagramm, welches die Grundlage Ihres weiteren Schreibplans bilden wird. Gestalten Sie das Flussdiagramm so, dass der Aufbau und die Art der thematischen Entfaltung anschaulich werden.

4 Analysieren Sie die einzelnen Textabschnitte noch genauer: Machen Sie sich Notizen zur Schlüssigkeit der Argumentationen, zur Art der Argumente und zur sprachlichen Gestaltung (→ S. 46). Notieren Sie Zeilenangaben oder kurze Zitate als Belege.

5 Formulieren Sie nun eine gründliche Textanalyse. Der Kasten auf Seite 51 hilft Ihnen.

6 Bereiten Sie eine ausführliche Stellungnahme zum Inhalt und zur Qualität des Textes vor. Klären Sie zunächst Ihre Positionen mithilfe der folgenden Umfrage.

a) Den Aussagen des Textes stimme ich …

–3 –2 –1 **0** 1 2 3

gar nicht ←→ vollständig zu

b) Durch die Struktur und die Themenentfaltung wird die Leserin / der Leser …

–3 –2 –1 **0** 1 2 3

verwirrt ←→ schrittweise geführt und überzeugt

c) Die Argumentation innerhalb einzelner Abschnitte finde ich …

–3 –2 –1 **0** 1 2 3

gar nicht überzeugend ←→ sehr überzeugend

d) Der Text erscheint mir …

–3 –2 –1 **0** 1 2 3

absolut sachlich ←→ durch und durch manipulierend

e) Seiner Absicht wird der Text …

–3 –2 –1 **0** 1 2 3

gar nicht gerecht ←→ absolut gerecht

7 Begründen Sie Ihre Einschätzungen jeweils. Formulieren Sie Sätze wie *Ich sehe das so, weil* … oder *Dies wird für mich vor allem deutlich, wenn* ….

8 Ergänzen Sie Ihre schriftliche Textanalyse aus Aufgabe 5 um eine schriftliche Stellungnahme. Gehen Sie dabei inhaltlich auf die Aussagen des Textes sowie auf dessen grundsätzliche Qualität im Blick auf die Zielgruppe und die Textabsicht ein.

Das müssen Sie können

So verfassen Sie die Analyse eines pragmatischen Textes

Das Ziel der Analyse eines pragmatischen Textes ist es, **über Inhalt, Struktur, argumentative und sprachliche Gestaltung zu informieren**. Dabei soll das **Zusammenwirken** von Inhalt, Struktur und Gestaltung sowie Adressatenbezug und die Intention **begründet erläutert** werden. Orientieren Sie sich an folgender Gliederung:

Einleitung:

- Informationen zum Text (Autor, Titel, Textsorte, Erscheinungsort und -datum)
- Kernaussage zum Thema / Inhalt
- Verstehensentwurf (erste Gesamteinschätzung des Analyseergebnisses, – wie Sie den Text verstehen – die der folgenden Analyse als „roter Faden" dient)

Hauptteil:

a) Strukturierte Inhaltswiedergabe

- Zusammenfassen des Inhalts nach Sinnabschnitten (Zeilenangaben) oder nach thematischen Aspekten: präzise, auf das Wesentliche reduziert, in eigenen Worten, sachlich, im Präsens
- Herausarbeiten der Text- bzw. Argumentationsstruktur: Klären und Benennen der Funktion der einzelnen Sinnabschnitte im Aufbau des Textes

b) Ausführliche Textbeschreibung und -analyse der Wirkung:

- Beschreibung des Aufbaus und der thematischen Entfaltung: Aufbau des gesamten Textes, Darlegen der Funktionen und der Abfolge der einzelnen Abschnitte
- Analyse der sprachlichen Gestaltungsmittel und ihrer Funktion: Satzbau (v. a. Parataxe oder Hypotaxe), Wortwahl, rhetorische Mittel (→ S. 46)

Setzen Sie Ihre Feststellungen immer wieder in Beziehung zur Absicht des Textes. Belegen Sie Ihre Beobachtungen auch. Arbeiten Sie mit Zitaten.

Schluss:

Fassen Sie Ihre wichtigsten Analyseergebnisse noch einmal zusammen und prüfen Sie Ihren Verstehensentwurf. Formulieren Sie gegebenenfalls eine verbesserte Version dieser Gesamtaussage.

Weiterführende Auseinandersetzung nach Aufgabenstellung:

Je nach Aufgabenstellung werden Sie eine Einschätzung der Textqualität vornehmen, eine eigene Position zur Aussage des Textes oder einen Antworttext – z. B. einen Kommentar oder Leserbrief – formulieren.

2

Was Sie schon können!

Kompetenztest

Schönheitsideale: Muskelmänner

Unter der Schreckensherrschaft des Magazins „Men's Health" sind Männer viel unzufriedener mit ihrem Körper als in Uganda oder Nicaragua. Das sollte ihnen zu denken geben.

[1]Natürlich können Menschen auf alle nur erdenklichen Arten gut aussehen. Trotzdem ähneln die Menschen auf Zeitschriftencovern einander frappierend – und das gilt nicht nur für Frauen. Muskeln scheinen für Männer verpflichtend zu sein nach diesem medialen Schönheitsideal, je sichtbarer sie sind, desto besser. Deshalb verwundert es nicht, dass viele Männer im Fitnessstudio schwitzend Muskelberge aufbauen, die in erster Linie eine dekorative Funktion haben, weil sie weder für die Rückengesundheit nötig sind noch für den Schreibtischjob. Wer solche Muskeln nicht hat, der weiß doch jederzeit, dass er sie eigentlich haben müsste, um die Schönheitsnorm zu erfüllen, und rettet sich mit Humor über den eigenen Bierbauch oder indem er sein T-Shirt im Zweifelsfall anlässt. Aber wird denn wirklich niemand davon verschont?

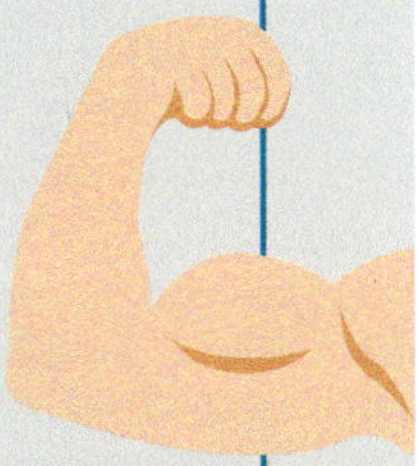

[2]Bestsellerautor oder Intellektueller zu sein reicht jedenfalls schon mal nicht, wie man sehen konnte an den Unterwäschefotos von Frank Schätzing, die sich der halben Buchbranche unauslöschlich in die Netzhaut gebrannt haben, und an der Facebook-Seite von Julian Nida-Rümelin, der vergangenes Jahr ein bizepsbetonendes Foto seines Workouts mit den Worten „muss zwischendurch sein, sonst droht die Verwandlung in einen Bücherwurm" kommentierte.

[3]Wie genau so ein Bücherwurm aussähe (sehr lang und dünn?) und was daran so schlimm wäre, blieb ungeklärt, aber britische Psychologen haben gerade zumindest untersucht, wo die geographischen Grenzen von Muskeln als Schönheitsnorm liegen. Für ihre Studie „Muscles and the Media" forschten sie in Uganda und Nicaragua und verglichen die Ergebnisse mit Daten aus England. Ergebnis: In Ländern fernab der Schreckensherrschaft von „Men's Health" legen Männer weniger Wert auf sichtbare Muskeln. Außerdem waren die Männer in Uganda und Nicaragua im Schnitt signifikant zufriedener mit ihren Körpern als ihre britischen Geschlechtsgenossen – und zwar umso zufriedener, je weniger Berührung mit westlichen Medien oder Sportübertragungen sie hatten.

[4]Männer stehen also vor der Wahl: nie wieder Fußball und Leichtathletik gucken und dafür den eigenen Körper lieben lernen oder auch künftige Weltmeisterschaften und Olympische Spiele mit Chips auf der Couch verfolgen und sich danach ein bisschen hassen? Keine leichte Entscheidung. [...] *Julia Bähr/*

1 Notieren Sie, welcher zusammenfassende Satz am besten zum Text passt.

a) Der Text warnt Männer vor überzogenen Ansprüchen an ihr Äußeres.
b) Der Text informiert über die Entwicklung des Schönheitsbegriffs in Bezug auf Männer.
c) Der Text kommentiert die vermeintlich falschen oder überzogenen Schönheitsvorstellungen europäischer Männer.
d) Der Text erörtert die männlichen Schönheitsideale in Nicaragua und Uganda.

Thema und Intention eines Textes erfassen

2 Der Text richtet sich sicherlich an verschiedene Adressatenkreise. Wählen Sie zwei der genannten Adressatengruppen und notieren Sie, welche Wirkung der Text auf diese Gruppe haben könnte.

Der Text wird vielleicht von … gelesen. Bei dieser Gruppe könnte er bewirken, dass …

Wortspeicher

Frauen – Männer – Jugendliche – Sportlerinnen – Sportler – Leser des Magazins Men's Health

Adressaten benennen und Textwirkungen unterscheiden

3 Ordnen Sie den Text einer der journalistischen Textsorten zu. Begründen Sie die Zuordnung kurz: Glosse, Reportage, Nachricht, Kommentar oder Bericht?

Die Textsorte eines journalistischen Textes bestimmen

4 Der Text stammt von einer Internetseite und enthält im Original einige *knots*, die die gesamte Internetseite zu einem Hypertext machen. Notieren Sie zwei Vorschläge für Verlinkungen, die diesen Text ergänzen könnten.

Die Funktion von Hypertextelementen kennen

5 Stellen Sie die Textstruktur und die Themenentfaltung in einem Flussdiagramm dar. Setzen Sie das begonnene Diagramm fort.

Die Textstruktur und die Themenentfaltung darstellen

6 Beschreiben Sie den Aufbau der Argumentation in Abschnitt 2. Benennen Sie – soweit vorhanden – Behauptungen, Begründungen und Beispiele.

Die Argumentationsweise beschreiben

7 Charakterisieren Sie auch die Sprache in Abschnitt 2: Notieren Sie zwei Textstellen und erklären Sie jeweils die sprachliche Besonderheit

Die Sprache beschreiben

\+ Positionieren Sie sich in einem kurzen Statement zu den Aussagen des Textes: Formulieren Sie zunächst, welche Aussage des Textes Sie aufgreifen möchten, und notieren Sie dann Ihre eigene Position dazu (ca. 2–3 Sätze).

Stellung nehmen

Schönheitsideale: Muskelmänner

Überschrift:
prägnanter, zu knapper Hinweis auf das Thema
→ weckt Interesse

↓ **und weiter ausgeführt**

Vorspann:
überspitzte Zusammenfassung der Hauptaussage
→ nennt das Thema des Textes, Hyperbel weist auf humorvoll-übertriebene Darstellung hin

↓ **wird an Erfahrungswelt angebunden, Fragestellung und Thema des Textes werden geannt**

Abschnitt 1:
Beschreibung des Aussehens der Menschen auf Zeitschriften und Aufwerfen der zentralen Frage des Textes
→ klärt Thema, weckt Interesse

3 Hirndoping!?

Materialgestützt informieren

1 Diskutieren Sie: Welche konkreten Situationen, die Stress auslösen können, sind für Ihre Altersgruppe „typisch"? Spielt medikamentöses Hirndoping Ihrer Meinung nach hierbei eine Rolle?

2 Medikamente mit dem Wirkstoff Methylphenidat können zum „Hirndoping" missbraucht werden: Nutzen Sie den Beipackzettel rechts. Sprechen Sie über die Wirkweise und den eigentlichen Verwendungszweck.

3 Nutzen Sie die Gedankenblase auf der rechten Seite und formulieren Sie erste Ideen, wie diese Probleme reduziert werden können, ohne auf Medikamente zurückzugreifen.

4 Prüfen Sie konkret, welche Angebote der schulpsychologische Dienst an Ihrer Schule oder in Ihrer Stadt zum Thema anbietet. Recherchieren Sie im Internet oder mit Ansprechpartnern in Ihrer Schule.

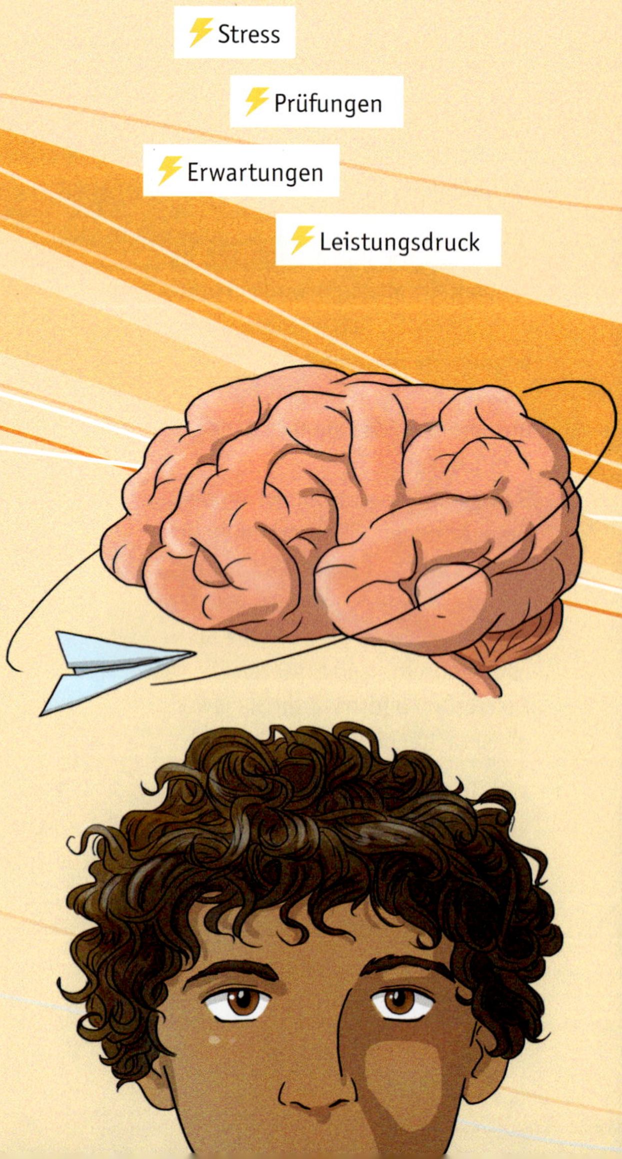

Was wissen Sie noch? Test unter: 11040-09

Methylphenidat-Hydrochlorid
Wie das Arzneimittel wirkt

[Das Arzneimittel] verbessert die Aktivität bestimmter Hirnregionen, in denen keine ausreichende Aktivität vorliegt. Das Arzneimittel kann zur Verbesserung der Aufmerksamkeit (Aufmerksamkeitsspanne) und Konzentration sowie zur Verminderung von impulsivem Verhalten beitragen. Dieses Arzneimittel wird im Rahmen eines Behandlungsprogramms verabreicht, das in der Regel psychologische, erzieherische und soziale Therapiemaßnahmen umfasst. […]

Über die ADHS

Kinder und Jugendliche mit ADHS haben Schwierigkeiten, still zu sitzen und sich zu konzentrieren. Dabei ist es nicht ihre Schuld, dass ihnen das schwer fällt. Viele Kinder und Jugendliche haben damit Schwierigkeiten, aber bei einer ADHS kann dies zu Problemen im Alltag führen. […] Eine ADHS hat keinen Einfluss auf die Intelligenz des Kindes oder Jugendlichen. […]

Was sollten Sie oder Ihr Kind vor der Einnahme […] beachten? […]
Drogentests

Dieses Arzneimittel kann zu positiven Ergebnissen bei Drogentests führen. Dies gilt auch für Dopingtests bei Sportlern.

Sie haben schon in den vorausgehenden Schuljahren mithilfe von Material informierende Texte verfasst. Im folgenden Kapitel zum Thema Hirndoping erweitern Sie Ihre Kenntnisse und Kompetenzen. Hierbei lernen Sie, …

- … Themen und Begriffe zu definieren,
- … Informationen zu recherchieren und Materialien zu erschließen,
- … die Brauchbarkeit und die Seriosität von Materialien zu prüfen,
- … Texte und Textstellen zu exzerpieren und Belege richtig zu zitieren,
- … gemeinsam einen Wiki-Text zu gestalten und zu überarbeiten,
- … Zitate richtig in einen Text zu integrieren,
- … komplexe Zusammenhänge schriftlich zu erklären,
- … Ergebnisse mündlich zu präsentieren und
- … eine Präsentation zu gestalten und einzusetzen.

3

Was ist Hirndoping?

Materialien recherchieren, erschließen und bewerten

1 Projekttag „Gesundheit im Schulalltag“: In Ihrer Klasse wird überlegt, ob und wie das Thema „Hirndoping“ für diesen Studientag aufbereitet werden könnte. Setzen Sie Ihr Einstiegsgespräch von → S. 54 f. fort. Sichern Sie Ihre Ergebnisse in einer Mind-Map.

→ Hilfe S. 288

2 Formulieren Sie zu zweit eine vorläufige Definition zu „Hirndoping“.

3 Lesen Sie die Materialien M1–M4 diagonal: Prüfen Sie dabei, auf welches grundsätzliche Thema sich die Materialien beziehen und welche Fragen zum Thema „Hirndoping“ sie beantworten könnten. Notieren Sie zu jedem Material einen zusammenfassenden Satz: *M1 informiert darüber, dass .../ erklärt .../ veranschaulicht ...*

4 Tauschen Sie sich in der Klasse zur Brauchbarkeit und zur Seriosität der Texte aus. Nutzen Sie den folgenden Kasten.

Das müssen Sie können

So prüfen Sie die Brauchbarkeit und die Seriosität von Materialien

Prüfen Sie zunächst, ob das Material **inhaltlich** zur Fragestellung passt: Achten Sie auf die Überschrift, auf Untertitel, Vortexte, Zwischenüberschriften, Hervorhebungen und Bilder. Prüfen Sie: Auf welche Fragen antwortet der Text?
Ob ein Material **seriös** ist, erkennen Sie zum Beispiel, indem Sie prüfen, ...

- ob der Verfasser angegeben ist, und ob er als Experte für das Thema zu erkennen ist.
- ob der Veröffentlichungsort vertrauenswürdig ist. Achten Sie bei Internetquellen auf die Angaben im Impressum.
- ob die Aussagen des Materials mit denen anderer Materialien übereinstimmen.

Achten Sie auch auf **Qualitätsmerkmale** im Schriftbild, in der Orthografie und der sprachlichen Gestaltung von Texten.

Arbeitsblatt: 11040-10

5 Lesen Sie die Materialien M1–M4 nun noch einmal gründlich und werten diese aus.

→ Hilfe S. 288

M1

Gehirndoping und Neuroenhancement: Fakten und Mythen

Eine Zusammenfassung nach zwanzig Jahren Forschung

Was ist Gehirndoping / Neuroenhancement überhaupt?

Allgemein meint man damit die Steigerung der geistigen Leistungsfähigkeit durch direkte Eingriffe ins Gehirn von *gesunden* Menschen, beispielsweise mit pharmakologischen Substanzen (Drogen / Medikamente) oder elektrischer Stimulation. Die Bezeichnung „Gehirndoping" zieht den Vergleich zum institutionalisierten Sport, wo bestimmte leistungssteigernde Mittel verboten sind. „Neuroenhancement" (oder auch: „Cognitive Enhancement") wird eher in der wissenschaftlichen Diskussion verwendet. [...] Ich verfolge die Diskussion seit über 15 Jahren und veröffentlichte 2005 möglicherweise den ersten deutschsprachigen Artikel zum Thema. Als junger, leistungsorientierter Philosoph und Wissenschaftler sah ich den Trend erst sehr positiv. Aufgrund der vielen Ungereimtheiten in der Berichterstattung und nach einer ersten Sichtung der pharmakologischen Studien [...] wurde ich aber skeptisch. Wird hier den Menschen nicht viel zu viel versprochen? [...]

Wie verbreitet ist Gehirndoping / Neuroenhancement?

[...] Die ehrliche Antwort auf die Frage nach der Verbreitung ist daher: Es lässt sich nicht genau sagen. [...] In vielen [...] Studien geht es nicht spezifisch um Gehirndoping / Neuroenhancement, sondern um „nichtmedizinischen Konsum" von Stimulanzien und anderen Mitteln. Unter nichtmedizinischen Konsum fallen auch Motivationen wie länger auf Partys feiern, soziale Ängste bzw. Schüchternheit überwinden, abnehmen – einige Mittel reduzieren Hunger – oder schlicht ein „High-Gefühl" zu erleben. Diese wesentlichen Unterschiede werden in vielen Berichten, sowohl in wissenschaftlichen als auch in allgemeinen Medien, aber oft nicht berücksichtigt.

Passend zur Vorstellung von Gehirndoping / Neuroenhancement wurden zwar bessere Konzentration beim Lernen oder länger wach bleiben, um zu studieren, häufig als Gründe für den Konsum genannt. Das könnte aber schlicht die Tatsache widerspiegeln, dass die meisten Befragungen mit Studierenden durchgeführt wurden. Die Studien, die sich ausschließlich mit dem Steigern der geistigen Leistungsfähigkeit beschäftigen, anstatt allgemein nach „nichtmedizinischem Konsum" zu fragen, finden übrigens deutlich geringere Zahlen zur Häufigkeit.

Um welche Substanzen / Mittel geht es eigentlich?

Der Fantasie sind prinzipiell keine Grenzen gesetzt, wenn es darum geht, welche Substanzen oder Mittel die geistige Leistungsfähigkeit steigern *könnten*. Neben vorläufigen Versuchen mit elektrischen bzw. magnetischen Gehirnstimulationsverfahren wie der transcraniellen Gleichstromstimulation (TDCS) oder transcraniellen Magnetstimulation (TMS) und möglichen Anti-Demenz-Mitteln hat sich die Forschung im Wesentlichen auf die Psychostimulanzien Amphetamin („Speed"), Methylphenidat („Ritalin") und das zur Behandlung bestimmter Schlafstörungen verschriebene Modafinil („Vigil") konzentriert.

Stephan Schleim (*1980) ist Philosoph und Psychologe. An der niederländischen Universität Groningen erforscht er u. a., welchen Einfluss Darstellungen der Hirnforschung auf gesellschaftliche Debatten haben.

Diese Mittel haben Einfluss auf die Verfügbarkeit von Botenstoffen wie Dopamin und Noradrenalin im Gehirn, wobei die Wirkmechanismen – vor allem von Modafinil – noch nicht vollständig verstanden sind. Übrigens wird Amphetamin seit über 100 Jahren, Methylphenidat seit den 1940ern und Modafinil seit den 1970ern erforscht. Alle drei Substanzen stehen im Verdacht, Sucht- und Missbrauchspotenzial zu besitzen und sind darum speziell reguliert, Modafinil allerdings in geringerem Maße als die anderen beiden. […]

Stephan Schleim, www.heise.de, 30.12.2020

M2

„Hirndoping" – lernen leicht gemacht mit Pillen? (2017)

Viele Menschen greifen im Wettbewerb um gute Noten und Leistungen am Arbeitsplatz zu vermeintlich leistungssteigernden Substanzen. Das Projekt JuHdo führt Jugendliche an den gesellschaftlichen Diskurs über das „Hirndoping" heran.

Handelt es sich bei der Einnahme leistungssteigernder Medikamente um verwerfliches „Hirndoping" im täglichen Konkurrenzwettbewerb? Oder kann „Cognitive Enhancement" die Chancengleichheit fördern – beispielsweise indem es Studierenden mit Nebenjobs und Kindern hilft, Mehrfachbelastungen zu kompensieren? Und wäre es nicht sogar im Sinne der Gesellschaft, wenn Angehörige von Berufsgruppen mit verantwortungsvollen Aufgaben „Neuro-Enhancer" nutzten, falls deren leistungssteigernde Wirkung erwiesen und die Einnahme gesundheitlich unbedenklich wäre?

Was können die „Wunderpillen" wirklich?

Methylphenidat, auch bekannt als Ritalin, gilt als Wundermittel, von dem sich gesunde Menschen eine gesteigerte Wachheit und Konzentration beim Lern- und Arbeitsmarathon erhoffen. Die Zahl der Ritalin-Verschreibungen steigt. Das ist ein Indiz dafür, dass immer mehr Menschen die Substanz missbrauchen, um ihre geistige Leistungsfähigkeit zu optimieren. Neben Medikamenten gegen Unruhe, Nervosität und Angst werden auch Präparate gegen Depressionen, Tagesmüdigkeit und Betablocker zu diesem Zweck konsumiert.

Tatsächlich können einige Substanzen die Aufmerksamkeit verbessern oder die Erschöpfung bei Schlafentzug mindern. Gesicherte Ergebnisse, die eine leistungssteigernde Wirkung bei Gesunden belegen, fehlen jedoch. Sicher ist nur, dass all diese Präparate Nebenwirkungen haben. Kopfschmerzen und Persönlichkeitsveränderungen wie emotionale Abstumpfung gehören dazu. Zudem könne sich Abhängigkeit etablieren.

Öffentliche Diskurse – so früh wie möglich

Eine leistungssteigernde Wirkung durch „Hirndoping" ist wissenschaftlich nicht belegt. Alle einschlägigen Präparate haben jedoch unerwünschte Nebenwirkungen.

Die vielfältigen Aspekte des „Hirndopings" zeigen, wie wichtig es ist, mögliche Folgen des lebenswissenschaftlichen Fortschritts mit einem gesellschaftlichen Diskurs zu begleiten. Dieser muss die ethischen, rechtlichen und sozialen

Dimensionen neuer Entwicklungen öffentlich ausleuchten. Denn eine frühzeitige Meinungsbildung ist wichtig: Sie kann die Weichenstellung durch gesellschaftliche Akteure mitgestalten und unerwünschte Entwicklungen verhindern. [...] Die Beteiligung junger Menschen an solchen Diskussionen verläuft bisher meist nur im Hintergrund. Dabei ist es besonders wichtig, Jugendliche zu motivieren, sich über zukunftsrelevante Themen zu informieren und eine reflektierte Meinung zu bilden. Das unterstützte das Forschungsprojekt „JuHdo – Junge Menschen und ihr Umgang mit ethischen, rechtlichen und sozialen Fragen der Leistungssteigerung durch Hirndoping". Das Bundesforschungsministerium förderte JuHdo im Rahmen seines Schwerpunktes „Ethische, rechtliche und soziale Aspekte in den Lebenswissenschaften", kurz ELSA. [...]

Bundesministerium für Bildung und Forschung, www.gesundheitsforschung-bmbf.de, Mai 2017

M3

Gefährliches Hirndoping

Ritalin und Co. als Wachmacher im Job und in der Ausbildung: Nebenwirkungen werden unterschätzt.

Müde und unkonzentriert? Um den Anforderungen in Schule oder Beruf gerecht zu werden, greifen manche zu leistungsfördernden Substanzen wie Ritalin oder Modafinil. Ritalin soll eigentlich ADHS-Betroffenen helfen, ruhiger zu sein und sich besser zu konzentrieren. Modafinil wiederum wird bei Narkolepsie-Patienten[1] eingesetzt, weil es das zentrale Nervensystem stimuliert, ohne den Nachtschlaf zu beeinträchtigen. Das Problem: Beide Medikamente werden zusehends zweckentfremdet und von Personen eingenommen, die weder unter ADHS noch unter Narkolepsie leiden. Bei ihnen haben die Pillen einen Wachmacher-Effekt und fördern die Konzentration und die Leistungsfähigkeit.

Die Medikamente sind zwar nur auf Rezept erhältlich, aber der illegale Schwarzmarkt floriert – sei es über Patientinnen und Patienten, die das verschriebene Medikament an andere verkaufen, oder über das Internet. Ein Vergleich der Daten des Global Drug Survey aus den Jahren 2015 und 2017 zeigt, dass sich die missbräuchliche Verwendung von sogenannten Neuro-Enhancern fast verdreifacht hat – von 4.9 auf 13,7 Prozent. An dieser anonymen Befragung nahmen insgesamt mehr als 100 000 Menschen aus 15 Industrieländern teil.

Die anonyme Online-Umfrage ist nicht repräsentativ, zeigt aber einen klaren Trend. Zwischen den einzelnen Ländern bestehen große Unterschiede: Der höchste Anteil mit fast 30 Prozent befindet sich in den USA, Europa holt kräftig auf. Forschende der University of California sehen einen Zusammenhang zwischen der Verschreibungspraxis und der missbräuchlichen Verwendung: Je häufiger ADHS-Betroffene mit Ritalin ruhiggestellt werden, desto häufiger wird das Mittel von Personen, die kein ADHS haben, als leistungsfördernde Substanz missbraucht. Für die Schweiz gibt es keine verlässlichen Zahlen. Eine Untersuchung der Krankenkasse DAK hat für Deutschland ermittelt, dass fast drei Millionen Menschen schon einmal stimulierende Medikamente genommen haben, um im Job fitter zu sein oder Stress am Arbeitsplatz auszuhalten. [...]

Manuela Specker, www.myjob.ch, 03.03.2020

[1] **Narkolepsie:** Krankheit, Schlafattacken und enorme Müdigkeit sind die Symptome

M4

Hirndoping für Studierende: Alternativen zu leistungssteigernden Medikamenten

Es geht auch ohne Hirndoping

Dass eine wichtige Klausur oder ähnlich anspruchsvolle Herausforderungen anstehen, muss niemanden dazu verleiten, gefährliche Substanzen zu nutzen. Stattdessen gilt es, einen gesunden Umgang damit zu erlernen. Mit den richtigen Strategien können Sie Ihrem Denkapparat auch auf anderem Wege ein wenig auf die Sprünge helfen, die im Falle von kurzer Vorbereitungszeit und dem Prüfungsstress selbst, nützlich sind. Hier geben wir Ihnen ein paar einfache Tricks an die Hand, wie Sie Ihre Leistung risikolos erhöhen und bündeln können.

Schnelle Lernerfolge

Aller guten Vorsätze zum Trotz: Sich genügend Zeit für die Lernphase einzuplanen gelingt vielen Studierenden nur selten. Statt nun die Produktivität medikamentös zu erhöhen, sollte die Prüfungsvorbereitung effizient gestaltet werden. Versuchen Sie zuerst, den Frust über die anstehende Herausforderung durch positives Denken zu ersetzen. Denn die Prüfung bringt Ihnen schließlich etwas. Eine weitere Motivationshilfe ist es, sich Belohnungen für seinen Fleiß einzuplanen. Anschließend geht es darum, die zu lernenden Inhalte auf ein wesentliches Minimum zu reduzieren, da die Zeit kaum reichen wird, um sämtliche Themen zu wiederholen. Vielleicht wurde der zu lernende Stoff durch den Professor bereits eingegrenzt. Oder Sie schauen sich frühere Klausuren an, um Hinweise auf den Inhalt der anstehenden Prüfung zu erhalten. Zudem kann eine kurze Rücksprache mit ein paar Kommilitonen nützlich sein.

In der Prüfung

Am Tag der Klausur sollten Sie möglichst ausgeruht sein und entsprechend früh schlafen gehen. Greifen Sie beim Frühstück am besten zu Vollkornbrot. Das liefert viel Energie für die nächsten Stunden. Als kleine Snacks ist „Brainfood“ wie z. B. Bananen, Buttermilch und Nüsse zu empfehlen. Schweres, fettiges Essen sollte hingegen vermieden werden, da das nur träge und müde macht.

www.zentraljob.ch, 28.06.2021

M5

Informationsvideo zum Gehirndoping

Video:
11040-11

6 Präzisieren und erweitern Sie Ihr Wissen zum Thema „Hirndoping“. Klären Sie die folgenden Fragen im Klassengespräch. Greifen Sie zunächst ausschließlich auf das Material M1–M4 zurück und nutzen Sie dann gegebenenfalls ergänzend den Link zum Video (→ M5). Notieren Sie weitere Fragen, die sich Ihnen bisher stellen.

7 Erweitern Sie die Recherche und greifen Sie auch auf Material aus dem Internet zurück. Hierbei können Ihnen die Links auf dem Arbeitsblatt eine Orientierung bieten.

Arbeitsblatt: 11040–12

- Ergänzen Sie Ihre Materialauswertung aus Aufgabe 5 mithilfe des Materials.
- Nutzen Sie den Kasten auf Seite 56 sowie die Ergänzungen im folgenden Kasten und formulieren Sie eine begründete Einschätzung zur Brauchbarkeit und Seriosität des Materials.
- Recherchieren Sie selbstständig eine weitere Informationsquelle im Internet. Prüfen und beschreiben Sie die Seriosität Ihrer Quelle mithilfe der Kästen in diesem Teilkapitel. Ergänzen Sie die Tabelle aus Aufgabe 5.

So prüfen Sie die Seriosität von Materialien aus dem Internet

Das müssen Sie können

Hinweise, die den Kasten auf Seite 56 ergänzen können, sind:
- Prüfen Sie, ob die angegebenen Autoren, Herausgeber und Seitenbetreiber wirklich existieren und vertrauenswürdig sind, indem Sie Informationen zu ihnen recherchieren und auswerten.
- **Wissenschaftliche Texte** finden Sie mithilfe der Suchmaschinen von Onlinekatalogen der Universitäten.
- Beziehen Sie auch Veröffentlichungen ein, von deren Seriosität sie grundsätzlich ausgehen können, z. B. gut recherchierte **Lexika**.

3

Wo stand das nochmal?

Exzerpieren und Zitieren üben

1 Für den Projekttag sind auch kurze Vorträge und eine Broschüre zum Thema „Hirndoping“ geplant. Zur Vorbereitung sollen die Quellentexte in knappen Exzerpten zusammengefasst werden. Bearbeiten Sie die Aufgaben nacheinander in Partnerarbeit:

- Notieren Sie zwei gelungene und zwei verbesserungswürdige Stellen des Exzerpts.
- Notieren Sie Tipps und Hinweise zur Gestaltung eines brauchbaren Exzerpts.
- Erstellen Sie eine überarbeitete Version des Exzerpts, welche die Inhalte so knapp wie möglich und dennoch verständlich und nachvollziehbar zusammenfasst.

ACHTUNG FEHLER !

M1: Fakten und Mythen z. Hirndoping
WAS?
· = allg. „Steigerung d. Leistungsf. durch dir. Eingriffe im Gehirn von gesunden M.“
· Drogen und Medikamente
· vgl. mit Doping (Sport)
· selbst: zunächst positiv, → inzwischen aber skp. ???
· „Die ehrliche Antwort auf die Frage nach der Verbreitung ist daher: Es lässt sich nicht genau sagen.“
· ...

2 Ergänzen Sie das Exzerpt auch um die restlichen Abschnitte des Textes M1 (→ S. 57) knapp. Überarbeiten Sie Ihre Arbeitsergebnisse in Partnerarbeit.

Das müssen Sie können

So verfassen Sie ein Exzerpt handschriftlich oder digital

Wenn Sie mit **mehreren Materialquellen** arbeiten, auf deren Grundlage ein Text oder ein Referat verfasst werden soll, kann es hilfreich sein, die **Quellen zu exzerpieren**. Notieren Sie die **Überschrift** des Textes und fassen Sie seine **Aussagen knapp** zusammen. Die Zusammenfassung sollte so formuliert sein, dass sie auch ohne erneuten Blick in die Originalquelle verständlich bleibt.
Zitate, die beim Verständnis des Abschnitts helfen und die sich eignen, um später in den eigenen Text oder das Referat aufgenommen zu werden, werden wörtlich in Anführungszeichen und unter Angabe der Seiten und Zeilen notiert.
Wenn **Texte digital** vorliegen, kann auch direkt im Dokument exzerpiert werden. Notieren Sie die zusammenfassenden Notizen **in einem Text- oder Kommentarfeld direkt im Text**. Textstellen, die sich später als Zitate eignen, können direkt im Text **farbig markiert** werden.

Materialgestützt informieren

3 Verbessern Sie das folgende digitale Exzerpt zum zweiten Textabschnitt von M1. Arbeiten Sie mit einem Textverarbeitungsprogramm oder formulieren Sie die Überarbeitung handschriftlich.

Arbeitsblatt: 11040–13

M6

Wie verbreitet ist Gehirndoping/Neuroenhancement? (M1, Z. 16-24)

[…] Die ehrliche Antwort auf die Frage nach der Verbreitung ist daher: Es lässt sich nicht genau sagen. [...] In vielen […] Studien geht es nicht spezifisch um Gehirndoping/Neuroenhancement, sondern um „nichtmedizinischen Konsum" von Stimulanzien und anderen Mitteln. Unter nichtmedizinischen Konsum fallen auch Motivationen wie länger auf Partys feiern, soziale Ängste bzw. Schüchternheit überwinden, abnehmen – einige Mittel reduzieren Hunger – oder schlicht ein „High-Gefühl" zu erleben. Diese wesentlichen Unterschiede werden in vielen Berichten, sowohl in wissenschaftlichen als auch in allgemeinen Medien, aber oft nicht berücksichtigt.

- Frage nach Verbreitung lässt sich n. genau beantworten
- viele Studien: Stimulanzien
- nicht nur „Hirndoping" → auch: Party, Schüchternheit usw.
- Diese wesentlichen(!) Unterschiede für die Ursachen werden in vielen Berichten oft nicht richtig berücksichtigt.

ACHTUNG FEHLER !

4 Üben Sie das Notieren von Textzitaten für die Broschüre anhand des Textauszugs von M1 (→ S. 57), Z. 8–14 aus. Prüfen Sie, welche Teile der folgenden Formulierungen wörtlich übernommen sind oder nur umschrieben sind. Stellen Sie die Zitate formal korrekt dar.

a. Stephan Schleim führt aus, er verfolge die Diskussion seit über 15 Jahren. Als junger Wissenschaftler habe er den Trend erst sehr positiv gesehen.

b. Stephan Schleim beschreibt, wie er seine Position gegenüber dem Gehirndoping geändert hat. Seine frühere Aufgeschlossenheit ist heute zur Skepsis geworden.

c. Stephan Schleim beschreibt, wie er zum Skeptiker wurde: Ungereimtheiten in der Berichterstattung und die Sichtung pharmakologischer Studien lösten seinen Sinneswandel aus.

Das wissen Sie bereits

Zitate als Belege

Textstellen, die besonders **aussagekräftig** sind oder zentrale Thesen **belegen**, können auch in einem Exzerpt als **direkte (wörtliche)** oder **indirekte (paraphrasierte)** Zitate notiert werden. Setzen Sie **alle wörtlichen Übernahmen** in Anführungszeichen. Kennzeichnen Sie **Auslassungen** […] und **grammatische Veränderungen** mit [xy].

Zum Nachlesen für alle

Materialgestützt in Wiki und Broschüre informieren

1 Die Inhalte des Projekttags sollen sowohl in einer Broschüre als auch in einem informierenden Lexikon-Text zum Thema „Hirndoping" für das Schul-Wiki präsentiert werden. Lesen Sie den folgenden Informationstext, der selbst wie ein Wiki-Text gestaltet ist, und notieren Sie Hinweise zum Aufbau und zur Gestaltung eines solchen Textes.

M7

Was ist ein Wiki?

Wiki (hawaiisch für „schnell"[1]); Sammlung von miteinander vernetzten Webseiten, deren Inhalte in einem offenen Autorensystem entstehen und fortlaufend verändert werden können: Nutzerinnen und Nutzer können die Texte, bei denen es sich in der Regel um informierende Lexikontexte handelt, nicht nur lesen, sondern auch direkt im Browser bearbeiten.[2]

Die grundlegende Idee eines Wiki-Lexikons besteht darin, Erfahrungen und Wissen innerhalb der Nutzergemeinschaft zu sammeln und durch den gegenseitigen Austausch zu vermehren oder zu präzisieren. Dazu können die Texte und Inhalte in gemeinschaftlichen Arbeitsprozessen durch bestimmte, meist einfach zu bedienende technische Möglichkeiten geschaffen und immer wieder überarbeitet werden.

Das bekannteste und am weitesten verbreitete Wiki ist die Online-Enzyklopädie Wikipedia, die mit unzähligen Einträgen in verschiedenen Sprachen das meistgenutzte Lexikon der Welt darstellt. Daneben nutzen viele kleinere Arbeitsgruppen – etwa Firmen oder Bildungseinrichtungen – eigene Wikis, um spezielle Inhalte aufzuarbeiten, aktuell zu halten und dem Nutzerkreis zur Verfügung zu stellen.

Wiki-Einträge folgen in der Regel dem Stil gängiger Lexikon-Texte, wie sie auch im Print-Bereich üblich sind. Dem genannten Stichwort folgen Informationen zu dessen Herkunft und Verwendung, bevor Inhalte erklärt und Verwendungszusammenhänge beschrieben werden. Die Sprache eines Wiki-Textes ist präzise und sachlich. Gängige Fachbegriffe werden ohne weitere Erklärung genutzt, können aber durch Hypertext-Verweise mit erklärenden Textseiten verknüpft sein. Besondere, nicht allgemein bekannte Phänomene werden kurz erklärt und – wenn möglich – ebenfalls mit weiteren Erklärungen verlinkt.

Um den Ansprüchen der wissenschaftlichen Präzision und Überprüfbarkeit gerecht zu werden, enden viele Wiki-Artikel mit Hinweisen zur genutzten Literatur und anderen Quellen. Aussagen und Zitate innerhalb des Wiki-Textes sind entsprechend mit Fußnoten versehen, die auf die Belegstellen hinweisen.

Verfassertext

[1] Vgl. z. B.: https://wirtschaftslexikon.gabler.de/definition/wiki-46992
[2] Vgl. hierzu auch: https://de.wikipedia.org/wiki/Wiki

2 Entwerfen Sie eine mögliche Gliederung für den Wiki-Text zum Hirndoping.

3 Planen Sie auch die Gestaltung der Broschüre für den Projekttag: Nutzen Sie die Hinweise im folgenden Kasten und entwerfen Sie eine erste handschriftliche Gliederung der Broschüre. Nutzen Sie leere DIN-4-Blätter, die sie in der Mitte falten.

So gestalten Sie eine Broschüre

Das müssen Sie können

- Beachten Sie, für welchen **Anlass** und für welche **Zielgruppe** (z. B. Experten oder Laien, Erwachsene oder Kinder) Sie die Broschüre gestalten. Hiernach entscheiden sich zum Beispiel der Umfang der Texte, ihr Sprachstil und -register (→ S. 20, 46, 217) oder die Notwendigkeit von Erklärungen.
- Unterteilen Sie das **Gesamtthema** in passende **Teilthemen**. Formulieren Sie aussagekräftige **Überschriften** für die Teilthemen und die zusammenfassenden **Texte**. Textumfänge zwischen einer viertel und einer halben DIN-A4 Seite sind oft angemessen.
- **Erklären** Sie schwierige Sachverhalte durch Randnotizen oder Erklärungskästen. Ergänzen Sie **Bilder** und **Zeichnungen**. Achten Sie auf **korrektes Zitieren** und die **Angabe Ihrer Quellen**.

4 Entscheiden Sie nun, ob Sie an der Broschüre oder dem Wiki-Text mitarbeiten werden. Sammeln Sie jeweils in einer Redaktionskonferenz Themen und Inhalte aus Ihrer bisherigen Beschäftigung mit dem Thema „Hirndoping", die in die Broschüre oder in das Wiki aufgenommen werden sollten.

5 Bereiten Sie Ihre Texte weiter vor: Erarbeiten Sie einen ersten stichwortartigen Entwurf für den Wiki-Text oder die Broschüren-Texte. Handeln Sie in der Redaktionskonferenz aus, ob Ihre Ideen und Planungen ausgeführt werden sollten.

6 Formulieren Sie Ihre Schreibplanungen aus. Beachten Sie die Rückmeldungen aus der Redaktionskonferenz. Achten Sie darauf, Zitate samt Belegquelle zu notieren.

7 Führen Sie Ihre Texte in einer Redaktionskonferenz oder mithilfe einer Wiki-Software bzw. eines Publisher-Programms digital zusammen: Überarbeiten Sie Ihren Text in mehreren Bearbeitungsschleifen: Sammeln Sie Änderungswünsche der Gruppenmitglieder und diskutieren Sie diese gemeinsam.

8 Prüfen Sie innerhalb der Arbeitsgruppe noch einmal, welche Aussagen durch Belege fundiert werden müssen und an welchen Stellen direkte Zitate als Belege und Veranschaulichung eingebaut werden könnten. Markieren Sie diese Textstellen.

9 Üben Sie das Belegen und Zitieren: Prüfen Sie, inwiefern sich die folgenden Aussagen anhand der Materialien M1–M4 belegen lassen. Formulieren Sie zu jedem Zitat einen passenden Satz. Sie können die Formulierungen aus dem Wortspeicher verwenden.

a) Wie verbreitet Hirndoping ist, lässt sich nicht genau sagen.
b) Die Leistungssteigerung durch Hirndoping ist wissenschaftlich nicht belegt.
c) In den USA ist die Missbrauchsrate der entsprechenden Medikamente am höchsten.
d) Brainfood ist eine gesunde Alternative, um eine Leistungssteigerung zu erreichen.

Wortspeicher

Wie ... belegen, ... – Wahrscheinlich ... – Nachgewiesenermaßen ... – Wie sich ... vermuten lässt, ... – Aufgrund von ... lässt sich feststellen ... – Laut ... kann angenommen werden ... – Entsprechend ... kann angenommen werden, dass ...

10 Finden Sie nun entsprechende Formulierungen für die notwendigen Belegstellen in Ihrem eigenen Wiki-Text oder Ihrem Broschüren-Text, die Sie in Aufgabe 8 markiert haben.

11 Texte, auf die in Zitaten und Belegen hingewiesen wird, müssen korrekt belegt werden. Nutzen Sie die Informationen im folgenden Kasten und notieren Sie die Belegquellen zu den Beispielen aus Aufgabe 9 und Aufgabe 10 entsprechend.

Das können Sie bereits

So integrieren Sie Zitate richtig

Integrieren Sie Zitate und Belege derart in Ihren Text, dass deren **Absicht** und die Verbindlichkeit nicht verfälscht werden. Unterscheiden Sie zwischen Vermutungen, Behauptungen und sicheren Belegen. Geben Sie die **Quellen** der Zitate und Belege korrekt an: Notieren Sie – meist unter dem Text zu jeder Fußnote:
Nachname, Vorname des Verfassers: Titel. ggf. Untertitel. Verlagsort Erscheinungsjahr, ggf. Seitenangabe.
Bei einer **Internetquelle** ist neben Verfasser und Titel die **vollständige URL und das letzte Aufrufdatum** anzugeben. Bsp.: Aichner, Christian (2011): Doping in Fitnessstudio und Hörsaal. Aus: https://www.zeit.de/sport/2011-11/doping-ritalin-hirndoping-begriff (zuletzt aufgerufen am 08.11.2020)

12 Der Textentwurf oben rechts ist im Laufe der Erarbeitungsphasen entstanden. Entscheiden und begründen Sie im Klassengespräch, an welcher Stelle der Broschüre und des Wiki die Inhalte des Textes noch ergänzt werden könnten.

Es gibt verdammt viel Ratgeberliteratur, um mit Stress in der Schule umzugehen. Die Einnahme von leistungssteigernden Mitteln bzw. Medikamenten ist die ultimative Lösung. Beispiel Abiturprüfung, was kann ich tun, um nicht in Panik zu verfallen? Der Motivations- und Lerntrainer Martin Krengel (Im Buch: Bestnote – Lernerfolg verdoppeln, Prüfungsangst halbieren. Easy-Verlag) nennt vier Säulen des Prüfungserfolgs: Prüfungsinhalte, Verpackung/Konsequenz, Tagesform/Energie und Zufallsfaktor. Krengel wörtlich: *Keine Frage: Sicheres Fachwissen ist der Kern jeder Prüfung. Doch je nach Prüfungsform muss es anders ausgedrückt und angewandt werden („Verpackung"). Gehst du zuversichtlich und entspannt in die Prüfung, sind deine Chancen höher.* Jeder kann selbst mit ein paar kleinen Tipps lernen, mit dem Stress produktiv umzugehen. Es ist aber auch völlig okay, sich Hilfe zu holen, z. B. durch einen Psychologen. Tja, und am Ende brauchst du natürlich auch eine gute Portion Glück ...

ACHTUNG FEHLER !

13 Prüfen Sie die Qualität des Textentwurfs. Entscheiden Sie, ob Sie ihn als Ergänzung der Broschüre oder des Wiki nutzen würden.

- Formulieren Sie eine erste Gesamteinschätzung: Der Text kann die Broschüre/das Wiki grundsätzlich ergänzen. Kritisch zu sehen ist allerdings, dass er ...
- Überprüfen Sie den Entwurf anhand der Kriterien aus dem Kasten und notieren Sie stichpunktartig Ihre Einschätzung zur Qualität des Textentwurfs.
- Überarbeiten Sie den Text als Ergänzung der Broschüre oder des Wiki.

Das wissen Sie bereits

Kriterien zur Prüfung und Überarbeitung

Professionelle Texte, die veröffentlicht werden, entstehen als **Prozess** und werden in mehreren Bearbeitungsschleifen verbessert. Die trifft ebenso auf analog entstandene Texte wie auf digitale Texte zu. Server-Plattformen, die das Erstellen von Wiki-Texten unterstützen, stellen dazu eine eigene Bearbeitungsfunktion zur Verfügung. Fragen, die einer Textprüfung und -bearbeitung zugrunde liegen sollten, sind:

- Entspricht der Text den Kriterien der **Textsorte**: Passen sein Umfang, sein Stil, sein Layout zur Textsorte?
- Berücksichtigt der Text seine potentiellen **Adressaten**? Wird er deren Erwartungen gerecht, werden sie den Text so verstehen, wie er gemeint ist? Wird Unverständliches erklärt?
- Ist der Text **inhaltlich korrekt?** Wurden Quellen und Materialien sachlich und richtig ausgewertet?
- Sind die **Reihenfolge der Abschnitte** und der Aufbau einzelner Abschnitte sachlogisch und nachvollziehbar?
- Werden **Zitate** und **Belege** passend und richtig wiedergegeben und belegt?

Gefahren von Hirndoping in der Schule

Ergebnisse mündlich präsentieren

1 Für den Präsentationstag der Projektwoche sollen Sie auch ein kurzes Referat (ca. 10 Minuten) zu den Gefahren des Hirndopings vorbereiten. Beginnen Sie in Partnerarbeit die Planung mithilfe des Textes: Formulieren Sie das Referatsthema präzise, notieren Sie erste inhaltliche Ideen und eine erste mögliche Gliederung.

M8

Neuro-Enhancer haben starke Nebenwirkungen

Die Liste der möglichen direkt auftretenden Nebenwirkungen ist lang. Neuro-Enhancer können demnach je nach Wirkstoff unter anderem

- Schlafstörungen verursachen
- zu Herz-Kreislauf-Beschwerden führen
- den Appetit mindern
- die Selbstüberschätzung befördern
- Depressionen auslösen
- Nervosität fördern
- Übelkeit und Erbrechen nach sich ziehen
- Halluzinationen hervorrufen
- Aggressionen fördern
- zu Kopfschmerzen führen

Darüber hinaus steht im Fokus der Mediziner vor allem die Gefahr einer Abhängigkeit. Ob die Tabletten langfristig zumindest psychisch süchtig machen, ist bislang noch nicht zweifelsfrei geklärt. Fest steht allerdings schon jetzt: Wer sein Arbeitspensum nur mithilfe von Tabletten bewältigen kann, sollte sich selbst und den eigenen Lebensstil hinterfragen.

Aufputschmittel jeder Art bieten nur eine vermeintliche, kurzfristige Lösung. Wer ständig überfordert ist, schadet auf Dauer der eigenen Gesundheit – körperlich und psychisch. Das kann zu ernsten Konsequenzen, wie körperlichen Erkrankungen oder einem Burn-out führen.

[…] Zu den gesundheitlichen Bedenken, ist es auch eine ethische Frage, mittels Neuro-Enhancer beispielsweise zu besseren Prüfungsergebnissen zu gelangen. Im Sport wird Doping strikt untersagt und selbstverständlich sind psychogene Substanzen wie Amphetamine gesetzlich verboten. Doch ob Neuro-Enhancer moralisch zu vertreten sind, bleibt eine offene und zu diskutierende Frage.

Sabine Mahler, www.gesund-vital.de, 08.06.2017

2 Recherchieren Sie in den Materialien der vorausgehenden Teilkapitel sowie im Internet und sammeln Sie weitere Inhalte für ihr Referat.

3 Tauschen Sie sich zu zweit zu den einzelnen Gefahren aus: Erklären Sie jeweils, was gemeint ist, wie es dazu kommen kann und worin die Gefahr liegt.

Das können Sie bereits

So bereiten Sie ein Referat vor

In einem Referat wird ein bestimmtes Thema in **strukturierter und anschaulicher Form** dem Publikum präsentiert. Nachdem Sie das **exakte Thema** geklärt haben, müssen Sie die **Zielgruppe** genau bestimmen: Welche Erwartungen und Fragen, welches Vorwissen bringen Ihre Adressaten mit?

Fragen, auf die im Referat je nach Thema eingegangen werden kann, sind etwa:
- Wo und in welcher Form begegnet uns das Thema im Alltag?
- Welche Bedeutung hat es dort?
- Wie könnte sich das Thema in Zukunft weiterentwickeln?
- Wie wird das Thema in der allgemeinen Wahrnehmung bewertet?

Nach der **Materialsammlung** entscheiden Sie, auf **welche Aspekte des Themas** Sie in Ihrem Referat vertieft eingehen möchten.
Sammeln und **prüfen** Sie geeignete Materialien auf ihre **Verlässlichkeit und Seriosität**.
Belegen Sie die **Quellen** und Zitate korrekt.
Bereiten Sie Karteikarten mit Notizen vor und erstellen Sie mit den wichtigsten Ergebnissen ggf. ein **Handout** bzw. eine **Präsentation** für Ihr Publikum.

4 Nutzen Sie die Fragen im Kasten, um sich auf die Zuhörerschaft Ihres Referats einzustellen und Schwerpunkte zu setzen: Notieren Sie zu zweit möglichst konkrete Antworten auf die Fragen. Gewichten Sie die Teilthemen aus den Aufgaben 1–3.

5 Notieren Sie eine Gliederung für den Hauptteil: Arbeiten Sie mit drei bis fünf Teilthemen und notieren Sie jeweils knapp, welche Informationen dazu vermittelt werden sollen.

6 Prüfen Sie in Partnerarbeit, ob die folgenden Vorschläge für einen Einstieg in Ihr Referat geeignet sind. Notieren Sie jeweils ein (+) oder ein (–) und bereiten Sie eine Begründung ihrer Einschätzung vor. Beachten Sie auch, dass es sich um ein informierendes Referat handeln soll.

(1) kurzes Video „Kaffee – Legales Hirndoping für jedermann?“

(2) Bilderrätsel

(3) Stress-Statistik „Gründe für Schulstress“

(4) Fotos von bekannten Doping-Sündern

(5) Schlagzeilen zum Thema z. B. „Wunderpillen zur Leistungssteigerung“

(6) Erklärvideo zum Thema „Gefahren des Hirndoping“ (Dauer: 8 Min.)

7 Um das Referat abzuschließen, möchten Sie den Einstieg wieder aufgreifen. Diskutieren Sie, welche Möglichkeiten aus Aufgabe 6 sich hierfür besonders gut eignen. Entscheiden Sie sich für eine Möglichkeit und bereiten Sie die Begründung vor.

8 Jemand hat damit begonnen, eine Präsentation zur Veranschaulichung des Vortrags zu erstellen. Bewerten Sie die ersten vier Folien auf der nächsten Seite, notieren Sie Verbesserungsvorschläge.

1

2 **Einstieg**

3 **Definition**

Allgemein meint man damit die Steigerung der geistigen Leistungsfähigkeit durch direkte Eingriffe ins Gehirn von gesunden Menschen, beispielsweise mit pharmakologischen Substanzen (Drogen / Medikamente) oder elektischer Stimulation. Die Bezeichnung „Gehirndoping" zieht den Vergleich zum institutionalisierten Sport, wo bestimmte leistungssteigernde Mittel verboten sind. „Neuroenhancement" (oder auch „Cognitive Enhancement") wird eher in der wissenschaftlichen Diskussion verwendet.

4 **Gliederung**

1. Hinführung zum Thema
2. Begriffsdefinitionen
3. Gefahren von Hirndoping
3.1 Sucht
3.2 Strafbarkeit
3.3 unfair
3.4 verfälschter Leistungsstand
4. Schluss

9 Gestalten Sie selbst drei oder vier Folien beispielhaft: Arbeiten Sie mit einem Präsentationsprogramm oder skizzieren Sie die Folien handschriftlich.

10 Ergänzen Sie ihre Folien durch Bilder und Grafiken: Sammeln Sie zunächst Ideen, nutzen Sie dann eine kostenlose Bilddatenbank und suchen Sie nach passenden Bildern.

Das müssen Sie können

So gestalten Sie eine Präsentation und setzen sie ein

Es ist üblich und sinnvoll, Referate und Vorträge mithilfe von **Präsentationsprogrammen** zu gestalten. Achten Sie darauf, dass das Programm den Vortrag unterstützt und **nicht zum Selbstzweck** wird. Berücksichtigen Sie im Einzelnen:

- **Gliedern** Sie Ihren Vortrag professionell: Stellen Sie das Thema und die Gliederung vor, präsentieren Sie ausgewählte Themen und Thesen, enden Sie mit einem Ausblick. Einen **„Aufhänger"**, der das Interesse der Zuhörer weckt und auf die Themenformulierung vorbereitet, können Sie – davon abweichend – vor oder direkt nach der Einstiegsfolie platzieren.
- Gestalten Sie die Folien in einheitlichem **Layout**: Wählen Sie einen Hintergrund, gestalten Sie ggf. eine Kopfzeile, bestimmen Sie Schriftart und Schriftgröße (mind. 14 Punkte). Nutzen Sie nicht zu viele Möglichkeiten der Hervorhebung.
- Geben Sie jeder Folie eine **Überschrift**, reduzieren Sie die Folientexte auf **Stichworte** und **prägnante Aussagen**.
- Ergänzen Sie **Bilder**, **Fotos**, **Grafiken** und evtl. kurze **Videoclips**.
- Beziehen Sie **Quellenbelege** in ihren Vortrag ein: Belegen Sie Aussagen direkt auf der jeweiligen Folie und in einem eigenen Literatur- und Quellenverzeichnis.

11 Bereiten Sie in Partnerarbeit das Referat vor: Gestalten Sie passende Präsentationsfolien oder skizzieren Sie diese handschriftlich.

- Gestalten Sie eine Folie für den Einstieg und zwei Folien für den Hauptteil.
- Gestalten Sie einen Einstieg, drei bis fünf Folien für den Hauptteil und einen Schluss.
- Bearbeiten Sie die rote Aufgabe. Bereiten Sie sich zusätzlich darauf vor, die Gestaltung Ihres Referats im Sinne eines Methodentrainings zu begründen.

12 Üben Sie den Vortrag des Referats mindestens einmal und lassen Sie sich ein Feedback geben. Nutzen Sie die Hinweise eventuell zur Verbesserung Ihres Vortrags.

13 Arbeiten Sie mit den Ergebnissen der schwarzen Teilaufgabe der Aufgabe 11: Besprechen Sie die Gliederung und Gestaltung des Vortrags schrittweise in der Klasse.

14 Suchen Sie online nach einem Lernvideo, das Tipps zu Referaten gibt. Sehen Sie sich das Video an und machen Sie sich Notizen zu den folgenden Fragen: Welche Tipps finden Sie hilfreich? Was halten Sie für unpassend oder übertrieben? Welche Aspekte für eine gelungene Präsentation fehlen Ihnen? Würden Sie dieses Video anderen weiterempfehlen und warum (nicht)?

So unterstützen Sie einen Vortrag durch Körpersprache

Das können Sie bereits

Mimik und **Gestik** müssen zum vorgetragenen Thema passen und sollten dem Publikum **Souveränität und Sicherheit** vermitteln.
Schließen Sie alle mit ein, indem Sie den **Blick** immer wieder über das Publikum **schweifen** lassen. **Sprechen Sie möglichst frei** und **lösen Sie sich** von Ihrem stichpunktartigen Konzept bzw. von Ihrer vorbereiteten Präsentation (z. B. Computerbildschirm). Achten Sie auf Ihre **Hände** und vermeiden Sie hektische Bewegungen. Die **Karteikarten** in den Händen sollten Sie Ihre Präsentation von einem fixen Punkt aus vortragen und **nicht unnötig vor dem Publikum auf und ab gehen**.

15 Gehen Sie das Referat schrittweise durch und besprechen Sie, welche körpersprachlichen Elemente zu welcher Stelle passen.

16 Nehmen Sie den Vortrag oder Teile des Vortrags auf Video auf (→ S. 304).
Betrachten Sie das Video in Partnerarbeit und besprechen Sie Gelungenes und Misslungenes. Beachten Sie, dass die gründliche Besprechung solcher Aufnahmen unangenehm sein kann. Daher gilt die Regel, dass der jeweils Gefilmte bestimmen darf, wie lange über welche Szenen gesprochen wird.

Alternative: Üben Sie die einzelnen Vortragsschritte: Sprechen Sie im Stehen, platzieren Sie Ihre Zuhörer rund drei Meter entfernt. Lassen Sie sich ein Feedback geben.

3

Was Sie schon können!

Kompetenztest

Neun Lebensmittel für mehr Konzentration in der Klausur

Um die Leistungsfähigkeit und Konzentration zu steigern, greifen immer mehr Menschen zu Neuro-Enhancement, auch bekannt als Hirndoping. Diese sind dem Körper zumeist in Form von chemischen Supplementen zuzuführen und oftmals mit Nebenwirkungen verbunden. Das Ausmaß dieser Nebenwirkungen ist dabei aufgrund von mangelnden Langzeitstudien noch nicht vollständig ergründet. Wer sein Gehirn ohne große Bedenken dopen will, sollte daher lieber zu natürlichen Leistungs- und Konzentrationsboostern greifen – sogenanntem Brainfood. Das gilt auch für die Klausur.

Brainfood ist auf Deutsch mit "Nahrung fürs Gehirn" zu übersetzen, denn alle Nährstoffe, die Ihr Gehirn benötigt, werden aus der Nahrung gewonnen, die Sie zu sich nehmen. Das sollte man im Besonderen in extremen und langfristigen Leistungssituationen wie Lern- und Klausurenphasen oder bei mehrmonatigem Schreiben einer Thesis beachten. Hier möchten und müssen Sie besonders konzentriert und leistungsstark sein, um das bestmögliche Ergebnis herauszuholen. Brainfoods sind Nahrungsmittel, die überdurchschnittlich viele komplexe Nährstoffe enthalten und den Körper damit besonders in seiner Leistungsfähigkeit unterstützen. Ausgeschlossen davon sind Fette und Kohlenhydrate, die vermehrt als gesättigte Fettsäuren oder als einfacher Zucker in Lebensmitteln vorkommen. Im Besonderen Weizenmehlprodukte in allen Verarbeitungsformen und tierische Lebensmittel sind während Leistungsphasen eher in kleinen Mengen zu genießen. Denn obwohl diese Grundnährstoffe essentiell für den Körper sind und zu den wichtigsten Energielieferanten gehören, kommt es darauf an, in welchem Maß und in welcher Form Sie diese zu sich nehmen. Leicht verdaubare gesättigte Fette und einfache Kohlenhydrate, die in ihrer Struktur nicht komplex sind, liefern nur kurzfristig Energie an das Gehirn. Das Manko: Der Insulinspiegel steigt nach dem Essen solcher schnellen Energielieferanten enorm an und fällt dann genauso rapide wieder ab, sodass Müdigkeit und Heißhunger gefördert werden.

Nährstoffe wie Proteine, langkettige Kohlenhydrate, ungesättigte Fettsäuren, Ballaststoffe und Mineralien (dazu gehören Vitamine, Spurenelemente und Elektrolyte) brauchen dagegen länger, um verdaut zu werden und können gleichmäßiger aufgenommen werden. [...] [Im getilgten Textabschnitt werden neun Lebensmittel aufgeführt, die die Konzentration steigern können.]

Sylvio Gerlach, studeo.de, 12.11.2019

Begriffe definieren

1 Definieren Sie den Begriff „Brainfood", soweit dies aufgrund des Textes möglich ist. Folgen Sie dem geübten Aufbau einer Definition.

2 Notieren Sie, ob sich die folgenden Aussagen sinngemäß im Text finden lassen (+) oder nicht (–). Notieren Sie jeweils die passenden Textzeilen als Belegort.

a) „Brainfood" ist ein Beispiel für eine besondere Form des chemischen Hirndopings.
b) Alle Nährstoffe, die das menschliche Gehirn benötigt, um leistungsfähig zu sein, können in einer ausgewogenen alltäglichen Ernährung aufgenommen werden.
c) Alle Formen von Kohlenhydraten werden langsam im Körper verarbeitet und können daher sehr gleichmäßig vom Körper aufgenommen werden.

Informationen recherchieren und Materialien erschließen

3 Halten Sie den Text für seriös? – Notieren und begründen Sie Ihre Einschätzung. Notieren Sie auch zwei weitere Schritte, die Sie durchführen könnten, um die Seriosität noch genauer zu prüfen, wenn Sie den Originaltext im Internet zur Verfügung hätten.

Die Seriosität einer Quelle einschätzen und prüfen

4 Verbessern Sie das Exzerpt.

Das Exzerpieren üben

Neuro-Enhancer → chemische Supplemente, zwar verbreitet aber: viele Nebenwirkungen

Brainfood = „Nahrung für's Gehirn" → als Alternative?

5 Der folgende Satz übernimmt Teile der Textzeilen 15 f. wörtlich. Schreiben Sie den Satz ab, geben Sie die Zitate dabei aber formal korrekt wieder.

Zitieren üben

Unter Brainfood subsummiert man Nahrungsmittel mit überdurchschnittlich vielen komplexen Nährstoffen, die den Körper in seiner Leistungsfähigkeit unterstützen.

6 Notieren Sie die Belegquelle zum Satz aus Aufgabe 5 korrekt, wie sie etwa in einer Fußnote vermerkt sein könnten.
Tipp: Die ungekürzte Quellenangabe finden Sie im Quellenverzeichnis auf → S. 296.

Belege angeben

7 Formulieren Sie eine Ergänzung für den Wiki-Text oder die Broschüre zum Thema „Hirndoping" um einen Absatz zu Brainfood.

Materialgestützt informieren

+ Erklären Sie schriftlich, wie der Körper mit Weizenmehlprodukten umgeht, sodass sich diese nicht als „Brainfood" eignen.

4 Wie wollen wir leben?

Argumentieren in Erörterung und Essay

1 „Wir wollen über unser Leben selbst bestimmen." – Diskutieren Sie: Welche einzelnen Wünsche verbergen sich dahinter? Warum ist die Forderung so wichtig? Welche Grenzen der Selbstbestimmung nehmen Sie wahr?

2 Der Philosoph Peter Bieri (→ M2) beschreibt Möglichkeiten, mit dem Wunsch, wie wir leben wollen, umzugehen. Stellen Sie diese in einem Schaubild dar. Diskutieren Sie, wie man zur inneren Distanz (vgl. Z. 16) im Sinne Peter Bieris gelangen kann.

3 Eine Möglichkeit, innere Distanz zu eigenen Gedanken und Wünschen aufzubauen, ist die Auseinandersetzung mit Werten, wie mit den Zielen für eine nachhaltige Entwicklung aus der Agenda 2030 der UN (→ M1). Begründen Sie in einem Argument, welches der Ziele für nachhaltige Entwicklung Ihnen besonders wichtig ist.

4 Notieren Sie, inwieweit Ihre eigenen Wünsche und Gedanken (vgl. M2, Z. 6) mit den Zielen für nachhaltige Entwicklung in Übereinstimmung zu bringen sind.

M1

Was wissen Sie noch? Test unter: 11040-14

M2 **Wie wollen wir leben?**

Wir wollen über unser Leben selbst bestimmen. Das sind Worte, die leidenschaftliche Zustimmung finden, denn sie handeln von unserer Würde und unserem Glück. Doch was bedeuten sie eigentlich?

Wir möchten in Einklang mit unseren ganz eigenen Gedanken, Gefühlen und Wünschen leben. […] Doch manchmal verzichten wir freiwillig darauf, unsere Wünsche zu verwirklichen. […] Hier sind es nicht meine eigenen Bedürfnisse, die mich bestimmen, sondern die fremden. Bedeutet das nicht einen Verlust an Selbstbestimmung?

Wenn wir es nicht so erleben, dann deshalb, weil wir noch eine andere Art kennen, in der wir über uns bestimmen können. Sie hat mit unserem Selbstbild zu tun – mit der Frage, wer wir sein wollen. Wir haben die Fähigkeit, eine innere Distanz zu unseren Gedanken, Gefühlen und Wünschen aufzubauen, sie zu prüfen und zu bewerten: Mit welchen von ihnen sind wir einverstanden? Welche möchten wir lieber nicht haben? Wie viel Raum möchten wir den Bedürfnissen der Anderen geben? Und dann können wir versuchen, unser Erleben und Tun mit dem Selbstbild zur Deckung zu bringen. **Selbstbestimmt in diesem Sinne ist jemand, dem es gelingt, so zu sein, wie er sich gerne sieht. Wie kann das gelingen?**

© 2007 Peter Bieri

Je älter man wird, umso mehr darf man selbst entscheiden, wie man sein Leben gestalten möchte. Außerdem hat man die Möglichkeit, sich an Entscheidungen in der Gesellschaft zu beteiligen. In diesem Kapitel setzen Sie sich mit gesellschaftspolitischen Fragen und dem eigenen Lebensstil auseinander. Dabei lernen Sie, ...

- ... verschiedene Typen von Argumenten zu unterscheiden,
- ... Argumente zu strukturieren und gegeneinander abzuwägen,
- ... eine Entscheidung in einer Synthese zu begründen,
- ... in einem Essay zu argumentieren und weitere Stilkategorien wirkungsvoll einzusetzen.

4

Sollen Jugendliche an Demonstrationen teilnehmen?

Überzeugend argumentieren

1 Sprechen Sie in der Klasse über Ihre eigenen Erfahrungen und Meinungen: Waren Sie schon demonstrieren? Warum (nicht)? Wofür oder wogegen haben Sie demonstriert oder würden Sie demonstrieren? Während oder nach der Schulzeit? Wie ist die Demonstration abgelaufen?

2 Nutzen Sie Ihren Austausch und die Fragen in den Sprechblasen: Präzisieren Sie gemeinsam die Fragestellung dieses Teilkapitels derart, dass eine Positionierung möglich wird.

„Bei diesem Thema können wir diskutieren, ob Demonstrationen sinnvoll sind, oder?"

„In welchem Alter zählt man denn als Jugendlicher?"

„Sind Demonstrationen zu bestimmten Themen gemeint oder geht es grundsätzlich um das Demonstrieren?"

„Sind da auch Online-Demonstrationen[1] gemeint?"

[1] **Online-Demonstration:** Mitglieder von sozialen Netzwerken posten Nachrichten zum Protest-Thema, sodass dies in der Öffentlichkeit präsent wird. Auch das Blockieren einer Website durch die Organisation enormer Zugriffszahlen gilt als Online-Demonstration.

3 Positionieren Sie sich angesichts der präzisierten Fragestellung. Klären Sie durch eine einfache Abstimmung und einen weiteren kurzen Austausch das Meinungsbild in der Klasse. Achten Sie dabei auf Offenheit und Sachlichkeit des Gesprächs.

4 Legen Sie eine Stoffsammlung zur Fragestellung an. Tragen Sie zuerst eigene Ideen ein, exzerpieren Sie dann das Material. Geben Sie jeweils an, aus welchem Material ein Argument stammt, und notieren Sie wesentliche Zitate. Markieren Sie in Ihrer Stoffsammlung zueinander passende Pro- und Kontra-Argumente.

Thema:			
Pro	**Zitat**	**Kontra**	**Zitat**
können Politik beeinflussen		Jugendliche kennen sich noch nicht so gut mit Politik und Entscheidungen aus	vgl. M 7, Z. ...
		Demo hat keine direkte Auswirkung	vgl. M 9, Z. ...

Das können Sie bereits

So erschließen Sie das Thema einer Erörterung und werten Material aus

- Klären und formulieren Sie das **Thema**, sodass eine klare Positionierung möglich wird. Nutzen Sie präzisierende **Hilfsfragen** und definieren Sie Schlüsselbegriffe.
- In einer linearen Argumentation vertreten Sie nur **eine** (evtl. vorgegebene) **Position**. In einer antithetischen Argumentation wägen Sie **beide Positionen** gegeneinander ab.
- Beginnen Sie eine **strukturierte Stoffsammlung** mit eigenen Ideen, z. B. als Mind-Map oder Tabelle.
- **Exzerpieren** Sie das Material (→ S. 62), notieren Sie **Quellenangaben** und evtl. direkte **Zitate**, damit Sie später daraus korrekt zitieren können (→ S. 63).
- Beachten Sie bei einer eigenen Materialrecherche die **Seriosität** und die **Passgenauigkeit** zum Thema.

M3 **Auszug aus dem Grundgesetz**

Artikel 8 GG
(1) Alle Deutschen haben das Recht, sich ohne Anmeldung oder Erlaubnis friedlich und ohne Waffen zu versammeln.

M4 **Auszug aus dem Bayerischen Gesetz über das Erziehungs- und Unterrichtswesen (31.05.2000)**

BayEUG, Art. 1: Bildungs- und Erziehungsauftrag
(1) [...] [3]Oberste Bildungsziele sind [...] Verantwortungsgefühl und Verantwortungsfreudigkeit [...] und Verantwortungsbewusstsein für Natur, Umwelt, Artenschutz und Artenvielfalt [...].

Bay EUG, Art. 2 Aufgaben der Schulen
(1) Die Schulen haben insbesondere die Aufgabe, [...] zu selbstständigem Urteil und eigenverantwortlichem Handeln zu befähigen, zu verantwortlichem Gebrauch der Freiheit [und] zu Toleranz [...] zu erziehen [...].

M5 **Fridays-for-Future-Bewegung erwartet Rekordteilnahme**

Im September rief die Fridays-for-Future-Bewegung ebenfalls zum Klimastreik auf – es kamen nach Veranstalterangaben 100.000 Menschen.

www.welt.de, 29.11.2019

M6 **Aussage über protestierende Schülerinnen und Schüler**

„Sache für Profis“: Lindner wird noch leid tun, wie er künftige Wähler abwatscht

Der [Politiker] Christian Lindner hat sich auf Twitter kritisch über die Schülerproteste für den Klimaschutz geäußert – jetzt muss er sich seinerseits Kritik gefallen lassen.

Auf **Twitter** hatte er geschrieben: „Ich finde politisches Engagement von Schülerinnen und Schülern toll. Von Kindern und Jugendlichen kann man aber nicht erwarten, dass sie bereits alle globalen Zusammenhänge, das technisch Sinnvolle und das ökonomisch Machbare sehen. Das ist eine Sache für Profis.“

Anja Willner, www.focus.de, 11.03.2019

M7 Bei mangelnder Anerkennung und ausbleibender Umsetzung der klimapolitischen Forderungen ist allerdings nicht auszuschließen, dass diese politische Entschlossenheit und Hoffnung in Resignation und Politikverdrossenheit umschlagen.

https://protestinstitut.eu

M8 **Herr Teune[1], ich will etwas tun. Bringt es was, für meine Meinung auf die Straße zu gehen?**

Auf jeden Fall. Erstens zeigen Sie anderen, was Ihnen wichtig ist, dass Sie nicht alles geschehen lassen. Bisher unbeteiligte Bürger sehen, dass es ein Thema gibt, das offenbar so wichtig ist, dass ein Thema, das ihnen vielleicht auch wichtig ist, zur Sprache kommt, es sich dafür lohnt, dafür auf die Straße zu gehen. Zweitens ist Protestieren eine sehr intensive Erfahrung: Wer demonstriert, spürt, wie es ist, sich mit anderen zu engagieren, man wird vielleicht gemeinsam von der Polizei weggedrängelt. Das verändert einen und wird ein Teil der politischen Biographie: „Ich bin damals gegen Rassismus auf die Straße gegangen.“

Wenn ich also auf die Straße gehe, wird alles gut?

Nein, so schnell geht es leider nicht. Auf Demonstrationen folgen selten direkte Veränderungen. Struktureller Rassismus und Pegida-Demos werden davon nicht verschwinden, aber solange es Menschen gibt, die sich ihnen gegenüberstellen, wird deutlich, dass menschenfeindliche Ideologien nicht geduldet werden. Das kann die Stimmung in einem Ort deutlich verändern. Und direkte Auswirkungen gibt es auch: In Dresden haben vor fünf Jahren massive Gegenproteste dem größten Neonaziaufmarsch in Europa ein Ende gesetzt.

ZEIT online, Simon Teune, Interviewantworten zum Thema „Demonstrieren“, in: Schrader, Hannes: Was tun? Was tun!, 01.12.2016

[1] Simon Teune forscht an der TU Berlin zu Protestbewegungen.

M9

Statt Schule zur Demo: Ist das erlaubt?

Grundsätzlich ja. Das in Artikel 5 und Artikel 8 Grundgesetz (kurz: GG) verankerte Recht auf Meinungs- und Versammlungsfreiheit gestattet allen Deutschen, sich ohne Anmeldung oder Erlaubnis friedlich und ohne Waffen zu versammeln, um ihre Meinung kundzutun. Dieses Demonstrationsrecht können auch Schüler unter 18 Jahren wahrnehmen. Allerdings kollidiert das Recht auf Meinungs- und Versammlungsfreiheit mit dem in Art. 7 GG verankerten staatlichen Bildungs- und Erziehungsauftrag. Denn: Ob Schüler auch während der Unterrichtszeit zur Teilnahme an Demonstrationen befugt sind, ist rechtlich umstritten. Die Konferenz der Länderkultusminister nahm dazu im Jahr 1973 wie folgt Stellung:
„Die Teilnahme an Demonstrationen rechtfertigt nicht das Fernbleiben vom Unterricht oder eine sonstige Beeinträchtigung des Unterrichts. Das Demonstrationsrecht kann in der unterrichtsfreien Zeit ausgeübt werden."
Im Einzelfall ist eine Abwägung der Interessen vorzunehmen. Dabei gilt: Je gewichtiger der Anlass für eine Demonstration ist, desto eher wird Schülern zugebilligt, eine Unterrichtsstunde ausfallen zu lassen.

www.deurag.de, 27.04.2020

5 Recherchieren Sie im Internet nach historisch bedeutsamen Demonstrationen. Finden Sie heraus, welche Ziele sie erreicht haben und welche weiteren Folgen sie hatten. Notieren Sie diese als Beispiele in der Stoffsammlung.

So argumentieren Sie überzeugend

Das können Sie bereits

Bei einem argumentativen Text stützen Sie eine Position mit Argumentengruppen. Ein Argument ist in der Regel besonders überzeugend, wenn es die vier Bs enthält:
Behauptung: konkrete Aussage zur Position
Begründung: nachvollziehbarer Grund zur Behauptung
Beispiel: als Beweis / Veranschaulichung
Bezug zur Position: Bezug zwischen Argument und Position (Folgerung)

Noch stichhaltiger werden Argumente, wenn sie Gegenargumente entkräften (→ S. 80) oder Konsequenzen (für die Zukunft / die Gesellschaft) aufzeigen.

6 Planen Sie mithilfe Ihrer Stoffsammlung von Aufgabe 4 und der Materialien zwei Argumente.

7 Üben Sie das überzeugende Argumentieren. Bearbeiten Sie die Aufgaben nacheinander.

- Formulieren Sie eines der Argumente aus dem Schreibplan aus Aufgabe 6 aus.
- Prüfen Sie, ob Ihr Gedankengang sprachlich nachvollziehbar ist. → Hilfe S. 288
- Gehen Sie dabei auch auf ein Gegenargument ein und entkräften dieses.

4

Jugendliche sollten an Demonstrationen teilnehmen, auch wenn …

Argumentationsarten üben und auf Gegenargumente eingehen

1 Vollziehen Sie den Aufbau des Arguments M10 nach: Notieren Sie, in welcher Textzeile die rechts notierten Elemente jeweils umgesetzt sind. Notieren Sie auch die Formulierungen, die die Funktion des Elements jeweils anzeigen.

Anknüpfung | Behauptung | Begründung | Beispiel | Folge | Bezug zur Gesamtposition

2 Erläutern Sie, welche Funktion und Wirkung der markierte Satz im Argument hat.

M10 **[Argument 2]** Als wichtiges Argument ist anzuführen, dass durch die Teilnahme an Demonstrationen ein Beitrag zur Bildung geleistet wird. Auch wenn dies nur ein kleiner Teilbeitrag sein kann, sind doch die „obersten Bildungsziele" der Schule betroffen. Denn Jugendliche, die daran teilnehmen, zeigen das „Verantwortungsgefühl" (M4, Art. 1) für die Gesellschaft, das sie laut Bayerischem Erziehungs- und Unterrichtsgesetz in der Schule erlernen sollen. Weiterhin sind die Demonstrationsteilnehmenden zu eigenständigem Urteilen und Handeln (vgl. M4, Art. 2) aufgerufen, wenn sie beispielsweise entscheiden, dass sie sich von radikalisierten Demonstrantengruppen abwenden. Hier handelt es sich also um die praktische Umsetzung von Bildungszielen, wenn Jugendliche demonstrieren.

Das müssen Sie können

So nehmen Sie Gegenargumente vorweg und entkräften diese

Eine professionelle und wirkungsvolle Argumentation berücksichtigt bereits **mögliche Gegenargumente**. Erwartbare Einwände sollten möglichst schon **vorweggenommen** und **entkräftet** werden: Um die Überzeugungskraft eines Gegenarguments zu mindern, kann man zum Beispiel ausführen, dass sie sich nur auf Einzelfälle beziehen, dass sie schlecht belegt sind oder nur einen beschränkten Geltungsbereich haben. Bei der Entkräftung helfen folgende Formulierungen:

Zwar … aber …
Grundsätzlich ist trotz einzelner Gegenbeispiele …
Nicht von der Hand zu weisen ist, …
Eingeräumt werden muss …
Zuzugestehen ist …
Einen berechtigten Einwand stellt der Verweis auf … dar. Doch…

Obwohl …
Obgleich …
Trotz …
Auch wenn …
Zugegebenermaßen …

3 Untersuchen Sie den Umgang mit dem möglichen Gegenargument in M10 mithilfe des Kastens noch genauer:

- Benennen und erklären Sie die Möglichkeiten, mit denen das Gegenargument zu entkräften versucht wird.
- Beurteilen Sie die Wirksamkeit dieser Entkräftungen: Wird der Einwand ausgeräumt?
- Formulieren und prüfen Sie weitere Möglichkeiten, den Einwand zu entkräften. Entscheiden Sie anschließend, ob Ihre Alternativen wirkungsvoller sind als die Vorgehensweise in M10.

4 Formulieren Sie das Argument „Erzeugen von Aufmerksamkeit für ein Thema" für die Teilnahme von Jugendlichen an Demonstrationen. Gehen Sie dabei auf ein mögliches Gegenargument ein und entkräften Sie es.

5 Setzen Sie sich mit den folgenden Argumenten auseinander, indem Sie zunächst die Ergänzungen für die Lücken finden und notieren.

M11 **[Argument 1]** Die Teilnahme an Demonstrationen ist auch für Jugendliche durch das Grundgesetz erlaubt (vgl. M3, Z. ______[1]), da sie ein Ausdruck der Meinungsfreiheit sind. Diese gilt auch für Jugendliche, obwohl sie aufgrund fehlender Lebenserfahrung und fehlenden Wissens nicht „______ ______ ______ ______ ______[2]" (M6, Z. ______[3]), was aber von niemandem behauptet werden kann. Zudem sind die Demonstrationen, die in den letzten Jahren von Jugendlichen in großer Zahl unterstützt wurden, inhaltlich in Übereinstimmung mit den Werten des Grundgesetzes, wenn sie zum Beispiel gegen strukturellen Rassismus (vgl. M8) und für den Umwelt- und Klimaschutz (vgl. ______[4]) eintreten. So stärkt also die Teilnahme an Demonstrationen die Werte unserer Gesellschaft, wie sie im Grundgesetz verankert sind, und sollte deshalb befürwortet werden.

M12 **[Argument 3]** Neben dem Bildungsaspekt trägt die Teilnahme an Demonstrationen ferner zur Persönlichkeitsentwicklung bei. Protestforscher Simon Teune stellt heraus, dass „Protestieren eine sehr intensive Erfahrung" ist und „ein Teil der politischen Biografie" (______[5]) wird. Die starke Gruppendynamik beim Demonstrieren bleibt beispielsweise lange im Gedächtnis und regt zu weiterem politischem Engagement an. So kann die Teilnahme an Demonstrationen zur Folge haben, dass der ______ ______ ______[6] (vgl. M7) vorgebeugt wird, weshalb es durchaus sinnvoll ist, dass Jugendliche auf diese Weise ihre Meinung vertreten.

6 Ergänzen Sie die Übersicht zu den Formulierungen aus Aufgabe 1 mithilfe der beiden Beispieltexte M11 und M12. Finden Sie weitere Signalwörter und Wendungen für Ihre Übersicht.

7 Bewerten Sie die Überzeugungskraft der drei Argumente (M10–M12) und begründen Sie Ihre Bewertung. Nutzen Sie dazu den Wortspeicher.

Wortspeicher

logisch – einleuchtend – nachvollziehbar – grundlegend – Werte – stichhaltig – Experte – schlüssig – Erfahrung – nachprüfbar

Das müssen Sie wissen

Verschiedene Arten von Argumenten

Argumente, die sich den folgenden Gruppen zuordnen lassen, werden in der Regel akzeptiert und sind entsprechend wirkungsvoll:

- **Faktenargumente**: Diese Argumente beruhen auf nachprüfbaren Tatsachen (z. B. in Form von Studien oder Statistiken).
- **Autoritätsargumente**: Hier werden Expertenmeinungen und -aussagen für ein Argument herangezogen (z. B. Wissenschaftlerinnen und Wissenschaftler, Fachkräfte etc.).
- **normative Argumente**: Diese Argumente beziehen sich auf Gesetze, Handlungsvorschriften und Regeln, die für die Gesellschaft festgelegt sind. In der Regel liegen diesen Normen moralische und ethische Werte zugrunde (z. B. Meinungsfreiheit, Gerechtigkeit, Toleranz etc.).
- **eigene Erfahrungen**: Diese können als Argument herangezogen werden, sind aber gegebenenfalls nur eingeschränkt überzeugend, je nachdem wie viele andere Menschen die gleiche Erfahrung teilen.
- **logische Schlüsse**: Wenn sich Argumente aus Fakten, Expertenaussagen, Regeln und Erfahrungswerten ableiten lassen und logisch sind, handelt es sich um logische Schlüsse.

Die Strategien können miteinander kombiniert und vermischt werden.

Gewichtung: Besonders überzeugend sind also Argumente, die gut belegt und länger gültig sind, viele oder alle Menschen und grundsätzliche Werte wie Freiheit oder Bildung betreffen und nicht nur mit persönlichen Vorlieben zu tun haben.

8 Ordnen Sie die drei Argumente (M10–M12) den Arten von Argumenten zu. Bereiten Sie eine Begründung vor.

9 Prüfen Sie in Partnerarbeit, für welche Argumentationsarten die folgenden Materialien M13 und M14 verwendet werden könnten: Klären Sie zunächst den Inhalt und die Aussagen der Materialien.

10 Nutzen Sie die Materialien M13 und M14 und formulieren Sie ein Argument, das sich einer passenden Argumentationsart zuordnen lässt. Nutzen Sie die geübten Formulierungen und zitieren Sie aus dem jeweiligen Material.

11 Formulieren Sie zu mindestens einem Ihrer Argumente auch ein mögliches Gegenargument samt Entkräftung.

M13

WERTEUNIVERSUM VON JUGENDLICHEN 2020

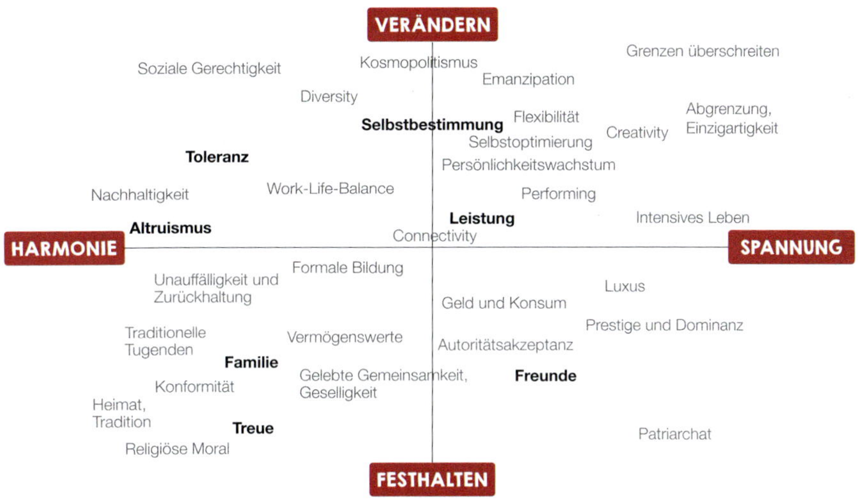

© Bundeszentrale für politische Bildung / bpb, „Wie ticken Jugendliche? 2020", Urheberin der Grafik SINUS Markt- und Sozialforschung GmbH

M14

Formen der politischen Partizpation von 16- bis 29-Jährigen* (in Prozent)

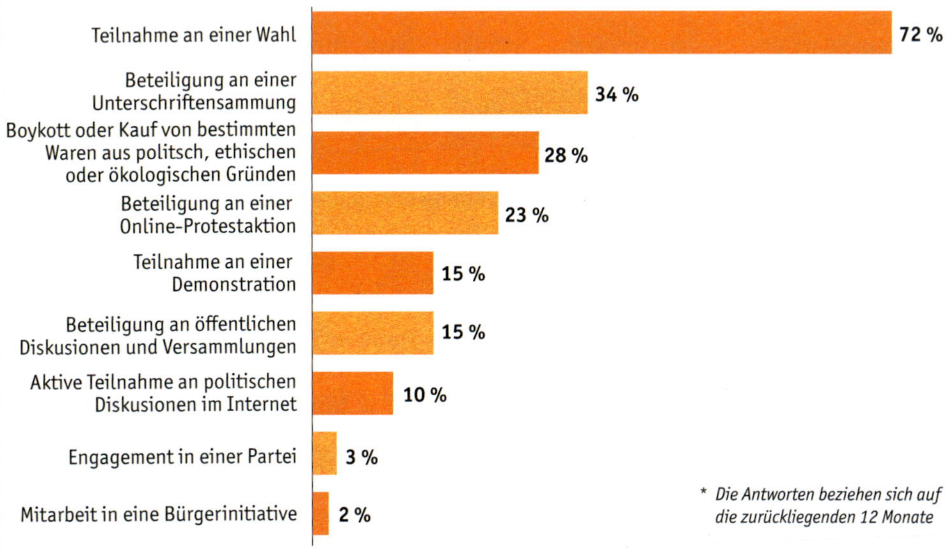

DJI-Survey AID: A 2014, Zahl der Fälle (n) = 9.083
Aus: DJI Impulse Heft 119 (1/2018), Seite 17, Copyright DJI

Minimalistischer Lebensstil

Antithetisch erörtern und eine Schlussfolgerung formulieren

1 Worum könnte es im folgendem Blog gehen? Nähern Sie sich in einem offenen Klassengespräch dem Thema an.

The Cult of Less

[...] Beim Flanieren im Internet stolperte ich vor Jahren über den Cult of Less des Programmierers Kelly Sutton. Während einer längeren Reise hatte er seinen Besitz bei Freunden untergestellt. Wieder zurück, stellte er fest, dass er nicht mehr wusste, was überhaupt in all den Kartons war, geschweige denn, dass er etwas davon vermisst hatte. Anscheinend brauchte er nur wenig. [...]

Brauche ich das wirklich? – Hilfreiche Fragen können sein:

- Habe ich es im letzten Jahr / Monat/ halben Jahr benutzt?
- Wie häufig habe ich es benutzt?
- Habe ich andere Dinge, die es ersetzen können?
- Könnte ich es mir auch im Bekanntenkreis ausleihen?
- Könnte ich es mir bei einem Dienstleister ausleihen?

Joerg, https://simplizist.de 29.04.2016

2 Diskutieren Sie in der Klasse, warum die folgenden Themenformulierungen für eine Pro-Kontra-Diskussion mit den Materialien noch nicht geeignet sind.

Chancen: Ist weniger manchmal mehr?

Minimalistisch Leben – Spart man dabei wirklich Geld?

Eins steht fest: Wer verzichtet, hat viele Vorteile.

Grenzen eines minimalistischen Lebensstils

3 Sammeln Sie im Klassengespräch passendere Themenformulierungen. Notieren Sie diese – zum Beispiel an der Tafel.

4 Entscheiden Sie sich für eine geeignete Themenstellung aus Aufgabe 3. Sammeln Sie im Klassengespräch erste Pro- und Kontra-Argumente. Notieren Sie diese ebenfalls.

5 Machen Sie sich Ihre eine eigene Position zum Thema klar. Nutzen und ergänzen Sie die Fragen, die Ihnen beim Klären der eigenen Position helfen.

- Worauf kann ich nicht verzichten?
- Worauf könnte ich gut verzichten?
- Welche Konsequenzen hätte mein Verzicht?
- Wie würde ich mich dabei fühlen?

6 Setzen Sie die begonnene Stoffsammlung zum Pro-Kontra-Teil der antithetischen Erörterung in Partnerarbeit fort.

Das Erörterungsthema lautet: ?	
Argumente dafür (evtl. mit Beispielen) *Man spart Geld …*	Argumente dagegen (evtl. mit Beispielen) *Irgendwann fehlt einem doch etwas …*

7 Werten Sie die Materialien M1 bis M8 aus: Ergänzen Sie Ihre Stoffsammlung um weitere Pro- und Kontra-Argumente. Greifen Sie – wenn möglich – auch auf die jeweils angegebenen Internetseiten zurück.

M1

Wird Minimalismus zur Pflicht, wird zwar aus viel Besitz wenig Besitz, es dreht sich aber nach wie vor alles um Materielles. […] Der Minimalist, der stolz Fotos seiner minimalistischen Wohnung auf Instagram postet, unterscheidet sich nicht von seinem autoverrückten Nachbar, der Bilder seiner neuen Karre hochlädt. #minimalismus #myride

Joerg, https://simplizist.de 29.04.2016

M2

„Minimalismus als Lebensstil ist eine wundervolle Inspiration um Verantwortung für das eigene Leben und gleichzeitig gesellschaftliche Veranzwortung zu übernehmen."

Jasmin Mittag, www.instagram.com/minimalismusjetzt, 17.03.2020

M3

Treibhausgasausstoß pro Kopf in Deutschland nach Konsumbereichen (2017)

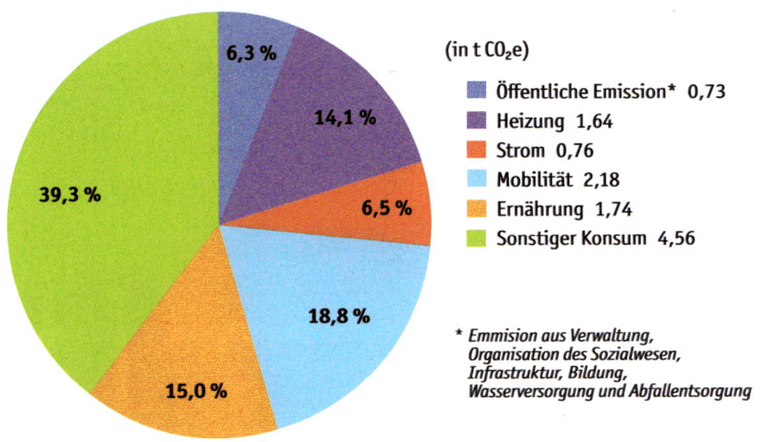

Quelle: UBA-CO_2-Rechner (http://www.uba.co₂-rechner.de/de_DE)

M4

Ein Vorreiter des neuen Trends zum einfachen Leben ist der US-amerikanische Konsumkritiker David Michael Bruno. Er startete im November 2008 die „100 Thing Challenge“ – ein Projekt mit dem Ziel, seinen persönlichen Besitz auf weniger als 100 Dinge zu reduzieren. Über seine Erfahrungen berichtete er auf seinem Blog und in einem Buch. […]
Auch wenn „Weniger ist mehr“ derzeit boomt: Neu ist der Wunsch nach einem reduzierten Lebensstil nicht. In fast allen Religionen spielt der Verzicht auf materielle Güter eine wichtige Rolle.
Schon vor vielen Jahrhunderten zogen sich Gläubige ins Kloster zurück, gab es Mönche und Asketen, die sich in Verzicht und Enthaltsamkeit übten, um zu höheren Erkenntnissen oder persönlichem Wachstum zu gelangen.
Weltliche Ansätze lassen sich bis in die Antike zurückverfolgen. Der Philosoph Diogenes von Sinope etwa war der Meinung, dass nur der wirklich glücklich sein kann, der sich von überflüssigen Bedürfnissen und äußeren Zwängen befreit.

Kerstin Deppe, www.planet-wissen.de, 19.03.2020

M5

Angetrieben von tausenden Marketing-Kampagnen werden wir heutzutage zu Käufen gepusht, da wir ein großes Spektrum an Wahlmöglichkeiten haben. **Besitz ist heutzutage ein echter Identitätsersatz**: Mein Haus, mein Boot, mein Auto, meine Uhr. **Zu viele Menschen werden zu Schauspielern, indem sie (besonders in den sozialen Medien) ihr eigentliches Leben durch eine Scheinwelt ersetzen, diese mit Menschen teilen und Dinge tun, die eben keinen direkten Mehrwert für ihr eigentliches Leben haben.** Das zeigt eher Verzweiflung und Unsicherheit, als ein wirklich erfülltes Leben.

Christoph Schulz, www.careelite.de, 01.04.2020

M6

Wenn unser Besitz unsere Aufmerksamkeit fordert und jeder Supermarkteinkauf zur Herausforderung wird, weil wir bei jedem Glas Marmelade, jeder Tube Zahnpasta aus einem riesigen Angebot auswählen können und müssen, kann das stressen und die Psyche überfordern. Der Psychologe Barry Schwartz nennt das "The Paradox of Choice", zu Deutsch: das Paradoxon der Wahlmöglichkeiten. Seine These: Zu viele Wahlmöglichkeiten erhöhen nicht unsere Freiheit, sondern sie lähmen uns, machen uns unfrei und unzufrieden.

Kerstin Deppe, www.planet-wissen.de, 19.03.2020

M7

M8

Mit der vorübergehenden Senkung der Mehrwertsteuer will die Bundesregierung in erster Linie den Konsum wieder ankurbeln und der durch die Corona-Pandemie in Mitleidenschaft gezogenen deutschen Wirtschaft neuen Schub geben. Neben Bürgerinnen und Bürgern kommt die Senkung auch Unternehmen aller Branchen zugute, die von zusätzlichen Einkäufen profitieren, von der Gastronomie bis zur Automobilwirtschaft.

Die Befristung auf ein halbes Jahr ist nötig, um schnelle Kaufanreize zu setzen und einen konjunkturellen Impuls zu erreichen […] „Das Ziel ist, dass die Bürgerinnen und Bürger eine mögliche Kaufentscheidung jetzt treffen und sie nicht ins nächste oder übernächste Jahr schieben", sagt Bundesfinanzminister Olaf Scholz.

www.bundesregierung.de

8 Überarbeiten und spezifizieren Sie Ihre Stoffsammlung aus Aufgabe 7.
Arbeiten Sie, soweit Sie kommen:

- Stellen Sie die einzelnen Argumente nach Oberbegriffen in thematischen Gruppen zusammen.
- Gewichten Sie Ihre Argumente (→ S. 82) durch Nummerierungen oder durch ++/−−.
- Charakterisieren Sie die Argumentationsarten mithilfe des Kastens auf → S. 82.

9 Üben Sie das Arbeiten mit Zitaten: Ordnen Sie den angegebenen Behauptungen passende Zitate aus dem Material M 1–8 zu und markieren Sie, ob es sich um ein Pro- oder Kontra-Argument zu Ihrer Fragestellung handelt. Ergänzen Sie in Ihrer eigenen Stoffsammlung mindestens drei Zitate.

Ein minimalistischer Lebensstil eröffnet Möglichkeiten, sich auf die eigene Persönlichkeitsentwicklung zu besinnen.

→ „Minimalismus als Lebensstil ist eine wundervolle Inspiration, um Verantwortung für das eigene Leben […] zu übernehmen" (M4)

Dass Menschen zu wenig kaufen, kann die Wirtschaft eines Landes gefährden.
→ …

Minimalistischer Konsum kann dazu beitragen, Ressourcen zu sparen.
→ …

4

Das wissen Sie bereits

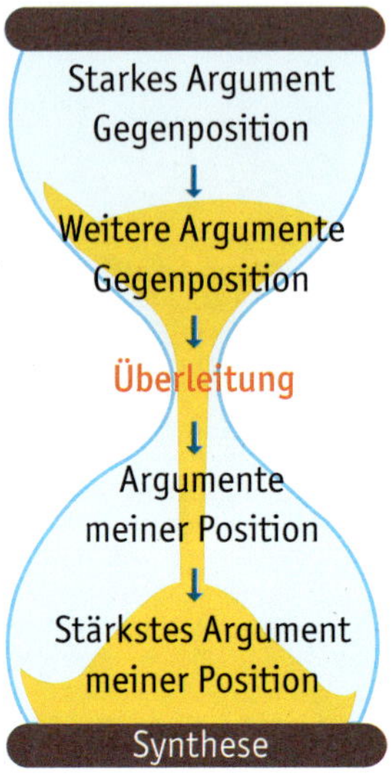

Aufbau einer antithetischen Argumentation

Die **antithetische Argumentation** stellt **Pro- und Kontra-Argumente** zu einer strittigen Problematik oder einer Entscheidungsfrage gegenüber und gelangt anschließend zu einer begründeten, oft als **Kompromiss formulierten eigenen Position**. Möglichkeiten, den Hauptteil zu gestalten, sind …

- **nach Pro und Kontra geordnet (Sanduhr-Prinzip)**
  Hier ordnen Sie die Argumente der anderen Position vom stärksten zum schwächsten Argument an, um daraufhin die eigene Position nach ihrer Überzeugungskraft steigernd angeordnet auszuführen und die Synthese vorzubereiten.
  Um die Synthese vorzubereiten, ist es hilfreich, eine Überleitung zwischen beiden Positionen zu formulieren, in der die Gegenposition knapp zusammengefasst wird und zur eigenen Position übergeleitet wird.
- **nach Sachaspekten / Teilbereichen sortiert (Block-Prinzip)**
  Hier ordnen Sie die Argumente, die die Pro- und Kontra-Position eines Sachaspekts beleuchten, nacheinander an und runden die Ausführungen durch ein Zwischenfazit ab, bevor der nächste Aspekt behandelt wird. Die Aspekte werden dabei steigernd vom unwichtigsten zum wichtigsten Aspekt angeordnet.
  Diese Strukturierung ermöglicht eine intensive Abwägung der einzelnen Aspekte, wobei es zu beachten gilt, die eigene Position bei jedem Sachaspekt überzeugender darzustellen.

Für eine überzeugende **Synthese** werden beide Seiten noch einmal zusammengefasst, gegeneinander abgewogen und gewichtet, wobei das entscheidende Beurteilungskriterium genannt wird. Nehmen Sie klar Stellung zu einer Position und formulieren Sie gegebenenfalls einen Kompromiss- oder Alternativvorschlag.

10 Gestalten Sie einen Schreibplan für eine vollständige Gliederung zu Ihren Vorbereitungen aus den Aufgaben 4 bis 9. Wählen Sie eine der Strukturen aus dem Kasten.

11 Vergleichen Sie nachstehende Behauptungen zur Position in M4 im Hinblick auf deren Überzeugungskraft. Beschreiben Sie Unterschiede.

a) Verzicht ist wirklich die einzige Möglichkeit, die bestehende Ressourcenverschwendung zu stoppen und unsere Umwelt zu schützen!

b) Ein minimalistischer Lebensstil ist völlig wirkungslos! Unsere Umwelt leidet nicht unter dem fünften Paar Sneakers, das ich besitze, sondern den vielen weiteren Faktoren, die ich nicht beeinflussen kann.

c) Sicherlich hat der persönliche Einflussbereich auf den Umweltschutz auch seine Grenzen, wenn man sich beispielsweise den CO_2-Ausstoß durch öffentliche Emissionen ansieht, den man nicht unmittelbar beeinflussen kann. Dennoch stellt der eingeschränkte persönliche Konsum eine Chance für jeden Einzelnen von uns dar, unsere Ressourcen zu schützen.

12 Verbessern Sie die Behauptung in Aufgabe 11c: Formulieren Sie ein vollständiges Argument, indem Sie passende Begründung(en) und Beispiele ergänzen.

Das müssen Sie können

So gehen Sie auf Gegenargumente ein und formulieren Einräumungen

Eine umfassende antithetische Erörterung zeichnet sich dadurch aus, dass die Diskussionsparteien auf Gegenargumente eingehen. Auf Basis dieser kritischen Auseinandersetzung mit der Gegenposition kann die eigene Position ausgebaut werden. Bei einer sprachlich differenzierten Argumentation können nachstehende Signalwörter und Wendungen helfen:

- *Zwar … aber …*
- *Sicherlich kann behauptet werden, dass … aber …*
- *hier könnte man sicherlich einwenden …*
- *Nicht von der Hand zu weisen ist, …Trotz …*
- *Eingeräumt werden muss … Auch wenn …*
- *Fraglich erscheint, ob …*
- *Es gibt gute Gründe, dies zu bezweifeln …*
- *Einen berechtigten Einwand stellt der Verweis auf … dar.*

Obwohl …
Doch …
Obgleich …
Trotz …
Auch wenn …
Zugegebenermaßen …
Zuzugestehen ist …

Betrachtet man diesen Sachverhalt aus einem anderen Blickwinkel, dann … aber …
Bei allem Verständnis für… sollte jedoch nicht außer Acht gelassen werden, dass …
Kritiker wenden an dieser Stelle… ein, doch berücksichtigt werden muss auch, dass …

Dagegen …	*… hingegen …*	*… demgegenüber …*
Indessen …	*Auf der anderen Seite …*	*Im Gegensatz dazu …*

13 Ergänzen Sie in Partnerarbeit Ihre bisherige Stoffsammlung um mögliche Einwände (Gegenargumente) und notieren Sie sogleich mögliche Einräumungen.

14 Formulieren Sie den Hauptteil Ihrer Erörterung aus und gehen Sie dabei sprachlich differenziert mit einer passenden Einräumung auf ein Gegenargument ein.

15 Lesen Sie das folgende Beispiel für eine Synthese. Prüfen Sie, ob der Text die Hinweise aus dem Kasten darunter umsetzt. Notieren Sie, in welchen Bereichen der Beispieltext mustergültig ist und wo er noch verbessert werden kann. Formulieren Sie eine verbesserte Version.

[Synthese] Den vorangegangenen Überlegungen ist zu entnehmen, dass ein minimalistischer Lebensstil durchaus einige Chancen für den Einzelnen, die Gesellschaft und die Umwelt birgt. So kann ein reduzierter Konsum Entlastung für jeden Einzelnen schaffen, sofern damit keine zwanghafte Konsumverweigerung einhergeht. Letztere würde sich negativ auf die Wirtschaft einer Gesellschaft auswirken, obwohl ein gemäßigtes kritisches Konsumverhalten grundsätzlich eine Chance für die Verbesserung von Arbeitsbedingungen vieler Berufszweige darstellen kann. Ebenso verhält es sich mit den positiven Auswirkungen auf unsere Umwelt, da Ressourcen geschont werden, indem deren unbedachter Verschwendung entgegengewirkt wird. Auch wenn ein radikaler Minimalismus im Alltag häufig an seine Grenzen stößt und einer Gesellschaft nicht auferlegt werden kann, gilt es abschließend festzuhalten, dass jede Reflexion und Anpassung des individuellen Konsumverhaltens einen entscheidenden Schritt zu einem umweltschonenden Lebensstil darstellt, der außerdem einen gerechteren Handel begünstigt und demnach in jeder Ausprägung lohnend ist.

Das müssen Sie können

So werten Sie die Erörterung aus und formulieren eine Synthese

Um trotz einer differenzierten Argumentation mit Einräumungen überzeugend argumentieren zu können, gilt es, die eigene Position herauszustellen und mit einer überzeugenden Synthese abzuschließen. Diese rundet die Abwägung ab, indem sie

- die wichtigsten Ergebnisse zusammenfasst und gewichtet,
- die eigene Position deutlich macht, gegebenenfalls einen Kompromiss formuliert und im Blick auf die Argumentation begründet.

Formulierungshilfen für die **Zusammenfassung der wichtigsten Ergebnisse**:
Abschließend / Zusammenfassend kann festgehalten werden, dass ...
Aus den bisherigen Ausführungen kann geschlussfolgert werden, dass ...
Betrachtet man ... kann festgehalten werden, dass ...
Die vorangegangene Argumentation hat gezeigt, dass ...

Formulierungshilfen für die **Synthese**:
Nach eingehender Abwägung zeigt sich, dass ...
Wägt man beide Positionen schließlich ab, fällt auf, dass ...
Vor allem im Hinblick darauf, dass sich ... kann festgehalten werden, dass ...

16 Formulieren Sie ein Fazit für Ihre eigene Argumentation. Nutzen Sie die Hinweise im Kasten und die Ergebnisse der Aufgabe 15.

Das müssen Sie können

So leiten Sie eine antithetische Erörterung ein und runden diese durch einen Schluss ab

Die **Einleitung** einer antithetischen Erörterung zeigt die Bedeutsamkeit und den Sinn der angekündigten Erörterung auf und bereitet die Abwägung vor. Sie benennt die verschiedenen Positionen und nimmt dabei noch keine Wertung oder Schwerpunktsetzung vor. Als Einleitung in die Erörterung kann ...

- eine **Redewendung** oder eine häufig vorkommende Fragestellung aufgegriffen werden,
- ein **Zitat** angeführt und erläutert werden,
- eine **Definition** vorangestellt werden,
- ein mit dem Thema **verwandter Aspekt** beschrieben werden,
- auf eine **aktuelle Debatte** oder ein bestimmtes Ereignis hingewiesen werden,
- der **geschichtliche Verlauf** der Verhandlung einer Streitfrage zusammengefasst werden.

Formulierungshilfen zur Überleitung auf den Hauptteil sind:
Vor diesem Hintergrund gilt es zu klären, ... / Zu diskutieren ist deshalb, ... / Im Folgenden soll deshalb der Frage nachgegangen werden, ob ... / Beide Sichtweisen sollen gegeneinander abgewogen werden ... / Die strittige Frage, ob..., soll deshalb erörtert werden.

Der **Schluss** einer antithetischen Erörterung rundet die Auseinandersetzung mit der Themafrage ab. Ein Schluss kann einen **Appell**, einen **Vorschlag**, eine **Forderung** oder auch einen **Ausblick** enthalten.

17 Untersuchen Sie die Materialien M1–M8 erneut. Notieren Sie passende Anregungen für einen Einleitungsgedanken.

18 Vergleichen Sie die drei begonnenen Schlussformulierungen. Erklären Sie, welche Möglichkeit jeweils vertreten ist.

a) Die Argumentation hat gezeigt, wie sinnvoll und wohltuend der Verzicht und die Konsumreduzierung sein können. Vielleicht probiert man es einfach einmal aus, man könnte z. B. einen Monat lang mit nur 100 Gegenständen leben.
b) Die Argumentation zeigt es sehr deutlich: Es ist höchste Zeit, über unser Konsumverhalten nachzudenken. Worauf warten Sie noch?!
c) Kleinere Einkaufsviertel, gezielteres und nachhaltigeres Einkaufen, größere Bewusstheit für Ressourcen – vielleicht eine Perspektive, die sich aufgrund der Erörterung für unsere Gesellschaft ergibt.

19 Verfassen Sie eine Einleitung und einen Schluss zu Ihrer Erörterung.

4

Mein Stil

Essayistisch schreiben

Hörtext: 11040–15

1 Lesen oder hören Sie den Text. Notieren Sie Stichwörter zu den folgenden Fragen und diskutieren Sie in Kleingruppen:

Was bedeutet ein Kapuzenpullover für Sie?

Welches Gefühl vermittelt er Ihnen beim Tragen?

Welche Meinung vertritt der Autor des Textes und deckt sie sich mit Ihrer eigenen?

Die Verteidigung des Kapuzenpullovers

[...] **Er beruhigt, stabilisiert, macht unsichtbar.**

Den ersten Kapuzenpullover bekam ich geschenkt, als ich zwölf Jahre alt war. Ich hatte mir beim Fußball das Schlüsselbein gebrochen und musste einen Kreuzverband tragen, mit dem ich nicht liegen konnte. Die ersten Nächte nach dem Unfall verbrachte ich im Wohnzimmer. Dort saß ich im Ohrensessel mit ausklappbarer Fußbank und wartete darauf, dass die Nacht verging. Weil ich den linken Arm nicht heben konnte, kaufte mir meine Mutter einen Kapuzenpullover mit durchgehendem Reißverschluss, den ich noch heute vor mir sehe. Man konnte leicht hineinschlüpfen. Marineblau, inwendig soft, in der Kapuze ein blaugrünes Gittermuster, das mir irgendwie schottisch vorkam. Nachts allein im Wohnzimmer. Da war es unheimlich. Der Schmerz in der Schulter, schwere Möbel warfen wabernde Schatten, die Eichenuhr schlug einen beunruhigenden Takt. Ich zog die Kapuze mit rechts über den Kopf und schloss die Augen. Sie war eine Art Scheuklappe, eine Art zweites Kissen, ein Schon- und Schutzraum eigener Art. Diese Szene muss ein emotionalmentales Stempelkissen sein: Der Kapuzenpullover übernimmt das Amt des Hüters, wird Gefährte, beruhigt, stabilisiert, beschwichtigt, macht unsichtbar, dämpft das laute Draußen.

In dieser kindlichen Szene stecken bereits einige Motive der jüngeren und älteren Kulturgeschichte des Kapuzenpullovers, die so lang wie kurz ist, so übersichtlich wie unübersichtlich, so klar wie verwirrend. Im engeren Sinne beginnt die Geschichte des Kapuzenpullovers in den 30er-Jahren des 20. Jahrhunderts in New York. Dort wurde er von der Firma Champion für New Yorker Lagerarbeiter erfunden, die zwischen eisigen Frostkammern und stickigen Hallen mit schweren Lasten im Genick hin- und herpendelten. Die Kapuze schützt vor Kälte, vor Druck, sie kann schnell auf und abgesetzt werden, ein pragmatisches, eher ein proletarisches Textil, es steht für ehrliche Arbeit, Schweiß, es ist noch kaum zum Zeichen, zum Symbol aufgeladen. In New York und in anderen Metropolen beginnt dieser Prozess der ikonografischen Verdichtung in den 60er- und 70er-Jahren. Der Hoodie wird zum Freizeitbegleiter, das pflegeleichte, robuste Textil wird mittlerweile von Sportlern getragen, insbesondere Boxern. Die Textilindustrie reagiert auf Bedürfnisse und schafft sie. Zunehmend entdeckt auch die Jugend den Hoodie als Gefährten ihrer Identitäts- und Abgrenzungspfade. Man steckt mit dem Hoodie Claims ab, man geht mit ihm auf urbane Abenteuerreise. Für Skateboarder, Hip-Hopper und Sprayer wird er zum trotzigen Selbstbehauptungszeichen, zur expressiven Geste, zum Statement eines abweichenden Stils: Wir sind lässig, Bro, bist du es auch? Das ist unser Revier: Got it? Der Hoodie hat auf der Bühne rivalisierender Gangs und Codes ein dramatisches, ein theatralisches Potenzial: Die Kapuze vergrößert, verbirgt die wahre Gestalt, man kann die Kapuze mit großer Geste überwerfen oder sie betont langsam abstreifen, man kann sich eine mysteriöse Aura zulegen oder sich einfach nur gegen den Regen schützen, man kann sich in den Straßen als verlorener Sohn oder verlorene Tochter darstellen oder sich als kraftvoller Anführer eines coolen Clans betrachten. Mit dem Hoodie lassen sich die unterschiedlichsten Stimmungen und Emotionen ausdrücken, was erklärt, warum er im Zeitalter des Pop zu einem Mega-Zeichen wird. [...]

Der Hoodie [...] ist mittlerweile auch ein Dolmetscher zwischen den Generationen, etwas, worauf sich Großväter, Väter und Enkel noch einigen können in einer Zeit, in der es keine Lagerfeuer mehr gibt, in einer Gegenwart, in der berufliche, soziale und familiäre Bindungen sich lösen, sich verflüssigen. Betrachten wir also den Kapuzenpullover auch als Gesprächsangebot, als Zeichen der Älteren mit den Jüngeren im Dialog bleiben zu wollen. [...]

Früher hieß es noch „My home is my castle", heute könnte man sagen „My home ist my hoodie" oder auch „My hoodie is my castle". Der Arbeitnehmer wird im Laufe seines Lebens zum Nomaden und der Kapuzenpullover wird sein Begleiter, ein winziger Intimitätszipfel, Schutzfilm gegen den Ellenbogennächsten.

Jeder bastelt sich seine eigene Hoodie-Gestalt

Die soziale Elastizität des Kapuzenpullovers fasziniert mich und sie befreit ihn von allen einseitigen Schuldzuweisungen und Images. Der Milliardär Mark Zuckerberg trägt ihn ebenso wie die Straßenfeger der Berliner Stadtreinigung, zu deren Grundausstattung ein orangefarbener Hoodie gehört. Ja, es gibt Menschen, die werfen sich die Kapuze so aggressiv über, als richte sich eine Kobra drohend auf. Manche hingegen wirken mit ihm, als trügen sie einen Heiligenschein. Das dramatische Potenzial des Kapuzenpullovers ist unübersehbar, auch deshalb liebt ihn das Kino.

Unter den Kleidungsstücken ist der Hoodie Proteus, der griechische Meeresgott der Verwandlung, an dessen polymorphe Flunkereien er erinnert. Jeder bastelt sich seine eigene Hoodie-Gestalt, jeder wird zum Bastelstück in der Fantasie der anderen. Für mich ist er das dritte Auge, das nach hinten sieht, ein Netz, das im Gestern fischt, ein Versuch, im Dialog mit meinen Kindern zu bleiben. Vielleicht erinnert sich der Erwachsene daran, dass er als Kind wahre Schätze in den Känguru-Taschen verbergen konnte, Bonbons, Spickzettel oder die Hände, wenn es draußen kalt oder man verlegen war. Ist er nicht ein Wunsch, den man zwar tragen, aber nicht aussprechen will?

Und übrigens ist der Kapuzenpullover verdammt bequem und ein Kumpel für jeden Tag.

Torsten Körner, www.deutschlandfunk.de, 17.05.2015

2 Im Text „Die Verteidigung des Kapuzenpullovers" befasst sich Torsten Körner mit dem Kapuzenpullover als Ausdrucksmöglichkeit eines eigenen Lebensstils. Vervollständigen Sie den folgenden Satz mithilfe des Wortspeichers.

Der Text wirkt auf mich ..., weil ...

Wortspeicher

unterhaltsam – interessant – leicht – problematisierend – anspruchsvoll – spannend – manipulativ – informierend – unterhaltsam – argumentierend

3 Besprechen und konkretisieren Sie Ihre Einschätzungen aus Aufgabe 2 im Klassengespräch: Sprechen Sie über die Wirkung und die Wirkungsweisen einzelner Textabschnitte und Textstellen.

4 Untersuchen Sie die Wirkung des Textes (→ S. 46) noch genauer. Bearbeiten Sie die folgenden Arbeitsschritte, soweit Sie kommen:

- Untersuchen Sie die Adjektive im ersten Satz des zweiten Absatzes. Formulieren Sie die Kernaussage dieses Satzes in eigenen, sachlichen Worten. Beschreiben Sie dann die Wirkung.
- Untersuchen Sie Wortwahl, Satzbau und Inhalt des letzten Satzes im Vergleich mit dem vorangegangenen Text. Beschreiben Sie die Wirkung.
- „Wir sind lässig, Bro, bist du es auch? Das ist unser Revier: Got it?" (Z. 78 f.) dient dem Autor als Beispiel für abweichenden Stil. Formulieren Sie diesen Beispiel in eigenen, sachlichen Worten. Beschreiben Sie dann die Wirkung.

5 In den vorausgehenden Teilkapiteln haben Sie die Merkmale einer Erörterung kennengelernt (Ziel, Aufbau, Sprache). Notieren Sie, welche Gemeinsamkeiten der Text „Die Verteidigung des Kapuzenpullovers" mit einer Erörterung aufweist und inwiefern er sich von dieser unterscheidet.

6 Der folgende Kasten spricht von einem Essay als „geistreichen und pointierten" Text. Prüfen Sie, ob diese Charakterisierungen auf den Text „Die Verteidigung des Kapuzenpullovers" zutreffen. Konkretisieren Sie anhand von Textbeispielen, was mit den Eigenschaften „geistreich und pointiert" gemeint sein könnte.

Das müssen Sie wissen

Essay als argumentierende journalistische Textgattung

Ein **Essay** ist eine argumentative Abhandlung, die sich vielfältig, differenziert, geistreich und pointiert mit einem Thema auseinandersetzt. Das Essay spiegelt dabei die subjektive Sichtweise und Einschätzung der Verfasserin oder des Verfassers wider.

- Der **Aufbau** eines Essays ist klar gegliedert, verfolgt einen steigernden Argumentationsgang, einen roten Faden oder ein Leitmotiv. Oft greift der Schluss die Einleitung wieder auf (Ringkomposition).
- Die einzelnen **Abschnitte** der thematischen Entfaltung nutzen unterschiedliche **Sprechweisen und Funktionen**. Sie sind vorwiegend argumentierend und reflektierend, dabei aber auch erzählend, informierend, appellierend.
- Die **Sprache** des Essays bemüht sich darum, Leserinnen und Leser anzusprechen. Sie ist oft humorvoll-ironisch und bedient sich verschiedener Stilmittel wie Übertreibungen und Metaphern. Unterschiedliche Register wie Alltagssprache und Fachsprache wechseln sich manchmal ab (→ S. 46).

7 Weisen Sie die Merkmale des Essays und die Stilebenen am Text von Torsten Körner nach. Ordnen Sie die Inhalte und die sprachlich-stilistischen Merkmale aus den Wortspeichern den Arten der thematischen Entfaltung zu. Sichern Sie Ihr Ergebnis in einer Tabelle.

thematische Entfaltung	Inhalt	sprachlich-stilistische Merkmale	Beleg aus dem Text
argumentierend	Begründungen, Beispiele, Belege	...	Z. ...–...
...			

Wortspeicher: thematische Entfaltung

erzählend – informierend – reflektierend – argumentierend – appellierend

Wortspeicher: Inhalt

- persönliche Erlebnisse und Erfahrungen
- Zusammenhänge, Fakten, Entwicklungen
- Abwägung, Erkenntnisgewinn, Entscheidungsfindung
- Begründungen, Beispiele, Belege
- Aufruf, Handlungsmotivation

Wortspeicher: sprachlich-stilistische Merkmale

- schildernd, bildhaft, Spannungssteigerung, Präteritum, Metapher, Vergleich
- neutral, distanziert, sachlich, faktenreich, präzise, darstellend, detailliert, hypotaktischer Satzbau
- rhetorische Frage, wertend, Correctio, abwägender Fragesatz
- sachlich, klar, nüchtern, begründend
- eindringlich, Ausrufesatz, Anrede

Schreibt zum Thema „Nachhaltige Kleidung als Ausdruck meines Lebensstils[1]"!

[1] Lebensstil meint die Art und Weise der Lebensführung. Damit sind wiedererkennbare Präferenzen für z. B. Musik, Hobbys, Ernährung, Verbraucherverhalten und Sprache verbunden. Durch den Lebensstil verbindet man sich mit anderen oder grenzt sich ab.

8 Die Schülerzeitung ruft zum Verfassen von Essays zum genannten Thema auf. Sammeln Sie zunächst Ideen, Eindrücke und erste Positionen im Klassengespräch.

9 Legen Sie eine Stoffsammlung an. Nutzen Sie die abgedruckten Materialien, recherchieren Sie zusätzlich im Internet. Klären und notieren Sie Ihre eigene Position zum Thema.

M1 Die natürlichen Ressourcen und die Aufnahmekapazität der Erde für Schadstoffe sind begrenzt. Eine „nachhaltige Entwicklung" zielt darauf ab, verantwortungsbewusst mit den endlichen Ressourcen umzugehen, damit heutige und künftige Generationen weltweit ein Leben in Würde – entsprechend ihrer Bedürfnisse – führen können. Kernelemente sind dabei die weltweite Bekämpfung der Armut und die Anerkennung der ökologischen Grenzen des Wirtschaftens.

Bund für Umwelt und Naturschutz Deutschland e. V., www.bund.net

M2

Circularity

Circularity in Fashion beschreibt ein ganzheitliches System. Kleidungsstücke und Rohstoffe werden in Kreisläufen designed und gedacht, anstatt sie nach einem linearen Prinzip zu produzieren, zu verarbeiten und dann zu entsorgen. Kreisläufe funktionieren z.B. auf Produktebene, indem Kleidungsstücke weitergegeben werden. Oder aber sie können recycelt werden, so dass das Produkt wieder zum Rohstoff wird und daraus neue Produkte entstehen.

Für Konsumierende

Damit Mode im Kreislauf bleibt gibt es drei Optionen. Eine Option ist es, Kleidung an Menschen zu verschenken, die man kennt. Der Altkleidercontainer ist keine wirklich gute Option. Alternativ kann man sie über [eine] App [...] verschenken. Die zweite Möglichkeit ist Kleidung zu tauschen. Eine Kleidertauschparty (schon ab drei Personen möglich) ist auch eine schöne Gelegenheit, kostenlos Abwechselung in den Kleiderschrank zu bekommen. Auch auf Plattformen [...] kann man Kleidung zum Tausch anbieten. Kleidung, die noch sehr gut in Schuss ist, lässt sich super auf Flohmärkten und Online Plattformen weiterverkaufen.

Marie Nasemann, www.fairknallt.com, 2022

10 Gestalten Sie einen ausführlichen Schreibplan zu Einleitung, Argumentationsgang und Schluss Ihres Essays. Notieren Sie, in welchen Abschnitten Ihres Schreibplans Sie eher informieren, argumentieren, erzählen werden.

11 Finden Sie Ihre Essay-Persönlichkeit. Wählen Sie eine der vorgeschlagenen Persönlichkeiten oder erfinden Sie Ihre eigene und notieren Sie stichwortartig, wodurch sich die Sprache der Essay-Persönlichkeit auszeichnet.

kritischer Spötter

modebewusste Stilikone

begeisterter Umweltschützer

→ Hilfe S. 288

M3 **Nachhaltigkeitsstrategien**

Basierend auf: BUND jugend / Grafik: Annika Huskamp

12 Sammeln Sie auch Ideen für die sprachliche Ausgestaltung des Essays. Prüfen Sie, ob Sie die folgenden Textbausteine für Ihr Essay nutzen können.

- Notieren Sie eine passende Stelle im Schreibplan.
- Beschreiben Sie, zu welcher thematischen Entfaltung der jeweilige Satzbaustein passt, und welche besonderen sprachlichen Mittel jeweils verwendet wurden.

a) … den Blick schweifen lassen über das unendliche Angebot auf Tischen, Ständern, und Kleiderbügeln …
b) … mit den einschlägigen Labeln bin ich zwar hierzulande top stylisch, aber für die Produktionsländer eher der Flop …
c) … zeige ich mit meinen Klamotten meine Coolness oder mein Gerechtigkeitsgefühl?
d) … auf den ersten Blick wirkt das Jackett cool, doch dann offenbaren sich abgestoßene Ärmel und altmodische Schulterpolster …
e) … doch welche Auswirkungen hat dies für die Bekleidungsindustrie?

- Ergänzen Sie mindestens je eine eigene pointierte Formulierung mit erzählender, informierender und argumentierender Funktion.

13 Verfassen Sie das geplante Essay zum Thema „Nachhaltige Kleidung als Ausdruck meines Lebensstils". Prüfen und überarbeiten Sie in Partnerarbeit Ihre Essays (→ S. 259). Achten Sie vor allem auf inhaltliche Nachvollziehbarkeit, Wechsel der thematischen Entfaltungen sowie auf eine ansprechende und pointierte Sprache.

Was Sie schon können!

Kompetenztest

Das Thema sinnvoll eingrenzen

1 Formulieren Sie eine Position, in der Sie das Thema „Veggie Day" genauer eingrenzen.
Gehen Sie dabei auf die W-Fragen *Wer?*, *Wo?* und *Wie oft?* ein.

Verschiedene Argumentationsstrategien unterscheiden

2 Bestimmen Sie, welche Argumentationsstrategie (rational, moralisch-ethisch, plausibel) die in der Mind-Map eingetragenen Argumente verfolgen.

Material auswerten

3 Ergänzen Sie die Mind-Map unter Beachtung einer logischen Struktur um die Aspekte aus M1 und M2.

M1 Unser Fleischkonsum pro Kopf hat sich in den letzten 60 Jahren fast verdreifacht und ist heute für rund 20% aller weltweiten Treibhausgasemissionen verantwortlich.

veggieday-konstanz.de

M2 Einen „Veggie Day" pro Woche als Standard einführen zu wollen, ist aber nicht nur ignorant, sondern die völlig falsche Strategie. Denn das heißt, wieder den mahnenden Zeigefinger zu erheben, also genau die Stimmung zu schaffen, die das Image des fleischlosen Essens so lange getrübt hat.

Annette Prosinger, www.welt.de, 05.08.2013

4 Untersuchen Sie das folgende Argument: Benennen Sie die Funktion (Bestandteile eines Arguments, Einräumung, Entkräftung) der folgenden Sätze innerhalb der Erörterung. Notieren Sie, wofür Material 3 verwendet worden ist.

Mit Gegenargumenten umgehen

Ein Veggie Day würde den Klimaschutz nachhaltig unterstützen, da ein reduzierter Fleischkonsum weniger Treibhausgase zur Folge hätte. Ich verweise hier auf die Internetseite veggieday-konstanz.de, laut der ein Fünftel der Treibhausgase zulasten der Fleischindustrie gehen (vgl. M1). Auch wenn durch einen Veggie Day die Nachfrage nach Soja-Ersatzprodukten steigen könnte und für den Soja-Anbau bereits Wälder abgeholzt wurden, wird laut Greenpeace „der weitaus größte Teil der Sojaimporte – 87 Prozent – für Tierfutter verwendet“ (M3). Folglich würde ein Veggie Day die Umwelt in zweifacher Hinsicht entlasten.

M3 Eine zu hohe Nachfrage erzeugt daher Druck auf die Bereitstellung von Anbauflächen. „Um die weltweite Nachfrage nach Soja zu bedienen, ist es in der Vergangenheit zu Abholzungen gekommen und kommt es auch weiterhin.“ In der EU wird jedoch laut einem Report von Greenpeace der weitaus größte Teil der Sojaimporte – 87 Prozent – für Tierfutter verwendet.

Annika Keilen, www.fr.de, 26.04.2020

5 Notieren Sie die Signalwörter und strukturierenden Formulierungen des Arguments, die die gedankliche Struktur des Textes deutlich machen.

6 Formulieren Sie aus den folgenden Satzbausteinen eine Synthese, indem Sie Signalwörter oder hilfreiche Formulierungen verwenden.

Eine Synthese formulieren

Ideenspeicher

Gesundheit, Umweltschutz und Nachhaltigkeit – Freiheit des Einzelnen – wertvoller Impuls durch den Veggie Day – unter Beachtung der Freiwilligkeit, um den positiven Ruf vegetarischer Ernährung zu wahren

7 Begründen Sie stichpunktartig, welche Art der thematischen Entfaltung in M1 und M2 jeweils vorliegt.

Die thematische Entfaltung bestimmen

+ Formulieren Sie ein vollständiges Argument für eine Erörterung oder eine argumentierende thematische Entfaltung für ein Essay.

Ein Argument vollständig aufbauen

5
Sapere aude!

Die Ideen der Aufklärung erarbeiten

Gotthold Ephraim Lessing (1729–1781, bedeutender Dichter der Aufklärung)
Brief an Friedrich Nikolai (1733-1811, Freund Lessings), 13. November 1756 (1756, Auszug)

Wenn es also wahr ist, dass die ganze Kunst des tragischen Dichters auf die sichere Erregung […] des Mitleidens geht, so sage ich nunmehr, die Bestimmung der Tragödie ist diese: sie soll unsere Fähigkeit, Mitleid zu fühlen, erweitern. […] Der mitleidigste Mensch ist der beste Mensch, zu allen gesellschaftlichen Tugenden, zu allen Arten der Großmut aufgelegteste. Wer uns also mitleidig macht, macht uns besser und tugendhafter, und das Trauerspiel, das jenes tut, tut auch dieses, oder – es tut jenes, um dieses tun zu können.

1 Wahrscheinlich ist Ihnen die Aufklärung als geistige und kulturelle Strömung bereits in anderen Unterrichtsfächern begegnet. Tragen Sie Ihr Wissen im Klassengespräch zusammen. Beginnen Sie eine Mind-Map.

2 Lesen Sie die Textauszüge auf der folgenden Seite und ergänzen Sie die Mind-Map im Gespräch: Auf welche Lebensbereiche beziehen sich die Texte? Welche Anliegen vertreten sie?

3 Nennen und sammeln Sie aufgrund Ihres Vorwissens und der Textauszüge erste Schlagwörter, die zur Aufklärung passen.

4 Hören Sie sich den Podcast zur Aufklärung an. Ergänzen Sie die Mind-Map um vier Informationen aus dem Podcast.

Link: 11040-16

Friedrich II. (1712–1786, ab 1772 König von Preußen)
Politisches Testament (1752, Auszug)

Ein Fürst ist nicht in diesen hohen Rang erhoben, man vertraut ihm nicht die höchste Gewalt an, damit er in Trägheit dahinlebt, sich auf Kosten des Volkes mästet und glücklich ist, während jedermann leidet. Der Fürst ist der erste Diener seines Staates. Er wird gut besoldet, damit er die Würde seines Standes wahren kann; aber man verlangt von ihm, daß er nach Kräften für das Wohl des Staates arbeitet […].

Jean-Jacques Rousseau (1712–1778, Schriftsteller und Philosoph)
Emil oder Über die Erziehung (1762, Auszug)

Die Natur will, dass Kinder Kinder sind, ehe sie Männer werden. Kehren wir diese Ordnung um, so erhalten wir frühreife Früchte, die weder reif noch schmackhaft sind und bald verfaulen: Wir haben dann junge Gelehrte und alte Kinder. Die Kindheit hat eine eigene Art zu sehen, zu denken und zu fühlen […]. Man hat alle Mittel erprobt, außer dem einen, das zum Erfolg führen kann: die wohlgeordnete Freiheit. […] Haltet Eurem Zögling keine Reden: Er darf nur aus der Erfahrung lernen.

Moses Mendelssohn (1729–1786, Philosoph der Aufklärung)
Über die Frage: was heißt aufklären?
(1784, Auszug)

Bildung zerfällt in Kultur und Aufklärung. Jene scheint mehr auf das Praktische zu gehen: auf Güte, Feinheit und Schönheit in Handwerken, Künsten und Geselligkeitssitten (objektive); auf Fertigkeit, Fleiß und Geschicklichkeit in jenen, Neigungen Triebe und Gewohnheit in diesen (subjektive). […] – Aufklärung hingegen scheinet sich mehr auf das Theoretische zu beziehen. Auf vernünftige Erkenntnis (objekt.) und Fertigkeit (subj.) zum vernünftigen Nachdenken, über Dinge des menschlichen Lebens, nach Maßgebung ihrer Wichtigkeit und ihres Einflusses in die Bestimmung des Menschen.

Was heißt „aufgeklärt sein"? Leben wir in einer aufgeklärten Zeit? – Vielleicht haben Sie sich schon mit diesen oder ähnlichen Fragen befasst. Die Ideen und Positionen der Aufklärungszeit liefern auch für unser heutiges Denken viele Anregungen. Einige davon lernen Sie in diesem Kapitel kennen, indem Sie …

- … pointierte Texte epochenbezogen lesen und deuten,
- … Theaterszenen der Aufklärung interpretieren,
- … einen philosophischen Grundsatztext lesen,
- … einen Podcast zur Aufklärung erstellen.

5

Kurz, treffend, lehrreich

Pointierte Texte epochenbezogen lesen und deuten

1 Im folgenden Text geht es um einen Tanzbären. Bereiten Sie Ihr Textverständnis vor: Was ist ein Tanzbär? Wenn sich Waldbären mit einem Tanzbären unterhalten könnten, worüber würden sie sprechen? – Tauschen Sie Ihre Ideen im Klassengespräch aus.

Gotthold Ephraim Lessing

Der Tanzbär[1] (1771)

Ein Tanzbär war der Kett' entrissen,
Kam wieder in den Wald zurück,
Und tanzte seiner Schar ein Meisterstück
Auf den gewohnten Hinterfüßen.
„Seht", schrie er, „das ist Kunst; das lernt man in der Welt.
Tut es mir nach, wenn's euch gefällt,
Und wenn ihr könnt!" – „Geh", brummt ein alter Bär,
„Dergleichen Kunst, sie sei so schwer,
Sie sei so rar sie sei,
Zeigt deinen niedern Geist und deine Sklaverei."

Ein großer Hofmann[2] sein,
Ein Mann, dem Schmeichelei und List
Statt Witz und Tugend ist;
Der durch Kabalen[3] steigt, des Fürsten Gunst erstiehlt,
Mit Wort und Schwur als Komplimenten spielt,
Ein solcher Mann, ein großer Hofmann sein,
Schließt das Lob oder Tadel ein?

[1] **Tanzbär**: Bär, der abgerichtet wurde und Kunststücke, z. B. Tanzbewegungen, vorführt
[2] **Hofmann**: Mann, der zum Hof, also zum Gefolge eines Fürsten oder Königs, gehört
[3] **Kabalen**: Intrigen, versteckte Manipulationen

2 Fassen Sie den Inhalt der ersten Strophe des Fabel-Gedichts mündlich zusammen. Klären Sie Unverständliches im Klassengespräch.

3 Vergleichen Sie im Gespräch die geschilderte Begegnung der Bären mit Ihren Erwartungen aus Aufgabe 1. Formulieren Sie mündlich erste Deutungsideen.

4 Bei dem Text handelt es sich um eine Fabel in Gedichtform. Erklären Sie diese Genre-Bestimmung. Benennen Sie dabei, welche Merkmale einer Fabel und welche Merkmale eines Gedichts der Text aufweist.

5 Deuten Sie das Fabel-Gedicht nun genauer. Ergänzen Sie die Tabelle in Partnerarbeit um mindestens drei weitere Elemente. Diskutieren Sie gründlich über die Deutungen der einzelnen Elemente und notieren Sie gegebenenfalls auch verschiedene Ideen.

Bildebene (So kommt es im Text vor:)	**Sachebene (Gemeint ist damit:)**
Welt (der Menschen)	grundsätzlich: Lebensbereich, in dem man sich nicht natürlich benehmen kann und in dem man gezwungen wird, sich zu verstellen, konkret: höfische Welt
Wald	grundsätzlich: Lebensbereich, in dem man sich natürlich und seinen Begabungen entsprechend bewegen und benehmen kann, konkret: bürgerliche bzw. nicht-höfische Welt
auf den Hinterfüßen gehen	erzwungene …
Tanzbär	Person, die …

6 Prüfen und besprechen Sie, inwiefern die folgenden Lehrsätze zum Text passen und inwiefern sie unzureichend sind. Formulieren Sie danach einen eigenen passenden Satz.

A Die Fabel kritisiert Menschen, die nicht zum Adel gehören, die aber unbedingt dazu gehören möchten.

B Die Fabel zeigt die peinliche Lächerlichkeit eines Menschen, der sich Erwartungen unterwirft, die nicht seiner Natur entsprechen.

C Die Fabel entlarvt den Selbstbetrug mancher Menschen, die ihre Grenzen nicht kennen.

7 Bereiten Sie in Partnerarbeit die zusammenfassende Deutung der Fabel vor. Machen Sie sich Notizen zu einem der folgenden Arbeitsaufträge:

- Ergänzen Sie den Text: *Die Fabel „Der Tanzbär" erzählt davon, dass … Die Fabel kritisiert das Leben und die Erwartungen in der Welt des Hofs und der Fürsten, wo … Grundsätzlich zeigt sie auch, …*
- Beziehen Sie die Fabel auf die Gedanken und Positionen der Aufklärung, die Sie auf den Seiten 100 f. kennengelernt haben.
- Aktualisieren Sie die Fabeldeutung: Notieren Sie Situationen Ihrer Zeit und Ihrer Erfahrungswelt, auf die sich die Aussagen der Fabel anwenden lassen.

8 Fabeln sind Texte, die eine didaktische – also eine belehrende – Absicht verfolgen. Klären Sie im Klassengespräch, inwiefern dies auf „Der Tanzbär" zutrifft. Fassen Sie die Ergebnisse der Aufgaben 5–7 zusammen: Wie versucht die Fabel zu erziehen? Worauf möchte sie ihre Leser hinweisen?

Georg Christoph Lichtenberg
Aphorismen (1764)

1. Man spricht viel von Aufklärung und wünscht mehr Licht. Mein Gott, was hilft aber alles Licht, wenn die Leute entweder keine Augen haben, oder die, die sie haben, vorsätzlich verschließen.
2. Wenn ein Buch und ein Kopf zusammenstoßen und es klingt hohl, ist das allemal im Buch?
3. Darf ein Volk seine Staatsverfassung ändern, wenn es will? Über diese Frage ist sehr viel Gutes und Schlechtes gesagt worden. Ich glaube, die beste Antwort darauf ist: Wer will es ihm wehren, wenn es entschlossen ist?
4. Es kann nicht alles ganz richtig sein in der Welt, weil die Menschen noch mit Betrügereien regieret werden müssen.
5. Es kommt nicht darauf an, ob die Sonne in eines Monarchen Staaten nicht untergeht, wie sich Spanien ehedem rühmte, sondern was sie während ihres Laufes in diesen Staaten zu sehen bekommt.
6. Es ist ja doch nun einmal nicht anders: Die meisten Menschen leben mehr nach der Mode als nach der Vernunft.
7. Es ist fast unmöglich, die Fackel der Wahrheit durch ein Gedränge zu tragen, ohne jemandem den Bart zu sengen.

9 Wählen Sie einen Aphorismus für eine Partnerarbeit aus. Bereiten Sie dessen mündliche Erklärung vor: Versuchen Sie, bei der Erklärung möglichst keine bildhafte Sprache zu verwenden. Nennen Sie konkretisierende Beispiele erst nach der grundsätzlichen Erklärung.

10 Besprechen Sie die ausgewählten Aphorismen in der Klasse. Diskutieren Sie mögliche Aussagen und Absichten. Erörtern Sie jeweils auch, ob der Aphorismus in Ihrer aktuellen Erfahrungswelt noch gültig oder angemessen ist.

11 Stellen Sie im Klassengespräch Bezüge zwischen den Aphorismen her: Welche der Sätze thematisieren ähnliche Lebensbereiche?

12 Nutzen Sie die Aphorismen zur weiteren Beschreibung der Zeit der Aufklärung. Erläutern Sie, auf welche der bisher benannten Themen sie sich beziehen und welche weiteren Themen eventuell in den Blick genommen werden.

13 Planen und formulieren Sie eigene Aphorismen. Folgen Sie dazu den Arbeitsschritten, soweit Sie kommen.

- Notieren Sie ein aktuelles öffentliches Thema, das Sie kritisieren möchten.
- Notieren Sie mögliche Bildbereiche oder Situationen, mit deren Hilfe sich das Thema abbilden lässt.
- Formulieren Sie Ihre Kritik in Form eines pointierten Lehrsatzes.

Das müssen Sie wissen

Aufklärung

Als **Aufklärung** wird eine Phase der Geistes- und Kulturgeschichte zwischen ca. 1720 und 1800 bezeichnet. Auf der Grundlage **naturwissenschaftlicher Erkenntnisse** sowie von Positionen der englischen, französischen und deutschen **Philosophie** entsteht ein neues **Welt- und Menschenbild**, das sich vom Mittelalter und der Barockzeit abhebt.

Geprägt ist die Aufklärungszeit von dem Bestreben, das **Denken** mit den Mitteln der **Vernunft** und der wissenschaftlichen **Erkenntnis** von veralteten Vorstellungen, Vorurteilen und Ideologien zu befreien. Die Welt gilt als objektiv erforschbar und beschreibbar. Der Mensch wird als eigenständiges, selbst denkendes und verantwortlich handelndes Individuum betrachtet. Unterdrückungen durch politische, gesellschaftliche und kirchliche Hierarchien werden in Frage gestellt und kritisiert. Die absolutistische Staatsform entwickelt sich zum **aufgeklärten Absolutismus** weiter. Innerhalb der gesellschaftlichen Schicht des **Bürgertums** entsteht ein neues Selbstbewusstsein gegenüber dem Adel. **Mitmenschlichkeit** und **Tugend** werden zu ethischen Leitbegriffen dieser Gesellschaftsschicht und der gesamten Epoche.

Auch die **Literatur** nimmt sich der Aufgabe an, den Menschen zu einem verantwortungsbewussten und moralischen Handeln zu erziehen. Lehrgedichte, Erziehungsromane, Fabeln und Aphorismen werden zu typischen Textarten der Zeit. Einer der in Deutschland bekanntesten Schriftsteller der Aufklärung ist **Gotthold Ephraim Lessing** (1729-1781). Die von ihm verfassten Theaterstücke „Emilia Galotti“ (1772) und „Nathan der Weise“ (1779) werden auch heute noch regelmäßig inszeniert.

5

Lessings Nathan der Weise

Theaterszenen der Aufklärung interpretieren

1 Lesen Sie die Informationen zu Lessing und dem Theaterstück „Nathan der Weise“. Notieren Sie erste Vermutungen: Welche Themen und Motive der Aufklärung werden thematisiert? Inwiefern kann das Stück als „aufklärerisch“ bezeichnet werden?

„Unter stummer Wiederholung allseitiger Umarmungen fällt der Vorhang“

Die Handlung von „Nathan der Weise“, des letzten Theaterstücks, das der Dichter Gotthold Ephraim Lessing (1729–1781) veröffentlichte, spielt in Jerusalem zur Zeit des Dritten Kreuzzugs (1189–1192). Vor der Kulisse des feindlichen Aufeinandertreffens der drei monotheistischen Religionen – dem Judentum, dem Islam und dem Christentum – entfaltet Lessing seine Ideen von Toleranz und Versöhnung der Religionen. Lessing verfasste das Stück – er bezeichnet es als „Dramatisches Gedicht“ –, nachdem ihm im Zuge eines theologischen Streits ein Publikationsverbot zu kirchlichen und religiösen Themen auferlegt wurde. An eine Bekannte schreibt er in diesem Zusammenhang: „Ich muss versuchen, ob man mich auf meiner alten Kanzel, auf dem Theater, wenigstens noch ungestört will predigen lassen."

Der jüdische Geschäftsmann Nathan hat seine gesamte Familie im Zuge eines von Christen durchgeführten Pogroms[1] verloren. Um Recha, ein christliches Waisenkind, kümmert er sich dennoch wie um eine eigene Tochter. Kurz bevor Nathan von einer Geschäftsreise zurückkehrt, kommt es in seinem Haus zu einem Brand. Ein christlicher Tempelritter rettet Recha das Leben, wird von dieser allerdings – aufgrund seines weißen Umhangs – für einen Engel gehalten. Nathan glaubt nicht an das Eingreifen von Engeln und bemüht sich um eine Begegnung zwischen Recha und ihrem Retter. Auch die Tatsache, dass der Tempelritter kurz vor dem Brand durch den Sultan Saladin von einer Todesstrafe begnadigt wurde, sieht Nathan nicht als Wunder, sondern als Ergebnis menschlichen Handelns. Im weiteren Verlauf der Handlung werden zahlreiche familiäre Verbindungen zwischen den Beteiligten aufgedeckt. Nathan der Weise begleitet und steuert die Begegnungen der verschiedenen Protagonisten samt ihrer menschlichen und religiösen Diskrepanzen derart, dass es schließlich zu einer umfassenden Versöhnung kommt. Das Stück endet mit der Szenenanweisung: „Unter stummer Wiederholung allseitiger Umarmungen fällt der Vorhang."

Verfassertext

[1] **Pogrom, das:** gewaltsame Ausschreitung gegen Minderheiten

2 Bereiten Sie in Partnerarbeit eine erste Zusammenfassung der Ringparabel vor: Machen Sie sich Notizen zum Inhalt von Nathans Erzählung und notieren Sie eine Deutungsidee: Wie beantwortet Nathan die Frage nach der „wahren Religion"?

Gotthold Ephraim Lessing
Nathan der Weise (1779, Auszug)

Im Verlauf der Handlung wird Nathan unter einem Vorwand zu Saladin, dem muslimischen Sultan, gebeten. Der Sultan möchte Nathans vermeintliche Weisheit testen und fragt nach der „wahren Religion". Nathan erkennt die Tücken dieser Frage und antwortet mit einer Erzählung, der sogenannten „Ringparabel".

Nathan. Vor grauen Jahren lebt' ein Mann in Osten,
Der einen Ring von unschätzbarem Wert
Aus lieber Hand besaß. Der Stein war ein
Opal[2], der hundert schöne Farben spielte,
Und hatte die geheime Kraft, vor Gott
Und Menschen angenehm zu machen, wer
In dieser Zuversicht ihn trug. Was Wunder,
Dass ihn der Mann in Osten darum nie
Vom Finger ließ; und die Verfügung traf,
Auf ewig ihn bei seinem Hause zu
Erhalten? Nämlich so. Er ließ den Ring
Von seinen Söhnen dem geliebtesten;
Und setzte fest, dass dieser wiederum
Den Ring von seinen Söhnen dem vermache,
Der ihm der liebste sei; und stets der liebste,
Ohn' Ansehn der Geburt, in Kraft allein
Des Rings, das Haupt, der Fürst des Hauses werde. –
Versteh mich, Sultan.
Saladin. Ich versteh dich. Weiter!
Nathan. So kam nun dieser Ring, von Sohn zu Sohn,
Auf einen Vater endlich von drei Söhnen;
Die alle drei ihm gleich gehorsam waren,
Die alle drei er folglich gleich zu lieben
Sich nicht entbrechen konnte. Nur von Zeit
Zu Zeit schien ihm bald der, bald dieser, bald
Der dritte, – sowie jeder sich mit ihm
Allein befand, und sein ergießend Herz
Die andern zwei nicht teilten, – würdiger
Des Ringes; den er denn auch einem jeden
Die fromme Schwachheit hatte, zu versprechen.
Das ging nun so, solang es ging. – Allein
Es kam zum Sterben, und der gute Vater
Kömmt in Verlegenheit. Es schmerzt ihn, zwei
Von seinen Söhnen, die sich auf sein Wort
Verlassen, so zu kränken. – Was zu tun? –

[2] **Opal, der:** seltener Edelstein

Er sendet in geheim zu einem Künstler,
Bei dem er, nach dem Muster seines Ringes,
Zwei andere bestellt, und weder Kosten
Noch Mühe sparen heißt, sie jenem gleich,
Vollkommen gleich zu machen. Das gelingt
Dem Künstler. Da er ihm die Ringe bringt,
Kann selbst der Vater seinen Musterring
Nicht unterscheiden. Froh und freudig ruft
Er seine Söhne, jeden insbesondre;
Gibt jedem insbesondre seinen Segen, –
Und seinen Ring, – und stirbt. – Du hörst doch, Sultan?
Saladin *(der sich betroffen von ihm gewandt).*
Ich hör, ich höre! – Komm mit deinem Märchen
Nur bald zu Ende. – Wird's?
Nathan. Ich bin zu Ende.
Denn was noch folgt, versteht sich ja von selbst. –
Kaum war der Vater tot, so kömmt ein jeder
Mit seinem Ring, und jeder will der Fürst
Des Hauses sein. Man untersucht, man zankt,
Man klagt. Umsonst; der rechte Ring war nicht
Erweislich; – *(nach einer Pause, in welcher er des Sultans Antwort erwartet)*
Fast so unerweislich, als
Uns itzt – der rechte Glaube.
Saladin. Wie? das soll
Die Antwort sein auf meine Frage? …
Nathan. Soll
mich bloß entschuldigen, wenn ich die Ringe
Mir nicht getraut zu unterscheiden, die
Der Vater in der Absicht machen ließ,
Damit sie nicht zu unterscheiden wären.
Saladin. Die Ringe! – Spiele nicht mit mir! – Ich dächte,
Dass die Religionen, die ich dir
Genannt, doch wohl zu unterscheiden wären.
Bis auf die Kleidung; bis auf Speis' und Trank!
Nathan. Und nur von Seiten ihrer Gründe nicht. –
Denn gründen alle sich nicht auf Geschichte?
Geschrieben oder überliefert! – Und
Geschichte muss doch wohl allein auf Treu
Und Glauben angenommen werden? – Nicht? –
Nun, wessen Treu und Glauben zieht man denn
Am wenigsten in Zweifel? Doch der Seinen?
Doch deren Blut wir sind? doch deren, die
Von Kindheit an uns Proben ihrer Liebe
Gegeben? die uns nie getäuscht, als wo
Getäuscht zu werden uns heilsamer war? –
Wie kann ich meinen Vätern weniger

Als du den deinen glauben? Oder umgekehrt. –
Kann ich von dir verlangen, dass du deine
Vorfahren Lügen strafst, um meinen nicht
Zu widersprechen? Oder umgekehrt.
Das nämliche gilt von den Christen. Nicht? –
Saladin. (Bei dem Lebendigen! Der Mann hat recht.
Ich muss verstummen).
Nathan. Lass auf unsre Ring'
Uns wieder kommen. Wie gesagt: die Söhne
Verklagten sich; und jeder schwur dem Richter,
Unmittelbar aus seines Vaters Hand
Den Ring zu haben. – Wie auch wahr! – Nachdem
Er von ihm lange das Versprechen schon
Gehabt, des Ringes Vorrecht einmal zu
Genießen. – Wie nicht minder wahr! – Der Vater,
Beteu'rte jeder, könne gegen ihn
Nicht falsch gewesen sein; und eh' er dieses
Von ihm, von einem solchen lieben Vater,
Argwohnen lass': eh' müss' er seine Brüder,
So gern er sonst von ihnen nur das Beste
Bereit zu glauben sei, des falschen Spiels
Bezeihen; und er wolle die Verräter
Schon auszufinden wissen; sich schon rächen.
Saladin. Und nun der Richter? – Mich verlangt zu hören,
Was du den Richter sagen lässest. Sprich!
Nathan. Der Richter sprach: Wenn ihr mir nun den Vater
Nicht bald zur Stelle schafft , so weis' ich euch
Von meinem Stuhle. Denkt ihr, dass ich Rätsel
Zu lösen da bin? Oder harret ihr,

Bis dass der rechte Ring den Mund eröffne? –
Doch halt! Ich höre ja, der rechte Ring
Besitzt die Wunderkraft beliebt zu machen;
Vor Gott und Menschen angenehm. Das muss
Entscheiden! Denn die falschen Ringe werden
Doch das nicht können! – Nun; wen lieben zwei
Von Euch am meisten? – Macht, sagt an! Ihr schweigt?
Die Ringe wirken nur zurück? und nicht
Nach außen? Jeder liebt sich selber nur
Am meisten? – Oh, so seid ihr alle drei
Betrogene Betrüger! Eure Ringe
Sind alle drei nicht echt. Der echte Ring
Vermutlich ging verloren. Den Verlust
Zu bergen, zu ersetzen, ließ der Vater
Die drei für einen machen. […]
Und also, fuhr der Richter fort, wenn ihr
Nicht meinen Rat, statt meines Spruches, wollt:
Geht nur! – Mein Rat ist aber der: ihr nehmt
Die Sache völlig wie sie liegt. Hat von
Euch jeder seinen Ring von seinem Vater:
So glaube jeder sicher seinen Ring
Den echten. – Möglich; dass der Vater nun
Die Tyrannei des einen Rings nicht länger
In seinem Hause dulden wollen! – Und gewiss;
Dass er euch alle drei geliebt, und gleich
Geliebt: indem er zwei nicht drücken mögen,
Um einen zu begünstigen. – Wohlan!
Es eifre jeder seiner unbestochnen
Von Vorurteilen freien Liebe nach!
Es strebe von euch jeder um die Wette,
Die Kraft des Steins in seinem Ring' an Tag
Zu legen! komme dieser Kraft mit Sanftmut,
Mit herzlicher Verträglichkeit, mit Wohltun,
Mit innigster Ergebenheit in Gott
Zu Hilf'! Und wenn sich dann der Steine Kräfte
Bei euern Kindes-Kindeskindern äußern:
So lad ich über tausend tausend Jahre
Sie wiederum vor diesen Stuhl. Da wird
Ein weisrer Mann auf diesem Stuhle sitzen
Als ich; und sprechen. Geht! – So sagte der
Bescheidne Richter.

3 Besprechen und präzisieren Sie Ihre Deutungsideen im Klassengespräch. Klären Sie Fragen und Unsicherheiten.

4 Analysieren Sie die Ringparatel in Partnerarbeit genauer. Wählen Sie fünf Elemente der Parabel und notieren Sie deren Bedeutung angesichts der Frage des Sultans.

in der Parabel	Deutung angesichts der Frage nach der „wahren Religion“
der Vater	
die drei Söhne	
der Ring	
...	

5 Formulieren Sie mindestens drei Handlungsanweisungen, die sich aus der Ringparabel ableiten lassen. Sie können die Satzanfänge nutzen.

Lebe so, dass ... Nimm an, dass ... Vermeide ... Es ist wichtig, dass du ...
Achte darauf, dass ...

Das müssen Sie wissen

Die literarische Parabel

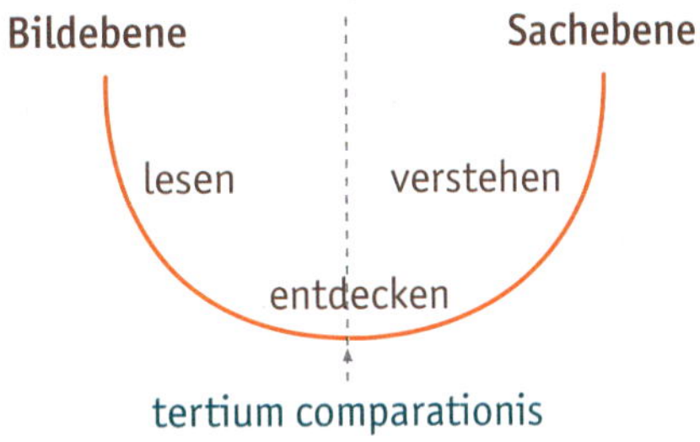

Parabeln (aus griechisch *parabole* ‚Nebeneinanderwerfung/Vergleichung‘) sind **Texte**, die den Leserinnen und Lesern anhand des erzählten Inhalts eine bestimmte Einsicht oder Lehre vermitteln wollen. Wie bei einem **Gleichnis** lässt sich das Erzählte bildhaft deuten und auf das Leben der Leserinnen und Leser übertragen. Die erzählte Handlung wird dabei als die **Bildebene** der Parabel („das Gesagte“) bezeichnet, die auf eine **Sach- oder Gedankenebene** („das Gemeinte“) übertragen werden kann. Die Themen und Aspekte, die zu beiden Ebenen passen, stellen das ***tertium comparationis*** (lat. ‚das Dritte des Vergleichs‘) dar. Parabeln haben oft ein offenes Ende. Von Fabeln unterscheiden sie sich vor allem dadurch, dass **Menschen** als handelnde Protagonisten vorkommen. Parabeln enthalten keine ausdrücklichen Lehrsätze.

6 Bereiten Sie sich durch Notizen auf ein zusammenfassendes Klassengespräch zu „Nathan der Weise“ und der Ringparabel vor, indem sie ...

- das Stück und die Parabel noch einmal auf die Aufklärung beziehen,
- ihre Position zu der Frage nach der heutigen Aktualität des Stücks und der Parabel notieren,
- kritisch prüfen und erörtern, wo die Chancen und Grenzen von Lessings Ideen, Forderungen und Wünschen liegen.

5

Was ist Aufklärung?

Einen philosophischen Grundsatztext lesen

1 „Was ist Aufklärung?" – Formulieren Sie in Partnerarbeit einen Satz, der – aus Ihrer Sicht – möglichst kurz und treffend auf die Fragestellung antwortet. Beziehen Sie Ihr bisher erarbeitetes Wissen ein.

2 Bereiten Sie die Lektüre des Textes von Immanuel Kant vor: Erläutern Sie die markierten Formulierungen des folgenden Einleitungstextes in Partnerarbeit schriftlich. Umschreiben Sie zunächst, was gemeint ist, nennen Sie erst danach mögliche Beispiele.

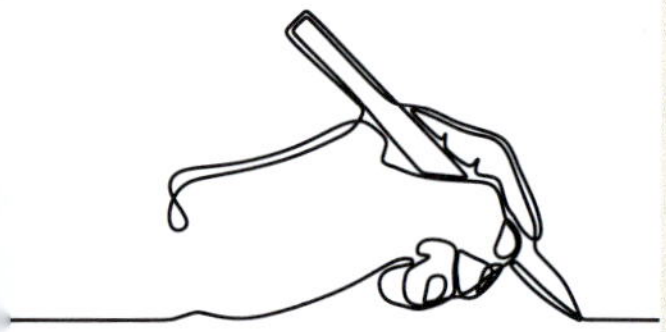

Nachdem sich die Ideen der Aufklärung immer weiter verbreitetet hatten und in vielen wissenschaftlichen und öffentlichen Bereichen diskutiert worden waren, kam es in den 1780er-Jahren zu Forderungen nach einer genaueren Definition der neuen Denkrichtungen. Neben anderen Philosophen veröffentlichte auch der Philosoph Immanuel Kant (1724–1804) in der Dezemberausgabe der *Berlinischen Monatsschrift* des Jahres 1784 eine ausführliche Darstellung. Kants Text gilt bis heute als Schlüsseltext bei der Beschäftigung mit der Aufklärung. Bekannte Formulierungen seiner Definition sind etwa die **„selbstverschuldete Unmündigkeit"**, das **„Unvermögen, sich seines Verstandes ohne Leitung eines anderen zu bedienen"** beziehungsweise der **„Ausgang"** aus diesen Zuständen.

Verfassertext

3 Lesen Sie den Text „Beantwortung der Frage: Was ist Aufklärung" zunächst quer. Notieren Sie in kurzen Sätzen, was Sie bereits verstanden haben. Formulieren Sie etwa: *Kant definiert ..., er erklärt ..., er beschreibt ...*

Immanuel Kant

Beantwortung der Frage: Was ist Aufklärung? (1784, Auszug)

Aufklärung ist der Ausgang des Menschen aus seiner selbst verschuldeten Unmündigkeit. Unmündigkeit ist das Unvermögen, sich seines Verstandes ohne Leitung eines anderen zu bedienen. Selbst verschuldet ist diese Unmündigkeit, wenn die Ursache derselben nicht am Mangel des Verstandes, sondern der Entschließung und des Mutes liegt, sich seiner ohne Leitung eines andern zu bedienen. *Sapere aude*[1]! Habe Mut, dich deines eigenen Verstandes zu bedienen!, ist also der Wahlspruch der Aufklärung. Faulheit und Feigheit sind die Ursachen, warum ein so großer Teil der Menschen, nach dem sie die Natur längst von fremder Leitung freigesprochen [...], dennoch gerne zeitlebens unmündig bleiben; und warum es anderen so leicht wird, sich zu deren Vormündern aufzuwerfen. Es ist so bequem, unmündig zu sein. Habe ich ein Buch, das für mich Verstand hat, einen Seelsorger, der für mich Gewissen hat, einen Arzt, der für mich

[1] **Sapere aude**: lat., wörtlich 'habe Mut zu denken'

die Diät beurteilt usw., so brauche ich mich ja nicht selbst zu bemühen. Ich habe nicht nötig zu denken, wenn ich nur bezahlen kann; andere werden das verdrießliche[2] Geschäft schon für mich übernehmen. Dass der bei weitem größte Teil der Menschen (darunter das ganze schöne Geschlecht) den Schritt zur Mündigkeit außer dem, dass er beschwerlich ist auch für sehr gefährlich halte: dafür sorgen schon jene Vormünder, die die Oberaufsicht über sie gütigst auf sich genommen haben. Nachdem sie ihr Hausvieh zuerst dumm gemacht haben und sorgfältig verhüteten, dass diese ruhigen Geschöpfe ja keinen Schritt außer dem Gängelwagen[3], darin sie sie einsperrten, wagen durften, so zeigen sie ihnen nachher die Gefahr, die ihnen drohet, wenn sie es versuchen, allein zu gehen. Nun ist diese Gefahr zwar eben so groß nicht, denn sie würden durch einige Mal Fallen wohl endlich gehen lernen; allein ein Beispiel von der Art macht doch schüchtern und schreckt gemeiniglich von allen ferneren Versuchen ab. […] Wenn denn nun gefragt wird: Leben wir jetzt in einem aufgeklärten Zeitalter?, so ist die Antwort: Nein, aber wohl in einem Zeitalter der Aufklärung. Dass die Menschen, wie die Sachen jetzt stehen, im Ganzen genommen, schon im Stande wären oder darin auch nur gesetzt werden könnten, in Religionsdingen sich ihres eigenen Verstandes ohne Leitung eines andern sicher und gut zu bedienen, daran fehlt noch sehr viel. Allein, dass jetzt ihnen doch das Feld geöffnet wird, sich dahin frei zu bearbeiten und die Hindernisse der allgemeinen Aufklärung oder des Ausganges aus ihrer selbst verschuldeten Unmündigkeit allmählich weniger werden, davon haben wir doch deutliche Anzeigen.

[2] **verdrießlich:** unangenehm, beschwerlich

[3] **Gängelwagen:** Laufwagen, in dem Kinder laufen lernen

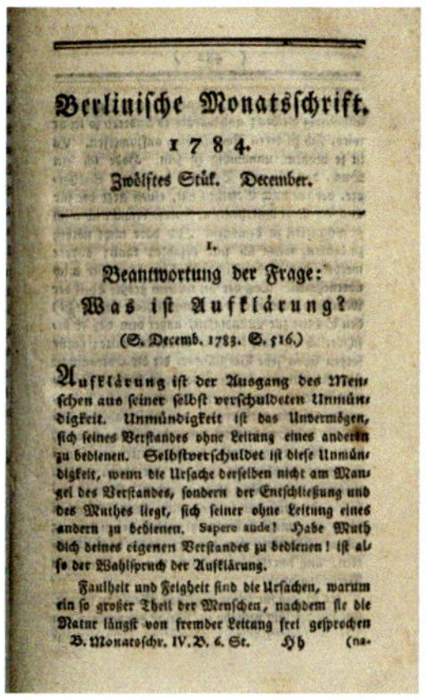

Berlinische Monatsschrift.
1784.
Zwölftes Stük. December.

1.
Beantwortung der Frage:
Was ist Aufklärung?
(S. Decemb. 1783. S. 516.)

Aufklärung ist der Ausgang des Menschen aus seiner selbst verschuldeten Unmündigkeit. Unmündigkeit ist das Unvermögen, sich seines Verstandes ohne Leitung eines andern zu bedienen. Selbstverschuldet ist diese Unmündigkeit, wenn die Ursache derselben nicht am Mangel des Verstandes, sondern der Entschließung und des Muthes liegt, sich seiner ohne Leitung eines andern zu bedienen. Sapere aude! Habe Muth dich deines eigenen Verstandes zu bedienen! ist also der Wahlspruch der Aufklärung.

Faulheit und Feigheit sind die Ursachen, warum ein so großer Theil der Menschen, nachdem sie die Natur längst von fremder Leitung frei gesprochen

B. Monatsschr. IV. B. 6. St. Hh (na-

4 Was ist „Aufklärung“ für Immanuel Kant? – Fassen Sie die Aussage des Textauszugs in Partnerarbeit kurz zusammen. Vergleichen Sie Ihre Antwort mit Ihrer Formulierung aus Aufgabe 1.

5 Notieren Sie, wie der Text von Kant die markierten Begriffe aus Aufgabe 2 definiert und erklärt. Vergleichen Sie Ihre vorbereitenden Überlegungen aus Aufgabe 2 mit den Ausführungen Kants.

6 Mit „Buch“ → Z. 11, „Hausvieh“ → Z. 19 und „Gängelwagen“ → Z. 20 f. nutzt Kant Metaphern zur Unterstützung seiner Gedanken. Verfassen Sie kurze Randnotizen für den Text, die diese Metaphern erklären.

7 Lesen Sie den Text noch einmal genauer. Bearbeiten Sie die folgenden Schritte, soweit Sie kommen:

- Notieren Sie Vorschläge zur Abschnittsgliederung.
- Notieren Sie aus jedem Abschnitt ein Zitat (maximal ein Satz).
- Prüfen und präzisieren Sie Ihre Satzformulierungen aus Aufgabe 3: Notieren Sie zu jedem Abschnitt nun einen passenden Satz zu dessen Funktion und Inhalt.

8 Analysieren Sie den Aufbau des Textes genauer. Erstellen Sie ein Flussdiagramm.

Zeilen XX–YY, Definition: ____________

Zeilen XX–YY, Präzisierung der Definition (1): ______

Zeilen XX–YY, Präzisierung der Definition (2): ______

Zeilen XX–YY, Fazit/Forderung: ____________

Zeilen XX–YY, Kontrast/kritische Situationsanalyse: ______

Zeilen XX–YY, Bedingung: ____________

9 Besprechen Sie Ihre Arbeitsergebnisse im Klassengespräch. Prüfen Sie, wo noch Unklarheiten sind, und klären Sie diese gemeinsam.

Das müssen Sie können

So lesen Sie anspruchsvolle Texte (→ S. 279)

- Bilden Sie ein **Vorverständnis** zum Thema des Textes, bevor Sie mit dem Lesen beginnen. Machen Sie sich bewusst, in welchen **thematischen Zusammenhängen** ein Text steht und was Sie selbst schon über das Thema wissen.
- Prüfen Sie, **wer** den Text verfasst hat, in welcher **Zeit** er entstanden ist, wie er **veröffentlicht** wurde und wer seine **Adressaten** waren.
- Verschaffen Sie sich durch Überfliegen des Textes (**diagonales Lesen**) einen groben Überblick und nehmen Sie zur Kenntnis, welche **Lesehilfen** der Text durch seine Überschrift, durch Zwischenüberschriften, Markierungen oder Bilder gibt.
- Lesen Sie den Text durch und klären Sie, was Sie bereits verstanden haben (sogenannte **„Verstehensinseln“**).
- Lesen Sie den Text dann noch einmal vollständig und gründlich seinem Aufbau folgend (**sequenzielles Lesen**). Versuchen Sie, die Verstehensinseln noch auszuweiten und zu präzisieren. Bringen Sie den Text gegebenenfalls in eine **andere Darstellungsform**, d. h. erstellen Sie zum Beispiel eine Strukturskizze.
- Suchen Sie bei Detailfragen nach bestimmten Textstellen (**punktuelles Lesen**) oder Schlagwörtern (**selektives Lesen**).
- Wenn Sie über einen längeren Zeitraum mit dem Text arbeiten, lohnt es sich, ein **Exzerpt** zu erstellen.

10 Bereiten Sie eine individuelle Antwort auf die folgenden Interviewfragen vor. Besprechen Sie die Fragen anschließend in einer Fishbowl-Diskussion (→ S. 255).

1. *Warum muss Aufklärung immer wieder, mit jeder Generation, neu begonnen werden?*
2. *Kant definiert Aufklärung als „Ausgang des Menschen aus seiner selbst verschuldeten Unmündigkeit“. Wie kann es gelingen, Menschen zum Selberdenken anzuregen?*
3. *Wo begegnet uns heutzutage Aufklärung und wie kann man zu einem Gelingen der Aufklärung beitragen?*
4. *Ist die Aufklärung gescheitert?*

11 Der österreichische Historiker Georg Cavallar (*1962) hat ein Buch mit dem Titel „Gescheiterte Aufklärung?" veröffentlicht. Auf der Internetseite des Verlags beantwortet er die Fragen aus Aufgabe 7. Ordnen Sie die Antworten der passenden Frage zu.

A Ich denke, sie passiert überall dort, wo sich Menschen kritisch, selbstreflexiv und selbstdenkend über sich selbst, unsere Welt, unser Verhältnis zu ihr und über den Sinn und Zweck des Lebens Gedanken machen. Das kann in einem islamischen Religionsunterricht genauso stattfinden wie in einer Diskussion über globale Erwärmung oder den Terrorismus. Aufklärung gelingt in einer Gemeinschaft, die bereit ist, Räume für dieses selbstreflexive und kritische Denken zu schaffen. [...]

B Plump formuliert: weil Selberdenken nicht vererbt werden kann. Wir Erwachsenen können Anregungen schaffen, in den Familien, Schulen, Universitäten, Religionsgemeinschaften und in anderen Institutionen. Aber es gibt keine Garantie, dass diese Anregungen auch angenommen werden.

C [...] Verstehen wir unter Aufklärung den Kampf gegen Unwissenheit, Halbbildung, Vorurteile, gegen Aberglauben, religiösen und ideologischen Fanatismus, gegen Dogmatismus und engstirniges Denken? In diesem Fall kann Aufklärung nie an ihr Ende kommen, sie kann aber auch bei Individuen und Gruppen klar scheitern. Solange es allerdings Menschen gibt, die bereit sind, von ihrer eigenen Vernunft einen kritischen Gebrauch zu machen, kann Aufklärung auch nicht endgültig scheitern.

D Wer die Möglichkeit hat, sich selbst aufzuklären, aber von diesen Anregungen und Angeboten keinen Gebrauch macht, bleibt eben in selbst verschuldeter Unmündigkeit. Anregungen können ganz unterschiedlich ausfallen: zum Beispiel indem ich als Lehrer im Unterricht eine These vertrete und dann die Schüler/-innen auffordere, diese These mit Argumenten in Frage zu stellen. Wichtig ist es, auf dogmatische Fixierungen zu verzichten. Unsinnig ist auch das andere Extrem, nämlich zu behaupten, dass es sowieso keine Wahrheit gebe und alles „irgendwie" gleich falsch und richtig, unmoralisch und moralisch sei. Dieser Prozess der Aufklärung hat auch bestimmte politische Voraussetzungen, etwa eine Sphäre der Öffentlichkeit oder einen Rechtstaat.

12 Vergleichen Sie die Antworten des Historikers mit Ihren eigenen Aussagen aus Aufgabe 7. Benennen Sie Gemeinsamkeiten und Unterschiede. Diskutieren Sie im Klassengespräch die Aussagen Cavallars.

5

Aufgeklärt!

Einen Podcast zur Aufklärung erstellen

1 Notieren Sie Ihre Arbeitsergebnisse und Erkenntnisse zur Aufklärung in einer Mind-Map.

Das müssen Sie wissen

Podcast

Bei einem **Podcast** handelt es sich um einen kürzeren Audio- oder Videobeitrag zu einem bestimmten Thema, der in Radio oder Fernsehen gesendet wird und im Internet abonniert werden kann. In der Regel wird das **Hauptthema** des Podcasts durch einen oder mehrere Sprecher entfaltet und durch **unterschiedliche Beiträge** – z. B. Interviews, Auszüge aus anderen Sendungen – ergänzt und durch Musik und Geräusche unterlegt. Das Wort Podcast ist ein Kunstwort aus der englischen Abkürzung *pod* für ‚play on demand' und englisch *broadcast* ‚Rundfunksendung'

2 Bereiten Sie die Planung und Gestaltung eines rund 3–5 Minuten dauernden Podcasts zum Thema Aufklärung vor. Entscheiden Sie sich für einen der Themenvorschläge oder formulieren Sie eine eigene Themenstellung.

- Die Aufklärung als geistige Strömung und literarische Epoche
- Gotthold Ephraim Lessing / Nathan der Weise / Emilia Galotti
- Leben wir in einem aufgeklärten Zeitalter?

3 Strukturieren Sie den Aufbau Ihres Podcasts: Notieren Sie kurze Überschriften zu drei oder vier Aspekten, auf die Sie eingehen wollen. Lassen Sie Platz für weitere Notizen.

4 Recherchieren Sie im Internet nach möglichen medialen Ergänzungen, die zu den einzelnen Überschriften passen. Konkretisieren Sie zum Beispiel eine der folgenden Ideen.

professioneller Vortrag eines literarischen Textes

Musikbeispiele vom Ende des 18. Jahrhunderts

wissenschaftlicher Beitrag zu einem Thema der Aufklärung

5 Notieren Sie zu den Überschriften, an welchen Stellen Sie selbst einen Text sprechen werden und an welchen Stellen einer Ihrer Medienfunde aus Aufgabe 4 integriert werden kann.

6 Planen Sie eine ansprechende Einleitung Ihres Beitrags: Gehen Sie von einer aktuellen Fragestellung aus oder nutzen Sie ein prägnantes Zitat zum Einstieg.

7 Proben und erstellen Sie Ihren Podcast mit einem geeigneten Tool.

Das müssen Sie können

So planen und erstellen Sie einen Podcast

Ein Podcast besteht oft aus einer Einleitung mit Intro, dem Hauptteil und dem Schluss.

- Die **Einleitung** spricht das Publikum an und blickt schon kurz auf das Thema und die Teilthemen. Die Einleitung kann mit einer Erkennungsmelodie **(Jingle)** beginnen, mit passender Musik unterlegt sein oder durch eine kurze Musiksequenz abgeschlossen werden **(Intro)**.
- Der **Hauptteil** ist das Herzstück des Podcasts. Gliedern Sie den Hauptteil anhand von drei oder vier Unterthemen. Neben den selbst gesprochenen Texten können hier weitere Medienfunde genutzt werden. Es kann abwechslungsreich sein, wenn der eine oder andere Text auch von einer anderen Person gesprochen wird. Auch der Hauptteil kann durch Musik und Geräusche akustisch unterstützt werden.
- Der **Podcast** endet mit zusammenfassenden Sätzen, die einen kleinen Rückblick vornehmen und sich noch einmal an das Publikum wenden. Musik oder eine Wiederholung des Jingles beenden den Podcast.

8 Hören Sie sich die Podcasts in Kleingruppen an. Geben Sie den anderen jeweils ein Feedback zum Inhalt, zum Abwechslungsreichtum und zur technischen Umsetzung des Podcasts.

Das müssen Sie können

So führen Sie ein literarisches Gespräch

Literatur und literarische Themen entfalten sich oft sehr wirkungsvoll, wenn man mit anderen darüber spricht und mit ihnen diskutiert.
In einem literarischen Gespräch haben Sie die Möglichkeit, Ihre **eigene Deutung** des Textes vorzustellen und mit anderen zu besprechen.
Die Regeln der **Themenzentrierten Interaktion** (→ S. 21) bilden die Grundlage des Gesprächs und sollten zu Beginn noch einmal deutlich gemacht werden.

- **Textbegegnung**: Lesen Sie den Text mehrmals in der Gruppe laut vor und gegebenenfalls noch einmal leise für sich.
- **Erste Eindrücke**: Äußern Sie sich spontan zu Ihrem ersten Eindruck zum Text.
- **Offenes Gespräch**: Hören Sie sich die Ideen und Gedanken der anderen zum Text mit Interesse an, fragen Sie nach und bringen Sie Ihre eigenen Wahrnehmungen und Ihr Textverständnis ein. Nehmen Sie sich auch Zeit zum Nachdenken. Der Moderator kann das Gespräch dabei sanft lenken oder neue **Impulse** setzen.
- **Abschluss**: Sammeln Sie abschließend die verschiedenen Möglichkeiten, den Text zu verstehen und zu deuten, die Sie im Gespräch entwickelt haben. Reflektieren Sie auch, wie Sie das Gespräch und die **gemeinsame Sinnsuche** wahrgenommen haben.

9 Führen Sie in der Klasse ein literarisches Gespräch zum Gedicht „Über den Gartenzaun gesprochen" von Peter Rühmkorf. Impulse für den Moderator könnten diese Fragen sein:

- Auf welchen Text aus dem Kapitel nimmt das Gedicht Bezug?
- Welche Aspekte der Aufklärung werden darin angesprochen?
- Verstehen Sie Peters Rühmkorfs Gedicht als einen Appell?

Arbeitsblatt: 11040-17

5

Was Sie schon können!

Kompetenztest

Daniel Chodowiecki
„Aufklärung“ (1792)

Grundzüge der „Aufklärung“ kennen

1 Erklären Sie den Bezug der Radierung von D. Chodowiecki zur „Aufklärung“, wie Sie sie kennengelernt haben, indem Sie die mögliche bildhafte Bedeutung der folgenden Bildelemente kurz (zwei bis drei Sätze) erklären.

aufgehende Sonne – Menschen auf der Reise – Kirchturm – wachsender Baum

Pointierte Texte epochenbezogen verstehen und deuten

2 Welche Aussage passt am besten zum Aphorismus? Notieren Sie den Buchstaben.

Es gibt Menschen, ...

a) *denen fehlt es an Übung, sich des eigenen Verstandes zu bedienen.*
b) *denen fehlt es an Mut, sich des eigenen Verstandes zu bedienen.*
c) *denen fehlt es an der Bereitschaft, sich des eigenen Verstandes zu bedienen.*

> *Wenn er seinen Verstand gebrauchen sollte, so war es ihm, als wenn jemand, der beständig seine rechte Hand gebraucht hat, etwas mit der linken tun will.*
> *G. Ch. Lichtenberg, Aphorismen, 1764*

3 Erklären Sie Ihre Auswahl aus Aufgabe 2 kurz.

Belehrende Textsorten erklären

4 Aphorismen, Fabeln und Theater-Texte wurden in der Aufklärung als belehrende Texte verfasst. Setzen Sie jeweils den Satz fort:

Ein Aphorismus kann Leserinnen und Leser dadurch belehren, dass ...
Eine Fabel kann Leserinnen und Leser dadurch belehren, dass ...
Ein Theaterstück kann Leserinnen und Leser dadurch belehren, dass ...

Theaterszenen der „Aufklärung“ epochenbezogen deuten

5 Erläutern Sie in einem kurzen Text (max. fünf Zeilen), inwiefern sich die Positionen der Aufklärung in dem kurzen Zitat aus Lessings Theaterstück spiegeln.

G. E. Lessing
Emilia Galotti (1772, Auszug)

Der Prinz von Guastalla ist von der Schönheit der jungen Emilia Galotti dermaßen angetan, dass er deren Hochzeit verhindert. Nach einem inszenierten Überfall auf die Hochzeitsgesellschaft will er sich als Retter aufspielen.

Er gibt vor, sich um Emilia kümmern zu wollen und sie in seiner Nähe zu behalten. Gegenüber ihrem Vater Odoardo widerspricht Emilia Galotti diesem Plan.

Emilia: [...] Ich allein in seinen Händen? – Nimmermehr, mein Vater. – [...] Ich will doch sehen, wer mich hält , – wer mich zwingt, – wer der Mensch ist, der einen Menschen zwingen kann.
Odoardo: Ich meine, du bist ruhig, mein Kind.
Emilia: Das bin ich. Aber was nennen Sie ruhig sein? Die Hände in den Schoß legen? Leiden, was man nicht sollte? Dulden, was man nicht dürfte? [...] Als ob wir, wir keinen Willen hätten, mein Vater.

6 Beantworten Sie prägnant die folgenden Fragen zu Lessings Vorstellungen von den Wirkungsmöglichkeiten des Theaters:

a) Welche Wirkung kann ein Theaterstück auf die Zuschauerinnen und Zuschauer haben?
b) Wie erzielt es diese Wirkung?

Anspruchsvolle theoretische Texte verstehen

G. E. Lessing
Hamburgische Dramaturgie, 14. Stück (1767–1769)

Die Namen von Fürsten und Helden können einem Stücke Pomp und Majestät geben; aber zur Rührung tragen sie nichts bei. Das Unglück derjenigen, deren Umstände den unsrigen am nächsten kommen, muß natürlicher Weise am tiefsten in unsere Seele dringen; und wenn wir mit Königen Mitleiden haben, so haben wir es mit ihnen als mit Menschen, und nicht als mit Königen. Macht ihr Stand schon öfters ihre Unfälle wichtiger, so macht er sie darum nicht interessanter. Immerhin mögen ganze Völker darein verwickelt werden; unsere Sympathie erfordert einen einzeln Gegenstand, und ein Staat ist ein viel zu abstrakter Begriff für unsere Empfindungen.

7 Prüfen Sie, ob und inwiefern sein Theaterstück „Nathan der Weise" die Vorstellungen Lessings erfüllt. Antworten Sie in einem kurzen Text.

8 Der Aufkleber enthält einen modernen Aphorismus zur Epoche der Aufklärung und ihrer Nachwirkung. Erklären und beurteilen Sie die Aussage des Satzes.

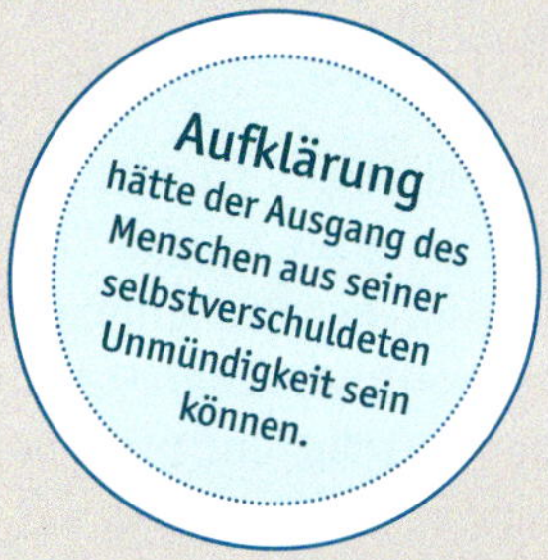

Die Wirkung der „Aufklärung" kritisch hinterfragen

6 Das Ich und das Fremde

Erzählende Texte erschließen

1 Sprechen Sie in der Klasse über Ihre Erfahrungen mit dem Thema Fremdheit. Sie können sich dabei auch auf die abgedruckten Bilder stützen.

2 Füllen Sie die Mindmap rechts mit Ihren Gedanken zur Fremdheit. Entwickeln Sie daraus eine Definition des Begriffs.

3 Der abgedruckte Text entstammt dem Song „People are strange" der US-amerikanischen Rockgruppe „The Doors" von 1967. Charakterisieren Sie den Sprecher und bringen Sie die genannten Metaphern für das Fremde mit den Bildern in Verbindung.

4 Nehmen Sie die Gedanken aus dem Liedtext in einem kurzen essayistischen Text zum Thema Fremdheit auf.

Was wissen
Sie noch?
Test unter:
11040–18

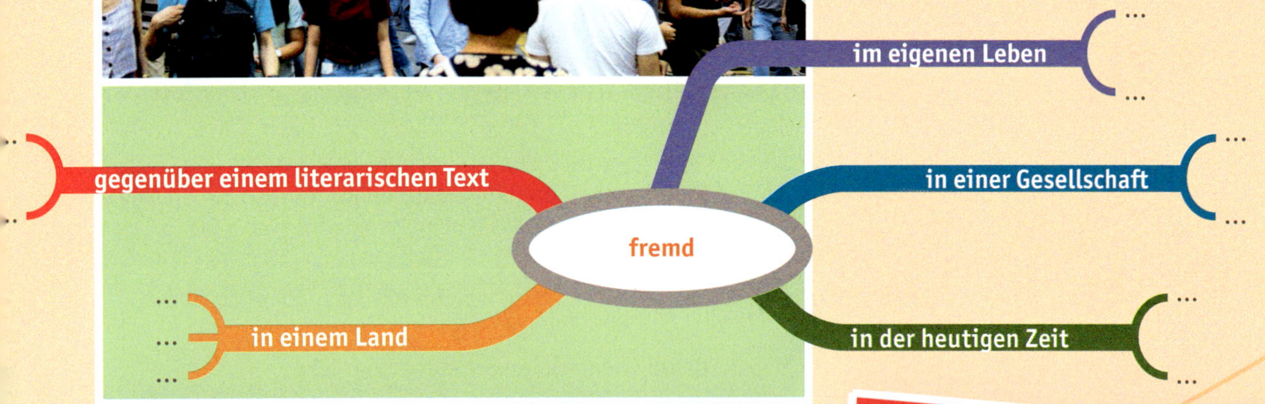

People are strange when you're a stranger
Faces look ugly when you are alone
Women seem wicked when you're unwanted
Streets are uneven when you're down

When you're strange
Faces come out of the rain
When you're strange
No one remembers your name

(The Doors)

Fremdem begegnen wir in unserer globalisierten Welt täglich. Dennoch haben wir oft Schwierigkeiten, mit einem ungewöhnlichen Äußeren, anderen Weltzugängen und Verhaltensweisen umzugehen und diese zu verstehen. In diesem Kapitel stellen wir Ihnen Erzählungen vor, in denen Fremdheit und der Umgang damit die zentralen Motive sind. Es ist die Rede von verschiedenen Sichtweisen auf das Fremde, die sich auch auf das eigene Leben rückbeziehen lassen. Außerdem lernen Sie in diesem Kapitel,

… Leseeindrücke und Deutungshypothesen zu formulieren,
… die Bildlichkeit und die Sprache von Texten zu erschließen,
… die Erzählinstanz zu untersuchen,
… die Gestaltung von Zeit, Raum und Beziehungen zu interpretieren,
… die Figuren zu charakterisieren,
… einen Interpretationsaufsatz zu einem erzählenden Text zu verfassen,
… erzählende Texte gestaltend zu interpretieren.

6

Missverständnis und Vorurteil

Leseeindrücke formulieren und Deutungshypothesen zu erzählenden Texten entwickeln

1 Reflektieren Sie Ihr eigenes Leseverhalten. Welche Kriterien muss ein literarischer Text erfüllen, damit er Sie anspricht?

2 Welche literarischen Texte in der Schule erscheinen Ihnen eher fremd? Nennen Sie Beispiele und begründen Sie Ihre Wahl.

3 Vergleichen Sie in der Klasse, wie Sie mit Texten umgehen, die schwer zugänglich sind.

4 Lesen Sie den Text von Thomas Bernhard und notieren Sie erste Eindrücke

- zum Handlungsverlauf,
- zum Schauplatz und zu den Figuren,
- zur Sprache.

Thomas Bernhard
Vorurteil (1978)

Nahe Großgmain, wohin wir an den Wochenenden sehr oft mit unseren Eltern in einem sogenannten Landauer[1], welcher noch aus dem vorigen Jahrhundert stammte und der in einer für den Bau von Landauern berühmten Werkstätte in Elixhausen hergestellt worden war, unterwegs gewesen waren, hatten wir auf einmal mitten im Wald einen ungefähr vierzig- bis fünfundvierzigjährigen Mann gesehen, der uns, die wir ziemlich schnell bergab gefahren waren, um noch rechtzeitig zu unserem schwerkranken Onkel, der in jener Jagdhütte zuhause gewesen war, die unser Großvater Anfang des Jahrhunderts einem Fürsten Lichtenstein abgekauft und für seine, wie er sich immer ausgedrückt hatte, philosophischen Zwecke ausgebaut hatte, aufzuhalten versucht, indem er sich vor uns mitten auf die Straße gestellt und die Kühnheit gehabt hatte, selbst den Pferden in das Geschirr zu greifen, um unseren Landauer zum Halten zu zwingen, was ihm natürlich nicht gelungen war. Der Mann hatte tatsächlich nur im letzten Moment auf die Seite springen und sich, mehrmals überschlagend, wie ich in der gerade hereinbrechenden Finsternis nur undeutlich festgestellt hatte, in Sicherheit bringen können. Tatsache war, dass wir der Meinung gewesen waren, auf eines jener gerade hier an der bayerisch-österreichischen Grenze ihr Unwesen treibenden Subjekte gekommen zu sein, die einer unserer zahlreichen Strafanstalten, wie die Justizsprache sagt, entsprungen sind, was auch der Grund gewesen war,

[1] **Landauer:** Kutsche

warum wir nicht stehengeblieben sind. Wir hätten es tatsächlich darauf ankommen lassen und hätten den so urplötzlich vor uns aufgetauchten Fremden auch überfahren, um nicht Opfer eines Verbrechens sein zu müssen, wie wir gedacht haben. Am nächsten Tag hatte uns ein bei meinem Onkel im Dienst stehender Holzarbeiter darauf aufmerksam gemacht, dass in dem Wald, durch welchen wir am Vorabend mit dem Landauer gefahren waren, ein Mann erfroren und schwer verletzt aufgefunden worden war, welcher, wie sich bald herausgestellt hatte, der beste Arbeiter und treueste Mensch, den mein Onkel jemals gehabt hatte, gewesen ist. Wir hatten naturgemäß nichts von unserem vorabendlichen Erlebnis verlauten lassen und bedauerten die Witwe des auf so tragische Weise ums Leben Gekommenen.

Thomas Bernhard (1931–1989) ist einer der bekanntesten und literarisch einflussreichsten zeitgenössischen österreichischen Schriftsteller. Er hat als Autor von Gedichten, Erzählungen, Romanen und Theaterstücken ein Gesamtwerk geschaffen, das zu den bedeutendsten schriftstellerischen Leistungen des 20. Jahrhunderts zählt. Bernhards Werk ruft immer noch sowohl eine nachhaltige Resonanz beim Publikum als auch eine immer wieder kontrovers geführte wissenschaftliche Auseinandersetzung hervor. Wiederholt gehörten zum Auftreten des streitbaren Autors heftige Auseinandersetzungen um seine Arbeiten, etwa die spektakuläre Beschlagnahmung des Romans „Holzfällen“ (1984) oder die Aufregung um Bernhards letztes Theaterstück „Heldenplatz“ (1988).

5 Erläutern Sie den Zusammenhang zwischen dem Titel und dem Inhalt der Erzählung.

6 Begründen Sie, inwiefern die sprachliche Darstellung zum Inhalt passt.

So formulieren Sie Leseeindrücke und Deutungshypothesen

Das müssen Sie können

Die Formulierung von Leseeindrücken dient dazu, einen ersten Zugang zu einem literarischen Text zu erhalten. Leseeindrücke entstehen z. B. auf der Basis des Handlungsverlaufs, der Handlungsweise der Figuren, der Sprache, des Titels, des Vergleichs mit anderen Texten, eines persönlichen Geschmackurteils.
Eine Deutungshypothese formulieren Sie, indem Sie auf der Grundlage einer genauen Lektüre den inhaltlichen Kern zusammenfassen und eine Vermutung formulieren, wie man den literarischen Text verstehen kann.

7 Formulieren Sie schriftlich eine Deutungshypothese für den Text von Thomas Bernhard. Orientieren Sie sich dabei an folgenden Stichworten.

besitzende Oberschicht | Waldarbeiter | rücksichtsloses Verhalten | Heuchelei | Vorurteile

8 Vergleichen Sie Ihre Ergebnisse in Partnerarbeit und diskutieren Sie Übereinstimmungen und Unterschiede. Belegen Sie Ihre Diskussionsbeiträge stets am Text.

9 Fassen Sie den Text zusammen, in dem Sie ihn auf ca. ein Drittel des ursprünglichen Umfangs kürzen.

6

Ankunft in Amerika

Die Bildlichkeit und die sprachlich-stilistischen Merkmale von erzählenden Texten erschließen

1 Sammeln Sie in einem Cluster Begriffe und sprachliche Bilder, die zum Bild oben passen.

2 Vergleichen und ergänzen Sie Ihre Ergebnisse im Klassengespräch.

3 Setzen Sie den Text Koeppens fort und behalten Sie den schildernden Stil des Autors unter Verwendung passender Adjektive und sprachlicher Bilder bei. Orientieren Sie sich dabei an folgendem Aufbau: Ankunft im Hotel – Spaziergang durch die Straßen Manhattans.

4 Beschreiben Sie die emotionale Situation des Ich-Erzählers bei seiner Ankunft.

5 Benennen Sie, aus welchem Bereich das folgende sprachliche Bild abgeleitet ist.

Beispiel: Die Freiheit war der *Wind*. (→ Z. 10), Herkunft des Bilds: Elemente, Wetter
Zuweilen antwortete der Mann den *Stimmen der befehlenden Luftgeister*. (→ Z. 34 f.)

Wolfgang Koeppen (1906–1996) wird in Greifswald als uneheliches Kind geboren. Nach dem Abbruch der Schule besucht Koeppen Vorlesungen über Literatur und Theaterwissenschaft, ohne sich immatrikulieren zu können. 1926/27 arbeitet er als Dramaturg und Regieassistent am Stadttheater in Würzburg. Von 1931 bis 1933 leitet er das Feuilleton des „Berliner Börsen-Courier" und veröffentlicht innerhalb von zwei Jahren mehr als zweihundert Rezensionen, Reportagen und Essays. Nach Hitlers Machtergreifung verliert er seine Stellung, aber 1934 veröffentlicht ein jüdischer Verlag mit „Eine unglückliche Liebe" seinen ersten Roman. Im selben Jahr emigriert er in die Niederlande, kehrt aber schon 1938 nach Berlin zurück und schreibt Drehbücher für die Ufa[1]. Um nicht eingezogen zu werden, versteckt er sich nach Kriegsbeginn monatelang im Keller eines Hauses am Starnberger See. Nach dem Krieg lebt Koeppen in München, wo er drei Monate vor seinem 90. Geburtstag 1996 stirbt.

[1] Ufa: Ufa GmbH, 1917 gegründetes Filmunternehmen in Potsdam

Wolfgang Koeppen

Amerikafahrt (1959, Auszug)

Ich ging durch das Tor. Ich war in Amerika angekommen. Ich stand in New York. Ich hatte dies oft geträumt, und es war nun wie ein Traum. Der Traum, hier zu sein, hatte sich erfüllt, und wie im Traum gab es keine Fremde. Ich war auch hier zu Hause, und Amerika lag vor mir wie ein fester Besitz. Ich spürte Freiheit. Ich empfand Freiheit. Die Freiheit war der Wind. Niemand fragte mich, wohin ich gehen, was ich tun, was ich beginnen wolle vom Atlantik bis zur pazifischen Küste, vom Golf von Mexiko bis zu den Eisbergen Alaskas. Das Taxi war groß wie eine Lokomotive, und es war grellgelb angestrichen wie ein deutscher Briefkasten. Auf seinem Dach funkte es blaurote Lichtsignale, sie ähnelten dem blitzenden wachsamen Auge der Polizei, und für eine Weile hatte ich das Gefühl, ein Ehrengast zu sein, der eskortiert und ohne Berührung mit Land und Leuten an ein Ziel gebracht werden soll. Die Polster des Wagens waren hart, und der nackte Stahlboden war schmutzig; man bot dem Fahrgast den Transport. Man bot ihm nicht mehr. Andauernd erreichten den Wagenlenker durch die Luft gesandte Botschaften: Unsichtbare sprachen zu ihm, beschworen ihn, quälten ihn, hetzten ihn. Zuweilen antwortete der Mann den Stimmen der befehlenden Luftgeister; er sprach mürrisch, gereizt, gegen die Windschutzscheibe, er verschluckte auf eine überzeugende ökonomische Art die Silben, doch verstand ich kein Wort seiner Verteidigung. Vielleicht erzählte er auch nur seinem großen Bruder, dass er gerade ein Greenhorn zu einem Hotel fahre. Flammenrot, mit kreischendem Sirenenschall, brauste ein Feuerwehrzug vorbei. Das hatte ich mir gedacht! Schon sah ich einen Wolkenkratzer brennen, den Broadway lohen, schon las ich die Schlagzeilen auf allen Zeitungen der Welt. Gewaltige Katastrophen schienen hier in der Luft zu liegen.

6 Untersuchen Sie die sprachlichen Bilder und Vergleiche, mit denen der Ich-Erzähler fremde Dinge und Erfahrungen beschreibt, indem Sie Bedeutung und die Funktion bzw. Wirkung ermitteln. Setzen Sie dabei die folgende Tabelle fort.

sprachliches Bild / Vergleich und Belegstelle	inhaltliche Bedeutung	Funktion / Wirkung
„Ich ging durch das Tor." (Z. 1)	Ankunft in New York	Veranschaulichung des Eintritts in eine neue Welt durch das Türsymbol
„Es war wie im Traum." (vgl. Z. 4–6)	...	Beschreibung der Stimmung
„... wie ein fester Besitz." (Z. 8)	...	...
...	...	Aufbau von Spannung
...	Hektik der Großstadt	...
...	...	...

Das müssen Sie können

So erschließen Sie die Bildlichkeit eines erzählenden Textes

Bildlichkeit durch Vergleiche und Metaphern dient in Texten dazu, die Anschaulichkeit und Vorstellbarkeit des Gesagten zu erhöhen, Spannung aufzubauen oder einer Aussage mehr Nachdruck zu verleihen.

Wenn man die Bildlichkeit in einem literarischen Text erschließt, untersucht man die Herkunft des sprachlichen Bilds (Aus welchem Bereich oder Sachgebiet kommt der Begriff?), man ermittelt die inhaltliche Bedeutung und schließlich die Funktion oder die Wirkung – also den Mehrwert, den die Metapher dem Gesagten verleiht – im Text.

Franz Kafka

Amerika (v[1] 1911–14, e[2] 1927, Auszug)

Karls Zimmer lag im sechsten Stockwerk eines Hauses, dessen fünf untere Stockwerke, an welche sich in der Tiefe noch drei unterirdische anschlossen, von dem Geschäftsbetrieb des Onkels eingenommen wurden. Das Licht, das in sein Zimmer durch zwei Fenster und eine Balkontüre eindrang, brachte Karl immer wieder zum Staunen, wenn er des Morgens aus seiner kleinen Schlafkammer hier eintrat. Wo hätte er wohl wohnen müssen, wenn er als armer kleiner Einwanderer ans Land gestiegen wäre? Ja, vielleicht hätte man ihn, was der Onkel nach seiner Kenntnis der Einwanderungsgesetze sogar für sehr wahrscheinlich hielt, gar nicht in die Vereinigten Staaten eingelassen, sondern ihn nach Hause geschickt, ohne sich weiter darum zu kümmern, dass er keine Heimat mehr hatte. Denn auf Mitleid durfte man hier nicht hoffen, und es war ganz richtig, was Karl in dieser Hinsicht über Amerika gelesen hatte; nur die Glücklichen schienen hier ihr Glück zwischen den unbekümmerten Gesichtern ihrer Umgebung wahrhaft zu genießen.

Ein schmaler Balkon zog sich vor dem Zimmer seiner ganzen Länge nach hin. Was aber in der Heimatstadt Karls wohl der höchste Aussichtspunkt gewesen wäre, gestattete hier nicht viel mehr als den Überblick über eine Straße, die zwischen zwei Reihen förmlich abgehackter Häuser gerade, und darum wie fliehend, in die Ferne sich verlief, wo aus vielem Dunst die Formen einer Kathedrale ungeheuer sich erhoben. Und morgens wie abends und in den Träumen der Nacht vollzog sich auf dieser Straße ein immer drängender Verkehr, der, von oben gesehen, sich als eine aus immer neuen Anfängen ineinandergestreute Mischung von verzerrten menschlichen Figuren und von Dächern der Fuhrwerke aller Art darstellte, von der aus sich noch eine neue, vervielfältigte, wildere Mischung von Lärm, Staub und Gerüchen erhob, und alles dieses wurde erfasst und durchdrungen von einem mächtigen Licht, das immer wieder von der Menge der Gegenstände verstreut, fortgetragen und wieder eifrig herbeigebracht wurde und das dem betörten Auge so körperlich erschien, als werde über dieser Straße eine alles bedeckende Glasscheibe jeden Augenblick immer wieder mit aller Kraft zerschlagen.

[1] v: von Franz Kafka verfasst

[2] e: erschienen, von seinem Freund Max Brod nach Kafkas Tod veröffentlicht

Franz Kafka wird 1883 in Prag geboren. Nach seinem Jurastudium arbeitet er bei verschiedenen Versicherungsgesellschaften und verfasst gleichzeitig seine Erzählungen und Romane. Sein Leben ist geprägt von einem schwierigen Verhältnis zu seinem Vater und von problematischen Beziehungen zu Frauen. 1924 stirbt er in einem Sanatorium bei Wien an Tuberkulose. Gegen seinen ausdrücklichen Willen veröffentlicht sein Freund Max Brod Kafkas Werk, das den Schriftsteller weltberühmt macht. Seine bekanntesten Werke sind die Romane bzw. Romanfragmente „Der Prozess" (e 1925), „Das Schloss (e 1926), „Amerika" (e 1927) sowie u.a. die Erzählungen „Die Verwandlung" (1915) oder „Das Urteil" (1913). In dem Romanfragment „Amerika" (auch: Der Verschollene) wird der 16-jährige Karl Roßmann nach einer Affäre mit einem Dienstmädchen zu seinem Onkel nach Amerika geschickt. Der abgedruckte Text schildert Karls erste Eindrücke vom Leben in New York.

7 Arbeiten Sie arbeitsteilig in einer Dreiergruppe und stellen Sie Ihre Ergebnisse in der Gruppe vor.

- Fassen Sie stichpunktartig Karls Eindrücke von New York zusammen. Belegen Sie Ihre Aussagen mit passenden Textstellen.
- Beschreiben Sie stichpunktartig Karls Stimmung und belegen Sie Ihre Aussagen am Text.
- Sammeln Sie Karls Eindrücke von New York und fassen Sie diese in Kategorien zusammen.

Das müssen Sie können

So analysieren Sie die Sprache und den Stil eines erzählenden Textes

Der Stil eines Textes wird bestimmt durch den Satzbau, die Wortwahl, die Bildlichkeit und die rhetorischen Stilmittel.
Beim **Satzbau** untersucht man die Satzarten (Aussagesätze, Fragesätze, Aufforderungssätze), die Komplexität der Sätze (Satzreihe, Satzgefüge) sowie die Satzlänge. Die **Wortwahl** kann poetisch sein, sachlich, alltagssprachlich, etc. Wichtig für die Textaussage sind ferner die verwendeten **Wortfelder**, die u. a. zur Bildlichkeit des Textes beitragen.
Häufige **rhetorische Stilmittel** in erzählenden Texten sind – neben sprachlichen Bildern – Figuren der Reihung (z. B. Anapher, Parallelismus, Enumeratio) und der Wiederholung (z. B. Repetitio, Anapher, Emphase).
Werden diese Merkmale in ihrer jeweiligen Funktion im Kontext beschrieben und interpretiert, so erhält man das Stilprofil eines Textes.

8 Der Auszug aus dem Roman „Amerika“ ist geprägt von Satzgefügen. Lösen Sie diese auf und schreiben Sie den Text neu, indem Sie nur Hauptsätze verwenden. Beschreiben Sie, wie sich die Wirkung verändert.

9 Beschreiben Sie, wie in „Amerikafahrt“ (→ S. 125) und „Amerika“ (→ S. 127) durch Reihung und Wiederholung ein Bild vom Leben in New York gezeichnet wird. Vergleichen Sie die beiden Darstellungen.

10 Charakterisieren Sie die Wortwahl in „Amerikafahrt“ und „Amerika“, indem Sie folgende These an den Texten belegen.

Besonders auffällig ist in beiden Texten die Darstellung von Sinneswahrnehmungen, z. B. …

11 Ergänzen Sie die folgende Tabelle, indem Sie Gemeinsamkeiten und Unterschiede zwischen den New-York-Bildern in beiden Texten nennen. Begründen Sie Ihre Aussagen mit geeigneten Textstellen.

Amerikafahrt		Amerika
…	Standort und Perspektive des Protagonisten	…
Staunen (z. B. Z. 1) Freiheit (z. B. Z. 9)	Gefühle des Protagonisten	Staunen (z. B. Z. 10) Bedrohlichkeit (vgl. z. B. Z. 22, 41, 47 f.), Erkennen der sozialen Ungleichheit (z. B. Z. 12–23)
…	Architektur	…
…	Verkehr	…

12 Setzen Sie die folgende Darstellung der stilistischen Gestaltung in „Amerikafahrt“ fort, indem Sie mindestens eine weitere Beobachtung formulieren und mit Zitaten aus dem Text belegen.

Die sprachlichen Bilder in Wolfgang Koeppens Text „Amerikafahrt“ dienen zunächst dazu, die Glücksgefühle des Ich-Erzählers zu zeigen, der zum ersten Mal New York bereist.

Wie durch ein „Tor“ (Z. 1) betritt er die Stadt, ein „Traum“(Z. 4) wird wahr und er überwindet die Schwelle zur „Freiheit“ (Z. 9). Durch die häufige Wiederholung der Begriffe „Traum“ und „Freiheit“ wird die Intensität des Gefühls dargestellt, das sich anscheinend immer mehr steigert.

Ferner wird das Staunen des Ich-Erzählers über die Größe der Stadt und ihrer Requisiten beschrieben. …

6

Vertraute Fremdheit

Die Erzählinstanz untersuchen

Hörtext: 11040-19

1 Beschreiben Sie die verschiedenen Formen der Fremdheit, die in dem Romanauszug erscheinen.

Lena Gorelik

Sprechen (2015, Auszug)

Das Mädchen war ihm fremd auf eine verstörend vertraute Weise. Es sprach nicht. Es lächelte nicht. Letzteres zum Beispiel war ihm vertraut, er selbst verzog die Mundwinkel auch nur, wenn er tatsächlich lachen musste, was äußerst selten geschah. Die Dinge, die seine Mitschüler oder seine Eltern zum Lachen brachten, befremdeten ihn mehr, als dass sie amüsierten. […]

Das Mädchen lächelte ebenfalls nicht. Es sprach auch nicht, und es verstand nicht, das musste Nils Liebe sich immer wieder in Erinnerung rufen, weil die großen braunen Augen, mit denen es die Welt um sich herum aufnahm, jedes Detail, auch jedes Wort, das sie nicht verstehen konnte, aber offensichtlich dennoch beurteilte, zu keinem Zeitpunkt verständnislos oder gar verunsichert aussahen. Nils Liebe mochte das Mädchen. Man hatte sie zu ihm gesetzt, natürlich.

„Nils, das ist Sanela. Sanela kommt aus Jugoslawien zu uns. Sie spricht unsere Sprache nicht, noch nicht, und sie wird Hilfe brauchen. Mit der Sprache und auch in den anderen Fächern. Es wäre schön, wenn du dich ihrer annehmen und ihr helfen würdest. Den Unterrichtsstoff kannst du ja schon. Du kannst ja alles“, sagte die Lehrerin und lachte auf. In dieser unsicheren Art.

Dinge, auf die Nils Liebe die Lehrerin nicht aufmerksam machte:

1. Jugoslawien war dabei auseinanderzufallen. Erst vor ein paar Tagen hatten die meisten europäischen Staaten Kroatien und kurz darauf Slowenien anerkannt.[1]

2. Das Mädchen war nicht „zu uns gekommen“. Es war in eines der wenigen Länder geflohen, die Flüchtlinge aus dem Kriegsgebiet aufnahmen.

3. „Sich jemandes annehmen“ war ein herablassender Begriff, der Überlegenheit offenbarte. Das Mädchen zeigte sehr deutlich, dass man besser nicht den Versuch wagte, sich ihrer anzunehmen.

4. Er konnte bei weitem nicht alles. Dass sie ihm hier auf der Schule dennoch nicht viel beibringen konnten, war in diesem Zusammenhang äußerst bedauernswert.

Das Mädchen saß also neben ihm. Es rechnete schnell und fehlerfrei. Es hatte eine ausladende Schrift und auffallend große Ohren. Mit diesen Ohren saugte es die Sprache auf. Nils Liebe hatte nicht die geringste Ahnung, wo er beginnen sollte, weshalb er nachmittags in die Buchhandlung am Marktplatz radelte und ein deutsch-serbokroatisches Wörterbuch besorgte. Am nächsten Tag begannen sie, miteinander zu sprechen.

„Ja sam Nils“.

„Ich sein Sanela“.

[1] **Jugoslawienkrieg:** Darunter versteht man eine Serie von Kriegen, die auf dem Gebiet des ehemaligen Jugoslawien (heute: Slowenien, Kroatien, Serbien, Bosnien, Herzegowina, Kosovo, Mazedonien, Montenegro) zwischen 1991 und 1992 aufgrund vielfältiger ethnischer und religiöser Konflikte ausbrachen und zum endgültigen Zerfall des Staates Jugoslawien führten. Die Kriege waren äußerst blutig, es kam immer wieder zu Massakern; insgesamt schätzt man die Zahl der Opfer auf weit über 100.000.

„Zdravo."

„Hallo."

„Das Stol. Tisch."

„Tisch."

„Das Stolica. Stuhl."

„Stuhl."

„Sad Geographie."

„Ja. Geographie."

Es war ein Gespräch.

Eines Tages – sie hatten die Fünf-Wort-Satz-Grenze passiert, Sanela hatte angefangen, das Verb, das sie manchmal sogar richtig beugte, an die zweite Stelle zu stellen: „Ich finde nicht gut, dass Schwerkraft gibt" – nahm Nils Liebe seinen gesamten Mut zusammen und setzte eine Idee um, die ihm eines Nachts, er schlief in letzter Zeit nicht mehr so traumlos und tief wie früher, gekommen war. Auf einen Zettel schrieb er, da er wusste, dass Sanela sich mit ausgesprochenen Zahlen aufgrund der Eigenheit der deutschen Sprache, die zweite Ziffer vor der ersten auszusprechen, schwertat, „16 Uhr" und „Marktplatz". Und schob den Zettel mitten in der Mathematikstunde zu ihr hinüber. In der Mathematikstunde musste sie sich immer besonders konzentrieren.

Ein Nicken war unbestreitbar auch eine Antwort.

Am Nachmittag bremste er bei jeder gelben Ampel und wartete jede Rotphase geduldig ab, und so gelang es ihm, erst fünf vor vier am Marktplatz zu sein. Sanela allerdings war schon da, hatte die beigefarbene Hose an, die sie auch sonst immer trug, ihre Jeansjacke, keinen Rucksack.

„Hallo."

„Hallo. Zdravo."

„Zdravo."

Bevor es unangenehm wurde, erledigte er mit einer Gewissenhaftigkeit, die er sonst nur bei chemischen Experimenten an den Tag legte, die Aufgabe, sein Fahrrad anzuschließen, und lotste sie anschließend in die Buchhandlung. [...] Ein Blick zu ihr. Sie trug so etwas wie ein Lächeln im Gesicht. Irgendwie auch ein Anfang.

Nils Liebe nickte der Buchhändlerin zur Begrüßung zu, beeilte sich zu den Romanen zu kommen, verharrte kurz vor dem Regal und zog dann Ernest Hemingway[2] heraus. Hielt ihr das Buch hin. Sanela las den Titel, lachte auf, nickte. [...] Sie warf einen vorsichtigen Blick zur Buchhändlerin, bevor sie sie endgültig vergaß. Die Buchhändlerin beachtete die beiden nicht, sie kannte Nils als guten Kunden. Sanela suchte nun ihrerseits die Regale mit Blicken ab.

„Lirika?" Es war das erste Wort, das zwischen den beiden seit der Begrüßung gefallen war, und deshalb klang

[2] Ernest Hemingway (1899–1961), amerikanischer Erzähler

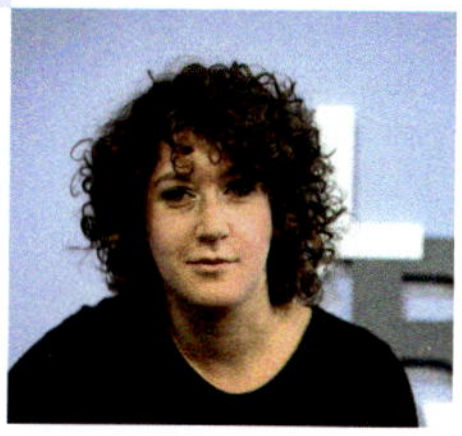

Lena Gorelik, geb. 1981, ist eine deutsche Journalistin und Schriftstellerin russisch-jüdischer Herkunft. 1992 emigrierte sie mit ihrer Familie aus Leningrad (heute: Sankt Petersburg) nach Baden-Württemberg und musste sich zunächst ohne Deutschkenntnisse in der Schule zurechtfinden. Ihre Ausbildung zur Journalistin erhielt sie an der Deutschen Journalistenschule in München und absolvierte danach den Elitestudiengang Osteuropastudien, ebenfalls in München. Heute lebt sie dort als Journalistin und freie Schriftstellerin. Das folgende Kapitel „Sprechen" ist ein Auszug aus dem Roman „Null bis unendlich" von Lena Gorelik. Es geht darin um die Liebe zwischen Nils und Sanela, die in den frühen neunziger Jahren des 20. Jahrhunderts mit ihrer Familie aus Bosnien nach Deutschland flieht und wie die Autorin zunächst ohne Deutschkenntnisse in die Schule geschickt wird. Dort freundet sie sich mit Nils Liebe an, der wie sie ein Außenseiter ist, und es entwickelt sich eine langjährige Liebesgeschichte mit vielen Unterbrechungen und Schwierigkeiten, die erst mit Sanelas Tod endet.

es zu laut und unangebracht, sogar die Buchhändlerin zuckte zusammen, blickte auf und zu den Kindern. Ach was, Kinder, Jugendliche waren das inzwischen. Nils Liebe kannte sie, seit er als verrotzter und verstrubbelter Vierjähriger seine Mutter angeschleppt hatte, die äußerst unwillig das Geld über den Kassentresen geschoben hatte. So anders als andere Kinder, dieser Nils. Aber trotzdem schon ein Mädchen gefunden, wie bezaubernd. [...]

Die zwei hatten gerade ihre Sprache gefunden und mit Herzensangelegenheiten nichts am Hut. Nils Liebe hatte eine Frage gestellt, und Sanela hatte sie beantwortet, indem sie zuerst Samuel Beckett[3] aus dem Regal zog, darin blätterte, dann auf Seite 36 fand, was sei gesucht hatte, und das Buch Nils Liebe reichte, der ihr für die Antwort dankte, indem er nur einen Blick auf die Buchstaben warf, vor sich hin lächelte, nicht ihr zu, sondern, ohne dieses Lächeln auch nur zu registrieren, zielsicher nach „Der gute Mensch von Sezuan“[4] griff und das Stück ungeduldig nach einem Zitat durchforstete.

Es fiel kein weiteres Wort an diesem Nachmittag. Es war die spannendste und ergreifendste Unterhaltung, die Nils Liebe in seinem vierzehnjährigen Leben bislang geführt hatte. Ein Dialog ist sachlich gesehen eine von zwei oder mehreren Personen abwechselnd geführte Rede mit Gegenrede.

Sanela war, so hätte es ihre Lehrerin formuliert, an diesem Nachmittag ein Stückchen mehr in diesem Land angekommen. Sanela selbst hätte das weder an diesem Nachmittag noch jemals später so formuliert, aber beim Heimweg fühlte sie, dass ihre Schritte auf dem Asphalt fester waren. Als hätte sie etwas mehr Recht, über den deutschen Boden zu wandeln.

Zum Abschied hatte Nils Liebe Sanela die Hand gereicht und kaum merklich gelächelt. Sanela hüpfte vom Bürgersteig, als sie an dieses Lächeln dachte, und lief ein paar Schritte auf der Straße, bevor das erste Auto hupte und sie wieder zurück auf den Fußgängerweg sprang.

[3] Samuel Beckett (1906–1989), irischer Dramatiker

[4] Der gute Mensch von Sezuan (1943), Drama von Bertolt Brecht (1898–1956)

2 Stellen Sie in einem Schaubild dar, in welchen Schritten sich die Annäherung zwischen Nils Liebe und Sanela vollzieht.

3 Setzen Sie folgenden Satz fort und belegen Sie Ihre Aussage am Text:
Nils Liebe und Sanela passen gut zusammen, weil …

4 Bestimmen Sie die Erzählform, die Erzählperspektive und die Erzählsicht in dem vorliegenden Textauszug. An welchem Stellen verändert sich die Erzählinstanz (→ S. 133)? Begründen Sie Ihre Antwort.

5 Wählen Sie aus dem Wortspeicher passende Adjektive aus, die die Erzählhaltung in dem Romanauszug beschreiben. Vergleichen Sie Ihre Ergebnisse in Partnerarbeit und begründen Sie Ihre Meinung mit entsprechenden Textstellen.

Wortspeicher

distanziert – beteiligt – leidenschaftslos – ironisch – humorvoll – anteilnehmend – bejahend – ablehnend – kritisch – zustimmend – neutral – sarkastisch …

Das müssen Sie können

So bestimmen Sie die Erzählinstanz mit Fachbegriffen

Die Erzählinstanz steht zwischen der erzählten Welt und der Leserschaft und vermittelt die Geschichte auf eine bestimmte Art, um eine bestimmte Wirkung bei den Lesenden zu erzielen. Um den Text und seine Wirkung besser zu verstehen, können Sie die Erzählinstanz bestimmen, indem Sie Antworten auf Fragen zur Form, zur Perspektive, zum Erzählerwissen und seinem Verhalten finden. Diese Kategorien basieren auf Gérard Genettes Erzähltheorie.

In welcher Form wird erzählt? **Erzählform**	• Ich-Erzähler • Er-/Sie-Erzähler
Aus welcher Perspektive wird erzählt? **Erzählperspektive**	• **Erzähler = Figur** a) innerhalb der Handlung b) außerhalb der Handlung • **Erzähler = verborgen** (nicht als Figur erkennbar)
Was weiß die Erzählinstanz? **Erzählerwissen**	**… über die Figuren: Erzählsicht** a) Außensicht, b) Innensicht (einer Figur/mehrerer Figuren), c) uneingeschränkte Sicht (aller Figuren)
Wie wird die Geschichte wiedergegeben? **Erzählverhalten**	**Darstellungsweise:** • Erzählerbericht: Zusammenfassung oder szenische Darstellung der Handlung, Beschreibung von Figuren und Räumen, Kommentare zu Figuren und ihrem Handeln • Figurenrede: a) direkte Rede, b) innerer Monolog, c) erlebte Rede **Erzählhaltung:** • neutral • wertend / kommentierend (z. B. ironisch, empathisch etc.)

Die sog. Erzählhaltung beschreibt die Einstellung der Erzählinstanz zum Erzählten. Die Leserschaft wird damit in eine bestimmte Richtung gelenkt oder in ihrer Wahrnehmung von Handlung oder Figuren beeinflusst.
Eine bekannte Theorie des Literaturwissenschaftlers Franz K. Stanzel unterscheidet folgende Erzählsituationen: auktoriale, personale, neutrale Erzählsituation und die Ich-Erzählung (→ Merkkästen). Allerdings bereitet die Einordnung Probleme, weshalb es zielführender ist, sich der Erzählinstanz über die einzelnen Fragen oben zu nähern.

Merkkästen: 11040-20

6 Verfassen Sie in einem zusammenhängenden Text eine Erzählanalyse des Romanauszugs, indem Sie auf Erzählform, Erzählperspektive, Erzählsicht und Erzählhaltung eingehen.

→ Hilfe S. 288

6

Grenzüberschreitungen: Das Reale und das Unheimliche

Zeit- und Raumgestaltung in einer Novelle untersuchen

Hörtext: 11040–21

1 Formulieren Sie im Klassengespräch erste Leseeindrücke und bilden Sie Hypothesen über den Zusammenhang zwischen dem Erlebnis des Erzählers und der Geschichte des Schulmeisters.

Theodor Storm
Der Schimmelreiter (1888, Auszug 1)

Was ich zu berichten beabsichtige, ist mir vor reichlich einem halben Jahrhundert im Hause meiner Urgroßmutter, der alten Frau Senator Feddersen, kundgeworden, während ich, an ihrem Lehnstuhl sitzend, mich mit dem Lesen eines in blaue Pappe eingebundenen Zeitschriftenheftes beschäftigte; ich vermag mich nicht mehr zu entsinnen, ob von den »Leipziger« oder von »Pappes Hamburger Lesefrüchten«. Noch fühl ich es gleich einem Schauer, wie dabei die linke Hand der über Achtzigjährigen mitunter liebkosend über das Haupthaar ihres Urenkels hinglitt. Sie selbst und jene Zeit sind längst begraben; vergebens auch habe ich seitdem jenen Blättern nachgeforscht, und ich kann daher umso weniger weder die Wahrheit der Tatsachen verbürgen, als, wenn jemand sie bestreiten wollte, dafür aufstehen; nur so viel kann ich versichern, dass ich sie seit jener Zeit, obgleich sie durch keinen äußeren Anlass in mir aufs Neue belebt wurden, niemals aus dem Gedächtnis verloren habe.

Es war im dritten Jahrzehnt unseres Jahrhunderts, an einem Oktobernachmittag – so begann der damalige Erzähler –, als ich bei starkem Unwetter auf einem nordfriesischen Deich entlangritt. Zur Linken hatte ich jetzt schon seit über einer Stunde die öde, bereits von allem Vieh geleerte Marsch, zur Rechten, und zwar in unbehaglichster Nähe, das Wattenmeer der Nordsee; zwar sollte man vom Deiche aus auf Halligen und Inseln sehen können; aber ich sah nichts als die gelbgrauen Wellen, die unaufhörlich wie mit Wutgebrüll an den Deich hinaufschlugen und mitunter mich und das Pferd mit schmutzigem Schaum bespritzten; dahinter wüste Dämmerung, die Himmel und Erde nicht unterscheiden ließ; denn auch der halbe Mond, der jetzt in der Höhe stand, war meist von treibendem Wolkendunkel überzogen. Es war eiskalt; meine verklommenen Hände konnten kaum den Zügel halten, und ich verdachte es nicht den Krähen und Möwen, die sich fortwährend krächzend und gackernd vom Sturm ins Land hineintreiben ließen. Die Nachtdämmerung hatte begonnen, und schon konnte ich nicht mehr mit Sicherheit die Hufen meines Pferdes erkennen; keine Menschenseele war mir begegnet, ich hörte nichts als das

Geschrei der Vögel, wenn sie mich oder meine treue Stute fast mit den langen Flügeln streiften, und das Toben von Wind und Wasser. Ich leugne nicht, ich wünschte mich mitunter in sicheres Quartier. […]

Jetzt aber kam auf dem Deiche etwas gegen mich heran; ich hörte nichts; aber immer deutlicher, wenn der halbe Mond ein karges Licht herabließ, glaubte ich eine dunkle Gestalt zu erkennen, und bald, da sie näher kam, sah ich es, sie saß auf einem Pferde, einem hochbeinigen hageren Schimmel; ein dunkler Mantel flatterte um ihre Schultern, und im Vorbeifliegen sahen mich zwei brennende Augen aus einem bleichen Antlitz an. Wer war das? Was wollte der? – Und jetzt fiel mir bei, ich hatte keinen Hufschlag, kein Keuchen des Pferdes vernommen; und Ross und Reiter waren doch hart an mir vorbeigefahren!

In Gedanken darüber ritt ich weiter, aber ich hatte nicht lange Zeit zum Denken, schon fuhr es von rückwärts wieder an mir vorbei; mir war, als streifte mich der fliegende Mantel, und die Erscheinung war, wie das erste Mal, lautlos an mir vorübergestoben. Dann sah ich sie fern und ferner vor mir; dann war's, als säh ich plötzlich ihren Schatten an der Binnenseite des Deiches hinuntergehen. […]

Das Wasser war, trotz des schützenden Deiches, auffallend bewegt; der Reiter konnte es nicht getrübt haben; ich sah nichts weiter von ihm. Aber ein anderes sah ich, das ich mit Freuden jetzt begrüßte: vor mir, von unten aus dem Kooge[1], schimmerten eine Menge zerstreuter Lichtscheine zu mir herauf, sie schienen aus jenen langgestreckten friesischen Häusern zu kommen, die vereinzelt auf mehr oder minder hohen Werften lagen, dicht vor mir aber auf halber Höhe des Binnendeiches lag ein großes Haus derselben Art; an der Südseite, rechts von der Haustür, sah ich alle Fenster erleuchtet; dahinter gewahrte ich Menschen und glaubte trotz des Sturmes sie zu hören. Mein Pferd war schon von selbst auf den Weg am Deich hinabgeschritten, der mich vor die Tür des Hauses führte. Ich sah wohl, dass es ein Wirtshaus war; denn vor den Fenstern gewahrte ich die sogenannten »Ricks«, das heißt auf zwei Ständern ruhende Balken mit großen eisernen Ringen, zum Anbinden des Viehes und der Pferde, die hier haltmachten. […] Als ich eintrat, sah ich etwa ein Dutzend Männer an einem Tische sitzen, der unter den Fenstern entlanglief, eine Punschbowle stand darauf, und ein besonders stattlicher Mann schien die Herrschaft über sie zu führen.

(In der Stube sitzen unter anderen der Deichgraf und der alte Schulmeister. Auf die Frage des Erzählers nach dem gespenstischen Reiter, erzählt der

Theodor Storm ist einer der wichtigsten Vertreter des bürgerlichen Realismus. Er wird 1817 in Husum geboren. Nach seinem Jurastudium arbeitet er als Anwalt und später als Richter. Gleichzeitig veröffentlicht er Gedichte und Erzählungen, in denen er häufig Motive von Volkssagen und unheimliche Begebenheiten aufgreift. Er stirbt 1888 nach Abschluss seiner wohl bekanntesten Novelle „Der Schimmelreiter". Es geht darin um die tragische Lebensgeschichte des nordfriesischen Deichgrafen Hauke Haien, der aufgrund einer naturwissenschaftlichen Herangehensweise die für die Bewohner der Gegend lebenswichtigen Deiche verbessern kann, jedoch am Aberglauben der Bevölkerung und an der eigenen Überheblichkeit scheitert. Der vorliegende Auszug ist der Beginn der Novelle.

[1] **Koog, der:** dem Meer abgewonnenes, eingedeichtes Land

Schulmeister die folgende Geschichte.) Der Alte sah mich mit verständnisvollem Lächeln an. »Nun also!« sagte er. »In der Mitte des vorigen Jahrhunderts, oder vielmehr, um genauer zu bestimmen, vor und nach derselben, gab es hier einen Deichgrafen[2], der von Deich- und Sielsachen[3] mehr verstand, als Bauern und Hofbesitzer sonst zu verstehen pflegen; aber es reichte doch wohl kaum, denn was die studierten Fachleute darüber niedergeschrieben, davon hatte er wenig gelesen; sein Wissen hatte er sich, wenn auch von Kindesbeinen an, nur selber ausgesonnen. Ihr hörtet wohl schon, Herr, die Friesen rechnen gut, und habet auch wohl schon über unsern Hans Mommsen[4] von Fahretoft reden hören, der ein Bauer war und doch Bussolen[5] und Seeuhren, Teleskopen und Orgeln machen konnte. Nun, ein Stück von solch einem Manne war auch der Vater des nachherigen Deichgrafen gewesen; freilich wohl nur ein kleines. Er hatte ein paar Fennen, wo er Raps und Bohnen baute, auch eine Kuh graste, ging unterweilen im Herbst und Frühjahr auch aufs Landmessen und saß im Winter, wenn der Nordwest von draußen kam und an seinen Läden rüttelte, zu ritzen und zu prickeln, in seiner Stube. Der Junge saß meist dabei und sah über seine Fibel oder Bibel weg dem Vater zu, wie er maß und berechnete, und grub sich mit der Hand in seinen blonden Haaren. Und eines Abends frug er den Alten, warum denn das, was er eben hingeschrieben hatte, gerade so sein müsse und nicht anders sein könne, und stellte dann eine eigene Meinung darüber auf Aber der Vater, der darauf nicht zu antworten wusste, schüttelte den Kopf und sprach: »Das kann ich dir nicht sagen; genug, es ist so, und du selber irrst dich. Willst du mehr wissen, so suche morgen aus der Kiste, die auf unserm Boden steht, ein Buch, einer, der Euklid[6] hieß, hat's geschrieben; das wird's dir sagen!«

– Der Junge war tags darauf zum Boden gelaufen und hatte auch bald das Buch gefunden; denn viele Bücher gab es überhaupt nicht in dem Hause; aber der Vater lachte, als er es vor ihm auf den Tisch legte. Es war ein holländischer Euklid, und Holländisch, wenngleich es doch halb Deutsch war, verstanden alle beide nicht. »Ja, ja«, sagte er, »das Buch ist noch von meinem Vater, der verstand es; ist denn kein deutscher da?«

Der Junge, der von wenig Worten war, sah den Vater ruhig an und sagte nur: »Darf ich's behalten? Ein deutscher ist nicht da.«

Und als der Alte nickte, wies er noch ein zweites, halb zerrissenes Büchlein vor. »Auch das?«, frug er wieder.

»Nimm sie alle beide!«, sagte Tede Haien; »sie werden dir nicht viel nützen.«

Aber das zweite Buch war eine kleine holländische Grammatik, und da der Winter noch lange nicht vorüber war, so hatte es, als endlich die Stachelbeeren in ihrem Garten wieder blühten, dem Jungen schon so weit geholfen, dass er den Euklid, welcher damals stark im Schwange war, fast überall verstand. [...]

Als der Alte sah, dass der Junge weder für Kühe noch Schafe Sinn hatte und kaum gewahrte, wenn die Bohnen blühten, was doch die Freude von jedem Marschmann ist, und weiterhin bedachte, dass die kleine Stelle wohl mit einem Bauer und einem Jungen, aber nicht mit einem Halbge-

[2] **Deichgraf:** Vorstand eines Deichverbandes, der für die Unterhaltung und Anlage der Deiche verantwortlich ist
[3] **Siel:** verschließbarer Wasserdurchlass in einem Deich
[4] **Hans Mommsen:** (1735-1811), Landwirt, Astronom und Universalgelehrter aus Nordfriesland, eines der Vorbilder für die Figur des Hauke Haien im „Schimmelreiter“
[5] **Bussole, die:** ein spezieller Magnetkompass
[6] **Euklid** von Alexandria, griechischer Mathematiker (3. Jh. v. Chr.)

lehrten und einem Knecht bestehen könne, angleichen, dass er auch selber nicht auf einen grünen Zweig gekommen sei, so schickte er seinen großen Jungen an den Deich, wo er mit andern Arbeitern von Ostern bis Martini[7] Erde karren musste. ›Das wird ihn vom Euklid kurieren‹, sprach er bei sich selber.

Und der Junge karrte; aber den Euklid hatte er allzeit in der Tasche, und wenn die Arbeiter ihr Frühstück oder Vesper aßen, saß er auf seinem umgestülpten Schubkarren mit dem Buche in der Hand. Und wenn im Herbst die Fluten höher stiegen und manch ein Mal die Arbeit eingestellt werden musste, dann ging er nicht mit den andern nach Haus, sondern blieb, die Hände über die Knie gefaltet, an der abfallenden Seeseite des Deiches sitzen und sah stundenlang zu, wie die trüben Nordseewellen immer höher an die Grasnarbe des Deiches hinaufschlugen; erst wenn ihm die Füße überspült waren und der Schaum ihm ins Gesicht spritzte, rückte er ein paar Fuß höher und blieb dann wieder sitzen. Er hörte weder das Klatschen des Wassers noch das Geschrei der Möwen und Strandvögel, die um oder über ihm flogen und ihn fast mit ihren Flügeln streiften, mit den schwarzen Augen in die seinen blitzend; er sah auch nicht, wie vor ihm über die weite, wilde Wasserwüste sich die Nacht ausbreitete; was er allein hier sah, war der brandende Saum des Wassers, der, als die Flut stand, mit hartem Schlage immer wieder dieselbe Stelle traf und vor seinen Augen die Grasnarbe des steilen Deiches auswusch. […]

Als er so eines Abends zu seinem Vater in die Stube trat, der an seinen Messgeräten putzte, fuhr dieser auf: »Was treibst du draußen? Du hättest ja versaufen können, die Wasser beißen heute in den Deich.«

Hauke sah ihn trotzig an. […]

»Aber«, sagte Hauke wieder, »unsere Deiche sind nichts wert!«

– »Was für was, Junge?«

»Die Deiche, sag ich!«

– »Was sind die Deiche?«

»Sie taugen nichts, Vater!«, erwiderte Hauke.

Der Alte lachte ihm ins Gesicht. »Was denn, Junge? Du bist wohl das Wunderkind aus Lübeck!«

Aber der Junge ließ sich nicht irren. »Die Wasserseite ist zu steil«, sagte er; »wenn es einmal kommt, wie es mehr als einmal schon gekommen ist, so können wir hier auch hinterm Deich ersaufen!« […]

»Nun«, meinte der Alte und stieß ein Lachen aus; »du kannst es ja vielleicht zum Deichgraf bringen; dann mach sie anders!«

[7] **Martini:** Martinstag, 11.11.

2 Theodor Storms Novelle besteht aus zwei Rahmenhandlungen und einer Binnenhandlung mit jeweils unterschiedlichen Erzählern. Ordnen Sie die Schauplätze und die Figuren diesen Handlungen zu.

Rahmenhandlung 1 (Haus der Urgroßmutter): ______________________
Rahmenhandlung 2 (...): ______________________
Binnenhandlung (...): ______________________

3 Begründen Sie, warum sich der Autor für einen doppelten Erzählrahmen entschieden haben könnte, indem Sie folgenden Satz fortsetzen oder eigenständig formulieren.

Der doppelte Erzählrahmen hat einen Einfluss auf die Glaubwürdigkeit der Geschichte, denn ...

Das müssen Sie wissen

Novelle

Eine Novelle (von lat. ‚novus', neu) ist eine Erzählung mittlerer Länge, in der häufig von einem ungewöhnlichen (auch: rätselhaften) Ereignis berichtet wird. Die Handlung führt dabei geradlinig auf einen Höhe- oder Wendepunkt hin. Die straffe Struktur ist gekennzeichnet von Leitmotiven (sog. Dingsymbolen, die die Handlung begleiten und intensivieren) und Vorausdeutungen. Häufig ist die Haupthandlung in einen Erzählrahmen eingebettet.

Theodor Storm

Der Schimmelreiter (1888, Auszug 2)

Auch als zu Ende Oktobers die Deicharbeit vorbei war, blieb der Gang nordwärts nach dem Haff hinaus für Hauke Haien die beste Unterhaltung; den Allerheiligentag, um den herum die Äquinoktialstürme zu tosen pflegen, von dem wir sagen, daß Friesland ihn wohl beklagen mag, erwartete er wie heut die Kinder das Christfest. Stand eine Springflut bevor, so konnte man sicher sein, er lag trotz Sturm und Wetter weit draußen am Deiche mutterseelenallein; und wenn die Möwen gackerten, wenn die Wasser gegen den Deich tobten und beim Zurückrollen ganze Fetzen von der Grasdecke mit ins Meer hinabrissen, dann hätte man Haukes zorniges Lachen hören können. »Ihr könnt nichts Rechtes«, schrie er in den Lärm hinaus, »so wie die Menschen auch nichts können!« Und endlich, oft im Finstern, trabte er aus der weiten Öde den Deich entlang nach Hause, bis seine aufgeschossene Gestalt die niedrige Tür unter seines Vaters Rohrdach erreicht hatte und darunter durch in das kleine Zimmer schlüpfte. Manchmal hatte er eine Faust voll Kleierde mitgebracht; dann setzte er sich neben den Alten, der ihn jetzt gewähren ließ, und knetete bei dem Schein der dünnen Unschlittkerze allerlei Deichmodelle, legte sie in ein flaches Gefäß mit Wasser und suchte darin die Ausspülung der Wellen nachzumachen, oder er nahm seine Schiefertafel und zeichnete darauf das Profil der Deiche nach der Seeseite, wie es nach seiner Meinung sein musste.

Mit denen zu verkehren, die mit ihm

auf der Schulbank gesessen hatten, fiel ihm nicht ein, auch schien es, als ob ihnen an dem Träumer nichts gelegen sei. Als es wieder Winter geworden und der Frost hereingebrochen war, wanderte er noch weiter, wohin er früher nie gekommen, auf den Deich hinaus, bis die unabsehbare eisbedeckte Fläche der Watten vor ihm lag. […]

Er lief nach Hause; aber an einem der nächsten Abende war er wiederum da draußen. Auf jenen Stellen war jetzt das Eis gespalten; wie Rauchwolken stieg es aus den Rissen, und über das ganze Watt spann sich ein Netz von Dampf und Nebel, das sich seltsam mit der Dämmerung des Abends mischte. Hauke sah mit starren Augen darauf hin; denn in dem Nebel schritten dunkle Gestalten auf und ab, sie schienen ihm so groß wie Menschen. Würdevoll, aber mit seltsamen, erschreckenden Gebärden; mit langen Nasen und Hälsen sah er sie fern an den rauchenden Spalten auf und ab spazieren; plötzlich begannen sie wie Narren unheimlich auf und ab zu springen, die großen über die kleinen und die kleinen gegen die großen; dann breiteten sie sich aus und verloren alle Form.

›Was wollen die? Sind es die Geister der Ertrunkenen?‹, dachte Hauke. »Hoiho!«, schrie er laut in die Nacht hinaus; aber die draußen kehrten sich nicht an seinen Schrei, sondern trieben ihr wunderliches Wesen fort.

Da kamen ihm die furchtbaren norwegischen Seegespenster in den Sinn, von denen ein alter Kapitän ihm einst erzählt hatte, die statt des Angesichts einen stumpfen Pull[8] von Seegras auf dem Nacken tragen; aber er lief nicht fort, sondern bohrte die Hacken seiner Stiefel fest in den Klei[9] des Deiches und sah starr dem possenhaften Unwesen zu, das in der einfallenden Dämmerung vor seinen Augen fortspielte. »Seid ihr auch hier bei uns?«, sprach er mit harter Stimme; »ihr sollt mich nicht vertreiben!«

Erst als die Finsternis alles bedeckte, schritt er steifen, langsamen Schrittes heimwärts. Aber hinter ihm drein kam es wie Flügelrauschen und hallendes Geschrei. Er sah nicht um; aber er ging auch nicht schneller und kam erst spät nach Hause; doch niemals soll er seinem Vater oder einem andern davon erzählt haben. Erst viele Jahre später hat er sein blödes Mädchen[10], womit später der Herrgott ihn belastete, um dieselbe Tages- und Jahreszeit mit sich auf den Deich hinausgenommen, und dasselbe Wesen soll sich derzeit draußen auf den Watten gezeigt haben; aber er hat ihr gesagt, sie solle sich nicht fürchten, das seien nur die Fischreiher und die Krähen, die im Nebel so groß und fürchterlich erschienen; die holten sich die Fische aus den offenen Spalten.

»Weiß Gott, Herr!«, unterbrach sich der Schulmeister, »es gibt auf Erden allerlei Dinge, die ein ehrlich Christenherz verwirren können; aber der Hauke war weder ein Narr noch ein Dummkopf«.

Da ich nichts erwiderte, wollte er fortfahren; aber unter den übrigen Gästen, die bisher lautlos zugehört hatten, nur mit dichterem Tabaksqualm das niedrige Zimmer füllend, entstand eine plötzliche Bewegung; erst einzelne, dann fast alle wandten sich dem Fenster zu. Draußen – man sah es durch die unverhangenen Fenster – trieb der Sturm die Wolken, und Licht und Dunkel jagten durcheinander; aber auch mir war es, als hätte ich den hageren Reiter auf seinem Schimmel vorbeisausen gesehen.

[10] Hauke Haien hat später ein Kind mit geistiger Behinderung. Das Wort „blöd“ hat also einen Bedeutungswandel durchlaufen.

[8] **Pull, der:** Kopf

[9] **Klei:** entwässerter Schlickboden

4 Erstellen Sie einen Zeitstrahl für die drei Handlungen. Bestimmen Sie darauf die Position des „damalige[n] Erzähler[s]" (→ Z. 31 f.).

Das müssen Sie wissen

So analysieren Sie die Zeitgestaltung in einem erzählenden Text

Die Handlung eines erzählenden Textes ereignet sich innerhalb eines bestimmten Zeitraums. Dabei unterscheidet man zwischen Erzählzeit und erzählter Zeit.
Die Erzählzeit entspricht in etwa dem Zeitraum, den der Leser für das Lesen einer Geschichte braucht. Die erzählte Zeit bezeichnet die Dauer der erzählten Handlung.
Das Erzähltempo, also das Verhältnis von Erzählzeit und erzählter Zeit, kann folgendermaßen aussehen:

- Zeitraffung: erzählte Zeit < Erzählzeit
- Zeitdehnung: erzählte Zeit > Erzählzeit
- Zeitdeckung: erzählte Zeit = Erzählzeit

Die sog. Frequenz beschreibt die Wiederholung von Ereignissen und Aussagen. Geschieht etwas regelmäßig, so kann dies iterativ (einmal erzählt) oder repetitiv (wiederholt erzählt) ausgedrückt werden.

Außerdem kann die chronologische Darstellung durch Rückblenden und Vorausdeutungen unterbrochen und erläutert werden. In einer schriftlichen Analyse der Zeitstruktur wird der Umgang mit der erzählten bzw. Erzählzeit untersucht, mit der Handlung in Verbindung gebracht und interpretiert.

5 Bestimmen Sie das Verhältnis zwischen Erzählzeit und erzählter Zeit sowie die Erzählfrequenz in den Z. 188–270.

6 Sammeln Sie in einem Schreibgespräch Textstellen, an denen die Chronologie durch Vorausdeutungen unterbrochen wird. Erklären Sie, wozu diese Einschübe jeweils dienen.

7 Stellen Sie die Beziehung zwischen der Außenwelt (den Schauplätzen der Handlung) und Hauke Haiens innerem Erleben (seinen Gedanken und Reaktionen) grafisch dar (z. B. mithilfe eines Diagramms) und präsentieren Sie Ihre Ergebnisse der Klasse.

Das müssen Sie können

So analysieren Sie die Raumstruktur in einem erzählenden Text

Die Handlung eines erzählenden (epischen) Textes findet an Orten (Schauplätzen) und in Räumen statt, die bewusst vom Autor ausgewählt und gestaltet werden.
Die Raumgestaltung kann z. B. folgende Funktionen haben:

- Sie kann die Stimmung wiedergeben, in der sich die dargestellte Person befindet.
- Sie kann dazu beitragen, eine Figur als fremd oder bekannt darzustellen, je nachdem wie sie den jeweiligen Schauplatz wahrnimmt.
- Sie kann mit der Entwicklung einer Figur korrelieren, wenn z. B. verschiedene Räume durchschritten und Grenzen oder Schwellen überwunden werden.

In einer schriftlichen Analyse der Raumstruktur werden die wesentlichen Schauplätze/Räume und Bewegungen genannt und deren Bedeutung für die Handlung untersucht und interpretiert.

8 Wie Ihnen sicher aufgefallen ist, bricht in der Novelle „Der Schimmelreiter" immer wieder das Unheimliche in die reale Welt ein. Notieren Sie Stellen, an denen die Grenze zwischen der diesseitigen und der jenseitigen Welt durchlässig wird. Sprechen Sie in der Klasse darüber, wie die handelnden Personen damit umgehen.

9 Interpretieren Sie den Novellenauszug schriftlich.

- Verfassen Sie eine zusammenhängende Darstellung der Zeitgestaltung in Textauszug 1, Z. 137–297.
- Verfassen Sie eine zusammenhängende Darstellung der Raumgestaltung in Textauszug 2.
- Legen Sie schriftlich dar, inwiefern der junge Hauke Haien immer wieder Grenzen überschreitet, und ziehen Sie daraus Schlüsse auf den Charakter des Protagonisten.

6

Neue Heimat

Die Gestaltung von Figuren und Beziehungen interpretieren

1 Sammeln Sie die verschiedenen Kulturen, die in Kessin laut Geert von Innstetten aufeinandertreffen. Beurteilen Sie, inwiefern die Aussagen auf gängigen Vorurteilen beruhen.

Theodor Fontane
Effi Briest (1896, Auszug)

Die 17-jährige Effi Biest hat auf Wunsch ihrer Eltern den 20 Jahre älteren Landrat Geert von Innstetten geheiratet. Nun befindet sie sich in Begleitung ihres Mannes auf dem Weg in ihre neue Heimat Kessin, einem Ort in der entlegenen Provinz Hinterpommern. Bei ihrer Anreise in der Kutsche stellt Geert seiner Frau den in Kessin lebenden Menschenschlag vor.

„[...] Alles aber, was hier an der Küste hin in den kleinen See- und Handelsstädten wohnt, das sind von weither Eingewanderte, die sich um das kaschubische[1] Hinterland wenig kümmern, weil sie wenig davon haben und auf etwas ganz anderes angewiesen sind. Worauf sie angewiesen sind, das sind die Gegenden, mit denen sie Handel treiben, und da sie das mit aller Welt tun und mit aller Welt in Verbindung stehen, so findest du zwischen ihnen auch Menschen aus aller Welt Ecken und Enden. Auch in unserem guten Kessin, trotzdem es eigentlich nur ein Nest ist.“ „Aber das ist ja entzückend, Geert. Du sprichst immer von Nest, und nun finde ich, wenn du nicht übertrieben hast, eine ganz neue Welt hier. Allerlei Exotisches. Nicht wahr, so was Ähnliches meintest du doch?“ Er nickte. „Eine ganz neue Welt, sag ich, vielleicht einen Neger oder einen Türken oder vielleicht sogar einen Chinesen[2].“ „Auch einen Chinesen. Wie gut du raten kannst. Es ist möglich, dass wir wirklich noch einen haben, aber jedenfalls haben wir einen gehabt; jetzt ist er tot und auf einem kleinen eingegitterten Stück Erde begraben, dicht neben dem Kirchhof. Wenn du nicht furchtsam bist, will ich dir bei Gelegenheit mal sein Grab zeigen; es liegt zwischen den Dünen, bloß Strandhafer drum rum und dann und wann ein paar Immortellen[3], und immer hört man das Meer. Es ist sehr schön und sehr schauerlich.“ „Ja, schauerlich, und ich möchte wohl mehr davon wissen. Aber doch lieber nicht, ich habe dann immer gleich Visionen und Träume und möchte doch nicht, wenn ich diese Nacht hoffentlich gut schlafe, gleich einen Chinesen an mein Bett treten sehen.“ „Das wird er auch nicht.“ „Das wird er auch nicht. Höre, das klingt ja sonderbar, als ob es doch möglich wäre. Du willst mir Kessin interessant machen, aber du gehst darin ein bisschen weit. Und solche fremde Leute habt ihr viele in Kessin?“ „Sehr viele. Die ganze Stadt besteht aus solchen Fremden, aus Menschen, deren Eltern oder Großeltern noch ganz woanders saßen.“

[1] **Kaschube:** Angehöriger eines westslawischen Volksstammes, der im Gebiet um Danzig lebt
[2] Die Aufzählung soll das Ungewöhnliche des vermeintlich provinziellen Ortes Kessin herausstellen, um Effi ihre neue Heimat schmackhaft zu machen. Die Anwesenheit von verschiedenen Kulturen ist in diesem Zusammenhang als Aufwertung gedacht.
[3] **Immortellen:** Strohblumen

„Höchst merkwürdig. Bitte, sage mir mehr davon. Aber nicht wieder was Gruseliges. Ein Chinese, find ich, hat immer was Gruseliges." „Ja, das hat er", lachte Geert.

„Aber der Rest ist, Gott sei Dank, von ganz anderer Art, lauter manierliche Leute, vielleicht ein bisschen zu sehr Kaufmann, ein bisschen zu sehr auf ihren Vorteil bedacht und mit Wechseln von zweifelhaftem Wert immer bei der Hand. Ja, man muss sich vorsehen mit ihnen. Aber sonst ganz gemütlich. Und damit du siehst, dass ich dir nichts vorgemacht habe, will ich dir nur so eine kleine Probe geben, so eine Art Register oder Personenverzeichnis." „Ja, Geert, das tu." „Da haben wir beispielsweise keine fünfzig Schritt von uns, und unsere Gärten stoßen sogar zusammen, den Maschinen- und Baggermeister Macpherson, einen richtigen Schotten und Hochländer." „Und trägt sich auch noch so?" „Nein, Gott sei Dank nicht, denn es ist ein verhutzeltes Männchen, auf das weder sein Clan noch Walter Scott[4] besonders stolz sein würden. Und dann haben wir in demselben Haus, wo dieser Macpherson wohnt, auch noch einen alten Wundarzt, Beza mit Namen, eigentlich bloß Barbier; der stammt aus Lissabon, gerade daher, wo auch der berühmte General de Meza[5] herstammt – Meza, Beza, du hörst die Landesverwandtschaft heraus. Und dann haben wir flussaufwärts am Bollwerk – das ist nämlich der Kai, wo die Schiffe liegen – einen Goldschmied namens Stedingk, der aus einer alten schwedischen Familie stammt; ja, ich glaube, es gibt sogar Reichsgrafen, die so heißen, und des weiteren, und damit will ich dann vorläufig abschließen, haben wir den guten alten Doktor Hannemann, der natürlich ein Däne ist und lange in Island war und sogar ein kleines Buch geschrieben hat über den letzten Ausbruch des Hekla oder Krabla[6]." „Das ist ja aber großartig, Geert. Das ist ja wie sechs Romane, damit kann man ja gar nicht fertig werden. Es klingt erst spießbürgerlich und ist doch hinterher ganz apart."

Theodor Fontane (1819–1898) wird in Neuruppin geboren. Er stammt aus einer Hugenottenfamilie. Der Vater ist Apotheker. Fontane besucht das Gymnasium Neuruppin und die Gewerbeschule Berlin. 1836 bis 1840 macht er eine Apothekerlehre in Berlin. In diesem Beruf arbeitet er bis 1849 und wird dann mit Unterbrechung bis 1859 freier Mitarbeiter im Büro eines Ministeriums. Von 1855 bis 1859 lebt Fontane in England als Berichterstatter, 1860 bis 1870 arbeitet er als Redakteur der Berliner „Kreuz-Zeitung". 1870 wird er Theaterkritiker bei der „Vossischen Zeitung" und 1876 Sekretär der Akademie der Künste Berlin und endlich freier Schriftsteller. 1898 stirbt Fontane in Berlin. Theodor Fontane gilt als bedeutendster realistischer Erzähler des 19. Jahrhunderts. Seine Romane und Erzählungen entstehen erst in seinem letzten Lebensabschnitt: historische Romane aus der preußischen Geschichte und – zum ersten Mal in der deutschen Literaturgeschichte – psychologisch stimmige Gesellschaftsromane, die sich mit der Problematik von Liebe und Ehe und sozialen Fragen auseinandersetzen.

[4] **Walter Scott** (1771–1832), schottischer Dichter und Verleger

[5] **General de Meza:** Christian Julius de Meza (1792–1865), zu Beginn des Deutsch-Dänischen Kriegs 1864 Oberbefehlshaber des dänischen Heeres

[6] **Hekla, Krabla (eigtl. Krafla):** Vulkane auf Island

Effi Briest schließt Freundschaft mit dem Apotheker Kessins, Alonzo Gieshübler.

2 Lesen Sie die unten abgedruckten Informationen und beziehen Sie sie auf den Auszug von „Effi Briest". Diskutieren Sie: Welcher Eindruck soll von Kessin entstehen?

Seit dem späten 17. Jahrhundert entstand in Europa eine Chinamode. China galt für die Europäer als unerreichbarer, exotischer Ort, aus dem Luxusgegenstände wie Seide oder Porzellan kamen, deren Herstellung in Europa lange unbekannt war. So entwickelte sich die Vorstellung von einem märchenhaften, hochzivilisierten Reich, das in seiner Fremdheit aber auch unheimlich wirken konnte.

3 Arbeiten Sie in Vierergruppen: Wählen Sie drei Textstellen aus, an denen das Verhältnis der beiden Gesprächspartner besonders deutlich wird. Bauen Sie für jede Textstelle ein Standbild und präsentieren Sie diese in der Klasse.
Diskutieren Sie im Plenum: Was verändert sich? Was bleibt gleich?

4 Erstellen Sie eine Figurenkonstellation zu dem Romanauszug, in der neben Effi auch die von Innstetten genannten, teils fiktionalen Figuren erscheinen.

Das müssen Sie können

So erstellen Sie eine Figurenkonstellation zu einem literarischen Text

Eine Figurenkonstellation ist ein Schaubild, in dem die handelnden Personen und ihre Beziehungen zueinander dargestellt sind.

Die Beziehungen zwischen den Figuren können mit Symbolen (Pfeile, Eheringe, Herzen etc.) veranschaulicht werden.

Eine Figurenkonstellation kann man auch durch ein Standbild erarbeiten. In diesem wird eine entscheidende Situation aus einem literarischen Werk ausgewählt und die auftretenden Figuren in einer bestimmten Konstellation positioniert, die ihre Nähe / Distanz zueinander sowie ihre Über-/Unterordnung verdeutlicht. Das Ergebnis wird der Klasse präsentiert, diskutiert und bewertet.

5 Bereiten Sie eine Figurencharakteristik vor. Bearbeiten Sie eine Aufgabe Ihrer Wahl und präsentieren Sie Ihr Ergebnis in der Klasse.

- Ordnen Sie Effi und Innstetten jeweils drei der im Folgenden genannten Eigenschaften zu und belegen Sie Ihre Wahl mit geeigneten Textstellen.

Wortspeicher

abenteuerlustig – ängstlich – erfahren – dominant – fantasievoll – ordnungsliebend – temperamentvoll – kreativ – selbstbewusst – unsicher – romantisch – berechnend – gefühlskalt – emotional – belesen – intelligent – sprunghaft – eloquent – sachlich

- Bestimmen Sie die Position Effis und die Position Innstettens auf einer Skala konstrastierender Eigenschaften.

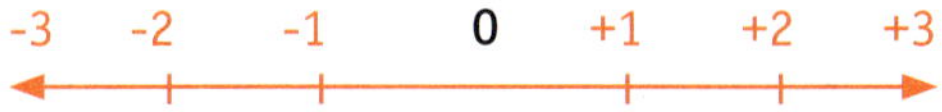

dominant			unterwürfig
gefühlskalt			emotional
selbstbewusst			unsicher
sachlich			fantasievoll
berechnend			sprunghaft

- Stellen Sie sich vor, Sie seien Eheberater und belauschten heimlich das Gespräch zwischen Effi und Innstetten. Zeigen Sie Textstellen auf, an denen sich bereits Anzeichen für das spätere Scheitern der Beziehung finden lassen. Begründen Sie Ihre Prognose.

So charakterisieren Sie eine literarische Figur

Das müssen Sie können

1. Allgemeine Informationen: Name, Alter, Lebensumstände (z. B. Beruf, Herkunft, Sprachregister → S. 20, 46)
2. Verhalten in wesentlichen Situationen und Stellung in der Gesamtkonstellation der Figuren im Text (z. B. dominant, unterwürfig, leichtsinnig …)
3. Charaktereigenschaften (abgeleitet aus den Verhaltensweisen oder aus der Wortwahl in Gesprächen)
4. Entwicklung (z. B. Reifung, Erwachsenwerden, Befreiung, Verwahrlosung, Erkenntnisgewinn, …)
5. ggf. Einordnung und Problematik der Figur: Konfliktpotential (z. B. zwischen Herkunft und Lebenszielen); Position der Figur vor dem historischen Hintergrund des Textes (z. B. Stellung der Frau im 19. Jahrhundert)

6 Verfassen Sie eine Charakteristik Effis, so weit es der kurze Textauszug zulässt. Orientieren Sie sich dabei an dem oben abgedruckten Kasten. Belegen Sie Ihre Thesen stets am Text.

Frauen und Männer: Wer kennt wen?

Erzählende Texte gestaltend interpretieren

Bertolt Brecht

Wer kennt wen? (1948)

Herr Keuner befragte zwei Frauen über ihren Mann. Die eine gab folgende Auskunft: „Ich habe zwanzig Jahre mit ihm gelebt. Wir schliefen in einem Zimmer und auf einem Bett. Wir aßen die Mahlzeiten zusammen. Er erzählte mir alle seine Geschäfte. Ich lernte seine Eltern kennen und verkehrte mit allen seinen Freunden. Ich wusste alle seine Krankheiten, die er selber wusste, und einige mehr. Von allen, die ihn kennen, kenne ich ihn am besten." „ Kennst du ihn also?" fragte Herr Keuner. „Ich kenne ihn."

Herr Keuner fragte noch eine andere Frau nach ihrem Mann. Die gab folgende Auskunft: „Er kam oft längere Zeit nicht, und ich wusste nie, ob er wiederkommen würde. Seit einem Jahr ist er nicht mehr gekommen. Ich weiß nicht, ob er wiederkommen wird. Ich weiß nicht, ob er aus den guten Häusern kommt oder aus den Hafengassen. Es ist ein gutes Haus, in dem ich wohne. Ob er zu mir auch in ein schlechtes käme, wer weiß es? Er erzählt nichts, er spricht mit mir nur von meinen Angelegenheiten. Diese kennt er genau. Ich weiß, was er sagt, weiß ich es? Wenn er kommt, hat er manchmal Hunger, manchmal aber ist er satt. Aber er isst nicht immer, wenn er Hunger hat, und wenn er satt ist, lehnt er eine Mahlzeit nicht ab. Einmal kam er mit einer Wunde. Ich verband sie ihm. Einmal wurde er hereingetragen. Einmal jagte er alle Leute aus meinem Haus. Wenn ich ihn ‚dunkler Herr' nenne, lacht er und sagt: Was weg ist, ist dunkel, was aber da ist, ist hell. Manchmal aber wird er finster über dieser Anrede. Ich weiß nicht, ob ich ihn liebe. Ich ..." „Sprich nicht weiter", sagte Herr Keuner hastig. „Ich sehe, du kennst ihn. Mehr kennt kein Mensch den andern als du ihn."

Bertolt Brecht (1898–1956)
1898 als Sohn eines kaufmännischen Angestellten in leitender Funktion in Augsburg geboren, studiert er ab 1917 zunächst Naturwissenschaften und Medizin, arbeitet dann aber schon 1920 als Dramaturg an den Münchner Kammerspielen. Seit dem Ende der 20er Jahre setzt er sich intensiv mit den Ideen des Marxismus auseinander, die für sein literarisches Schaffen prägend werden sollten. In den 30er- und 40er-Jahren lebt er auf der Flucht vor dem Nationalsozialismus an vielen Orten in Europa im Exil, ehe er 1948 nach (Ost-)Berlin zurückkommt, wo er zusammen mit seiner Frau Helene Weigel das „Berliner Ensemble" gründet und als Regisseur arbeitet. Sein Name ist v. a. mit dem „Epischen Theater" verbunden.

1 Setzen Sie den Text zu dritt (Herr Keuner und zwei Frauen) szenisch um. Entscheiden Sie, in welcher Stimmungslage, mit welcher Mimik und Gestik die beiden Frauen von ihren Männern sprechen. Präsentieren Sie die Szenen in der Klasse und vergleichen Sie die Ergebnisse.

So interpretieren Sie Texte kreativ

Das können Sie bereits

Mithilfe der gestaltenden / kreativen Interpretation kann man ein vertieftes Textverständnis erlangen, das über explizit Dargestelltes und Formuliertes hinausgeht.
Wenn Sie einen solchen Text verfassen, sollten Sie auf Folgendes achten:

- Aufbau, Gedankenführung und Figurenzeichnung stimmig gestalten,
- die Stilprinzipien des Originals einhalten,
- den Bezug zum Ausgangstext als Leitlinie der gestalterischen Arbeit wahren,
- die Textsortenmerkmale beachten,
- übermäßige Abweichungen vermeiden, stattdessen nur wenige wesentliche Punkte des Ausgangstextes verändern und diese stringent verfolgen.

2 Beschreiben Sie das Verhältnis zwischen den Geschlechtern, das der Text vermittelt. Verwenden Sie dazu den folgenden Wortspeicher.

Wortspeicher

Dominanz – Hierarchie – Aufopferung – Freiheit – Kommunikation – Warten – Verständnis – Mitgefühl – Distanz – Liebe – Beobachtung – Geben und Nehmen ...

3 Formulieren Sie in einem Satz mündlich eine Deutungshypothese zu dem Text.

4 Schreiben Sie einen eigenen Text zu Brechts „Wer kennt wen?“, indem Sie Herrn Keuner nun die beiden Männer aus dem Text zu ihren Frauen befragen lassen.

5 Überarbeiten Sie Ihren Text mithilfe der in dem Kasten genannten Kriterien für das gestaltende Interpretieren.

6 Tragen Sie Ihre Texte in der Klasse vor und diskutieren Sie: Wo finden sich Gemeinsamkeiten und wo Unterschiede in Ihren Texten? Woran könnte das liegen?

6

Fremd in Deutschland

Einen Interpretationsaufsatz schreiben

1 Aus der 9. Jahrgangsstufe kennen Sie bereits die Analyse von literarischen Texten als Textformat. Wiederholen Sie im Klassengespräch die Vorgehensweise und die Schwerpunkte eines Interpretationsaufsatzes. Orientieren Sie sich an folgenden Analyseschritten:

Wortspeicher

Sinnabschnitte bilden – zusammenfassen – sprachliche Auffälligkeiten benennen, belegen, deuten – Arbeit am fremden Text – Erzählinstanz untersuchen – Deutungshypothese aufstellen – Einleitung und Schluss formulieren – Arbeit am eigenen Text ...

Das müssen Sie können

So verfassen Sie einen Interpretationsaufsatz zu einem erzählenden Text

Erschließen Sie zunächst die **Themenstellung**, indem Sie Vorüberlegungen zum Aufbau und zu den Schwerpunkten des Interpretationsaufsatzes anstellen.
Arbeiten Sie dann erst mit dem **literarischen Text**: Lesen Sie den Erzähltext genau, bilden Sie Sinnabschnitte, markieren Sie farbig Auffälligkeiten und machen Sie sich Randnotizen. Planen Sie daraufhin Ihren **eigenen Text** und erstellen Sie einen Schreibplan, der Ihre Analyseergebnisse zur Aufgabenstellung beinhaltet. Die **Deutungshypothese** stellt dabei den Ausgangspunkt und den Bezugspunkt einer gründlichen Interpretation (Deutung) dar.

In der **Einleitung** nennen Sie den Namen des Autors, den Titel des Erzähltextes und dessen Erscheinungsjahr. Formulieren Sie dann eine Deutungshypothese zum Text, indem Sie den inhaltlichen Kern zusammenfassen und eine Vermutung formulieren, wie man den literarischen Text verstehen kann.

Hauptteil: Fassen Sie den literarischen Text zunächst **strukturiert**, d. h. den Aufbau berücksichtigend, **und prägnant in eigenen Worten** zusammen. Vermeiden Sie in diesem Teil Zitate. Beziehen Sie sich bei der anschließenden **Interpretation der Gestaltungsmittel** immer wieder auf die zur Aufgabenstellung passende Deutungshypothese. Benennen oder beschreiben Sie auffällige Gestaltungsmittel (Sprache, z. B. Wortwahl, Bilder, Satzbau und Stilmittel; Erzählinstanz; Raum- und Zeitgestaltung; ggf. Figuren, Konflikte und Figurenkonstellation), führen Sie **Textbelege** an und beschreiben Sie die Funktion oder **Wirkung**. Betrachten Sie stilistische Phänomene nie isoliert, sondern immer im Zusammenhang mit deren Funktion im Kontext.

Im **Schluss** ziehen Sie ein Resümee in Bezug auf die Deutungshypothese. Bestätigen, präzisieren oder verändern Sie sie aufgrund Ihrer Interpretation. Zudem können Sie den literarischen Text historisch einordnen oder einen aktuellen Bezug herstellen. Prüfen und überarbeiten Sie Ihren Text hinsichtlich Inhalt, Schlüssigkeit in der Darlegung, Sprachrichtigkeit und Stil.

2 Machen Sie sich die folgende Themenstellung eines Interpretationsaufsatzes klar, indem Sie die Mindmap ergänzen.

Interpretieren Sie den Romananfang von Selim Özdoğans „Heimstraße 52“: Fassen Sie den Text zunächst strukturiert zusammen. Erklären Sie anschließend, wie Güls Ankunft im fremden Deutschland durch erzählerische und sprachliche Gestaltungsmittel dargestellt wird. Charakterisieren Sie abschließend die Protagonistin.

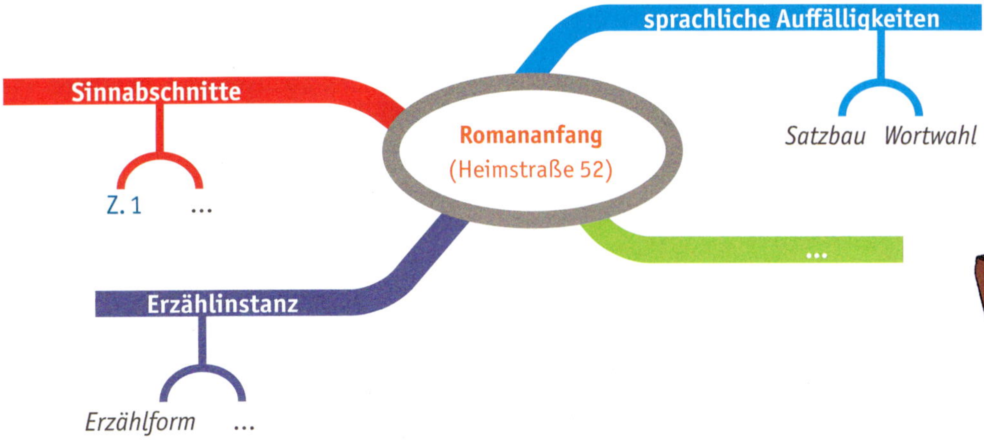

Selim Özdoğan

Heimstraße 52 (2011, Auszug)

Es ist ruhig. Viel ruhiger, als Gül es sich vorgestellt hat. Es gibt dort alles, hatten sie gesagt, ihre Schwiegermutter, ihre Stiefmutter, die Nachbarn, und alles viel besser als hier. Deswegen hatte Gül nur diesen Pappkoffer dabei. In Istanbul ist sie in den Zug gestiegen, in der lauten Stadt, wo jeder etwas zu tun zu haben schien, wo sich die Stimmen der Straßenverkäufer mit den quietschenden Bremsen der Züge mischten, der Schrei eines Esels mit dem Rattern einer Kutsche, die von einem Auto überholt wurde.

So ähnlich muss Deutschland sein, hatte Gül gedacht, nur weniger Tiere und noch mehr Menschen.

An den Umsteigebahnhöfen hatte sie Angst gehabt, nicht den richtigen Zug zu finden und irgendwo in der Fremde verlorenzugehen. Dieser letzte Bahnhof ist so klein, dass Fuat, der am Bahnsteig steht, größer wirkt als in ihrer Erinnerung, obwohl er abgenommen hat. Von dem Bauch, der er beim Militär bekommen hatte, ist nichts mehr übrig, im Gegenteil, seine Wangen wirken eingefallen, und selbst sein Haar scheint noch lichter geworden zu sein.

Selim Özdoğan, geboren 1971 in Köln, ist ein zweisprachig aufgewachsener deutscher Schriftsteller mit türkischen Wurzeln. Nach dem Abitur studierte er zunächst Völkerkunde, Anglistik und Philosophie, brach jedoch sein Studium ab. Selim Özdoğan lebt als freier Schriftsteller in Köln.

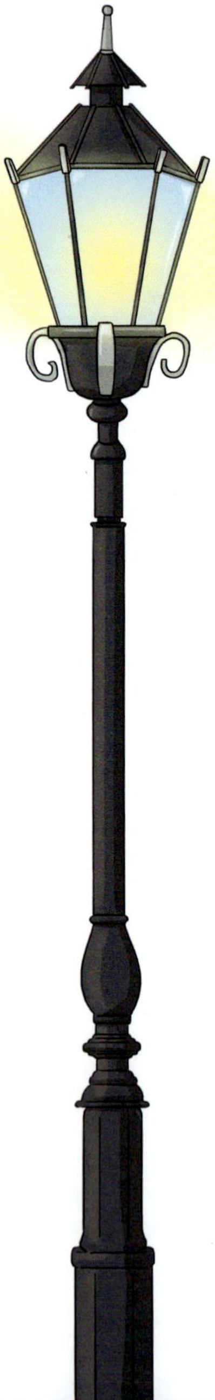

Gül fällt ihm in die Arme, erleichtert, dass da jemand ist, der sie hält. Jemand, der den Weg kennt. Während sie seinen Körper spürt, taucht wieder dieses Bild in ihrem Kopf auf, wie Ceren beim Abschied geweint hat, am Fuß der Treppe im Haus ihrer Schwiegereltern. Fuats Mutter Berrin hielt sie auf dem Arm, ein fast drei Jahre altes Kind, das schrie und tobte, während ihr die Tränen liefen und sie sich mit den Fingern das Gesicht zerkratzte und die Haare raufte, sie in Büscheln ausriss, obwohl Berrin versuchte, die Ärmchen festzuhalten. Ceyda, die bald sechs wird, stand neben ihrer Großmutter und schien weniger als ihre Schwester zu begreifen, was dieser Abschied bedeutete. Ceyda ist brav, folgsam und fleißig, hat Gül gedacht, dort am Fuße der Treppe, sie ist ein kluges Mädchen, sie wird das Beste aus der Trennung machen. Aber Ceren ist noch so klein, und auch wenn Gül keine Unterschiede in der Liebe zu ihren Kindern macht, ist ein Teil ihres Herzens dort geblieben, auf immer verbunden mit Cerens Schreien, Kratzen und Toben, das nicht zu ihrem Alter passt. So wird sie sich die nächsten 18 Monate an Ceren erinnern.

Doch in diesem Moment am Bahnsteig verschwindet das Bild, als sie sich aus Fuats Armen löst. Er nimmt ihr den Koffer ab, und sie gehen gemeinsam durch Straßen, die verlassen wirken. Gül kann sich nicht vorstellen, dass in diesen Häusern Menschen wohnen, obwohl man hinter den Vorhängen Licht sehen kann.

Auf der Straße kann man das leise Brummen einer flackernden Straßenlaterne hören.

Wie die Reise war, fragt Fuat, aber Gül mag nicht erzählen von ihrer Angst auf den Bahnhöfen, nicht einem Mann, der es kaum erwarten konnte, nach Deutschland zu fahren, der, ohne zurückzublicken, seine Frau und seine Töchter für länger als das geplante Jahr verlassen hat. Sie mag nicht erzählen, dass sie in den letzten drei Tagen nicht ihr Geschäft verrichten konnte auf dieser kalten, stinkenden Zugtoilette, sie mag nicht erzählen, wie groß ihre Freude und Erleichterung war, als sie Fuat auf dem Bahnsteig gesehen hat.

– Lang war die Reise, sagt Gül, lang wie die Reisen in Märchen.

– Ja, mit dem Zug ist es eine ganz schöne Strecke. Zurück werden wir fliegen, so Gott will. Das geht schneller, als von uns mit dem Bus nach Ankara zu fahren, du wirst sehen.

Er hatte recht, denkt Gül, als sie die Wohnung sieht. In dem einzigen Zimmer stehen ein wuchtiges Bett, ein Nachttisch, ein eintüriger Schrank und eine Kommode, mehr würde auch nicht reinpassen. Es gibt eine kleine Küche mit einem Tisch und zwei Hockern und einen winzigen Flur.

– Das Klo ist im Treppenhaus, sagt Fuat, nachdem Gül ihren Koffer aufs Bett gelegt hat, komm, ich zeig's dir.

Im Haus ihrer Schwiegereltern war das Klo auf dem Hof, und es hatte keine Wasserspülung wie dieses hier, doch so eine winzige Wohnung hat sie noch nie gesehen, sie hat gedacht,

Fuat übertreibt wie so oft, als er sagte, hier sei kein Platz für Kinder, selbst wenn man sie im Schrank im Stehen schlafen ließe.

– Ich muss los, sagt er, zur Arbeit, ich bin morgen früh wieder da.

Nachdem Gül die Tür hinter ihrem Mann geschlossen hat, setzt sie sich aufs Bett und öffnet ihren Koffer. Da sind ein Paar Schuhe, ein Schnellkochtopf, zwei Kleider, Unterwäsche, zwei Röcke, eine Strickjacke und nicht sehr viel mehr. Was sollst du billigen Plunder von hier mitschleppen, haben sie gesagt, dort kannst du dir richtig gute Sachen kaufen.

Gül möchte ihre Wäsche in die Kommode räumen, doch als sie die Unordnung sieht, kippt sie die Schubladen einfach aufs Bett und fängt an zu sortieren. Als sie mit Kommode und Schrank fertig ist, geht sie in die Küche und zündet sich dort eine Zigarette an, eine Samsun, fast zwei Packungen hat sie unterwegs geraucht, und nach dieser bleibt ihr nur noch eine letzte Zigarette. Sie zieht die Füße auf den Hocker, lehnt den Rücken gegen die Wand, über der Spüle hängt ein kleiner Spiegel. Gül steht auf und sieht sich an. Sie sieht immer noch genauso aus wie in der Türkei, aber sie fühlt sich nicht so. Ihr Gefühl geht über das Bild im Spiegel hinaus. Vielleicht kommt sie sich deswegen so fremd vor.

3 Formulieren Sie erste Leseeindrücke. Gehen Sie dabei besonders auf die im Text dargestellten Gefühle der Protagonistin ein. Verwenden Sie dazu auch den Wortspeicher.

Wortspeicher

traurig – erschlagen von den Eindrücken – erleichtert – glücklich – Heimweh – Sehnsucht – Überraschung – Skepsis – Enttäuschung – unvoreingenommen – unkompliziert – beleidigt – nachtragend – ordentlich – pflichtbewusst – freudlos – folgsam – angepasst – Rebellion

4 Setzen Sie die Tabelle fort, indem Sie Sinnabschnitte bilden und jeweils eine Überschrift formulieren. Fassen Sie daraufhin den Text prägnant zusammen.

Abschnitt 1	Z. 1 –	Ankunft am Bahnhof in Deutschland
Abschnitt 2		Rückblende: Abschied von den Töchtern
		Ankunft in der Wohnung

5 Begründen Sie, warum die Figurenrede teils in indirekter Rede (im Konjunktiv) und teils in direkter Rede wiedergegeben wird. Gehen Sie dabei von Beispielen aus.

6 Erklären Sie die Verwendung des Präsens als Erzählzeit. Welche Wirkung entsteht?

7 Untersuchen Sie die sprachliche Gestaltung (→ S. 128) in den → Z. 75–97 und benennen Sie die Funktion der sprachlichen Mittel.

→ Hilfe S. 288

→ Hilfe S. 289

8 Untersuchen Sie die unterschiedlichen Beschreibungen und Wahrnehmungen der Protagonistin im Text. Ordnen Sie diese, wie in dem Beispiel, der Türkei oder Deutschland zu. Benennen Sie dann sprachliche Gestaltungsmittel, die diese Gegenüberstellung hervorheben, und fassen Sie die Wirkung in wenigen Sätzen zusammen.

Türkei	Deutschland
Koffer, Kleider ...	Wohnung, wuchtiges Bett ...
Klo auf dem Hof	Klo im Treppenhaus

9 Bestimmen Sie die Erzählinstanz, indem Sie auf die Erzählform, die Erzählperspektive, die Erzählsicht und die Erzählhaltung eingehen.

10 Notieren Sie die Textstellen, an denen in Rückblenden erzählt wird. Bringen Sie diese mit der Raumgestaltung im Text in Zusammenhang.

11 Charakterisieren Sie die Protagonistin, indem Sie den folgenden Lückentext ergänzen bzw. fortsetzen. Belegen Sie Ihre Aussagen mit geeigneten Zitaten.

Die junge Gül, die Protagonistin des Romans, ist eine junge Türkin. Sie ist verheiratet mit ... und hat zwei Töchter ... Die Handlung setzt ein, als Gül ... Gül liebt ihre Kinder sehr. Der Abschied fällt ihr äußerst schwer, und „ein Teil ihres Herzens [ist] dort geblieben, auf immer verbunden mit Cerens Schreien, Kratzen und Toben“ (Z. 57–59). *Ihrem Mann gegenüber bleibt sie eher skeptisch. Sie ist zwar „erleichtert“* (Z. 31)*..., aber sie nimmt es ihm übel, ...*

12 Beurteilen Sie die drei Einleitungen für einen Interpretationsaufsatz.

a) In dem Roman „Heimstraße 52“, der 2011 vom deutsch-türkischen Schriftsteller Selim Özdoğan veröffentlicht wurde, geht es um die junge Türkin Gül, die ohne ihre Kinder zu ihrem Mann Fuat nach Deutschland reist. In dem vorliegenden Auszug werden die Ankunft und das Wiedersehen mit ihrem Mann geschildert. Sorglos findet sie sich sofort in ihrer neuen Heimat zurecht.

b) Jeder, der gezwungen ist, seine Heimat zu verlassen und in einem anderen Land zu leben, kennt das Gefühl von Fremdheit und Isolation. Diese Motive greift auch der deutsch-türkische Schriftsteller Selim Özdoğan in seinem Roman „Heimstraße 52“ auf. Die junge Türkin Gül reist zu ihrem Mann, der bereits seit mehreren Jahren in Deutschland arbeitet, und macht erste Erfahrungen mit dem ihr unbekannten Land. Der Romanbeginn zeichnet eine tapfere Protagonistin, die sich trotz Heimweh nüchtern mit der neuen Situation arrangiert.

c) Seit den 60er-Jahren des 20. Jahrhunderts gibt es in Deutschland so genannte Gastarbeiter. Italiener, Spanier, Türken u. a. wurden ins Land geholt, um Engpässe auf dem Arbeitsmarkt zu beseitigen. Für die Integration wurde allerdings wenig getan. Um eine solche Gastarbeiterfamilie geht es auch in dem Roman „Heimstraße 52“ vom deutsch-türkischen Schriftsteller Selim Özdoğan. In dem vorliegenden Auszug reist die junge Türkin Gül zum ersten Mal zu ihrem Mann, der in Deutschland arbeitet.

13 Verfassen Sie einen vollständigen Interpretationsaufsatz zu einem der folgenden Themen: Interpretieren Sie den Romananfang von Selim Özdoğans „Heimstraße 52": Fassen Sie den Text zunächst strukturiert zusammen.

- Erklären Sie anschließend die Wirkung von Erzählinstanz und sprachlicher Gestaltung.
- Erklären Sie anschließend die Wirkung von Erzählinstanz, Raum- und Zeitgestaltung sowie sprachlicher Gestaltung.
- Erklären Sie anschließend, wie Güls Ankunft im fremden Deutschland durch erzählerische und sprachliche Gestaltungsmittel dargestellt wird. Charakterisieren Sie abschließend die Protagonistin.

14 Prüfen und überarbeiten Sie Ihren Aufsatz mithilfe der folgenden Checkliste.

	OK	Verbesserungsvorschlag
Die Einleitung enthält eine angemessene Hinführung zum Thema über den Inhalt / den Autor / den historischen Hintergrund / das zentrale Motiv.		
Die Einleitung enthält eine Deutungshypothese, die zur Aufgabenstellung passt.		
Der Ausgangstext wird strukturiert und prägnant zusammengefasst.		
Die Sprache wird schlüssig im Hinblick auf die Themenstellung und die Funktion im Kontext interpretiert. Berücksichtigt werden z. B. • die Satzebene (Satzbau, Satzlänge, Satzarten ...) • die Wortebene (Wortwahl, Sprachebene, Wortfelder ...) • auffällige rhetorische Stilmittel		
Die Erzählinstanz wird untersucht im Hinblick auf Erzählform, Erzählperspektive, Erzählsicht und Erzählhaltung.		
Auffälligkeiten bei Raum- und Zeitgestaltung werden untersucht und im Kontext gedeutet.		
Die Protagonistin wird schlüssig charakterisiert, im Hinblick auf allgemeine Merkmale, Verhaltensweisen und Beziehungen, Charaktereigenschaften, ihre Einordnung in einen Gesamtkontext.		
Der Schluss nimmt auf die Einleitung und die Deutungshypothese dort Bezug / gibt einen Ausblick / stellt einen aktuellen Bezug her / ordnet den Text in einen historischen oder literaturgeschichtlichen Zusammenhang ein.		

Was Sie schon können!

Kompetenztest

Robert Walser
Eine Stadt (1914)

Eines Tages, mitten im Sommer, langte ich in einer Stadt an, in welcher ich einstmals gewohnt hatte, die ich aber nun schon seit manchem Jahr nicht mehr wiedersah. Sie sah so bleich, so farblos aus, die Stadt, dass ich mich vor ihr fürchtete. Ich ging durch die altbekannten Gassen, in der Vermutung, dass mich ihr Anblick ergötzen und erquicken werde, doch es war ganz anders, der Anblick schlug mich nieder, und ein seltsames, unbeschreibliches Verzagen ging mir durch die enttäuschte Seele. Es kam mir alles so tot vor, die Leute erschienen mir wie Gespenster. Unvertraut starrten mich die bleichen Häuser an, und ich wiederum betrachtete sie voller Misstrauen. Die Frauen kamen mir wie keine Frauen, die Männer wie keine Männer vor, und ich selber war zum unglücklichen Gespenst geworden in der gespenstischen und unglücklichen Umgebung. Die elektrische Tram erschien mir wie irrsinnig, die ganze Stadt machte mir den kummervollen Eindruck eines traurigen, hoffnungslosen Traumes. [...] Die Fenster grinsten wie Grimassen mich an, und die offenen Haustüren sahen aus, als seien sie sperrangelweit offen für jegliche Art von Verrat, Laster und Verbrechen. Keine Tugend, keine Ehrlichkeit, keine Ehrsamkeit schien mehr in dieser weltverlassenen Stadt möglich, ich konnte kein Kindergesicht finden, die Kinder schienen gestorben zu sein in dieser Stadt des starrenden und stierenden Entsetzens. Ich ging wie wund umher, ich hätte mich am liebsten am Straßenboden niedersetzen und heulen mögen, wie ein Tier, wie ein armer Hund, der seinen lieben gütigen Herrn verloren. Ohne Stern war diese Stadt, ohne Sonne und ohne Mond. Traurig ging ich weiter. Da zog es mich in ein Haus hinein, in das ich früher so oft gegangen. Jetzt konnte ich das gar nicht mehr begreifen. Furchtsam stieg ich die Treppe hinauf, und da sah ich das dunkle Zimmer wieder, in welchem ich damals logiert hatte, aber es war ein anderes Zimmer. Ich kannte es nicht mehr. Es glich einem Sarg, und ein eisiger Schauer lief mir über den Rücken. Ich ging nun auf die Suche nach einer Frau, die ich geliebt hatte, aber die Leute schauten mich fremd und verständnislos an, als habe ich mich nach einer Frau erkundigt, die vor tausend Jahren lebte. Wie süß, wie liebevoll war sie gewesen. Ich fühlte noch die sanften Liebkosungen ihrer Hand auf meiner Stirn, und es war mir, wie ich so meines Weges weiterging, als sollte sie auf mich hinzutreten und mich küssen. Aber es begegnete mir niemand, der mich kannte. Alles, alles war fremd. Mir war nichts wert, und ihnen allen, den fremden Leuten, war ich nichts wert. Ich drehte der Stadt den Rücken und wanderte weiter.

1 Lesen Sie den Text und formulieren Sie einen spontanen Leseeindruck.

2 Verfassen Sie in ein bis zwei Sätzen eine Deutungshypothese zu dem Text.

Leseeindrücke und Deutungshypothesen formulieren

3 Teilen Sie den Text in sinnvolle Abschnitte ein und finden Sie geeignete Überschriften.

Aufbau und Inhalt eines literarischen Textes erschließen

4 Erläutern Sie die Herkunft der folgenden sprachlichen Bilder und beschreiben Sie den Zusammenhang mit der Stimmung des Erzählers.

„Sie sah so bleich, so farblos aus, die Stadt […]" (→ Z. 5 f.)
„die Leute erschienen mir wie Gespenster" (→ Z. 15 f.)
„Die Fenster grinsten wie Grimassen mich an" (→ Z. 28 ff.)

Bildlichkeit, Sprache und Stil erschließen

5 Interpretieren Sie den Satzbau in folgendem Abschnitt.

„Unvertraut starrten mich die bleichen Häuser an, und ich wiederum betrachtete sie voller Misstrauen. Die Frauen kamen mir wie keine Frauen, die Männer wie keine Männer vor, und ich selber war zum unglücklichen Gespenst geworden der gespenstischen und unglücklichen Umgebung. Die elektrische Tram erschien mir wie irrsinnig, die ganze Stadt machte mir den kummervollen Eindruck eines traurigen, hoffnungslosen Traumes." (→ Z. 16–28)

6 Bestimmen Sie Erzählform, Erzählperspektive, Erzählsicht und Erzählhaltung in dem Text.

Die Erzählinstanz untersuchen

7 Ergänzen Sie die folgende Rauminterpretation. Belegen Sie Ihre Aussagen mit geeigneten Textstellen.

Schauplatz der kurzen Erzählung ist eine Stadt, die der Ich-Erzähler von früher kennt. Die äußere Handlung beginnt mit … und endet mit … Gegen Ende des Textes verengt sich der Handlungsraum auf … Auch hier entspricht der Eindruck dem Gesamtbild von der Stadt: …

Raum- und Zeitgestaltung untersuchen

8 Beschreiben Sie die Zeitgestaltung in dem vorliegenden Text.

\+ Entwerfen Sie in Stichpunkten eine kreative Interpretation des Textes: Der Ich-Erzähler trifft schließlich die Frau, die er geliebt hat, und kehrt mit ihr in die Stadt zurück. Achten Sie vor allem darauf, wie sich nun die äußeren Eindrücke verändern.

Gestaltend interpretieren

7 Vielleicht aber kommt es auf uns an

Politische Gedichte und Zeitgedichte lesen und erschließen

1 Sprechen Sie zunächst über die Bilder und das Gedicht von Heinrich Heine: In welchen Situationen befinden sich die Dichter und der Sprecher des Gedichts? Welche Ziele, welches Publikum haben sie? Worüber könnten sie sprechen? Welche Wirkung möchten sie wahrscheinlich erzielen?

2 Diskutieren Sie, ob Dichter politisch sein sollen – dürfen – müssen?

3 Notieren Sie, welche Aussagen über die Themen, das Publikum und die Wirksamkeit politischer Dichtung Heinrich Heines Gedicht „An einen politischen Dichter“ enthält. Diskutieren Sie die Aussagen des Gedichts in der Klasse.

Was wissen Sie noch? Test unter: 11040–22

Der im Jahre 1976 aus der DDR ausgebürgerte Liedermacher **Wolf Biermann** bei der Gedenkfeier zu 25 Jahre Mauerfall im Bundestag (2014)

Heinrich Heine
An einen politischen Dichter (1841)

Du singst, wie einst Tyrtäus[1] sang,
Von Heldenmut beseelet,
Doch hast du schlecht dein Publikum
Und deine Zeit gewählet.

Beifällig horchen sie dir zwar,
Und loben schier begeistert:
Wie edel dein Gedankenflug,
Wie du die Form bemeistert.

Sie pflegen auch beim Glase Wein
Ein Vivat[2] dir zu bringen,
Und manchen Schlachtgesang von dir
Lautbrüllend nachzusingen.

Der Knecht singt gern ein Freiheitslied
Des Abends in der Schenke:
Das fördert die Verdauungskraft,
Und würzet die Getränke.

[1] Tyrtäus: politischer Dichter in Sparta, 7. Jh. v. Chr.

[2] Vivat: Ausruf „Er lebe (hoch)"

Die Gedichte, denen Sie im Deutschunterricht der vergangenen Schuljahre begegnet sind, haben auf fantastische Helden, die Natur oder persönliche Gefühle geblickt. Wie Gedichte die politische und gesellschaftliche Lage und Stimmung ihrer Entstehungszeit spiegeln und kommentieren, welche Appelle sie dabei formulieren und wie zeitlos sie dabei sein können, erfahren Sie auf den folgenden Seiten. Im Einzelnen lernen und üben Sie, ...

- ... Themen und Anliegen politischer Gedichte wahrzunehmen,
- ... Leitideen und Zeitbezüge in Gedichten zu erfassen,
- ... traditionelle und moderne Gestaltungsmittel wahrzunehmen und zu deuten,
- ... ein Gedicht schriftlich zu analysieren und zu interpretieren.

Die US-amerikanische Lyrikerin **Amanda Gorman** während der Amtseinführung des US-Präsidenten Joe Biden (2021)

7

„Lass dich nicht verhärten“

Themen und Anliegen politischer Gedichte wahrnehmen

1 Lesen Sie die Gedichte A, B und C. Benennen Sie deren Themen und erklären Sie, inwiefern sie als „politische Gedichte“ oder als „Zeitgedichte“ bezeichnet werden können. Nutzen Sie den Kasten (→ S. 159).

2 Beschreiben und deuten Sie eines der Gedichte. Orientieren Sie sich an den Schritten:

- Benennen Sie das Thema, beschreiben Sie, wie Zeit und Gesellschaft wahrgenommen werden.
- Notieren Sie, welche Appelle an den Leser das Gedicht enthält.
- Beziehen Sie die Hintergrundinformationen ein: Notieren Sie, welcher Deutungsaspekt durch diese Informationen weiterhin erklärt und ausgeführt werden kann.

Wolf Biermann (*1936) ist einer der bekanntesten Dichter und Liedermacher, die sich kritisch mit der Entwicklung der Gesellschaft in Deutschland – vor allem auch in der DDR – befasst haben und befassen. Biermann wurde wegen seiner kritischen Texte im Jahr 1976 aus der DDR ausgebürgert. Der Dichter **Peter Huchel** (1903–1981), dem das Gedicht gewidmet ist, war mit Biermann befreundet. Zunächst als Schriftsteller geachtet, erlebte er seit den 1960er Jahren selbst zahlreiche Schikanen der Regierung, bevor er die DDR 1971 verlassen durfte.

A

Wolf Biermann
Ermutigung (1968)
Für Peter Huchel

Du, lass dich nicht verhärten
In dieser harten Zeit.
Die allzu hart sind, brechen
Die allzu spitz sind, stechen
Und brechen ab sogleich
Und brechen ab sogleich

Du, lass dich nicht verbittern
In dieser bitt'ren Zeit
Die Herrschenden erzittern
Sitzt du erst hinter Gittern
Doch nicht vor deinem Leid
Auch nicht vor deinem Leid

Du, lass dich nicht erschrecken
In dieser Schreckenszeit
Das woll'n sie doch bezwecken
Dass wir die Waffen strecken
Schon vor dem großen Streit
Schon vor dem großen Streit

Du, lass dich nicht verbrauchen
Gebrauche deine Zeit
Du kannst nicht untertauchen
Du brauchst uns und wir brauchen
Grad deine Heiterkeit
Grad deine Heiterkeit

Wir woll'n es nicht verschweigen
In dieser Schweigezeit
Das Grün bricht aus den Zweigen
Wir wolln das allen zeigen
Dann wissen sie Bescheid
Dann wissen sie Bescheid

B

Christian Hoffmann von Hoffmannswaldau

Was ist die Welt (1679)

Was ist die Welt/ und ihr berühmtes Gläntzen?
Was ist die Welt und ihre gantze Pracht?
Ein schnöder Schein in kurtzgefasten Gräntzen/
Ein schneller Blitz bey schwartzgewölckter Nacht,
Ein buntes Feld/ da Kummerdisteln grünen;
Ein schön Spital[1]/ so voller Kranckheit steckt.
Ein Sclavenhauß/ da alle Menschen dienen/
Ein faules Grab/ so Alabaster[2] deckt.
Das ist der Grund/ darauff wir Menschen bauen/
Und was das Fleisch für einen Abgott hält.
Komm Seele/ komm/ und lerne weiter schauen/
Als sich erstreckt der Zirckel dieser Welt!
Streich ab von dir derselben kurtzes Prangen/
Halt ihre Lust vor eine schwere Last.
So wirstu leicht in diesen Port[3] gelangen,
Da Ewigkeit und Schönheit sich umbfast.

Christian Hoffmann von Hoffmannswaldau (1616–1679) war ein schlesischer Dichter und Politiker. Die Form und die Inhalte seiner Gedichte prägten die Lyrik der Barockzeit. Lebensfreude, Schönheit und deren Vergänglichkeit („Vanitas") sind wiederkehrende Themen seiner Texte.

[1]**Spital:** Krankenhaus

[2]**Alabaster:** Gips, zur Verzierung

[3]**Port:** Hafen

C

Friedrich Christian Delius

Geschichte vom Rheinfisch (1981)

Dieser da, Lachs oder Hecht, hatte den Rhein
Von unten gesehen, kannte Metallschlamm, Ölfleck,
Reichtum der Welt. So gut wie heut
Gings dem noch nie. Lachs oder Hecht, der schwamm
Ins Netz, zuckte im Netz des Beschützers, Erforschers
Des Flusses. Der wirft in sauberes Wasser das Tier,
Schon kracht, noch wünscht der Mensch ihm glückliches
Leben, der Schlag ins Genick Sauerstoff ins Blut.
Schreit der Fisch: Salze und Cadmium für meine
Kiemen! Hilfe! Blei her oder ich sterbe!
Und krepiert am Schock. Wieder bietet ein Toter
Das Beispiel, der Fisch.

Friedrich Christian Delius (*1943) befasst sich in seinen Gedichten und Romanen mit zeit- und gesellschaftskritischen Themen. Er gilt als Dichter, der die Bewusstseinslage der deutschen Gesellschaft immer wieder treffend erfasst.

3 Diskutieren Sie in der Klasse: Welche der Aussagen und Anliegen sind auch heute aktuell?

Politische Lyrik – Zeitgedichte

Das müssen Sie wissen

Gedichte sind zu allen Zeiten auch **Ausdruck der jeweiligen gesellschaftlichen Situation**. Als **Zeitgedichte** spiegeln sie zum Beispiel öffentliche Themen, Sorgen und Fragen der Menschen oder bestimmte Wertvorstellungen ihrer Zeit. Gedichte, die sich auf politische und öffentliche Themen beziehen lassen, können als **politische Gedichte** beschrieben werden. Oft enthalten sie kritische Aussagen zu bestimmten Entwicklungen oder die Aufforderung, sein eigenes Verhalten und seine Position kritisch zu überdenken oder zu ändern.

7

Flucht, Vertreibung und Exil

Leitideen und Zeitbezüge in Gedichten erfassen

1 Gestalten Sie zwei kurze Interviewtexte zu den beiden Teilen des Brecht-Gedichts: Lassen Sie das lyrische Ich zum Beispiel jeweils auf Fragen nach seiner Gesamtstimmung, seinem Tagesablauf und seinen Erwartungen zur Dauer des Exils antworten.

Bertolt Brecht (USA)

Der Lyriker, Theaterdichter und Theatertheoretiker **Bertolt Brecht** (1898–1956) stammt aus Augsburg. Erste Erfolge als Theaterdichter feierte er in den 1920er Jahren in Berlin und München. Wegen seiner Nähe zu kommunistischen Positionen wurden Brechts Werke bereits im Jahr 1933 verboten. 1935 wurde ihm die deutsche Staatsbürgerschaft aberkannt. Bertolt Brecht lebte zwischen 1933 und 1940 in Dänemark und Schweden und siedelte 1941 nach Kalifornien über, wo er bis zu seiner Rückkehr nach Deutschland im Jahr 1948 lebte.

Bertolt Brecht

Gedanken über die Dauer des Exils (1937)

I

Schlage keinen Nagel in die Wand
Wirf den Rock auf den Stuhl.
Warum vorsorgen für vier Tage?
Du kehrst morgen zurück.

Lass den kleinen Baum ohne Wasser.
Wozu noch einen Baum pflanzen?
Bevor er so hoch wie eine Stufe ist
Gehst du fort von hier.

Zieh die Mütze ins Gesicht, wenn Leute vorbeigehn!
Wozu in fremden Grammatiken blättern?
Die Nachricht, die dich heimruft
Ist in bekannter Sprache geschrieben.

So wie der Kalk vom Gebälk blättert
(Tue nichts dagegen!)
Wird der Zaun der Gewalt zermorschen
Der an der Grenze aufgerichtet ist
Gegen die Gerechtigkeit.

II

Sieh den Nagel in der Wand, den du eingeschlagen hast
Wann, glaubst du, wirst du zurückkehren?
Willst du wissen, was du im Innersten glaubst?

Tag um Tag
Arbeitest du an der Befreiung
Sitzend in der Kammer schreibst du.
Willst du wissen, was du von deiner Arbeit hältst?
Sieh den kleinen Kastanienbaum im Eck des Hofes
Zu dem du die Kanne voll Wasser schlepptest!

2 Erklären und deuten Sie die Gegenstände und die Tätigkeiten, die jeweils genannt sind.

- Nagel in die Wand schlagen: dient dem sortierten Aufhängen von Kleidung; wird nur benötigt, wenn man lange am Ort bleibt
- Rock auf den Stuhl werfen: Zeichen, dass man ...

3 Recherchieren Sie noch weitere Informationen zu Bertolt Brechts Biografie zwischen 1933 und 1948. Machen Sie sich Notizen und bereiten Sie eine mündliche Erklärung vor, inwiefern sich einzelne Stationen in dem Text wiederfinden. Sie können hierzu den angegebenen Link verwenden.

Link: 11040-23

4 Notieren Sie Ihre ersten Eindrücke zur Lebenssituation und zur Gefühlslage des lyrischen Ich von „Im Exil“. Tauschen Sie sich im Klassengespräch aus.

Mascha Kaléko
Im Exil (1945)

Ich hatte einst ein schönes Vaterland –
so sang schon der Flüchtling Heine[1].
Das seine stand am Rheine,
das meine auf märkischem Sand[2].
Wir alle hatten einst ein (siehe oben!).
Das fraß die Pest, das ist im Sturz zerstoben.
O Röslein auf der Heide[3],
dich brach die Kraftdurchfreude[4].

Die Nachtigallen wurden stumm,
sahn sich nach sicherm Wohnsitz um,
und nur die Geier schreien
hoch über Gräberreihen.

Das wird nie wieder, wie es war,
wenn es auch anders wird.
Auch, wenn das liebe Glöcklein tönt,
auch wenn kein Schwert mehr klirrt.

Mir ist zuweilen so, als ob
das Herz in mir zerbrach.
Ich habe manchmal Heimweh.
Ich weiß nur nicht, wonach.

[1] **Heine:** Heinrich Heine, dt. Dichter, 1797–1856
[2] **Sand:** Anspielung auf die Gegend der „Mark Brandenburg“, in der Berlin liegt
[3] Andeutung auf ein Gedicht von J.W. v. Goethe
[4] **„Kraft durch Freude“:** Erholungs- und Freizeitprogramm für Arbeiter im NS-Deutschland

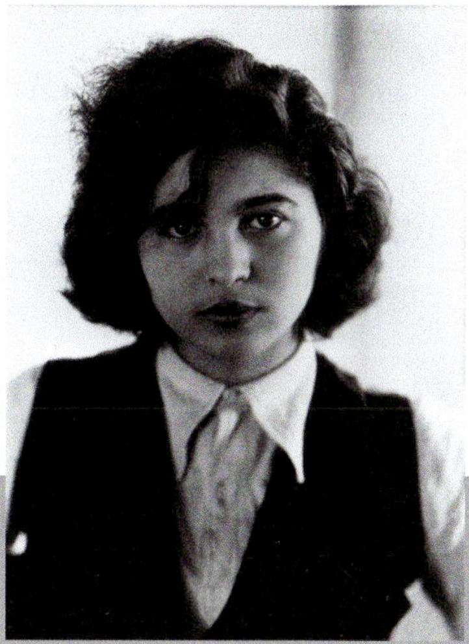

Die deutschsprachige Schriftstellerin **Mascha Kaléko** wurde 1907 in Galizien (im heutigen Polen) geboren. Zu Beginn des Ersten Weltkriegs zog die Familie über Umwege nach Berlin, wo Mascha Kaléko ihre ersten Gedichte veröffentlichte. Sie wurde zu einer beliebten und erfolgreichen Stimme der Literaturszene der 1920er Jahre. Wegen ihrer jüdischen Herkunft wurde die Dichterin im nationalsozialistischen Deutschland angefeindet. Ihre Werke wurden verboten. Erst 1938 schaffte sie es, sich von Berlin loszureißen und mit ihrer Familie in die USA auszuwandern. Kaléko fühlte sich entwurzelt. Einige Gedichte wurden zwar auch in Amerika veröffentlicht, fanden aber nur wenige Leser. Ihrem Ehemann zuliebe zog Mascha Kaléko im Jahr 1960 nach Jerusalem. Auch in Israel fühlte sie sich nicht heimisch. Nach Deutschland kehrte sie nur zu kurzen Visiten zurück. Mascha Kaléko starb im Jahr 1975 während einer Reise in Zürich.

5 Das Gedicht macht positive und negative Aussagen zum „Vaterland“: Ergänzen Sie in Partnerarbeit das begonnene Tafelbild, in welchem die jeweiligen Zitate gegenübergestellt werden. Notieren Sie passende Oberbegriffe zu den jeweils angedeuteten Lebensbereichen und bereiten Sie eine Erklärung vor.

Landschaft
„Rhein(e)“, „märkischem Sand“

politische Situation
„fraß die Pest“

↔

Kultur
...

6 Erklären Sie die beiden letzten Verse des Gedichts, ergänzen Sie den Satz: *Die letzten Verse drücken aus, dass ...*

7 Bereiten Sie eine Erklärung zu den biografischen Bezügen des Gedichts vor: Notieren Sie stichwortartig, inwiefern sich hierin einzelne Lebensstationen der Dichterin spiegeln.

8 Die Themen Flucht, Exil und Migration gehören auch in unsere Zeit: Sprechen Sie über aktuelle Situationen, Erfahrungen und Fragen zu diesen Themen. Beziehen Sie Ihre Gesprächsergebnisse vergleichend auf die Gedichte von Brecht und Kaléko.

Yasser Niksada
Spuren (2016)

Sei neben mir und sieh,
was mir geschehen ist.
Es ist vorbei, die Spuren noch im Herzen.
Kein Platz für mich, für Schlaf in diesem Bus.
Die Füße vertrocknet, der Traum versank im Auge.
Die Polizei sagte stopp.
Geht zurück, geht zurück.
Alle dann in den Waggons, nur ich allein auf dem Gleis.
Das Schlauchboot sank, und mein heißes Herz für Europa wurde kalt.
Die Welt schlief, nur wir waren wach,
hungrig, durstig, müde.
Wir sind ja weggegangen, schwieriger wird es zurückzukehren.
Das ganze Sich-Zerreißen, für ein bisschen Ruhe.
Nicht meine Ruhe.
Die Ruhe meiner Familie.

Yasser Niksada wurde 2002 in Afghanistan geboren. Als er fünf war, flohen die Niksadas nach Teheran, wo sie als Geflüchtete lebten. Yasser wurde als 13-Jähriger von seiner Familie nach Europa geschickt und lebt seitdem in Berlin. 2018 gewann er den Else-Lasker-Schüler-Lyrikpreis. Er verfasst seine Texte auf Persisch.

9 Das Gedicht von Yasser Niksada gibt Einblicke in die Erfahrungen des Flüchtenden: Ergänzen Sie die Notizen:

Hörtext: 11040–24

Gründe für Flucht	Erfahrungen auf der Flucht	Situation am Ziel

10 Beziehen Sie auch hier die biografischen Informationen ein: Notieren Sie Textstellen, die sich auf einzelne Stationen des Lebenslaufs beziehen lassen.

11 Gestalten Sie einen fiktiven Dialog zwischen den lyrischen Ichs der drei Exil-Gedichte. Bearbeiten Sie die folgenden Teilaufgaben, soweit Sie kommen. Lassen Sie die lyrischen-Ichs …

- … auf Gemeinsamkeiten und Unterschiede in ihren Erfahrungen eingehen,
- … auf Vergangenheit, Gegenwart und Zukunft blicken und ihre Erfahrungen auf die aktuelle Zeit und Lebenswelt beziehen,
- … über Yasser Niksadas Vers „Das ganze Sich-Zerreißen, für ein bisschen Ruhe“ sprechen.

So nehmen Sie biografische Themen und Krisen als Motive der Lyrik wahr

Das müssen Sie können

Existentielle Situationen und Krisensituationen werden häufig zum Gegenstand literarischer Texte, insbesondere auch der Lyrik.

- Beginnen Sie auch die Deutung der biografisch geprägten Gedichte **mit Ihrer persönlichen Begegnung** mit dem Text: Beschreiben Sie seine Wirkung, klären Sie, welche Inhalte, Stimmungen und Aussagen Sie wahrnehmen.
- Prüfen Sie erst danach den Bezug zur Zeit und zur **Biografie des Dichters**.
- Beachten Sie, dass die Gedichte **nicht ausschließlich als Zeitdokumente** gelesen werden sollten, sondern auch auf einer grundsätzlichen Ebene gedeutet werden können.

7

Die Türme stehn in Glut

Traditionelle und moderne Gestaltungsmittel wahrnehmen und deuten

1 Versuchen Sie, den Inhalt des Gedichts zu erfassen: Notieren Sie zu jedem Vers eine Übertragung in das Deutsch der Gegenwart. Kennzeichnen Sie Textstellen, die Sie nicht verstehen.

Andreas Gryphius

Thränen des Vaterlandes/Anno 1636. (1663)

Wir sind doch nunmehr gantz / ja mehr denn gantz verheeret!
Der frechen Völcker Schaar / die rasende Posaun
Das vom Blutt fette Schwerdt / die donnernde Carthaun /
Hat aller Schweiß / und Fleiß / und Vorrath auffgezehret.

Die Türme stehn in Glutt / die Kirch ist umgekehret.
Das Rathauß ligt im Grauß / die Starcken sind zerhaun /
Die Jungfern sind geschänd't / und wo wir hin nur schaun
Ist Feuer / Pest / und Tod / der Hertz und Geist durchfähret.

Hir durch die Schantz und Stadt / rinnt allzeit frisches Blutt.
Dreymal sind schon sechs Jahr / als vnser Ströme Flutt /
Von Leichen fast verstopfft / sich langsam fort gedrungen.

Doch schweig ich noch von dem / was ärger als der Tod /
Was grimmer denn die Pest / und Glutt und Hungersnoth
Das auch der Seelen Schatz / so vielen abgezwungen.

2 Tauschen Sie sich im Klassengespräch aus: Welche Verse und Aussagen haben Sie verstanden? Wo bestehen noch Verständnisschwierigkeiten? Notieren Sie eine erste Deutungshypothese zu Thema und Schwerpunkt des Gedichts.

3 Untersuchen Sie das Gedicht formal: Notieren Sie alle Untersuchungsergebnisse und formulieren Sie eine erste Hypothese: In welchem Verhältnis stehen Inhalt, Aussage und Form des Gedichts?

4 Nutzen Sie den folgenden Text von Marian Scyrocki zum weiteren Verständnis des Gedichts: Notieren Sie vier Fragen zu dem Gedicht, die der Text beantwortet. Notieren Sie auch die Antworten dazu. Diskutieren Sie die Fragen anschließend in der Klasse. Vergleichen und ergänzen Sie Ihre zuvor notierte Antwort nach der Diskussion.

Die Welt ist aus den Fugen

Dieses Sonett, eines der bekanntesten Barockgedichte, schrieb der erst zwanzigjährige Glogauer[1] Pastorensohn Andreas Gryphius. Seit seiner Kindheit war er Zeuge von Kriegshandlungen, Feuersbrünsten, Pest und Tod. Er erlebte die Verfolgungen der Protestanten und musste selbst für Jahre im polnischen Exil Zuflucht suchen. Diese Erfahrungen bestimmen in einem nicht geringen Maß seine Dichtung: »Mir zwang die scharfe Not/ die Federn in die Faust.«

Anno 1636 waren im verwüsteten Schlesien wieder die Kaiserlichen[2] an der Macht und suchten die protestantische Bevölkerung gewaltsam zu rekatholisieren. In dieser Situation entstand das Gedicht [...] Das Wort »Tränen« im Titel bezeichnet auch die poetische Gattung, die Trauerklage. Es ist die Klage über den Zustand des Vaterlandes, wobei die Steigerung »mehr denn ganz verheeret« nicht nur auf die materielle Verwüstung des Landes, sondern auch auf die geistige Verfassung der Menschen verweist. In vier Halbversen werden die zerstörenden Mächte des Krieges, ihre apokalyptische Raserei, vorgeführt. Hab und Gut, das geistliche Amt, das weltliche Regiment, die Mächtigen, aber auch die Tugend wurden durch das Wüten des Krieges schwer getroffen, die Ordnung im öffentlichen und privaten Bereich ist aus den Fugen geraten. Bereits seit dreimal sechs Jahren dauert das Morden an. Die lange Zeitspanne von achtzehn Jahren, sie wird durch die Worte »verstopft« und »langsam« unterstrichen, drückt der Dichter durch Zerlegung in drei kleinere Zahlen aus, von denen jede für sich einen langen Zeitabschnitt bedeutet. Die drei Sechsen ergeben der Offenbarung des Johannes zufolge die bedeutungsträchtige apokalyptische Teufels- und Vanitaszahl[3] »666«, mit deren Hilfe Gryphius auf den eigentlichen Urheber des Krieges hinzudeuten und die totale Vernichtung, das Weltende, anzukündigen scheint.

Im letzten Terzett folgt dann die Pointe: Ärger als Tod, Pest, Feuer und Hungersnot sei der Verlust des Seelenschatzes. Die Feststellung, dass »so viele« nicht die Kraft aufbringen konnten, sich den Zwangsbekehrungen zu widersetzen und im wahren Glauben auszuharren, steigert die Tragik der Aussage.

Die Trauerklage über das gewaltige Unglück des Vaterlandes ist extrem. Sie bedient sich der größtmöglichen Steigerung, die Komposition und die Stilmittel sind auf das Thema abgestimmt. Das wechselnde Verstempo, der starke Versrhythmus werden durch Häufung [...], Binnenreime und Enjambements unterstrichen. [...]

Szyrocki, Marian: Die Welt ist aus den Fugen.
In: 1000 deutsche Gedichte und ihre Interpretationen.
Hrsg. v. Marcel Reich-Ranicki, 1996. S. 132–133.

[1] **Glogau:** Stadt in Niederschlesien, heute Polen

[2] **Kaiserlichen:** Truppen des katholischen österreichischen Kaisers

[3] **Vanitas:** lat. ‚Vergänglichkeit', bezieht sich hier auf die zerstörerische Kraft des Teufels

5 Wie beschreibt und deutet Marian Scyrocki den Aufbau des Gedichts? Übertragen Sie das Gedicht auf die Mitte eines leeren Blatts oder nutzen Sie das Arbeitsblatt und notieren Sie alle Aussagen samt Fachbegriffen an der entsprechenden Stelle des Gedichts.

Arbeitsblatt: 11040-25

6 Befassen Sie sich in einem ausführlichen Klassengespräch mit dem Inhalt und mit möglichen Aussagen des folgenden Gedichts von Günter Grass.
Sammeln Sie zunächst viele mögliche Ersteindrücke. Entscheiden Sie gemeinsam, welchen Deutungsansatz Sie weiterhin verfolgen werden. Nutzen Sie die folgenden Impulse, um Ihr Gespräch an geeigneten Stellen weiterzuführen:

„Das Gedicht stammt aus dem Jahr 2001. Es kann sich also nicht direkt auf die Corona-Situation der 2020er-Jahre beziehen."

„Das Wort „ausgeschwitzt" in Vers 9 spielt durch seine Ähnlichkeit mit dem Ortsnamen Auschwitz auf den Umgang mit dem Nationalsozialismus an."

Günter Grass (2006)

Günter Grass
Nach kurzer Krankheit (2001)

Verschnupft das Land, die Grippe sucht uns heim
und macht aufs Krippenkind sich einen Fieberreim.
Aktive Viren, wach zu neuem Kult,
den wir besänftigt glaubten, pfleglich eingelullt.

Bis uns die Augen triefen und der Blick getrübt,
verrotzt, weil nun auch Taschentücher fehlen,
wird alte Klage jung vertont geübt,
auf daß wir eine Stimme sind beim Hustentropfenzählen.

Kaum ausgeschwitzt, doch nun vom Brüllen heiser,
verhallt Gewalt, bellt leis und auf Verlangen leiser.
Kaum abgeklungen, schrumpft die Grippe zur Legende
und findet in der Talkshow prompt ihr gutes Ende:
ganz locker wird vom Hocker diskutiert,
warum der Mensch sich bei Gelegenheit vertiert.

7 Günter Grass nutzt ebenfalls eine – leicht veränderte – Sonettform. Weisen Sie die Sonettform am Gedicht nach. Notieren Sie eine Vermutung: Warum nutzt Grass diese barocke Form, um seine eigene Zeit zu spiegeln und zu kritisieren?

8 Auch die Gedichte von Stramm, Fried und Can beziehen sich auf das jeweilige Zeitgeschehen. Lesen Sie die Gedichte und notieren Sie, welche gesellschaftliche oder politische Situation deutlich wird und welche Aussagen und Bewertungen gemacht werden.

August Stramm
Patrouille (1919)

Die Steine feinden
Fenster grinst Verrat
Äste würgen
Berge Sträucher blättern raschlig
gellen
Tod

Safye Can
Stell dir vor (2013)

Erich Fried
In der letzten Zeit (1993)

In der letzten Zeit
geschehen
fast täglich
Dinge
die ahnen lassen
Es kann vielleicht wirklich
die letzte Zeit sein

Vielleicht aber
kommt es auf uns an
ob sie
es ist
oder nicht

Das müssen Sie wissen

Traditionelle und moderne Gestaltungsmittel

In der Barockzeit galt die Orientierung an den Formvorgaben – z. B. im Sonett – als Qualitätsmerkmal eines Gedichtes. Die Verbindung aus zwei **Quartetten** und zwei **Terzetten** sollte die von Gott geordnete Welt abbilden und gleichzeitig ein Gegengewicht zur Unruhe der Zeit des Dreißigjährigen Kriegs bilden. Auch spätere Dichter griffen auf die Sonettform zurück und behielten meist die **inhaltliche Gegensätzlichkeit** (Antithetik) der Quartette und Terzette bei. Dieser strengen lyrischen Form stehen Gedichte gegenüber, die auf formale Gleichmäßigkeit – etwa regelmäßige Metren und Reime – verzichten. Oft sollen dadurch ein Gefühl oder eine Stimmung unmittelbarer und intensiver ausgedrückt werden.

9 Wählen Sie eines der Gedichte und beschreiben Sie alle formalen Merkmale: Gehen Sie auf den Aufbau, den Satzbau, die Wortfelder, Rhythmen und Metren, Reime usw. ein. Erklären Sie jeweils, welche Wirkung die Form und die Gestaltung auf Sie haben.

10 Orientierung an Formvorgaben oder Offenheit? – Bereiten Sie ein Gespräch über die Wirksamkeit der formalen Gestaltung eines Gedichts vor. Machen Sie sich Notizen zu den Fragen:

- Welche Wirkung haben die Sonette auf Sie, welche die offenen Gedichte?
- Gestalten Sie eines der Sonette – oder Teile davon – in kurze Gedichte mit offenerer Form um. Wie ändert sich die Wirkung?
- Übertragen Sie die Thematik eines der offenen Gedichte in einen oder mehrere Verse der Sonett-Form. Wie ändert sich die Wirkung?

„In der zweiten Strophe kritisiert das Gedicht …"

Ein Gedicht schriftlich analysieren und interpretieren

1 Tauschen Sie sich zu zweit zum Gedicht aus: Welche Hintergründe, Themen und Appelle können Sie schon benennen?

Heinrich Heine
Die schlesischen Weber (1844)

Im düstern Auge keine Träne,
Sie sitzen am Webstuhl und fletschen die Zähne:
Deutschland, wir weben dein Leichentuch,
Wir weben hinein den dreifachen Fluch –
Wir weben, wir weben!

Ein Fluch dem Gotte, zu dem wir gebeten
In Winterskälte und Hungersnöten;
Wir haben vergebens gehofft und geharrt,
Er hat uns geäfft und gefoppt[1] und genarrt –
Wir weben, wir weben!

Ein Fluch dem König, dem König der Reichen,
Den unser Elend nicht konnte erweichen,
Der den letzten Groschen von uns erpresst
Und uns wie Hunde erschießen lässt –
Wir weben, wir weben!

Ein Fluch dem falschen Vaterlande,
Wo nur gedeihen Schmach und Schande,
Wo jede Blume früh geknickt,
Wo Fäulnis und Moder den Wurm erquickt –
Wir weben, wir weben!

Das Schiffchen fliegt, der Webstuhl kracht,
Wir weben emsig Tag und Nacht –
Altdeutschland, wir weben dein Leichentuch,
Wir weben hinein den dreifachen Fluch,
Wir weben, wir weben!

[1] **foppen:** in die Irre führen

2 Bereiten Sie einen wirkungsvollen Vortrag des Gedichts vor. Besprechen Sie verschiedene Vortragsarten und deren Wirkung im Klassengespräch.

3 Erklären Sie mithilfe des Kastens, warum die folgenden Sätze noch keine brauchbaren Deutungshypothesen enthalten.

a) *In dem Gedicht geht es um den Zorn der schlesischen Weber, die am Webstuhl sitzen und Deutschland, Gott und den König verfluchen.*
b) *In dem Gedicht geht es um die immense Wut einer benachteiligten Berufsgruppe.*
c) *In dem Gedicht geht es um ein Leichentuch, das schrittweise fertig gewebt wird.*

Das müssen Sie können

So verfassen Sie eine Gedichtinterpretation

Die Deutungshypothese ist Teil der Einleitung einer Gedichtinterpretation und stellt den **Ausgangspunkt** und den **Bezugspunkt** einer gründlichen Interpretation (Deutung) dar.

Einleitung

- Nennen Sie den **Namen des Dichters**, den **Titel** und das **Erscheinungsjahr** des Gedichts.
- Formulieren Sie dann eine Deutungshypothese zum Gedicht, indem Sie das **Thema des Gedichts** angeben und mit einer ersten **Idee zur grundsätzlichen Interpretation** bzw. zur Intention des Gedichts verbinden. Zum Beispiel folgendermaßen: *Das Gedicht thematisiert ..., die Gestaltung legt nahe, dass ... Inhaltlich geht es in dem Gedicht darum, dass ... Durch ... wird deutlich, dass ...*

Hauptteil

- Fassen Sie zunächst – wenn möglich – den Inhalt des Gedichts strukturiert zusammen – Strophe für Strophe oder nach inhaltlichen Aspekten geordnet. Hilfsfragen: Wer spricht? Was erlebt oder schildert er / sie?
- Beziehen Sie sich bei der anschließenden Interpretation der Gestaltungsmittel immer wieder auf die Deutungshypothese. Benennen oder beschreiben Sie **auffällige Gestaltungsmittel** (Themenentfaltung, Form, Sprache), führen Sie **Textbelege** an und beschreiben Sie die Funktion oder **Wirkung**. Fassen Sie einzelne **Abschnitte** zusammen: *Dies bestätigt meine Wahrnehmung des Gedichts / die oben aufgestellte Deutungshypothese .../ Hier zeigt sich, dass die Deutungshypothese leicht angepasst werden muss, denn ...*
- Beziehen Sie – je nach Aufgabenstellung – biografische oder geschichtliche Informationen ein: Welche Information passt zu Ihrer Deutung, welche ergänzt sie?

Schluss

- Ziehen Sie noch einmal ein **Resümee** in Bezug auf die Deutungshypothese. Bestätigen, präzisieren oder verändern Sie sie aufgrund Ihrer Interpretation: ... *Die Untersuchung der Textgestaltung hat die Deutungshypothese also bestätigt. Vor allem wurde deutlich, dass .../ Verändern kann man die Hypothese letztendlich dahingehend, dass ...*
- Je nach Aufgabenstellung können Sie auch auf die **bleibende Wirksamkeit** oder die **Aktualität** des Gedichts blicken.

4 Formulieren Sie eine passendere Deutungshypothese zu dem Gedicht „Die schlesischen Weber".

5 Nutzen Sie die Formulierungshilfen und fassen Sie den Inhalt von „Die schlesischen Weber" schriftlich zusammen.

Inhaltlich lässt das Gedicht den Leser an den Sorgen und ... einer Gruppe von Webern teilhaben. Sie klagen gegen ... und drohen mit ... Es wird deutlich, dass sie anscheinend ...

Das können Sie bereits

So bereiten Sie eine Gedichtanalyse und -deutung vor

Lesen Sie das Gedicht mehrfach. Machen Sie sich Notizen zu folgenden Aspekten:
- zum Inhalt: Themen und Themenentfaltungen (z. B. Entwicklungen, Brüche), Sprechakte (z. B. Schilderungen, Kritik, Aufforderungen)
- zur Form: Strophen, Verse, Metrum (z. B. Jambus: xx́, Trochäus x́x, Daktylus x́xx), Reime (z. B. Paarreime, Kreuzreime, Schweifreime, umarmende Reime, unregelmäßige Reime)
- zur Sprache: Wortfelder, Bildhaftigkeit (Metaphern, Vergleiche ...)

6 Bereiten Sie mithilfe des Kastens eine Gedichtinterpretation vor. Gestalten Sie einen Steckbrief zu den Gestaltungsmitteln (Inhalt / Themenentfaltung, Form und Sprache). Geben Sie jeweils Verszahlen als Belege an.

7 Arbeiten Sie zu zweit oder zu dritt: Ergänzen, präzisieren und verbessern Sie die folgenden Aussagen zur Form und zur Sprache des Gedichts. Prüfen und diskutieren Sie einzelne Feststellungen immer wieder durch einen Blick in den Gedichttext.

a) *Heines Gedicht „Weber" besteht aus fünf formal gleich aufgebauten Strophen.*
b) *Jede Strophe besteht aus fünf Sätzen, die alle ungefähr dieselbe Länge haben.*
c) *Die erste und die letzte Strophe bilden einen Rahmen um die Strophen 2–4, deren jeweils erster Vers genau gleich ist.*
c) *Alle Abschnitte enden jeweils mit dem Vers „Wir weben, wir weben", der wie ein Refrain wirkt.*
d) *Es gibt Alliterationen – vor allem zum w-Laut.*
e) *Auch die Verwendung der Personalpronomen ist auffällig.*
f) *Das Gedicht enthält keine sprachlichen Bilder.*

Käthe Kollwitz: Aufruhr (1899)

8 In den Analyseschritten a–f der Aufgabe 7 wurde versäumt, die einzelnen Aussagen auf die Intention oder die Wirkung des Gedichts zu beziehen. Ergänzen Sie die begonnene Deutung des ersten Beispielsatzes.

Heines Gedicht „Die schlesischen Weber" besteht aus fünf Strophen, die einem ähnlichen Aufbau folgen: Zwei jeweils durch Paarreime verbundenen Versgruppen folgt der Refrain-Vers: „Wir weben, wir weben!" Die Wiederholung des letzten Verses hat dabei verschiedene Wirkungen: Zunächst spielt sie auf die Arbeitssituation der Weber an, die unermüdlich und gleichsam im Akkord – wie Maschinen – ihrer Arbeit nachgehen. Brisant wird die intensive Tätigkeit durch den Hinweis auf das Leichentuch (V. 3). So lässt sich der Refrain auch dahingehend deuten, dass ...

9 Ergänzen Sie auch die jeweils anderen Sätze aus Aufgabe 7. Arbeiten Sie mit den Versionen, die Sie in Aufgabe 7 als Verbesserungen formuliert haben. Sie können die Überleitungen aus dem Wortspeicher nutzen und ergänzen.

Wortspeicher

... so dass ... – was dazu führt, dass ... – ... dies unterstützt die Wirkung des Gedichts insofern, dass ... – ... mit der Wirkung, dass ... – ... womit für Lesende sehr deutlich wird, dass ... – ... so wirkt dieser Vers, als ob ... – ... wodurch ...

10 Nutzen Sie den folgenden Schülertext zur Übung. An welchen Stellen setzt der Text die folgenden Aspekte um? Machen Sie Notizen, notieren Sie Zeilenangaben.

- Wo beschreibt der Text Teile des Gedichtinhalts?
- Wo interpretiert der Text?
- Wo geht der Text auf die Struktur / die inhaltliche Gliederung des Gedichts ein?
- Welche einzelnen Fachbegriffe – z. B. zur Analyse – nennt der Text?
- Wo begründet der Text einzelne Aussagen zum Gedichttext.

[...] Der besagte verdeckte Sprecher zeichnet zunächst ein aggressives und emotional abgestumpftes Bild der arbeitenden Weber. Dass sie ohne Emotionen, freudlos und nahezu mechanisch ihre Arbeit verrichten, geht dabei aus den Worten „düstern" und „keine Träne" (V. 1) hervor. Die als unerbittlich empfundene Härte der Situation wird zudem durch die schnell aufeinanderfolgenden Silbenbetonungen in Vers 1 sowie die Ellipse, also das Fehlen des Verbs in diesem Vers, unterstrichen. Die Aggressivität der Weber drückt sich in der Metapher des „Zähnefletschens" (vgl. V. 2) aus, die die Arbeiter mit wilden Tieren gleichsetzt.

→ Fortsetzung auf der Folgeseite

Wie an den Anführungszeichen ersichtlich ist, bricht sich die Wut der Weber Bahn, sodass sie ab Vers 3 selbst das Wort ergreifen: Sie betonen, an Deutschlands Untergang bzw. am Untergang der bestehenden gesellschaftlichen Strukturen mitzuwirken, was sich durch die Metapher des Leichentuchs (vgl. V. 3) als Endprodukt ihres Webens ausdrückt. Dieses Leichentuch soll zukünftig das direkt angesprochene Deutschland bedecken und drei Flüche enthalten, die im weiteren Verlauf des Gedichts konkretisiert werden. Die mit den Flüchen gemeinten konkreten Angriffe gegen Gott, den König und das Vaterland sollen demnach die Ursache des bezweckten politischen Umsturzes sein. Wie emsig die Weber an ihrem Vorhaben arbeiten, zeigt sich innerhalb des fünften Verses, der zum Ende jeder Strophe wiederkehrt und mittels der Alliteration „Wir weben" zusätzlich hervorsticht. […]

11 Arbeiten Sie in Partnerarbeit: Gehen Sie die einzelnen Feststellungen aus Aufgabe 10 noch einmal durch. Tauschen Sie sich darüber aus, auf welche Art und Weise der Schülertext die genannten Aspekte umsetzt. Notieren Sie grundsätzliche Tipps und Formulierungshilfen, auf die Sie bei entsprechenden Arbeitsaufträgen zurückgreifen könnten.

12 Die Fortsetzung des Schülertextes ist nur teilweise gelungen. Prüfen Sie ihn mithilfe einer Textlupe: Notieren Sie zwei Textstellen, die überarbeitet werden müssen. Formulieren Sie auch Überarbeitungsvorschläge. Nutzen Sie die Ergebnisse der Aufgaben 10 und 11.

ACHTUNG FEHLER !

In der zweiten Strophe kommen dann die Weber selbst zu Wort und beginnen einen Fluch, der in den Strophen 3 und 4 aufgegriffen und fortgesetzt wird. Die Weber drohen Gott, der sie offenbar zu sich gebeten (vgl. V. 6) hat und auf dessen Hilfe sie in „Wintersnächten und Hungersnöten" (V. 7) vertraut haben. Sie stellen fest, dass Gott sie „gefoppt und genarrt" habe, dass er sie also quasi zum Narren gehalten und sie gefoppt habe. Das Wort „gefoppt" bedeutet „in die Irre führen". Sie sind sozusagen irgendwie von Gott enttäuscht, weil er ihnen nicht zu Hilfe eilt. Der ähnliche, parallele Aufbau der Verse 8 und 9 spiegelt, wie intensiv die Hinwendung zu Gott war und wie tief enttäuscht die Hilfesuchenden angesichts der ausbleibenden Rettung sind: Lange und immer wieder haben die Weber sich scheinbar darauf verlassen, dass es einen Gott im Sinne einer ‚höheren Gerechtigkeit' gebe, der die erlebte Ungerechtigkeit ausgleicht und das Leiden belohnt. Sie wurden aber nur „gefoppt und genarrt" (V. 9). Auch die lautliche Ähnlichkeit von „gehofft" (V. 8) und „gefoppt" (V. 9) sowie der Reim von „geharrt" (V. 8) und „genarrt" (V. 9) dürften kein Zufall sein.

13 Nutzen Sie den Informationstext zu Heine und zum Weberaufstand von 1844. Bereiten Sie eine mündliche Erklärung zu mindestens einer der folgenden Fragen vor.

- Welche konkreten historischen Ereignisse spiegeln sich in dem Gedicht?
- Welche grundsätzlichen politischen und gesellschaftlichen Aussagen macht das Gedicht?
- Welche politischen und gesellschaftlichen Appelle des Gedichts könnten auch an die heutigen Menschen gerichtet werden? Welche Aussagen passen nicht zu unserer Zeit?

Käthe Kollwitz: Tod (1897)

Heinrich Heine (1797–1856) – Jurist, Journalist und Schriftsteller – erhielt in den Jahren 1833 bzw. 1835 Publikationsverbot in Deutschland, woraufhin er nach Paris auswanderte. In seinen Texten prangerte er gesellschaftliche Missstände an, so auch das Elend der schlesischen Weber: Durch industriell hergestellte Produkte und den zunehmenden überregionalen Handel kam es für die handwerklich arbeitenden Tuchweber in Schlesien zu einem Konkurrenzdruck, dem sie nicht standhalten konnten. Ihre Sorgen und Zukunftsangst entluden sich in einem Aufstand gegen Fabrikanten und Großhändler. Der **Weberaufstand** begann am 3. Juni 1844 und wurde am 6. Juni mithilfe des preußischen Militärs niedergeschlagen. Heines Gedicht wurde erstmals am 10. Juli 1844 in der in Paris erscheinenden deutschsprachigen Zeitung „Vorwärts!" veröffentlicht.

14 Die Künstlerin Käthe Kollwitz (1867–1945) hat einen Zyklus an Graphiken zum Weberaufstand geschaffen. Begründen Sie, welches der Bilder (→ S. 170, 173) sich zur Illustration des Gedichts eignet.

15 Fassen Sie die Arbeitsergebnisse dieses Teilkapitels in einer schriftlichen Interpretation zusammen.

Käthe Kollwitz: Weberzug (1897)

7

Was Sie schon können!

Kompetenztest

Erich Kästner

Die Zeit fährt Auto (1927)

Die Städte wachsen. Und die Kurse steigen.
Wenn jemand Geld hat, hat er auch Kredit.
Die Konten reden. Die Bilanzen schweigen.
Die Menschen sperren aus. Die Menschen streiken.
Der Globus dreht sich. Und wir drehn uns mit.

Die Zeit fährt Auto. Doch kein Mensch kann lenken.
Das Leben fliegt wie ein Gehöft vorbei.
Minister sprechen oft vom Steuersenken.
Wer weiß, ob sie im Ernste daran denken?
Der Globus dreht sich und geht nicht entzwei.

Die Käufer kaufen. Und die Händler werben.
Das Geld kursiert, als sei das seine Pflicht.
Fabriken wachsen. Und Fabriken sterben.
Was gestern war, geht heute schon in Scherben.
Der Globus dreht sich. Doch man sieht es nicht.

Idee und Anliegen des Gedichts erfassen

1 Welcher Deutungssatz passt am besten zum Gedicht? Notieren Sie den Buchstaben.

Es geht um ... / darum, dass ....

a) *... die Gleichgültigkeit der Menschen und die fehlende Fähigkeit, die Folgen einzelner Entwicklungen zu betrachten.*

b) *... viele Menschen schlecht Auto fahren können, was für ihre Mitmenschen und die ganze Welt sehr gefährlich ist.*

c) *... die Folgen von Bevölkerungswachstum und Umweltverschmutzung.*

d) *... die Erde dem Menschen überlegen ist: Sie wird sich immer weiterdrehen – egal, was der Mensch dagegen unternimmt.*

2 Das Gedicht spiegelt nicht alle der aufgelisteten Motive. Notieren Sie drei Motive, die Sie im Gedicht wiederfinden. Notieren Sie eine Versangabe als Beleg.

Themen und Motive des Gedichts erfassen

Ideenspeicher

Konsumsucht – Verstädterung – Ausländerfeindlichkeit – Umweltverschmutzung – Arroganz – Gier – Vertreibung und Flucht – Unehrlichkeit – Gewalttätigkeit – fehlendes technisches Verständnis – Missachtung von Frauenrechten – Vergänglichkeit des Ruhms – Krieg und Gewalt

3 Notieren Sie zwei Textstellen samt Versangaben, die sich auf einzelne Hinweise des Informationstextes beziehen lassen. Notieren Sie folgendermaßen:

Zeitbezüge in einem Gedicht erfassen

„Zitat der Textstelle" (Vers XY) spiegelt das Ereignis, dass … →

Erich Kästner (1899–1974) verfasste Romane für Kinder und Erwachsene, Gedichte, Zeitungstexte und Drehbücher, die einen detailreichen und oft kritischen Blick auf die privaten Alltagssorgen der Menschen sowie auf übergreifenden Themen seiner Zeit und der Gesellschaft werfen. Gerade die Weltwirtschaftskrise, die auch in Deutschland am Ende der 1920er Jahre zu einer enormen finanziellen Ungleichheit innerhalb der Gesellschaft, zu großer Arbeitslosigkeit und zu vielen gesellschaftlichen Konflikten führte, bildet immer wieder den Hintergrund seiner Texte. Diese Krise, die im Crash der Börse von New York im Jahr 1929 einen Höhepunkt fand, konkretisierte sich in unsicheren Aktienkursen, dem Zusammenbrechen weltweiter Handelsverbindungen, Firmenpleiten und dem Verlust der Zahlungskraft vieler Geldwährungen.

4 Analysieren Sie das Gedicht formal. Notieren Sie Ihre Ergebnisse kurz.

Formale Gestaltungsmittel eines Gedichts erfassen

Strophenzahl: ____________ Reimschema: ____________

Verse je Strophe: ____________ Metrum: ____________

Sprachliche Bilder (z. B. Metaphern, Personifikationen): ____________

Lautliche Besonderheiten (z. B. Alliterationen): ____________

5 Deuten Sie die Ergebnisse der Analyse. Ergänzen Sie das folgende Satzmuster.

Die Form des Gedichts ist sehr / einigermaßen / gar nicht regelmäßig. Diese Art der Gestaltung steht im Einklang / im Gegensatz / in keinem erkennbaren Verhältnis zum Inhalt und zum Anliegen des Gedichts, da …

Formale Gestaltungsmittel eines Gedichtes deuten

6 Nehmen Sie kurz und begründet Stellung: Enthält das Gedicht Wahrnehmungen und Ansprüche an den Leser, die auch zu unserer heutigen Lebenswelt passen?

Die Aktualität eines Zeitgedichts beurteilen

8 Ich allein in seinen Händen?

Einen dramatischen Text interpretieren

1 Tragen Sie im Klassengespräch zusammen, welche Erfahrungen sie mit dem Theater und Theaterstücken haben: Sprechen Sie über die Behandlung von Theaterstücken in der Schule. Tauschen Sie sich über eventuelle Theaterbesuche außerhalb der Schule aus.

2 Warum werden Theaterstücke trotz der Existenz des Kinos und vielfältiger Medienangebote überhaupt noch als solche inszeniert und aufgeführt? Stellen Sie zusammen, welche Absicht und welche Möglichkeiten das Theater in Ihren Augen hat.

3 Wann kann eine Theateraufführung als „gut" und „gelungen" gelten? Erstellen Sie eine gemeinsame Kriterienliste.

4 Erarbeiten Sie die Qualitätskriterien zum Theater, die in den beiden Texten rechts deutlich werden. Vergleichen Sie diese Kriterien miteinander und mit Ihrer eigenen Sammlung aus Aufgabe 3.

Was wissen Sie noch? Test unter: 11040-26

Aus einer Theaterkritik, die eine Woche nach der Uraufführung des Stücks „Emilia Galotti" erschien (1772):

Am 13ten [März 1772], als dem Geburtstage unsrer Durchl. Herzogin, ward von der sich hier aufhaltenden Döbbelinschen Gesellschaft ein neues Trauerspiel des Hrn. Leßing, Emilia Galotti, aufgeführt. Dies vortrefliche Stück erhielt den verdienten Beyfall, wiewohl es sehr mittelmäßig vorgestellt ward. [...] Madame Döbbelin spielte die Emilia, aber wie kalt! die schöne Rolle, wie kalt! Herr Döbbelin den alten Galotti; aber wie steif! Nein! Thränen vergoß ich nicht, aber alsdann sollen sie fliessen, wenn eine bessre Gesellschaft dieß vortrefliche Stück des deutschen Sophokles hier wieder auf die Bühne bringt.

Hamburgische Neue Zeitung, 21.03.1772

In achtzig Minuten um Lessings Welt (Ausschnitt)

Bereits dieser frühe Geniestreich verrät alle Charakteristika von Thalheimers Stil, der ihn als innovativsten Regisseur seiner Generation ausweist: Ornament – sei es verbaler, theatraler oder szenischer Art – ist Verbrechen und muss energisch entfernt werden. „Werktreue hat nichts mit Texttreue zu tun", so Thalheimer, weshalb wenig gesprochen wird – und wenn, dann durchweg in rasendem Tempo, als könnte man den Wörtern nicht trauen. Er lässt die Szenen schnell ineinander fließen und macht der Handlung ohne rhetorische Umwege Beine. Das hat ihm den Vorwurf eingetragen, lediglich Inhaltsangaben zu illustrieren, was natürlich nicht stimmt, zu präzise ausgeleuchtet und schmerzlich der Wahrheit – und nichts als der Wahrheit – verpflichtet sind seine asketisch reduzierten Interpretationen. [...] Dermaßen philologisch sensibel wie er vermag nämlich kaum einer die Dramen unters Skalpell zu nehmen und sie durch bühnenwirksames Schmälern sogar noch anzureichern. Dahinter steckt der visionäre, unsentimentale Kopf eines kunst- und menschenliebenden Regie-Chirurgen, der die Gefühle und Gedanken der Personen ohne Furcht vor Blut, Dreck, Traditionsverlust nur glaubt, wenn er sie bis auf den Nullpunkt der Erfahrung offen gelegt hat.

Irene Bazinger, www.welt.de, 14.07.2009

Lessings bürgerliches Trauerspiel „Emilia Galotti" ist eines der meist inszenierten Stücke auf deutschen Bühnen. In diesem Kapitel erhalten Sie nicht nur Einblick in verschiedene Inszenierungen dieses Klassikers, sondern lernen auch, ...

- ... die Figurenkonzeption und die Konflikte in der Exposition zu erfassen,
- ... Dialogführungen zu untersuchen und zu deuten,
- ... eine Dramenfigur aufführungsbezogen zu deuten,
- ... eine schriftliche Interpretation eines Dramenauszugs zu verfassen,
- ... Zeitbezug und Zeitlosigkeit von Lessings Theaterkonzeption zu verstehen.

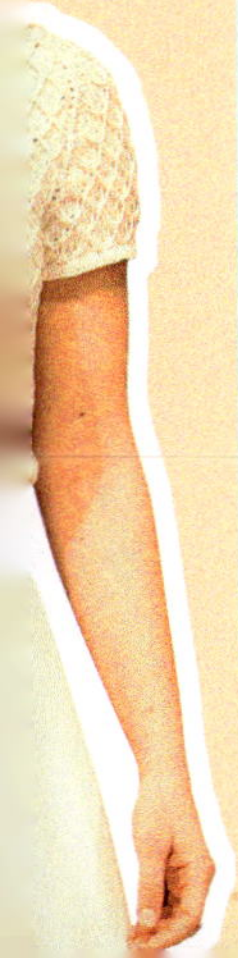

8

Leben am Hof – Leben in der Familie

Figurenkonzeption und Konflikte erfassen

G. E. Lessing

Emilia Galotti: 1. Aufzug, 6. Auftritt (Auszug 1, 1772)

Hettore Gonzaga, der Prinz von Guastalla schwärmt für Emilia Galotti, die er auf einem Ball kennengelernt und nun auf einem Gemälde wiederentdeckt hat. Marinelli, sein Kammerherr, berichtet von der bevorstehenden Hochzeit Emilia Galottis.

Marinelli. Sie sind außer sich, gnädiger Herr. – Kennen Sie denn diese Emilia?
Der Prinz. Ich habe zu fragen, Marinelli, nicht Er. – Emilia Galotti?

1 Nutzen Sie den kurzen Textauszug und formulieren Sie eine erste Einschätzung zum Machtverhältnis zwischen dem Prinzen und Marinelli. Begründen Sie Ihre Einschätzung am Text.

2 Lesen Sie den Textauszug 2: Bereiten Sie eine mündliche Zusammenfassung des Textinhalts vor. Machen Sie sich dazu Notizen.

3 Formulieren Sie eine Hypothese zum Machtverhältnis zwischen den beiden Männern innerhalb des gesamten Textausschnitts. Beziehen Sie sich auf Ihre Einschätzung aus Aufgabe 1.

4 Lesen Sie den Textausschnitt gründlich: Gestalten Sie Skizzen zu mehreren Standbildern, die das Machtverhältnis und dessen Entwicklung spiegeln. Notieren Sie prägnante Zitate zu jedem Standbild.

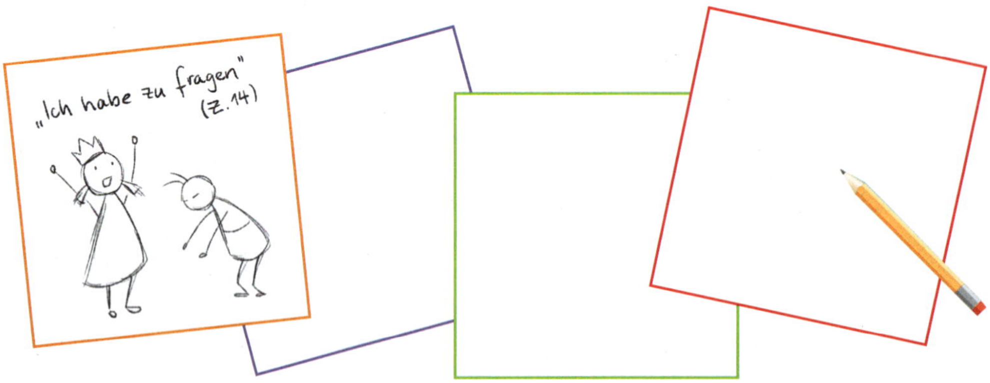

5 Besprechen und vergleichen Sie verschiedene Versionen der Skizzen in der Klasse. Prüfen Sie die Schlüssigkeit und Angemessenheit der jeweiligen Darstellungen. Belegen Sie Ihre Einschätzungen immer wieder am Text.

G. E. Lessing
Emilia Galotti: 1. Aufzug, 6. Auftritt (Fortsetzung, Auszug 2, 1772)

Marinelli berichtet dem Prinzen von der bevorstehenden Hochzeit, worauf sich der Prinz nach dem Namen der Braut erkundigt.

Marinelli. Der Prinz.

[...]

Marinelli. Es ist eine gewisse Emilia Galotti.

Der Prinz. Wie, Marinelli? eine gewisse –

Marinelli. Emilia Galotti.

Der Prinz. Emilia Galotti? – Nimmermehr!

Marinelli. Zuverlässig, gnädiger Herr.

Der Prinz. Nein, sag ich; das ist nicht, das kann nicht sein. – Sie irren sich in dem Namen. – Das Geschlecht der Galotti ist groß. – Eine Galotti kann es sein: aber nicht Emilia Galotti; nicht Emilia!

Marinelli. Emilia – Emilia Galotti!

Der Prinz. So gibt es noch eine, die beide Namen führt. – Sie sagten ohnedem, eine gewisse Emilia Galotti – eine gewisse. Von der rechten kann nur ein Narr so sprechen –

Marinelli. Sie sind außer sich, gnädiger Herr. – Kennen Sie denn diese Emilia?

Der Prinz. Ich habe zu fragen, Marinelli, nicht Er. – Emilia Galotti? Die Tochter des Obersten Galotti, bei Sabionetta?

Marinelli. Eben die.

Der Prinz. Die hier in Guastalla mit ihrer Mutter wohnet?

Marinelli. Eben die.

Der Prinz. Unfern der Kirche Allerheiligen?

Marinelli. Eben die.

Der Prinz. Mit einem Worte – *(Indem er nach dem Porträte springt und es dem Marinelli in die Hand gibt.)* Da! – Diese? Diese Emilia Galotti? – Sprich dein verdammtes »Eben die« noch einmal und stoß mir den Dolch ins Herz!

Marinelli. Eben die! [...]

Der Prinz *(der sich voll Verzweiflung in einen Stuhl wirft).* So bin ich verloren! – So will ich nicht leben!

Marinelli. Aber was ist Ihnen, gnädiger Herr?

Der Prinz *(der gegen ihn wieder aufspringt).* Verräter! – was mir ist? – Nun ja, ich liebe sie; ich bete sie an. Mögt ihr es doch wissen! mögt ihr es doch längst gewusst haben, alle ihr, denen ich der tollen Orsina schimpfliche Fesseln lieber ewig tragen sollte! – Nur dass Sie, Marinelli, der Sie so oft mich Ihrer innigsten Freundschaft versicherten – O ein Fürst hat keinen Freund! kann keinen Freund haben! – dass Sie, Sie, so treulos, so hämisch mir bis auf diesen Augenblick die Gefahr verhehlen dürfen, die meiner Liebe drohte: wenn ich Ihnen jemals das vergebe, – so werde mir meiner Sünden keine vergeben!

→ Fortsetzung auf der Folgeseite

Marinelli. Ich weiß kaum Worte zu finden, Prinz, – wenn Sie mich auch dazu kommen ließen – Ihnen mein Erstaunen zu bezeigen. – Sie lieben Emilia Galotti? – Schwur dann gegen Schwur: Wenn ich von dieser Liebe das Geringste gewusst, das Geringste vermutet habe; so möge weder Engel noch Heiliger von mir wissen! – Eben das wollt' ich in die Seele der Orsina schwören. Ihr Verdacht schweift auf einer ganz andern Fährte.

Der Prinz. So verzeihen Sie mir, Marinelli; – *(indem er sich ihm in die Arme wirft)* und betaueren Sie mich.

Marinelli. Nun da, Prinz! Erkennen Sie da die Frucht Ihrer Zurückhaltung! – »Fürsten haben keinen Freund! können keinen Freund haben!« – Und die Ursache, wenn dem so ist? – Weil sie keinen haben wollen. – Heute beehren sie uns mit ihrem Vertrauen, teilen uns ihre geheimsten Wünsche mit, schließen uns ihre ganze Seele auf: und morgen sind wir ihnen wieder so fremd, als hätten sie nie ein Wort mit uns gewechselt.

Der Prinz. Ach! Marinelli, wie konnt ich Ihnen vertrauen, was ich mir selbst kaum gestehen wollte?

Marinelli. Und also wohl noch weniger der Urheberin Ihrer Qual gestanden haben?

Der Prinz. Ihr? – Alle meine Mühe ist vergebens gewesen, sie ein zweites Mal zu sprechen. –

Marinelli. Und das erste Mal –

Der Prinz. Sprach ich sie – O, ich komme von Sinnen! Und ich soll Ihnen noch lange erzählen? – Sie sehen mich einen Raub der Wellen: was fragen Sie viel, wie ich es geworden? Retten Sie mich, wenn Sie können: und fragen Sie dann.

Marinelli. Retten? ist da viel zu retten? – Was Sie versäumt haben, gnädiger Herr, der Emilia Galotti zu bekennen, das bekennen Sie nun der Gräfin Appiani. Waren, die man aus der ersten Hand nicht haben kann, kauft man aus der zweiten: – und solche Waren nicht selten aus der zweiten um so viel wohlfeiler.

Der Prinz. Ernsthaft, Marinelli, ernsthaft, oder –

Marinelli. Freilich, auch um so viel schlechter – –

Der Prinz. Sie werden unverschämt!

Marinelli. Und dazu will der Graf damit aus dem Lande. – Ja, so müsste man auf etwas anders denken. –

Der Prinz. Und auf was? – Liebster, bester Marinelli, denken Sie für mich. Was würden Sie tun, wenn Sie an meiner Stelle wären?

Marinelli. Vor allen Dingen eine Kleinigkeit als eine Kleinigkeit ansehen; – und mir sagen, dass ich nicht vergebens sein wolle, was ich bin – Herr!

Der Prinz. Schmeicheln Sie mir nicht mit einer Gewalt, von der ich hier keinen Gebrauch absehe. – Heute, sagen Sie? schon heute?

Marinelli. Erst heute – soll es geschehen. Und nur geschehenen Dingen ist nicht zu raten. – *(Nach einer kurzen Überlegung.)* Wollen Sie mir freie Hand lassen, Prinz? Wollen Sie alles genehmigen, was ich tue?

Der Prinz. Alles, Marinelli, alles, was diesen Streich abwenden kann.
Marinelli. So lassen Sie uns keine Zeit verlieren. – Aber bleiben Sie nicht in der Stadt. Fahren Sie sogleich nach Ihrem Lustschlosse, nach Dosalo. Der Weg nach Sabionetta geht da vorbei. Wenn es mir nicht gelingt, den Grafen augenblicklich zu entfernen: so denk ich – Doch, doch; ich glaube, er geht in diese Falle gewiss. Sie wollen, Prinz, wegen Ihrer Vermählung einen Gesandten nach Massa schicken? Lassen Sie den Grafen dieser Gesandte sein; mit dem Bedinge, dass er noch heute abreiset. – Verstehen Sie?
Der Prinz. Vortrefflich! – Bringen Sie ihn zu mir heraus. Gehen Sie, eilen Sie. Ich werfe mich sogleich in den Wagen. *(Marinelli geht ab.)*

6 Mit den folgenden Worten betritt Emilia Galotti zum ersten Mal die Bühne. Beschreiben Sie mögliche Wirkungen dieses Auftritts auf das Publikum.

G. E. Lessing
Emilia Galotti: 2. Aufzug, 6. Auftritt (Auszug 3, 1772)

Emilia Galotti hat vor ihrer Hochzeit die Kirche besucht. Nachdem sie im ersten Aufzug des Theaterstücks bereits auf dem Gemälde und in den Schwärmereien des Prinzen präsent war, betritt sie nun zum ersten Mal die Bühne. Claudia Galotti, ihre Mutter, bereitet sich zu Hause auf die Hochzeit vor.

Emilia und Claudia Galotti.

Emilia *(stürzet in einer ängstlichen Verwirrung herein).* Wohl mir! wohl mir! Nun bin ich in Sicherheit. Oder ist er mir gar gefolgt? *(Indem sie den Schleier zurückwirft und ihre Mutter erblicket).* Ist er, meine Mutter? ist er? – Nein, dem Himmel sei Dank!
Claudia. Was ist dir, meine Tochter? was ist dir?
Emilia. Nichts, nichts –
Claudia. Und blickest so wild um dich? Und zitterst an jedem Gliede?

7 Formulieren Sie eine erste Hypothese zum Machtverhältnis zwischen Emilia und Claudia Galotti.

8 Prüfen Sie beim genauen Lesen des Auszugs 4 (→ S. 182 f.), ob und wie sich die Machtverhältnisse entwickeln. Streichen Sie die Textstelle auf insgesamt zehn Sätze zusammen, die die wesentlichen Positionen und Charakterzüge widerspiegeln.

Arbeitsblatt: 11040-27

G. E. Lessing

Emilia Galotti: 2. Aufzug, 6. Auftritt (Fortsetzung, Auszug 4, 1772)

Emilia. Was hab ich hören müssen? Und wo, wo hab ich es hören müssen?

Claudia. Ich habe dich in der Kirche geglaubt –

Emilia. Eben da! Was ist dem Laster Kirch und Altar? – Ach, meine Mutter! *(Sich ihr in die Arme werfend.)*

Claudia. Rede, meine Tochter! – Mach meiner Furcht ein Ende. – Was kann dir da, an heiliger Stätte, so Schlimmes begegnet sein?

Emilia. Nie hätte meine Andacht inniger, brünstiger sein sollen als heute: nie ist sie weniger gewesen, was sie sein sollte.

Claudia. Wir sind Menschen, Emilia. Die Gabe zu beten ist nicht immer in unserer Gewalt. Dem Himmel ist beten wollen, auch beten.

Emilia. Und sündigen wollen, auch sündigen.

Claudia. Das hat meine Emilia nicht wollen!

Emilia. Nein, meine Mutter; so tief ließ mich die Gnade nicht sinken. – Aber dass fremdes Laster uns, wider unsern Willen, zu Mitschuldigen machen kann!

Claudia. Fasse dich! – Sammle deine Gedanken, soviel dir möglich. – Sag es mir mit eins, was dir geschehen.

Emilia. Eben hatt ich mich – weiter von dem Altare, als ich sonst pflege, – denn ich kam zu spät – auf meine Knie gelassen. Eben fing ich an, mein Herz zu erheben: als dicht hinter mir etwas seinen Platz nahm. So dicht hinter mir! – Ich konnte weder vor, noch zur Seite rücken, – so gern ich auch wollte; aus Furcht, dass eines andern Andacht mich in meiner stören möchte. – Andacht! das war das Schlimmste, was ich besorgte. – Aber es währte nicht lange, so hört ich, ganz nah an meinem Ohre, – nach einem tiefen Seufzer, – nicht den Namen einer Heiligen, – den Namen, – zürnen Sie nicht, meine Mutter – den Namen Ihrer Tochter! – Meinen Namen! – O dass laute Donner mich verhindert hätten, mehr zu hören! – Es sprach von Schönheit, von Liebe – Es klagte, dass dieser Tag, welcher mein Glück mache, – wenn er es anders mache – sein Unglück auf immer entscheide. – Es beschwor mich – hören musst ich dies alles. Aber ich blickte nicht um; ich wollte tun, als ob ich es nicht hörte. – Was konnt ich sonst? – Meinen guten Engel bitten, mich mit Taubheit zu schlagen; und wann auch, wann auch auf immer! – Das bat ich; das war das einzige, was ich beten konnte. – Endlich ward es Zeit, mich wieder zu erheben. Das heilige Amt ging zu Ende. Ich zitterte, mich umzukehren. Ich zitterte, ihn zu erblicken, der sich den Frevel erlauben dürfen. Und da ich mich umwandte, da ich ihn erblickte –

Claudia. Wen, meine Tochter?

Emilia. Raten Sie, meine Mutter; raten Sie – Ich glaubte in die Erde zu sinken – Ihn selbst.

Claudia. Wen, ihn selbst?

Emilia. Den Prinzen.

Claudia. Den Prinzen! – O gesegnet sei die Ungeduld deines Vaters, der eben hier war und dich nicht erwarten wollte!

Emilia. Mein Vater hier? – und wollte mich nicht erwarten?
Claudia. Wenn du in deiner Verwirrung auch ihn das hättest hören lassen!
Emilia. Nun, meine Mutter? – Was hätt er an mir Strafbares finden können?
Claudia. Nichts; ebenso wenig als an mir. Und doch, doch – Ha, du kennest deinen Vater nicht! In seinem Zorne hätt er den unschuldigen Gegenstand des Verbrechens mit dem Verbrecher verwechselt. In seiner Wut hätt ich ihm geschienen, das veranlasst zu haben, was ich weder verhindern noch vorhersehen können. […]

9 Die Gräfin Orsina, der Graf Appiani und Emilias Vater werden in den Texten nur kurz erwähnt, werden aber im Laufe des Stücks bedeutende Rollen spielen. Notieren Sie aufgrund der Textzeilen 30–43 und 63–89 in Auszug 2 und der Textzeilen 49–58 in Auszug 4, welche Charakterzüge dieser Figuren schon deutlich werden und in welchem Verhältnis sie zu den jeweils anderen stehen.

10 Obwohl Sie nur wenige Ausschnitte des Gesamttextes kennen, haben Sie schon fast alle relevanten Figuren kennenglernt und einen Einblick in deren Charakterzüge und Beziehungen bekommen: Gestalten Sie eine Konstellationsskizze zur Ausgangssituation des Dramas.

Das müssen Sie wissen

Fünf-Akt-Schema und geschlossenes Drama

Das Trauerspiel „Emilia Galotti" folgt Aufbauregeln, die auf die antike Dramenkonzeption zurückgehen: Der erste Akt führt die Figuren ein und stellt die Konflikte vor (**Exposition**). Im zweiten Akt entfaltet sich die Handlung schrittweise (**steigende Handlung**), bevor sie im dritten Akt den Höhepunkt erreicht. Im vierten Akt fällt die Handlung wieder (**fallende Handlung**), im fünften Akt endet sie in der **Katastrophe**. Der Schriftsteller und Literaturtheoretiker Gustav Freytag (1816–1895) nennt die Situation, welche die zentrale Handlungsentwicklung auslöst, **erregendes Moment**. Die Situation, an der sich die Handlung derart entwickelt, dass es keinen Ausweg mehr zu geben scheint, nennt er **Wendepunkt**. Ein Ereignis, dass die Katastrophe doch noch einmal verzögert, nennt er **retardierendes Moment**.

11 Spekulieren Sie, wie der Handlungsverlauf weiterhin gestaltet sein könnte. Bereiten Sie sich auf eine Begründung vor.

- Notieren Sie die Konflikte, die in den Textauszügen schon deutlich werden.
- Notieren Sie einige Ideen zu Handlungsschritten, die noch folgen könnten.
- Notieren Sie kurz ihre Ideen zum weiteren Verlauf des Dramas: Wie könnte sich die steigende Handlung entwickeln, worin könnte die Peripetie bestehen, was geschieht in der fallenden Handlung und worin besteht die Katastrophe?

8

Die Intrige des Marinelli

Dialogführungen untersuchen und deuten

G. E. Lessing
Emilia Galotti: 3. Aufzug, 1. Auftritt (Auszug 5, 1772)

Auf dem Lustschloss berichtet Marinelli dem Prinzen vom Scheitern des Plans, Appiani als Boten an den Hof von Massa zu entsenden und damit die Hochzeit mit Emilia zu verzögern.

Der Prinz. Marinelli.

Marinelli. Umsonst; er schlug die angetragene Ehre mit der größten Verachtung aus.
Der Prinz. Und so bleibt es dabei? So geht es vor sich? so wird Emilia noch heute die Seinige?
Marinelli. Allem Ansehen nach.

1 Tauschen Sie sich in der Klasse darüber aus, wie ein Schauspieler die Reaktion des Prinzen betonen müsste. Proben Sie auch die entsprechende Aussprache.

vorwurfsvoll *irritiert* *enttäuscht*

Das müssen Sie wissen

Dialogführung und Sprechakte

Sprachliche Äußerungen, die in konkreten Kommunikationszusammenhängen formuliert werden, stellen in der Regel auch bestimmte Handlungen (Sprechhandlungen / Sprechakte) dar. Beispiel: Der Text dieses Merkkastens handelt, in dem Moment, in dem Sie ihn lesen: Er erklärt. Die Arbeitsaufträge in diesem Schulbuch werden in der konkreten Kommunikation mit Ihnen zu Aufträgen und Aufforderungen. Sprechakte können Handlungen darstellen (z. B. drohen, loben oder versprechen), Gefühle des Sprechenden / Schreibenden ausdrücken oder theoretisch-abstrakte Aussagen darstellen.

In einer vereinfachten Form hilft die Bestimmung der Sprechhandlungen / Sprechakte auch bei der Deutung von Dramenszenen: Zum Beispiel lassen sich **Feststellungen**, **Fragen**, **Befehle**, **Vorwürfe**, **Bitten** oder der **Ausdruck von Verunsicherung**, **Ungeduld**, **Zorn** und **Verständnis** unterscheiden. Um die Sprechakte richtig zu bestimmen, ist es wichtig, eine Äußerung im jeweiligen Zusammenhang zu betrachten.

Als weitere **Kennzeichen der sprachlichen Gestaltung** lassen sich einbeziehen: Wortwahl, Satzbau, Sprachstil und Sprachregister der Figuren, Verteilung der Redeanteile, Verwendung rhetorischer Mittel (→ S. 46, 192).

G. E. Lessing
Emilia Galotti: 3. Aufzug, 1. Auftritt (Fortsetzung, Auszug 6, 1772)

Der Prinz. Ich versprach mir von Ihrem Einfalle so viel! – Wer weiß, wie albern Sie sich dabei genommen. – Wenn der Rat eines Toren einmal gut ist, so muss ihn ein gescheuter Mann ausführen. Das hätt ich bedenken sollen.
Marinelli. Da find ich mich schön belohnt!
Der Prinz. Und wofür belohnt?

2 Notieren Sie die Sprechakte, die der Dialogauszug enthält. Unterscheiden Sie, welche Aussage über den Sprechenden gemacht wird und welche Sprechhandlung sich auf den jeweils beteiligten Gesprächspartner bezieht. Beispiel:

„Ich versprach mir von Ihrem Einfalle so viel!"
→ Sprecher (Prinz): Ausdruck von Enttäuschung
→ Dialogpartner (Marinelli): Vorwurf der Unzuverlässigkeit

3 Lesen Sie den gesamten Textausschnitt. Erarbeiten Sie dann arbeitsteilig in Partnerarbeit die weiteren Sprechakte. Unterscheiden Sie zwischen den Aussagen, die der Sprecher über sich selbst macht, und den Sprechhandlungen gegenüber dem Dialogpartner.

→ Hilfe S. 289

G. E. Lessing
Emilia Galotti: 3. Aufzug, 1. Auftritt (Fortsetzung, Auszug 7, 1772)

Marinelli. Dass ich noch mein Leben darüber in die Schanze schlagen wollte. – Als ich sahe, dass weder Ernst noch Spott den Grafen bewegen konnte, seine Liebe der Ehre nachzusetzen, versucht ich es, ihn in Harnisch zu jagen. Ich sagte ihm Dinge, über die er sich vergaß. Er stieß Beleidigungen gegen mich aus: und ich forderte Genugtuung, – und forderte sie gleich auf der Stelle. – Ich dachte so: entweder er mich; oder ich ihn. Ich ihn: so ist das Feld ganz unser. Oder er mich: nun, wenn auch; so muss er fliehen, und der Prinz gewinnt wenigstens Zeit.
Der Prinz. Das hätten Sie getan, Marinelli?
Marinelli. Ha! man sollt es voraus wissen, wenn man so töricht bereit ist, sich für die Großen aufzuopfern – man sollt es voraus wissen, wie erkenntlich sie sein würden –
Der Prinz. Und der Graf? – Er stehet in dem Rufe, sich so etwas nicht zweimal sagen zu lassen.
Marinelli. Nachdem es fällt, ohne Zweifel. – Wer kann es ihm verdenken? – Er versetzte, dass er auf heute doch noch etwas Wichtigers zu tun habe, als sich mit mir den Hals zu brechen. Und so beschied er mich auf die ersten acht Tage nach der Hochzeit.
Der Prinz. Mit Emilia Galotti! Der Gedanke macht mich rasend! – Darauf ließen Sie es gut sein, und gingen: – und kommen und prahlen, dass Sie Ihr Leben für mich in die Schanze geschlagen, sich mir aufgeopfert –

Marinelli. Was wollen Sie aber, gnädiger Herr, das ich weiter hätte tun sollen?

Der Prinz. Weiter tun? – Als ob er etwas getan hätte!

Marinelli. Und lassen Sie doch hören, gnädiger Herr, was Sie für sich selbst getan haben. – Sie waren so glücklich, sie noch in der Kirche zu sprechen. Was haben Sie mit ihr abgeredet?

Der Prinz *(höhnisch)*. Neugierde zur Genüge! – Die ich nur befriedigen muss. – O, es ging alles nach Wunsch. – Sie brauchen sich nicht weiter zu bemühen, mein allzu dienstfertiger Freund! – Sie kam meinem Verlangen, mehr als halbes Weges, entgegen. Ich hätte sie nur gleich mitnehmen dürfen. *(Kalt und befehlend.)* Nun wissen Sie, was Sie wissen wollen; – und können gehn!

Marinelli. Und können gehn! – Ja, ja, das ist das Ende vom Liede! und würd es sein, gesetzt auch, ich wollte noch das Unmögliche versuchen. – Das Unmögliche sag ich? – So unmöglich wär es nun wohl nicht; aber kühn. – Wenn wir die Braut in unserer Gewalt hätten: so stünd ich dafür, dass aus der Hochzeit nichts werden sollte.

Der Prinz Ei! wofür der Mann nicht alles stehen will! Nun dürft ich ihm nur noch ein Kommando von meiner Leibwache geben, und er legte sich an der Landstraße damit in Hinterhalt, und fiele selbst funfziger einen Wagen an, und riss ein Mädchen heraus, das er im Triumphe mir zubrächte.

Marinelli. Es ist eher ein Mädchen mit Gewalt entführt worden, ohne dass es einer gewaltsamen Entführung ähnlich gesehen.

Der Prinz Wenn Sie das zu machen wüssten: so würden Sie nicht erst lange davon schwatzen.

Marinelli. Aber für den Ausgang müsste man nicht stehen sollen. – Es könnten sich Unglücksfälle dabei ereignen –

Der Prinz. Und es ist meine Art, dass ich Leute Dinge verantworten lasse, wofür sie nicht können!

4 Führen Sie die Arbeitsergebnisse zusammen und beschreiben Sie, wie sich das Verhältnis zwischen Marinelli und dem Prinzen im Textauszug entwickelt.

5 Ergänzen Sie Ihre Feststellungen aus Aufgabe 4: Gehen Sie nun auch auf die Länge der Redebeiträge und die Häufigkeit des Sprechens der beiden Figuren ein.

6 Ergänzen Sie Ihre Arbeitsergebnisse durch eine weitere Textarbeit.

- Bestimmen Sie innerhalb des Textauszugs den zentralen Wendepunkt im Verhältnis der beiden Figuren, begründen Sie Ihre Einschätzung mit passenden Textbelegen.
- Entscheiden Sie, ob die beiden Figuren symmetrisch (als gleichwertige Gesprächspartner; „auf Augenhöhe") kommunizieren oder ob eine asymmetrische Kommunikation vorliegt. Notierten Sie Textbelege.
- Vergleichen Sie das Verhältnis zwischen dem Prinzen und Marinelli mit dem im ersten Aufzug dargestellten: Notieren Sie, wie sich das Verhältnis entwickelt hat.

7 Die letzten beiden Aussagen Marinellis und des Prinzen stellen eine Art Deal dar (→ Z. 56–59). Diskutieren Sie zu zweit, wer von dieser Abmachung am meisten profitiert. Gehen Sie dabei auch auf die gesellschaftlichen Umstände ein, die den Rahmen der Handlung bilden.

8 Ergänzen Sie die innere Handlung der Figuren an drei Stellen im folgenden Textauszug. Notieren Sie die Zeile oder arbeiten Sie mit einer Textkopie und formulieren Sie in einer Gedankenblase, was die Figur denkt, während sie den jeweiligen Text spricht. Vergleichen und besprechen Sie die Gedankenblasen anschließend in der Klasse.

G. E. Lessing
Emilia Galotti: 3. Aufzug, 1. Auftritt (Fortsetzung, Auszug 8, 1772)

Marinelli. Also, gnädiger Herr – *(Man hört von weitem einen Schuss.)* Ha! was war das? – Hört ich recht? – Hörten Sie nicht auch, gnädiger Herr, einen Schuss fallen? – Und da noch einen!
Der Prinz. Was ist das? was gibt's?
Marinelli. Was meinen Sie wohl? – Wie wann ich tätiger wäre, als Sie glauben?
Der Prinz. Tätiger? – So sagen Sie doch –
Marinelli. Kurz: wovon ich gesprochen, geschieht.
Der Prinz. Ist es möglich?
Marinelli. Nur vergessen Sie nicht, Prinz, wessen Sie mich eben versichert. – Ich habe nochmals Ihr Wort – –
Der Prinz. Aber die Anstalten sind doch so –
Marinelli. Als sie nur immer sein können! – Die Ausführung ist Leuten anvertrauet, auf die ich mich verlassen kann. Der Weg geht hart an der Planke des Tiergartens vorbei. Da wird ein Teil den Wagen angefallen haben; gleichsam, um ihn zu plündern. Und ein anderer Teil, wobei einer von meinen Bedienten ist, wird aus dem Tiergarten gestürzt sein; den Angefallenen gleichsam zur Hülfe. Während des Handgemenges, in das beide Teile zum Schein geraten, soll mein Bedienter Emilien ergreifen, als ob er sie retten wolle, und durch den Tiergarten in das Schloss bringen. – So ist die Abrede. – Was sagen Sie nun, Prinz?
Der Prinz. Sie überraschen mich auf eine sonderbare Art. – Und eine Bangigkeit überfällt mich – *(Marinelli geht an das Fenster.)* Wornach sehen Sie?
Marinelli. Dahinaus muss es sein! – Recht! – und eine Maske kömmt bereits um die Planke gesprengt; – ohne Zweifel, mir den Erfolg zu berichten. – Entfernen Sie sich, gnädiger Herr.
Der Prinz. Ah, Marinelli –
Marinelli. Nun? Nicht wahr, nun hab ich zu viel getan; und vorhin zu wenig?
Der Prinz. Das nicht. Aber ich sehe bei alledem nicht ab – –
Marinelli. Absehn? – Lieber alles mit eins! – Geschwind, entfernen Sie sich. – Die Maske muss sie nicht sehen. *(Der Prinz gehet ab.)*

9 Analysieren Sie die sprachliche Gestaltung des Dialogs und charakterisieren Sie den Prinzen und Marinelli zusammenfassend.

8

Gräfin Orsina – Die Gedemütigte

Eine Dramenfigur aufführungsbezogen deuten

1 Dass der Prinz für Emilia Galotti schwärmt, hat enorme Wirkung auf die Gräfin Orsina, seine bisherige Geliebte. – Notieren Sie stichwortartig, welche Gefühle und Stimmungen der Gräfin Orsina in den verschiedenen Inszenierungen, aus denen die Fotos stammen, durch das äußere Erscheinungsbild hervorgehoben werden.

G. E. Lessing

Emilia Galotti: 4. Aufzug, 7. Auftritt (Auszug 9, 1772)

Im Lustschloss des Prinzen trifft Orsina auf Odoardo Galotti, der vom Überfall auf die Kutsche seiner Frau und seiner Tochter erfahren hat. Orsina berichtet ihm vom Tod des Grafen Appiani. Von Emilias Schicksal berichtet sie auf besondere Art und Weise.

Die Gräfin Orsina. Odoardo Galotti.

Orsina. Nicht zugleich auch tot. Nein, guter Vater, nein! – Sie lebt, sie lebt. Sie wird nun erst recht anfangen zu leben. – Ein Leben voll Wonne! Das schönste, lustigste Schlaraffenleben, – solang es dauert.

Odoardo. Das Wort, Madame; das einzige Wort, das mich um den Verstand bringen soll! heraus damit! – Schütten Sie nicht Ihren Tropfen Gift in einen Eimer. – Das einzige Wort! geschwind.

Orsina. Nun da; buchstabieren Sie es zusammen! – Des Morgens, sprach der Prinz Ihre Tochter in der Messe; des Nachmittags, hat er sie auf seinem Lust- – Lustschlosse.

Odoardo. Sprach sie in der Messe? Der Prinz meine Tochter?

Orsina. Mit einer Vertraulichkeit! mit einer Inbrunst! – Sie hatten nichts Kleines abzureden. Und recht gut, wenn es abgeredet worden; recht gut, wenn Ihre Tochter freiwillig sich hierher gerettet! Sehen Sie: so ist es doch keine gewaltsame Entführung; sondern bloß ein kleiner – kleiner Meuchelmord.

Odoardo. Verleumdung! verdammte Verleumdung! Ich kenne meine Tochter. Ist es Meuchelmord: so ist es auch Entführung. – *(Blickt wild um sich, und stampft, und schäumet.)* Nun, Claudia? Nun, Mütterchen? – Haben wir nicht Freude erlebt! O des gnädigen Prinzen! O der ganz besondern Ehre!

Orsina. Wirkt es, Alter! wirkt es?

Odoardo. Da steh ich nun vor der Höhle des Räubers – *(Indem er den Rock von beiden Seiten aus einander schlägt, und sich ohne Gewehr sieht.)* [...]

Orsina. Ha, ich verstehe! – Damit kann ich aushelfen! – Ich hab einen mitgebracht. *(Einen Dolch hervorziehend.)* Da nehmen Sie! Nehmen Sie geschwind, eh uns jemand sieht. – Auch hätte ich noch etwas, – Gift. Aber Gift ist nur für uns Weiber; nicht für Männer. – Nehmen Sie ihn! *(Ihm den Dolch aufdringend.)* Nehmen Sie! [...]

2 Fassen Sie den Textausschnitt im Klassengespräch mündlich zusammen und beziehen Sie Ihre Eindrücke zu den Szenenbildern aus Aufgabe 1 ein, indem sie nacheinander ...

- dasjenige Bild benennen, das Ihrer Meinung nach am besten zu Orsina passt,
- textbezogen klären, welche der in Aufgabe 1 gesammelten Charakterzüge und Stimmungen der Gräfin im Textausschnitt deutlich werden,
- auch die Angemessenheit der übrigen Orsina-Darstellungen auf den Bildern prüfen: Was wird vermittelt? Inwiefern passt dies zum Textauszug?

3 Bereiten Sie in der Rolle des Regisseurs eine Aufführung des Ausschnitts vor. Notieren Sie weitere Hinweise zur Sprechweise, zur Mimik und zur Körpersprache für die Schauspieler – vor allem für die Rolle der Orsina.

4 Suchen Sie online nach einer Inszenierung von „Emilia Galotti" und wählen Sie eine Szene, in der Orsina vorkommt. Betrachten Sie die Szene und machen Sie sich Notizen zur Kleidung, zur Sprechweise, zur Mimik und zur Körpersprache von Orsina und einer weiteren Figur. Tauschen Sie sich über die Wirkung aus.

Figurendarstellung in einer Theaterinszenierung

Das müssen Sie wissen

Neben dem Text, dessen Intonation und der Ausstattung (Kostüm, Bühnenbild) sind es v.a. die Körpersprache, die Stimmführung und die Positionierung im Bühnenraum, welche die Darsteller und Darstellerinnen zur Verkörperung ihrer Rolle und zur Schaffung und zum Ausdruck von Stimmungen und Beziehungen nutzen. Die Regie setzt diese Komponenten gezielt ein. Somit stellt jede Inszenierung eine individuelle **Interpretation** der Stückvorlage dar und verfolgt somit eine eigene Intention. So kann die Aktualität der zentralen Thematik ebenso ins Zentrum der Inszenierung gestellt werden wie Konflikte zwischen oder innerhalb von Figuren. Oft wird dabei an die Lebenswirklichkeit und an die Sehgewohnheiten des Publikums angeknüpft, sodass eine **Modernisierung** des Ausgangstextes entsteht.

8

Ein blutiges Ende

Die Interpretation eines Dramenauszugs verfassen

1 Vergleichen Sie die beiden Aufgabenstellungen in Partnerarbeit: Besprechen Sie ausführlich, worin der Unterschied in der Schwerpunktsetzung besteht. Notieren Sie einzelne Fragen, auf die Sie beim Lesen und bei der Interpretation des Textes jeweils achten können, um dem Schwerpunkt gerecht zu werden.

I: Interpretieren Sie die vorliegende Szene V, 7 aus Gotthold Ephraim Lessings Trauerspiel *Emilia Galotti* nach Inhalt und Struktur, Dramaturgie und sprachlicher Gestaltung! Gehen Sie insbesondere auf Odoardos Handlungsmotive ein.

II: Interpretieren Sie die vorliegende Szene V, 7 aus Gotthold Ephraim Lessings Trauerspiel *Emilia Galotti* nach Inhalt und Struktur, Dramaturgie und sprachlicher Gestaltung! Befassen Sie sich im Rahmen Ihrer Interpretation mit der Frage, inwiefern der Tod Emilias als Gesellschaftskritik zu verstehen ist.

G. E. Lessing

Emilia Galotti: 5. Aufzug, 7. Auftritt (Auszug 10, 1772)

Odoardo trifft nach einem Gespräch mit dem Prinzen und Marinelli auf seine Tochter Emilia. Er ist nicht gänzlich von der Unschuld seiner Tochter überzeugt und würde sie lieber in einem Kloster als am Hofe unterbringen, muss sich aber dem Wunsch des Prinzen beugen. Mit dem Dolch, den er von Gräfin Orsina erhalten hat, tritt er Emilia gegenüber. Nach einem kurzen Austausch, in dem Emilia vom Tod Appianis erfährt und sich Odoardo von der moralischen Integrität seiner Tochter überzeugen kann, gerät Emilia in Wut darüber, der Willkür des Prinzen ausgeliefert zu sein. Nachdem Odoardo andeutet, dass er den Prinzen beinahe ermordet hätte, fordert Emilia den Dolch von ihm.

Emilia. Odoardo.

Emilia. […] Mir, mein Vater, mir geben Sie diesen Dolch.
Odoardo. Kind, es ist keine Haarnadel.
Emilia. So werde die Haarnadel zum Dolche! – Gleichviel.
Odoardo. Was? Dahin wäre es gekommen? Nicht doch; nicht doch! Besinne dich. – Auch du hast nur Ein Leben zu verlieren.
Emilia. Und nur Eine Unschuld!
Odoardo. Die über alle Gewalt erhaben ist. –
Emilia. Aber nicht über alle Verführung. – Gewalt! Gewalt! wer kann der

Gewalt nicht trotzen? Was Gewalt heißt, ist nichts: Verführung ist die wahre Gewalt. – Ich habe Blut, mein Vater; so jugendliches, so warmes Blut, als eine. Auch meine Sinne, sind Sinne.
Ich stehe für nichts. Ich bin für nichts gut. Ich kenne das Haus der Grimaldi. Es ist das Haus der Freude. Eine Stunde da, unter den Augen meiner Mutter; – und es erhob sich so mancher Tumult in meiner Seele, den die strengsten Übungen der Religion kaum in Wochen besänftigen konnten! – Der Religion! Und welcher Religion? – Nichts Schlimmers zu vermeiden, sprangen Tausende in die Fluten, und sind Heilige! – Geben Sie mir, mein Vater, geben Sie mir diesen Dolch.

Odoardo. Und wenn du ihn kenntest diesen Dolch! –

Emilia. Wenn ich ihn auch nicht kenne! – Ein unbekannter Freund, ist auch ein Freund. – Geben Sie mir ihn, mein Vater; geben Sie mir ihn.

Odoardo. Wenn ich dir ihn nun gebe – da! *(Gibt ihr ihn.)*

Emilia. Und da! *(Im Begriffe sich damit zu durchstoßen, reißt der Vater ihr ihn wieder aus der Hand.)*

Odoardo. Sieh, wie rasch! – Nein, das ist nicht für deine Hand.

Emilia. Es ist wahr, mit einer Haarnadel soll ich – *(Sie fährt mit der Hand nach dem Haare, eine zu suchen, und bekommt die Rose zu fassen.)* Du noch hier? – Herunter mit dir! Du gehörest nicht in das Haar einer, – wie mein Vater will, dass ich werden soll!

Odoardo. O, meine Tochter! –

Emilia. O, mein Vater, wenn ich Sie erriete! – Doch nein; das wollen Sie auch nicht. Warum zauderten Sie sonst? – *(In einem bittern Tone, während dass sie die Rose zerpflückt.)* Ehedem wohl gab es einen Vater, der seine Tochter von der Schande zu retten, ihr den ersten den besten Stahl in das Herz senkte – ihr zum zweiten das Leben gab. Aber alle solche Taten sind von ehedem! Solcher Väter gibt es keinen mehr!

Odoardo. Doch, meine Tochter, doch! *(Indem er sie durchsticht.)* Gott, was hab ich getan! *(Sie will sinken, und er fasst sie in seine Arme.)*

Emilia. Eine Rose gebrochen, ehe der Sturm sie entblättert. – Lassen Sie mich sie küssen, diese väterliche Hand.

2 Prüfen Sie in Partnerarbeit, zu welchem Aufgabenschwerpunkt aus Aufgabe 1 die Deutungshypothese passt. Formulieren Sie eine prägnante Deutungshypothese zum anderen Aufgabenschwerpunkt.

In dem Textausschnitt nimmt Odoardo die Schuld des Mordes an seiner Tochter auf sich, um diese vor der Verführung durch den Prinzen und der Schande des Selbstmords zu bewahren.

3 Bereiten Sie eine schriftliche Interpretation des Textabschnitts vor: Fassen Sie zunächst einzelne Handlungsschritte zusammen. Nutzen Sie möglichst schon passende Hinweise auf die Sprechakte. Sie können die Beispieltabelle übertragen und fortsetzen.

Situation	Der besorgte Odoardo trifft nach dem Überfall auf Emilias Kutsche im Lustschloss des Prinzen auf seine traumatisierte Tochter.	
Handlungsschritte und Sprechakte	**Sprache**	**Besonderheiten**
1. Z. 1–7 Emilia fordert von ihrem Vater nachdrücklich den Dolch. Odoardo beschwichtigt seine Tochter und erinnert sie an ihre Unschuld.	Ausrufe, Wiederholungen (vgl. „Mir" in Z. 1, „nicht doch" in Z. 4) , rhetorische Fragen (vgl. Z. 4), Betonung des Zahlwortes „Ein(e)" (Z. 5 und 6) → hohe Emotionalität Emilias, überträgt sich dann auf den zunächst eher beruhigenden Odoardo	sehr ausgeglichene Redeanteile, kurze Sätze → schneller Wortwechsel unterschwellige Thematisierung der gesellschaftlichen Rolle der Frau (Gegenüberstellung von „Dolch" und „Haarnadel")
2. Z. 7–...		

4 Analysieren Sie die sprachliche Gestaltung der Szene mithilfe des Kastens. Notieren Sie Ihre Ergebnisse samt ersten Deutungsideen ebenfalls in der Tabelle.

Das müssen Sie können

So interpretieren Sie einen Dramenauszug

Die Handlung eines Dramas wird im Wesentlichen durch **Dialoge** (mehrere Figuren sprechen miteinander) und **Monologe** (nur eine Figur spricht) vermittelt. Die Untersuchung von deren **sprachlicher Gestaltung** ist ein wesentlicher Bestandteil einer Drameninterpretation. Untersucht und beschrieben werden können zum Beispiel:

- **Gesprächssituation** (Monolog, Dialog samt Beteiligten)
- **Redeanteile** der einzelnen Figuren und Pausen (Ungesagtes)
- **Sprechakte** (z. B. Fragen, Aufforderungen, Zugeständnisse)
- **Wortwahl, Satzbau, Sprachstil und -register** (→ S. 46)
- **rhetorische Mittel** (z. B. Metaphern, Ausrufe, Wiederholungen → S. 46)

Beziehen Sie die Ergebnisse der Sprachuntersuchung immer wieder auf die Deutung der Szene. Ziehen Sie zum Beispiel **Rückschlüsse auf Charakterzüge der Figuren** und **Beziehungsentwicklungen**.
Auch die Gestaltung der **Raumstruktur** kann in die Untersuchung einbezogen werden: Wie nah oder entfernt stehen die Sprechenden? Wie ändern sich die Positionen? In der Regel enthalten **Szenenanweisungen** entsprechende Informationen.

5 Interpretieren Sie den Textausschnitt nun schriftlich. Nutzen Sie Ihre Vorbereitung und orientieren Sie sich an den Hinweisen im folgenden Kasten.

Das müssen Sie können

So verfassen Sie eine Interpretation zu einem Dramenauszug

Die Deutungshypothese ist Teil der Einleitung eines Interpretationstextes und stellt den **Ausgangspunkt** und den **Bezugspunkt** einer gründlichen Interpretation (Deutung) dar.

Einleitung

- Nennen Sie den **Namen des Autors / der Autorin**, den **Titel** und den **Entstehungszeitpunkt** des Dramas.
- Formulieren Sie dann eine **Deutungshypothese** zum Dramenauszug, indem Sie den **Inhalt des Auszugs** kurz umreißen und mit einer ersten **Idee zur grundsätzlichen Interpretation** des Dramenauszugs verbinden. Diese kann sich zum Beispiel auf die zentralen Charakterzüge und Konflikte der Szene beziehen.
  Zum Beispiel so: *Im Dramenauszug geht es um …, die Gestaltung legt nahe, dass …*

Hauptteil

- Ordnen Sie den Dramenauszug – falls möglich – in den Handlungszusammenhang des Dramas ein und fassen ihn strukturiert zusammen, indem Sie Inhalt und Aufbau der Szene beschreiben (Handlungsschritte und Sprechakte). Hilfsfragen: Welche Figuren treten auf und welche Positionen vertreten sie? Welche Konflikte, Charakterzüge und Stimmungen werden deutlich? Dies stellt sicher, dass der Interpretierende den Inhalt der Szene erfasst und verstanden hat und ermöglicht eine anschauliche Anbindung der späteren Deutungsergebnisse an den Szeneninhalt.
- Beziehen Sie sich bei der anschließenden Interpretation der Gestaltungsmittel immer wieder auf die Deutungshypothese. Benennen oder beschreiben Sie **auffällige Gestaltungsmittel** (Beschreibung des Bühnenbilds, Szenenanweisungen, Sprache und rhetorische Mittel), führen Sie **Textbelege** an und beschreiben Sie die Funktion oder **Wirkung**.
- Beziehen Sie – je nach Aufgabenstellung – biografische oder zeitgeschichtliche Informationen ein: Welche Information passt zu Ihrer Deutung, welche ergänzt sie?

Schluss

- Ziehen Sie noch einmal ein Resümee in Bezug auf die Deutungshypothese. Bestätigen, präzisieren oder verändern Sie sie aufgrund Ihrer Interpretation.
- Je nach Aufgabenstellung können Sie auch auf die Aktualität des Dramas blicken.

6 Lesen und überarbeiten Sie Ihre Interpretationen in Partnerarbeit. Achten Sie jeweils auf die Aspekte aus den Kästen.

→ Hilfe S. 289

8

Alles nur ausgedacht!?

Zeitbezug und Zeitlosigkeit von Lessings Theaterkonzeption verstehen

1 Erklären Sie Goethes Kritik im Klassengespräch. Formulieren Sie danach eine Antwort an Goethe, in welcher sie den Aufbau und die Gestaltung des Dramas verteidigen.

A *Johann Wolfgang Goethe*
An Johann Gottfried Herder (Auszug, 1772)

Es ist alles nur gedacht[1]. Das ärgert mich genug. Emilia Galotti ist auch nur gedacht und nicht einmal Zufall oder Caprice[2] spinnen irgend drein. Mit halbweg Menschenverstand kann man das Warum von jeder Szene, von jedem Wort möcht ich sagen, auffinden. Drum bin ich dem Stück nicht gut, so ein Meisterstück es sonst ist …

[1] **gedacht:** ausgedacht
[2] **Caprice:** Eigenwille, Launenhaftigkeit, Laune

B *G. E. Lessing*
Hamburgische Dramaturgie, 32. Stück (Auszug, 1767)

In den Jahren 1767 bis 1769 war Lessing am Deutschen Nationaltheater in Hamburg als Dramaturg für die Auswahl der Stücke verantwortlich. Die „Hamburgische Dramaturgie" ist eine Sammlung von Theaterkritiken und Überlegungen, in denen Lessing seine Ideen zur Gestaltung eines anspruchsvollen deutschsprachigen Theaters entwickelt. Unter anderem grenzt er die Wirkungsweise des Theaters von derjenigen der Barockzeit ab: Im Barocktheater kämpften oft vorbildliche Helden gegen unmoralische Verbrecher. Indem die Helden belohnt und die Verbrecher der Hölle übergeben wurden, wollte man das Publikum erziehen.

Hamburgische Dramaturgie.
Erster Band.
Hamburg.
In Commission bey J. H. Cramer, in Bremen.

[Der Dichter] wird vor allen Dingen bedacht sein, eine Reihe von Ursachen und Wirkungen zu erfinden, nach welcher jene unwahrscheinliche Verbrechen nicht wohl anders, als geschehen müssen. Unzufrieden, ihre Möglichkeit bloß auf die historische Glaubwürdigkeit zu gründen, wird er suchen, die Charaktere seiner Person so anzulegen; wird er suchen, die Vorfälle, welche diese Charaktere in Handlung setzen, so notwendig einen aus dem anderen entspringen zu lassen; wird er suchen, die Leidenschaften nach eines jeden Charakter so genau abzumessen; wird er suchen, diese Leidenschaften durch so allmähliche Stufen durchzuführen: dass wir überall nichts als den natürlichsten, ordentlichsten Verlauf wahrnehmen; dass wir bei jedem Schritte, den er seine Person tun lässt, bekennen müssen, wir würden ihn, in dem nämlichen Grade der Leidenschaft, bei der nämlichen Lage der Sachen, selbst getan haben; dass uns nichts dabei befremdet, als die unmerkliche Annäherung eines Ziels, von dem unsere Vorstellungen zurückbeben, und an dem wir uns endlich, voll des innigsten Mitleids gegen die, welche ein so fataler Strom dahinreißt, und voll Furcht über das Bewusstsein befinden, auch uns könne ein ähnlicher Strom dahinreißen, Dinge zu begehen, die wir bei kaltem Geblüte noch so weit von uns entfernt zu sein glauben.

2 Welche Absichten verfolgen Sie mit dem Theater? Wie wollen Sie diese Absichten verwirklichen und was ist das Neue daran? – Lassen Sie Lessing in heutiger Sprache auf die Interviewfrage antworten. Nutzen Sie den Textauszug.

3 Setzen Sie das Interview fort: Formulieren Sie zwei bis drei Fragen an Lessing, die sich konkret auf die Wirkungsweise und Wirkungsabsichten des Stücks „Emilia Galotti“ beziehen. Formulieren Sie mögliche Antworten Lessings.

4 Vergegenwärtigen Sie sich noch einmal die Themen und Ziele der Epoche der Aufklärung (→ Kapitel 5). Ergänzen Sie das Interview entsprechend um Fragen und Antworten.

5 Diskutieren Sie in der Klasse, ob „Emilia Galotti“ zurecht auch noch auf heutigen Bühnen präsent ist: Besprechen Sie zum Beispiel, welche der vorkommenden Themen noch aktuell sind.

6 Suchen Sie online Trailer zu unterschiedlichen Inszenierungen von „Emilia Galotti“ und sehen Sie sich diese an. Wählen Sie eine der folgenden Aufgaben:

- Machen Sie Notizen zu den jeweiligen Besonderheiten. Notieren Sie auch Ihre persönliche Einschätzung: Sind die Umsetzungen angemessen?
- Formulieren Sie einen kurzen Internet-Kommentar zu mindestens zwei der Trailer.
- Verfassen Sie auf der Grundlage der Trailer eine vergleichende Theaterkritik zu den drei verschiedenen Inszenierungen. Formulieren Sie für ein Online-Magazin, das sich an jugendliche Theaterbesucher richtet.

8

Was Sie schon können!

Kompetenztest

G. E. Lessing
Emilia Galotti: 4. Aufzug, 2. Auftritt (Auszug 11, 1772)

Battista. Der Prinz. Marinelli.

Battista *(eiligst)*. Eben kömmt die Gräfin an.
Der Prinz. Die Gräfin? Was für eine Gräfin?
Battista. Orsina.
Der Prinz. Orsina? – Marinelli! – Orsina? – Marinelli!
Marinelli. Ich erstaune darüber, nicht weniger als Sie selbst.
Der Prinz. Geh, lauf, Battista: sie soll nicht aussteigen. Ich bin nicht hier. Ich bin für sie nicht hier. Sie soll augenblicklich wieder umkehren. Geh, lauf! – *(Battista geht ab.)* Was will die Närrin? Was untersteht sie sich? Wie weiß sie, dass wir hier sind? Sollte sie wohl auf Kundschaft kommen? Sollte sie wohl schon etwas vernommen haben? – Ah, Marinelli! So reden Sie, so antworten Sie doch! – Ist er beleidiget der Mann, der mein Freund sein will? Und durch einen elenden Wortwechsel beleidiget? Soll ich ihn um Verzeihung bitten?
Marinelli. Ah, mein Prinz, sobald Sie wieder Sie sind, bin ich mit ganzer Seele wieder der Ihrige! – Die Ankunft der Orsina ist mir ein Rätsel, wie Ihnen. Doch abweisen wird sie schwerlich sich lassen. Was wollen Sie tun?
Der Prinz. Sie durchaus nicht sprechen; mich entfernen –
Marinelli. Wohl! und nur geschwind. Ich will sie empfangen –
Der Prinz. Aber bloß, um sie gehen zu heißen. – Weiter geben Sie mit ihr sich nicht ab. Wir haben andere Dinge hier zu tun –
Marinelli. Nicht doch, Prinz! Diese andern Dinge sind getan. Fassen Sie doch Mut! Was noch fehlt, kömmt sicherlich von selbst. – Aber hör ich sie nicht schon? – Eilen Sie, Prinz! – Da, *(auf ein Kabinett zeigend, in welches sich der Prinz begibt)* wenn Sie wollen, werden Sie uns hören können. – Ich fürchte, ich fürchte, sie ist nicht zu ihrer besten Stunde ausgefahren.

Den Handlungskontext eines Dramenauszugs erschließen

1 Notieren Sie stichpunktartig, inwiefern die emotionale Verfassung des Prinzen aus der Figurenkonstellation und der Handlungsführung zu begründen sind.

2 Entscheiden Sie, welche der beiden Deutungshypothesen für den vorliegenden Auftritt (IV, 2) passend ist. Begründen Sie ihre Wahl.

Eine Deutungs-hypothese aufstellen

A Die Szene bereitet den ersten Auftritt der Orsina vor und kündigt die Mätresse des Prinzen als seine ebenbürtige Gegnerin an.

B Der vorliegende Auszug stellt einen wichtigen Schritt in der charakterlichen Entwicklung des Prinzen dar, der seine monarchische Autorität einbüßt.

3 Weisen Sie anhand der Sprechakte nach, wie sich die Handlungsabsicht Marinellis im Laufe der Szene entwickelt.

Sprechakte zum Verständnis der Figurenmotivierung nutzen

4 Erläutern Sie, inwiefern Lessing mit der folgenden Aussage Marinellis Kritik an der gesellschaftlichen Ordnung seiner Zeit übt.

Gesellschafts-politische Hintergründe zum Textverständnis nutzen

Marinelli. Ah, mein Prinz, sobald Sie wieder Sie sind, bin ich mit ganzer Seele wieder der Ihrige! (Z. 13 f.)

5 „[J]ede Form von Inszenierung [ist] zwangsläufig eine Interpretation". (Jürgen Hofmann)

Die ästhetische Qualität von Aufführungen beurteilen

Erklären Sie dieses Zitat auf der Grundlage des Zeitungstextes und des Szenenfotos zu einer Aufführung aus dem Jahr 2013. Nehmen Sie Stellung: Passt die Inszenierungsidee zu Ihrem Verständnis des Stücks?

Emilia wird von ihrem Vater zu Tode „geherzt".

[...] Als Emilia dem Werben des Prinzen, der mit Marinellis Unterstützung immerhin deren Bräutigam Graf Appiani um die Ecke gebracht hat, kaum noch standhalten kann, und eher sterben möchte, als öffentlich mit dem Etikett Hure oder Mitwisserin gebrandmarkt zu werden, greift Vater Odoardo – nein, nicht zum Dolch – sondern entschlossen zu. Er, der bürgerliche Ehrenmann, der die Verzweiflung seiner Tochter spürt, herzt sie, weil auch er nicht mehr weiter weiß, zu Tode, um sie vor der entwürdigenden Situation zubewahren. [...]

André Pause, Neue Braunschweiger, 19.11.2013

9 Literatur. Weiter.Denken.

Sich mit Literaturproduktion und -rezeption auseinandersetzen

1 Literatur wird längst nicht mehr ausnahmslos über das Medium „Buch" vermittelt. Tauschen Sie sich mithilfe der Bilder und Stichwörter über weitere Vermittlungswege aus.

2 Setzen Sie sich mit Ihrem eigenen Literaturkonsum auseinander:
- Wo begegnen Sie Literatur im Alltag?
- Wie lange und wie oft beschäftigen Sie sich wöchentlich mit Literatur?
- Welche Art von Literatur konsumieren Sie und zu welchem Zweck?
- Über welches Medium haben Sie in erster Linie Zugang zur Literatur?
- Produzieren Sie selbst Literatur und wenn ja, in welcher Form?

3 Vergleichen Sie Ihre Ergebnisse in der Klasse. Welche Tendenz können Sie erkennen?

4 Diskutieren Sie in Kleingruppen darüber, in welcher Form Literatur in einem digitalen Zeitalter vermittelt werden kann und halten Sie Ihre Einschätzung in einer Grafik fest.

Was wissen Sie noch? Test unter: 11040-28

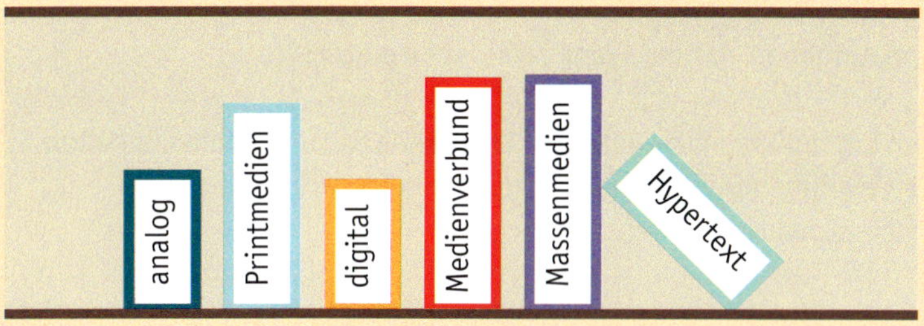

So wie sich Literatur selbst stetig verändert, so verändern sich auch die Möglichkeiten ihrer Produktion und Rezeption. Da Sie – als Leserin / Leser – auch an diesen Veränderungsprozessen beteiligt sind bzw. von diesen geprägt werden, sollten Sie im Kern mit Wegen der gegenwärtigen Literaturproduktion und -rezeption vertraut sein.

Deswegen leitet Sie dieses Kapitel dazu an, …

… sich reflektiert mit dem Text- und Literaturbegriff im digitalen Zeitalter auseinanderzusetzen,
… Tendenzen der gegenwärtigen Literaturproduktion und -rezeption kritisch zu hinterfragen,
… verschiedene Medienformate als ästhetische Kunstwerke wahrzunehmen und
… aktiv an der Mediengestaltung zu partizipieren.

9

Literatur auf dem Prüfstand

Sich mit Fragen der Literaturbewertung auseinandersetzen

1 Finden Sie in Kleingruppen mithilfe einer Placemat kooperativ eine Antwort auf die Frage „Was ist ein Text?".

2 Verfahren Sie analog wie in Aufgabe 1 mit der Frage „Was ist Literatur?"

3 Tauschen Sie sich über Ihre Ergebnisse im Plenum aus. Wo erkennen Sie Gemeinsamkeiten, wo Unterschiede bei Ihren jeweiligen Definitionen? Orientieren Sie sich auch an den Informationen aus dem nachfolgenden Kasten.

Das müssen Sie wissen

Zum „Literatur"- und „Text"-Begriff

„Literatur" und „Text" sind Grundbegriffe der Literaturwissenschaft, dennoch werden sie kontrovers diskutiert.

Der „Text", entlehnt aus lat. *textus* = „Aufeinanderfolge" „Gewebe", einer Bildung zu lat. *texere* = „weben, zusammenfügend verfertigen", lässt sich als Geflecht untereinander in Beziehung stehender Wörter / Sätze verstehen.

Betrachtet man nur die Wortherkunft, dann lässt sich „Literatur" von lat. *litterātūra* = Buchstabenschrift", „Sprachlehre", einer Bildung zu lat. *littera* = „Buchstabe", „Handschrift" bzw. im Plural „Schriftstück" ableiten und bezeichnet bis ins 18. Jahrhundert die „Gesamtheit des Schrifttums", wird aber dann vor allem für Werke der Dichtung bzw. der „schöngeistigen Literatur" verwendet.

In der Literaturwissenschaft stehen sich ein enger, **normativer Literaturbegriff** und ein weiter, **deskriptiver Literaturbegriff** gegenüber. Wird im ersten Fall „Literatur" als sprachlich anspruchsvolles Kunstwerk mit einer besonderen Ästhetik betrachtet, umfasst „Literatur" im zweiten Fall jegliche Form schriftlich fixierter Texte.
In der Wissenschaft existiert zudem noch der Begriff „**Fachliteratur**", unter dem sich beispielsweise alle Texte zu einem Fachgebiet subsumieren lassen.

Mit der Entwicklung der digitalen Medien hat sich auch das Verständnis von „Text" erweitert. „Text" ist nicht mehr länger ein abgeschlossenes Produkt, sondern lässt sich nahezu unbegrenzt variieren, erweitern und neu „verflechten" (→ S. 31).

4 Im ARD-Format „druckfrisch" kommentiert der Literaturkritiker Denis Scheck pointiert die Top Ten Belletristik der Spiegel-Bestsellerliste. Sehen Sie sich über die Mediathek ein Beispiel seiner Buchbewertung an und tauschen Sie sich über Ihre ersten Eindrücke zu seinen Rezensionen aus.

5 Wählen Sie in Kleingruppen ein von Ihnen bereits gelesenes Buch – z. B. eine gemeinsame Klassenlektüre – aus und formulieren Sie dafür eine positive oder negative Rezension im Stil von Denis Scheck.

6 Präsentieren Sie Ihre Buchbewertungen im Plenum. Übertragen Sie die Tabelle in Ihr Heft und machen Sie sich zu den Bewertungen der anderen Gruppen stichpunktartige Notizen.

Diese Aspekte wurden bei der Bewertung aufgegriffen:	**Gruppe 1 Buchtitel:**		**Gruppe 2 Buchtitel:**		**etc.**
	positiv bewertet	negativ bewertet	positiv bewertet	negativ bewertet	
Thematik / Motive					
Sprache					
Erzählweise					
Originalität					
Sonstiges					

7 Ermitteln Sie diejenigen Aspekte, die bei den vorgestellten Büchern überwiegend als positiv eingestuft wurden.

8 In Aufgabe 5 haben Sie Literatur eher nach subjektiven Kriterien bewertet. Diskutieren Sie in der Klasse darüber, ob es objektive Kriterien für die Bewertung von „guter“ Literatur geben kann.

9 Was unter „guter" Literatur zu verstehen ist, lässt sich aus verschiedenen Blickwinkeln ganz unterschiedlich betrachten. Sichten Sie diesbezüglich die Materialen 1–3 und arbeiten Sie aus diesen – soweit möglich – zentrale Aspekte für die nachfolgende Tabelle heraus.

Material	Blickwinkel, aus dem Literatur bewertet wird, z. B. wissenschaftliche Perspektive	zentrale Bewertungskriterien	mögliche Intention hinter der Erstellung von Kriterien	Unklarheiten / Problematiken von (bestimmten) Kriterien
1				
2				
3				

M1 Kriterien der Kritikerjury (Deutscher Jugendliteraturpreis)

Die ästhetische Qualität hat in der Juryarbeit Priorität. Es geht darum, herausragende, ästhetisch reichhaltige und vielschichtige Bücher auszuwählen, „die komplex und prägnant verschiedene Lesearten anregen, zulassen, offenhalten und in Identitätsprozesse stabilisierend, verunsichernd, anregend eingreifen."

Innovation
- in Thematik, Sprache, Erzählweise, Ästhetik oder der Kombination von diesen

Thematik
- Aktualität
- Relevanz
- Logik
- Plausibilität
- Internationalität
- Geschichtlichkeit
- Zielgruppenbezug

Sprache
- Bildlichkeit
- Genauigkeit
- Originalität
- Wortwitz
- Rhythmus und Syntax
- Reichtum und Variation
- Ästhetisches Wirkungspotenzial

Erzählweise
- Erzählhaltung und -perspektiven
- Figurenzeichnung (schematisch, psychologisch, statisch, mit Entwicklung)
- Erzählebenen (chronologisch, in Rückblicken)
- Erzählzeit
- Originalität
- Intertextualität / Intermedialität
- Differenzierung verschiedener Verständnisebenen (für verschiedene Altersstufen)
- Stellung im Gesamtwerk einer Autorin / eines Autors oder einer Illustratorin / eines Illustrators
- Rezeptionsangebote und Wirkung (Identifikation, Emotionalisierung, Widerstände)
- diskontinuierliches Erzählen, Hypertextualität

www.jugendliteratur.org

M2 **Was ist gute Literatur?**

Um sich mit anderen Lesern über geliebte Bücher auszutauschen, entwickelten sich dazu Online-Bewertungen und Blogs, die Meinungen verbreiten, ob der Leser nun literaturwissenschaftlich gebildet ist oder nicht. Es gibt wenig Regeln, dafür *Freude oder Unlust* an Büchern, die man weiterreichen will. „Das macht so viel im Kopf, das macht so viel mit uns Menschen, das bringt uns so viel weiter", formuliert eine Bloggerin. Die Unterhaltung läuft von Konsument zu Konsument, ohne den Umweg gelehrter Kompetenz.

Sabine Scholl, Der Hammer. Die Zeitung der alten Schmiede, 2016

M3 **Gute Literatur?**

Die Kriterien, nach denen Literatur beurteilt wird, sind also – bei aller Intersubjektivität – relational und relativ. Wozu dann die Frage nach guter Literatur überhaupt stellen? Warum nicht einfach lesen und lesen lassen, und zwar unkommentiert? Weil es gerade auch der Streit ist, der Kunst zu Kunst macht. Auch der Streit um die Kriterien. Wo diskutiert und argumentiert wird, was Kunst ist und was nicht, was gelungen ist und was nicht, dort passiert Kultur. Und so ist die Diskussion über Literatur immer auch Ausdruck der Bedeutung, die eine Gesellschaft der Literatur gibt.

Brigitte Schwens-Harrant, www.uibk.ac.at, 17.07.2017

10 Welche Kriterien aus den Materialien konnten Sie am meisten überzeugen / welche am wenigsten? Tauschen Sie sich im Plenum über Ihre Ansichten aus.

11 Setzen Sie sich in Kleingruppen nochmals reflektiert mit Fragen der Literaturbewertung auseinander und bearbeiten Sie dazu eine der folgenden Aufgaben.

- Erstellen Sie Ihren eigenen Kriterienkatalog zur Bewertung „guter" Literatur mit mindestens vier Kriterien.
- Die Kriterien aus Material 1 legt die Kritikerjury der Auswahl von Titeln zur Nominierung bzw. Prämierung von Werken der Kinder- und Jugendliteratur (KJL) mit dem Deutschen Jugendliteraturpreis zugrunde. Positionieren Sie sich zu der Frage, ob für „gute" KJL andere Kriterien gelten müssen als für „gute" Literatur im Allgemeinen.
- Welche Kriterien werden, Ihrer Ansicht nach, in den Materialien 1–4 noch gar nicht oder unzureichend aufgegriffen? Notieren Sie diese Kriterien mit einer kurzen Erläuterung und begründen Sie Ihre Einschätzung.

12 2007 wurde in einem Wettbewerb der schönste erste Satz in der deutschsprachigen Literatur gesucht. Diskutieren Sie, ob Sie einen der nachfolgenden Sätze zum Sieger küren würden und wenn ja, warum.

Ilsebill salzte nach.

Es fiel Regen in jener Nacht, ein feiner, wispernder Regen.

Erinnerungen sind aus wundersamen Stoff gemacht – trügerisch und dennoch zwingend, mächtig und schattenhaft.

9

Konstruierte Literatur?

Neue Wege der Literaturproduktion und -rezeption untersuchen und (mit)gestalten

1 Die Art, „Literatur" zu produzieren und zu rezipieren, hat sich im Laufe der Zeit immer weiterentwickelt, wie es u. a. auch die nachfolgenden Abbildungen verdeutlichen. Tauschen Sie sich über das Dargestellte und Ihre ersten Assoziationen dazu aus.

Seite aus der Gutenberg-Bibel

Lesemaschine von Agostino Ramelli

Smartphone-Spiel

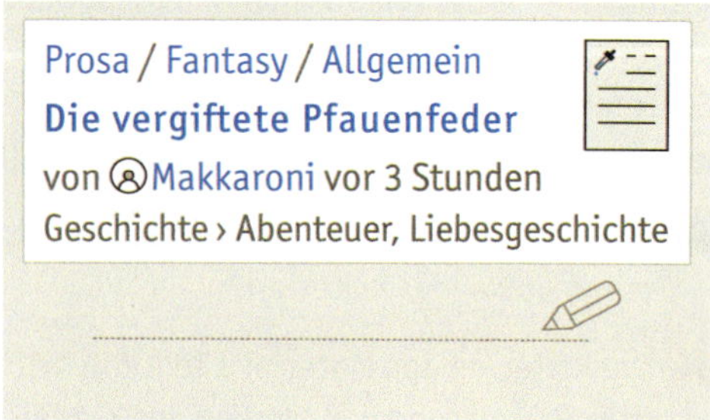

Fanfiktion im Internet

2 Setzen Sie sich vertieft mit der Weiterentwicklung der Buch-/Literaturkultur auseinander, indem Sie den Textauszug auf der folgenden Seite lesen und dann in Kleingruppen eine der folgenden Aufgabenstellungen bearbeiten.

- Formulieren Sie – gegebenenfalls auch mithilfe von Lexika und Wörterbüchern – Definitionen zu den im Text fettgedruckten Begriffen.
- Geben Sie mit eigenen Worten wieder, welche drei Medienrevolutionen auf welche Art und Weise die Literaturproduktion und -rezeption seit Beginn der Neuzeit geprägt haben.
- Formulieren Sie eine Einschätzung, ob es ein Ende der Buchkultur in naher Zukunft geben wird.

Entwicklungen der Literatur

Mit der Erfindung des Buchdrucks werden um 1450 die technischen Voraussetzungen geschaffen für den Aufstieg des Buches zum **kulturellen Leitmedium** der Neuzeit. Über mehr als vier Jahrhunderte ist die europäische Kultur seitdem im wesentlichen eine Buchkultur; über mehr als vier Jahrhunderte dominieren die Druckmedien von nun an die gesellschaftliche Kommunikation auf allen Ebenen. Das ändert sich entschieden erst mit der von der Erfindung der **auditiven Medien** […] und der **visuellen Medien** […] begleiteten Eröffnung des elektronischen Zeitalters zum Ende des 19. Jahrhundert, das seinerseits durch die Entwicklung der elektronischen Digitalmedien zum Massenkommunikationsmittel im letzten Drittel des vergangenen Jahrhunderts noch einmal entscheidend revolutioniert wird.

Die Verbreitung der digitalen Medien, von Computer und Internet, hat noch einmal und in verschärfter Weise die Frage aufgeworfen, ob die neuen Medien mit ihren medienspezifischen Eigenschaften auch neue Formen der Literatur hervorzubringen in der Lage sind, ob sie Erzählweisen verändern, **Sprachkonventionen** verschieben, Strukturmerkmale der Literatur umstürzen usw.

Textbasierte **Hypertext**-Projekte nutzen bereits die neuen Kommunikationsformen, welche die digitalen Medien bieten; im Netzwerk entstehende Webfiction beginnt die traditionellen Vorstellungen von Autorschaft, Text und Leser zu verändern. Die Entwicklung ist hier noch weitgehend im Fluss. Wohin sie führt, ob damit also die universale Buchkultur endgültig an ihr Ende gekommen ist, ob wir wirklich im Begriff stehen, die sogenannte **„Gutenberg-Galaxis“** zu verlassen und ob die Zukunft ganz den digitalen Medien gehört, lässt sich gegenwärtig noch nicht absehen.

Allkemper/Eke: Literaturwissenschaft, S. 284f.

3 Viele Buchhändler / Verlage bieten mittlerweile Texte in digitaler Form an, die dann wiederum mit bzw. über digitale Medien gelesen werden können. Diskutieren Sie in der Klasse über mögliche Vor- und Nachteile dieser Digitalisierung von Texten.

4 Führen Sie anschließend unter Bezugnahme auf Ihre Ergebnisse zu Aufgabe 3 eine Diskussion zur Frage, ob man im (Deutsch-) Unterricht zukünftig eher mit eBooks arbeiten sollte.

Kate de Goldi

abends um 10 (2012, Auszug)

Für ein Schulprojekt sollen der eher introvertierte, strukturliebende Frankie und die lebenslustige, unkonventionelle Sydney ein eigenes Buch mit Illustrationen gestalten. Während Frankie den Part der Illustration übernimmt, stürzt sich Sydney begeistert in das Verfassen des Textes. Bei einem Arbeitstreffen präsentiert sie Frankie die letzten Seiten der Geschichte.

Frankie las und las und wurde immer unruhiger.

Schließlich legte er die Blätter hin. [...] Er war ... perplex, ja, das war das Wort. Sydney hatte das letzte Kapitel im Baumhaus spielen lassen, wie vereinbart, aber sie hatte drei verschiedene Enden geschrieben, drei alternative Enden.

„Es ist ein Ende zum Aussuchen", sagte Sydney, als sie seinen Gesichtsausdruck sah, „die Leser können wählen. Man kann entweder ein a) total glückliches Ende haben oder b) ein halb glückliches Ende oder c) ein total trauriges Ende."

Frankie starrte die vielen beschriebenen Seiten an, Sydneys große runde Lettern, die fiebrige Erregung, die sich an ihrer Handschrift ablesen ließ, wenn sie sich dem jeweiligen Ende näherte.

„Aber", setzte er an und hörte gleich wieder auf, weil er eigentlich nicht wusste, was er sagen wollte.

„Und so", fuhr sie fort, „ist der Leser Teil der Geschichte. Sie ist interaktiv, wie ein Computerspiel, die Leser schreiben die Geschichte selbst mit."

„Dabei magst du gar keine Computerspiele", sagte Frankie, auch wenn das nichts zur Sache tat. „Und ich dachte, der Autor ist Herr der Geschichte." Die Vorstellung, drei Enden zu haben, machte ihn nicht bloß perplex, sondern ärgerte ihn auch. Es war sehr verstörend und *unordentlich.*

„Haargenau", sagte Sydney und riss die Augen auf. „Bin ich ja auch. Und darum mache ich drei Enden, nein, *wir* machen sie. Ist doch eine gute Idee, findest du nicht auch? Vor allem, wenn man sich nicht entscheiden kann. Und das kann ich ehrlich gesagt nicht." [...] „Du kannst dir auch wie ein Leser dein Lieblingsende aussuchen", sagte sie.

„Ich will mir aber keins aussuchen", sagte Frankie. Er wusste, er klang wie ein schmollendes Kind. „Ich möchte, dass es schon ausgesucht ist. *Von den Autoren.* Wie in einem richtigen Buch."

5 Frankie und Sydney vertreten unterschiedliche Auffassungen zur Gestaltung von Literatur. Tauschen Sie sich – ausgehend von dem Textauszug – in einem literarischen Gespräch über diese Sichtweisen aus.

6 Sydney sagt, ihre Geschichte sei „interaktiv". Sammeln Sie weitere Ideen, wie ein Leser interaktiv in eine Geschichte eingreifen kann. Denken Sie dabei auch an Möglichkeiten der Digitalisierung von Texten.

Das müssen Sie wissen

Digitale Literatur

Mit der Entwicklung digitaler Medien wird es möglich, schriftlich fixierte Texte zu speichern, zwischen Medien zu transportieren und auf Bildschirmen in verschiedenen Formen zu lesen. **„Digitale Literatur“** geht aber über dieses reine Digitalisieren von Text hinaus, indem sie neben der digitalen Speicherung auch verschiedene Möglichkeiten der Programmierung von Text nutzt.

Zu „digitaler Literatur“ zählen u. a. die folgende **Subgattungen**:
- **Hyperfiction / Hyperpoetry** als multilineare Texte, die auf dem Prinzip der **Verlinkung** basieren und ihre Leser zum **Navigieren** bzw. zum Treffen von Entscheidungen und zum individuellen Zusammenfügen von Textteilen auffordern
- **multimediale Dichtung**, in der **Text**, **Bild**, **Musik** und bisweilen auch **Bewegung** der einzelnen Elemente miteinander **neu kombiniert** werden
- Texte, die mithilfe von **Textgeneratoren** entstanden sind, d. h. es werden technische Programme zur **Permutation** (Neuanordnung) vorgegebener Textbausteine oder zur **Generierung** (Erschaffung) neuer Texte genutzt
- **literarische Computerspiele / E-Book-Apps**, die die Grenzen zwischen Spiel und Text verschwimmen lassen und den User / Leser auffordern, **spielerisch** oder **gestaltend in** eine **Handlung einzugreifen**
- **Mitschreibprojekte / Weblogs**, bei denen **User** von Anfang an **in** die **Erzeugung von Webinhalten einbezogen** werden, wodurch sich Grenzen zwischen Autor und Leser auflösen
- **Fan-Fiction** als eigenständige, kreative Texte von Fans, die bestehende Geschichten (aus Literatur, Filmen, Serien, Computerspielen etc.) ergänzen oder weiterführen und sich digital vernetzen und austauschen

7 Recherchieren Sie, wie digitale Literatur aus einem anderen Medium entstehen kann. Halten Sie Ihre Ergebnisse in anschaulicher Form fest.

8 Setzen Sie sich vertieft mit weiteren Formen digitaler Literatur auseinander und bearbeiten Sie dazu eine der folgenden Aufgaben.

- Suchen Sie im Internet nach einem Textgenerator und testen Sie diesen aus. Berichten Sie in der Klasse von Ihren Erfahrungen und präsentieren Sie ein von Ihnen selbst erstelltes Textbeispiel.
- Sehen Sie sich über den Mediencode die Seiten im Internet im Vergleich genauer an. Bestimmen Sie jeweils die Form der digitalen Literatur und begründen Sie Ihre Einschätzung vor der Klasse.
- Überlegen Sie, wie Sie ein eigenes Mitschreibprojekt für Ihre Klasse entwickeln könnten, und präsentieren Sie Ihre ersten Ideen im Plenum.

Arbeitsblatt: 11040-29

9

Literatur-Sehen und Film-Lesen?

Medien als ästhetische Kunstwerke wahrnehmen und untersuchen

1 Auf den nachfolgenden Abbildungen sehen Sie zwei Erfindungen, die als Grundstein für die Entwicklung des Animationsfilms betrachtet werden können.
Tauschen Sie sich im Plenum über die mögliche Funktionsweise dieser Erfindungen aus. Überlegen Sie, ob Sie weitere Möglichkeiten kennen, wie sich Bilder außerhalb digitaler Medien zum Leben erwecken lassen.

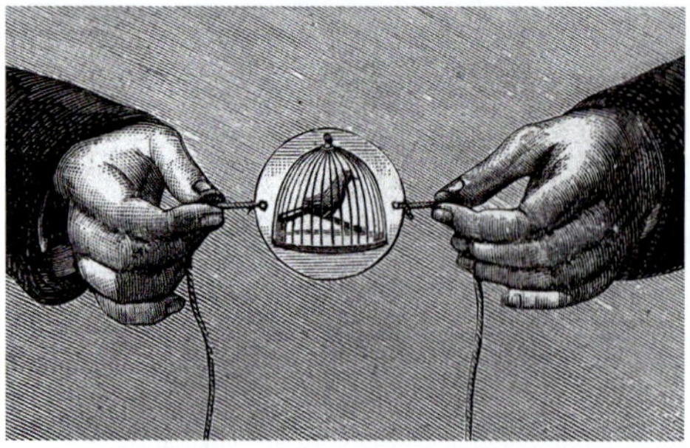

John Ayrton Paris: Thaumatrop (1825)

Zoetrop (19. Jh.)

2 Erarbeiten Sie in Kleingruppen eine erste Definition für den Begriff „animierter Kurzfilm". Gehen Sie dabei auf folgende Aspekte ein:

Wortspeicher

Filmdauer – Formen der Animation – Chancen und Grenzen bei der Erstellung

3 Mit „Gertie the Dinosaur" schuf der Comiczeichner Winsor McCay 1914 einen der ersten und bekanntesten Animationsfilme der frühen Filmgeschichte. Suchen Sie den Film online und halten Sie Ihre ersten Assoziationen zu diesem Film während des Betrachtens stichpunktartig fest.

4 Vergleichen Sie „Gertie the Dinosaur" mit Ihrer Vorstellung von einem animierten Kurzfilm im 21. Jahrhundert. In welchen Punkten gibt es Gemeinsamkeiten, in welchen Unterschiede?

„Solche Filme eigenen sich doch höchstens für die Unterstufe!“

„Wie soll man solche Filme analysieren?“

„Geht es uns nicht darum, ästhetisch anspruchsvolle Filme zu zeigen?“

„Warum sollten wir uns denn auch uralte Animationsfilme anschauen?“

5 Ein Mitglied der Kino-AG schlägt vor, beim nächsten Filmabend an der Schule ältere und aktuelle animierte Kurzfilme zu zeigen. Dazu äußern einige AG-Mitglieder ihre Bedenken. Diskutieren Sie darüber, ob Sie die oben angeführten Bedenken teilen bzw. was sich darauf entgegnen lassen könnte.

6 Die „Academy of Motion Picture Arts and Sciences“ zeichnet animierte Kurzfilme und animierte Spielfilme in einer eigenen Sparte mit dem „Academy Award“ („Oscar“) aus. Bearbeiten Sie dazu eine der folgenden Aufgabenstellungen auch mithilfe des Links. Klicken Sie nach Aufruf der Seite bei der „Award Category“ den Punkt „Animated Feature Film“ an und dann „Search“.

[Link: 11040–30]

Notieren Sie drei Gewinnertitel und suchen Sie nach Antworten auf folgende Fragen:
- Seit wann gibt es eine eigene Sparte für den Animationsfilm?
- Welche bekannten Produzentinnen und Produzenten wurden nominiert oder ausgezeichnet?

Ermitteln Sie die Gewinner-Animationsfilme der letzten zehn Jahre und arbeiten Sie zu drei der Filme deren zentrale Themen und ihre Machart heraus. **Tipp:** Orientieren Sie sich dabei an den beiden nachfolgenden Kästen.

Formulieren Sie fünf Kriterien, die ein animierter Spielfilm Ihrer Meinung nach erfüllen muss, um „Oscar-würdig“ zu sein.

Das müssen Sie wissen

Animationstechniken: 2D

Um Bilder eindrucksvoll zum Leben zu erwecken (vgl. lat. *animare* = „beleben“, „in etw. Lebendes verwandeln“) nutzt die Filmindustrie eine Vielzahl von Techniken.

2D-Animationen / Zweidimensionale Animationen sind „flache“ Animationstechniken, bei denen durch die Aneinanderreihung von Einzelbildern die Illusion einer Bewegung entsteht. Zum Abfotografieren der Einzelbilder wird die Kamera dabei von oben senkrecht nach unten auf die Fläche ausgerichtet.
Beispiele für diese Art der Animation sind u. a.:
- **Legetrickfilme** und **Flachfigurenfilme** (*Cutout-Animation*): Gegenstände bzw. ausgeschnittene fotografierte / gezeichnete Figuren werden manuell bewegt und diese „Bewegung“ in Einzelbildern festgehalten.
- **Zeichentrickfilme**: Aneinanderreihung gezeichneter Bewegungsphasen, wobei für eine Sekunde Film 24 Zeichnungen benötigt werden; bis in die 1990er Jahre wurden die Zeichnungen mithilfe eines Leuchttischs auf transparente Folien (*Cels*) aufgemalt und dann vor einem ebenfalls gezeichneten Hintergrund abfotografiert.

Das müssen Sie wissen

Animationstechniken: 3D

Bei **3D-Animationen / dreidimensionalen Animationen** erfasst die Kamera Figuren aus allen möglichen Perspektiven.

Beispiele für diese Art der Animation sind u. a.:

- **Stop-Motion-/Objekt-Animationen**: dreidimensionale Modelle werden in Einzelbildern aufgenommen, wobei von Bild zu Bild manuell eine geringfügige Veränderung des Modells vorgenommen wird; Modelle können Plastilin-Figuren (Knetanimation/*Claymotion*), Figuren aus Lego®steinen (Brickfilm) oder Handpuppen (Puppenfilm) sein.

Bei **2D-/3D-Computeranimationen** werden – in der Regel – zunächst Zeichnungen oder Modelle angefertigt, die in einem nächsten Schritt am Computer digital mithilfe bestimmter Animationssoftware umfangreich bearbeitet werden können. Die Animation kann aber auch vollständig computergeneriert sein.

7 2012 wurde der animierte Kurzfilm „The Fantastic Flying Books of Mr. Morris Lessmore" (nachfolgend kurz „Flying Books") mit einem „Oscar" ausgezeichnet. Sehen Sie sich den animierten Kurzfilm online an und formulieren Sie Ihre Eindrücke dazu. Geben Sie das Kernthema des Films an.

8 Tauschen Sie sich darüber aus, ob Sie eine „Oscar"-Prämierung von „Flying Books" für gerechtfertigt erachten.

9 Den Büchern wird in „Flying Books" eine besondere Bedeutung zugeschrieben. Übertragen Sie die Tabelle in Ihr Heft und halten Sie stichpunktartig fest, welche Funktionen von Büchern / Literatur / Lesen im Film dargestellt werden.

Szene im Film / Angabe der Filmminute(n)	kurze Wiedergabe des Dargestellten	Funktion von Büchern / Literatur / Lesen

10 Erläutern Sie, wie es gelingt, Mr. Lessmores Charakter gänzlich ohne Worte bzw. gesprochene Sprache zu zeigen.

11 Die Handlung in „Flying Books" wird ausschließlich über Bilder und Musik transportiert. Formulieren Sie stichpunktartig mögliche Chancen und Grenzen einer derartigen Vermittlung.

Sich mit Literaturproduktion und -rezeption auseinandersetzen

12 „Kann man Filme lesen und wenn ja, wie?" Formulieren Sie eine individuelle Antwort auf diese Frage.

Das können Sie bereits

So erkennen Sie filmsprachliche Mittel und beurteilen deren Wirkung

Mithilfe von **Kameraperspektiven** wie Normalsicht oder Vogel- und Froschperspektive sowie **Kameraeinstellungen** wie z. B. Detail, nah oder Totale lässt sich im Film die Wahrnehmung des Gezeigten bewusst steuern und Nähe / Distanz zu diesem schaffen. **Kamerabewegungen** (z. B. Schwenk, Kamerafahrt) und bestimmte **Schnitt- und Montagetechniken** (z. B. Blenden, weiche / harte Schnitte) nehmen Einfluss darauf, wie der Betrachter die Handlung wahrnimmt und erlebt.
Stimmungen können über das Spiel von **Licht** und **Schatten**, den bewussten Einsatz von **Farbe** bzw. Farbfiltern und den **Filmton** (gesprochene Sprache, Hintergrundgeräusche, Musik) transportiert werden.

13 Setzen Sie sich in Kleingruppen nochmals intensiv mit „Flying Books" auseinander. Wählen Sie dazu jeweils eine analytische und eine produktive Aufgabenstellung aus und bearbeiten Sie diese im Team.

analytischer Zugang	produktiver Zugang
Zeigen Sie an zwei Beispielen, wie in „Flying Books" mit Farbe / Farbfiltern gespielt wird und welche Stimmungen sich dadurch übermitteln lassen.	Gestalten Sie ein mögliches Filmplakat für „Flying Books" und verfassen Sie eine kurze Begründung für Ihre Darstellung.
Wählen Sie zwei Filmszenen aus und bestimmen Sie die darin verwendeten zentralen filmsprachlichen Mittel. Gehen Sie dabei auch auf deren Wirkung ein.	Wählen Sie aus dem Kurzfilm eine circa dreiminütige Sequenz aus. Verfassen Sie zu dieser Sequenz passende Textpassagen für ein Voiceover.
Zeigen Sie an zwei Beispielen, wie die Bücher mit Mr. Lessmore kommunizieren und wie diese Kommunikation über filmsprachliche Mittel erzeugt wird.	Überlegen Sie sich ein alternatives Ende für „Flying Books", nachdem Mr. Lessmore das Haus verlassen hat. Sie können Ihre Ideen stichpunktartig festhalten oder ein Storyboard erstellen.

14 Tauschen Sie sich im Anschluss an die Auseinandersetzung mit den Aufgaben 10–13 in der Klasse darüber aus, ob Sie einen Unterschied zwischen filmischem und literarischem Erzählen sehen. Notieren Sie Ihre Position zu dieser Frage.

9

Was Sie schon können!

Kompetenztest

Über Medienkonsum nachdenken

1 Sind gedruckte Bücher noch zeitgemäß? Wählen Sie dazu einen der folgenden Satzanfänge (a–c) aus, der Ihrer Position entspricht, und ergänzen Sie diesen sowie die zwei weiteren Satzanfänge darunter entsprechend.

a) Gedruckte Bücher werden immer zeitgemäß bleiben, denn …
b) Gedruckte Bücher haben ihren Wert längst verloren, da / weil …
c) Gedruckte Bücher sind noch zeitgemäß, aber …
Unter „Literatur" verstehe ich …
Lesen / Bücher bedeutet / bedeuten für mich …

Medien als ästhetische Kunstwerke wahrnehmen

2 Erklären Sie mit Bezug auf „The Fantastic Flying Books of Mr. Morris Lessmore" (kurz: „Flying Books") an zwei Punkten, warum sich Animationsfilme heutzutage nicht mehr nur an ein jugendliches Publikum wenden.

Animationstechniken kennen

3 Zeigen Sie an zwei Beispielen, welche Animationstechniken bei den „Flying Books" verwendet wurden.

Filmsprachliche Mittel erkennen und deren Wirkung beurteilen

4 Wählen Sie aus den nachfolgenden filmsprachlichen Mitteln drei aus und zeigen Sie jeweils an zwei konkreten Beispielen, wie diese wirkungsvoll bei der Gestaltung von „Flying Books" eingesetzt wurden.

Wortspeicher

Kameraperspektive – Kameraeinstellung – Kamerabewegung – Schnitt- und Montagetechniken – Filmton – Farbe

5 Erklären Sie anhand des Kurzfilms „red rabbit" (online zu finden), mit welchen (filmsprachlichen) Mitteln es in einem animierten Kurzfilm gelingen kann, eine Geschichte ganz ohne gesprochene Sprache zu „erzählen".

Sich mit Literaturproduktion und -rezeption auseinandersetzen

Markus Zusak: Die Bücherdiebin

Deutschland, 1939. Die Zeiten sind finster für Liesel, die Nationalsozialisten überall. Aber das Schlimmste steht sowohl der jungen Heldin als auch der restlichen Welt noch bevor. Und wer wüsste das besser als der Tod? Er ist schwer beschäftigt. Und er hat nebenbei eine Schwäche für Liesel entwickelt. Das Mädchen kommt in eine Pflegefamilie. Sie schwebt in ständiger Gefahr, denn ihre leibliche Mutter ist Kommunistin. Wie Liesel einen einzigartigen Weg durch die schreckliche Zeit findet, davon berichtet uns der wohl ungewöhnlichste aller nur möglichen Erzähler. So erfahren wir nicht nur von ihren Bücherdiebstählen, sondern auch von Liesels größtem Geheimnis: Im Keller müssen sie und ihre Familie einen Mann verstecken. Max ist Jude, Liesels Keller seine einzige Hoffnung, Liesel und ihre Pflegeltern seine einzigen Verbündeten. Über Einzelschicksale im Zweiten Weltkrieg sind viele Jugendromane geschrieben worden, aber erzählerisch reicht keiner an dieses Buch heran. Er hält mühelos die Waage zwischen Leichtigkeit und bitterem Ernst, Angst, Hass und Humor mitten im Wahnsinn des Naziregimes und trägt den Leser durch das Leben Liesels.

www.jugendliteratur.org/buch/die-buecherdiebin

6 2009 wurde „Die Bücherdiebin" als bestes Jugendbuch von der Jugendjury ausgezeichnet. Lesen Sie sich die Jurybegründung durch und vergleichen Sie diese mit den Kriterien des Deutschen Jugendliteraturpreises (→ S. 202). Führen Sie die Kriterien an, die in der Jurybegründung angedeutet werden.

Kriterien zur Bewertung von Literatur kennen und anwenden

7 Rufen Sie den Link auf. Erforschen Sie die Seite und formulieren Sie dann eine kurze Begründung, ob es sich dabei um „digitale Literatur" handelt.

Link: 11040-31

Formen digitaler Literatur rezipieren und produzieren

10
Stil, sicher?

Über Textgestaltung nachdenken

1 Können Sie sich „gewählt ausdrücken"? – Definieren Sie, was Sie unter einem „gewählten Ausdruck" verstehen, und beantworten Sie dann für sich die Frage.

2 Wählen Sie in Partnerarbeit zwei der folgenden Aussagen zu „gutem Ausdruck" und „angemessenem Stil" (→ S. 215) aus, die Sie überzeugen, und begründen Sie kurz Ihre Wahl.

3 „Wer im Leben weiterkommen will, muss sich gut ausdrücken können!" – Positionieren Sie sich zu zweit zu dieser Aussage.

4 Sammeln Sie mögliche Punkte, die bei Textkorrektur und -bewertung unter „Sprache" und „Stil" fallen. Denken Sie auch an Korrekturanmerkungen zu Ihren eigenen Texten.

Was wissen Sie noch? Test unter: 11040-32

„Eigentlich ist die Sprache ein Ausdrucksmittel. Leider wird sie aber oft als Eindrucks- und sogar als Druckmittel missbraucht." (Ernst Ferstl)

„Stil ist die Fähigkeit, komplizierte Dinge einfach zu sagen – nicht umgekehrt." (Jean Cocteau)

„Stil ist richtiges Weglassen des Unwesentlichen." (Anselm Feuerbach)

„Jedes Thema muss auf eine angenehme Art zum Ausdruck kommen." (Johann Christoph Gottsched)

„Kennzeichen treffenden Ausdrucks ist, dass auch das, was an sich zweideutig ist, nur eindeutig ausgelegt werden kann." (Luc de Clapiers, Marquis de Vauvenargues)

„Der Stil eines Autors ist ein Bild seines Geistes, doch die Auswahl und der Gebrauch der Sprache sind die Früchte von Erfahrungen." (Edward Gibbon)

Unsere Sprache stellt in gewisser Weise ein Werkzeug dar, das uns hilft, uns und unsere Gedanken, Gefühle und Meinungen zum Ausdruck zu bringen. Doch gerade der Umgang mit diesem Werkzeug will gelernt sein, denn nicht immer ist unser Ausdruck oder Stil in Kommunikationssituationen angemessen. Das vorliegende Kapitel soll Sie daher beim „Schleifen" Ihres sprachlichen Werkzeugs unterstützen, indem Ihnen Wege aufzeigt werden, ...

... Merkmale und Funktionen verschiedener Sprach- bzw. Stilebenen und Register zu unterscheiden,
... Stilfehler zu vermeiden und sich reflektiert mit Stilfragen auseinanderzusetzen,
... über Wortwahl und Satzbau mehr Prägnanz in Ihren Texten zu erreichen sowie
... Zusammenhänge zwischen sprachlich-stilistischer Gestaltung und deren Funktion für die Textkohärenz zu erkennen und in eigenen Texten effektiv zu nutzen.

10

Wort-Gewänder

Den eigenen Stil über den Wortschatz verbessern

1 Erklären Sie mit eigenen Worten die Komik hinter dem Buchtitel: „Wenn ein Wort sitzt, kann man es so stehen lassen."

2 Formulieren Sie eine Begründung dafür, warum der Buchtitel dennoch Sinn ergibt.

3 Die Klasse 10b hat im Rahmen eines Berufsorientierungstags einen Lektor eines Verlags eingeladen. In einem Workshop zeigt dieser der Klasse, worauf er selbst bei der Korrektur von Texten achtet. Der Lektor hat einige Textbeispiele mitgebracht, über die er beim Lesen selbst schmunzeln musste. Arbeiten Sie zu zweit aus den folgenden Materialien diese „humorvollen" Stellen heraus und notieren Sie stichpunktartige Verbesserungsvorschläge.

M1

Polizei sucht nach Zeugen

Reifen eines Autors erstochen

M2

„Ein kompletter Schulverweis des Schülers wäre ein Präsidentsfall an unserer Schule!" (Schulleiter vor dem Elternbeirat)

M3

„Das Grüne vom Ei wäre die Fußgängerbrücke an dieser Stelle sicherlich nicht, aber ein Seitensprung bei jedem herannahenden Auto könne sicherlich auch nicht die Lösung sein."

M4

M5

4 Ermitteln Sie mithilfe des nachfolgenden Kastens, welche Stilfehler in den Beispielen aus Aufgabe 3 konkret vorliegen.

Das müssen Sie können

So erkennen und vermeiden Sie Stilfehler

Unter Stilfehlern lassen sich sprachliche Ausdrucksfehler zusammenfassen, bei denen eine unglückliche Wahl / Verknüpfung von Wörtern zu Missverständnissen / Unklarheiten führen kann. Wirken diese Fehler unfreiwillig komisch, dann spricht man von so genannten „Stilblüten“. Diese können aus Unwissen entstehen, aber auch ganz bewusst als Stilmittel eingesetzt werden.
Folgende Stilfehler führen häufig zu Stilblüten:

- falsche / unpassende Wortwahl
- Doppeldeutigkeit / Mehrdeutigkeit von Wörtern oder Formulierungen
- Übersetzungsfehler, die bei Übertragungen von Fremdwörtern in die deutsche Sprache entstehen
- unpassende Kontaminationen, d. h. unsinnige Verschmelzungen von Bestandteilen zweier oder mehrerer Wörter zu einem neuen Wort, z. B. *abscheußlich (abscheulich + scheußlich)*, in der Werbesprache auch bewusst als Stilmittel eingesetzt
- falsche Metaphern oder Redewendungen
- Pleonasmen, d. h. Aneinanderreihungen oder Häufungen sinngleicher /-ähnlicher Wörter, wie z. B. *nasser Regen; es gilt generell immer die Annahme, dass ...*

5 Der Lektor zeigt der Klasse 10b die Website des Journalisten und Bestseller-Autors Bastian Sick, auf der dieser seit Jahren Stilblüten sammelt. Sehen Sie sich über den Mediencode einige Beispiele aus der Rubrik „Fundstücke“ an und bearbeiten Sie dann in Kleingruppen eine der folgenden Aufgaben.

Link: 11040–33

- Finden Sie selbst in Zeitschriften, im Internet oder in Ihrer Umgebung mindestens drei Beispiele für Stilblüten und präsentieren Sie Ihre Ergebnisse der Klasse.

- Bilden Sie ein Team mit Mitgliedern, für die Deutsch nicht Erstsprache ist bzw. die Personen mit einer anderen Erstsprache kennen. Tragen Sie dann mindestens fünf Übersetzungsfehler zwischen dieser Sprache und dem Deutschen zusammen, die zum Schmunzeln anregen.
- Verfassen Sie einen kurzen Text im Stile einer Zeitungsnachricht, in den Sie bewusst einige Stilblüten einbauen. Lassen Sie diese von einer anderen Gruppe ermitteln.

6 In einer weiteren Übung sollen Sie sich in Kleingruppen darüber austauschen, warum in den folgenden Sätzen aus einer antithetischen Erörterung bestimmte Wörter oder Wortgruppen von einer Lehrkraft markiert wurden. Notieren Sie jeweils Ihre Vermutungen.

„Medienerziehung als eigenes Unterrichtsfach?"

(1) Der Nutzen eines eigenen Unterrichtsfachs „Medienerziehung" ist unverständlich.

(2) Manche Lehrer sind doch selbst Medien-Legastheniker!

(3) Alle können von einer intensiven Beschäftigung mit Medien nur profilieren.

(4) Ein zusätzliches Unterrichtsfach erscheint mir überflüssig zu sein.

(5) Sich mit Medien im Unterricht zu beschäftigen, kann durchaus effizient für das weitere Berufsleben sein.

7 Wählen Sie drei Beispiele aus Aufgabe 6 und erarbeiten Sie gemeinsam für die markierten Wörter / Wortgruppen mögliche Alternativformulierungen.

8 Entscheiden Sie in der Kleingruppe, in welchen der nachfolgenden Sätze bestimmte Wörter/ Wortgruppen nochmals überdacht werden sollten, und begründen Sie jeweils stichpunktartig Ihre Einschätzung. Notieren Sie, wo nötig, eine verbesserte Version.

(6) Der mediendurchzogene Unterricht ist praktisch längst reell.

(7) Die Schule kann als Sozialisationsinstanz einen wichtigen Beitrag zur Medienkompetenz Heranwachsender leisten.

(8) Beim Nutzen von Computerspielen im Unterricht sind Proteste der Erzeuger schon vorprogrammiert!

(9) Lehrern sind die Medieninteressen der Jugendlichen doch egal!

(10) Meine Zukunftsprognose für ein Unterrichtsfach „Medienerziehung" fällt daher zweifelsohne positiv aus.

(11) Eine intensive Beschäftigung mit Medien kann quasi nicht verkehrt sein.

(12) Meines Ermessens nach benötigt es daher kein eigenes Unterrichtsfach „Medienerziehung".

(13) Ich stelle in Abrede, dass die Einführung eines solchen Unterrichtsfachs eine Einflussnahme auf die Jugendlichen haben wird.

9 Überprüfen Sie mithilfe des nachfolgenden Kastens, ob Sie in Aufgabe 6 die Gründe für Markierungen richtig erkannt und in Aufgabe 8 selbst die richtigen Markierungen vorgenommen haben.

Das müssen Sie können

So verbessern Sie Ihren sprachlichen Ausdruck

Ein stilsicherer Text ist präzise, anschaulich und leicht verständlich gestaltet.
Um Ihren Stil zu verbessern, können Sie sich an den nachfolgenden Tipps orientieren:

- Nutzen Sie **Fremdwörter** nur dann, wenn Sie deren Schreibung beherrschen und die jeweilige Bedeutung kennen. Vermeiden Sie unnötige Anglizismen.
- Nutzen Sie passende **Fachbegriffe**, sofern Sie deren **Grammatik** (z. B. Pluralschreibung) beherrschen und Sie nicht mit ähnlichen Begriffen verwechseln.
- Ersetzen Sie (zu) **abstrakte** durch **konkrete Begriffe** bzw. finden Sie anschauliche Umschreibung für komplexe Sachverhalte.
- **Verletzen Sie andere nicht** durch unsensible **Wortwahl** (z. B. Diskriminierung durch Wörter, die rassistisch / sexistisch sind, Randgruppen oder Menschen mit körperlichen / psychischen Einschränkungen abwerten oder die einen historisch fragwürdigen Hintergrund haben).
- **Vermeiden Sie unnötige Füllwörter**, die keinerlei Mehrwert in sich tragen, wie z. B. *eben, eigentlich, irgendwie, quasi, sozusagen*.
- **Vermeiden Sie – wenn möglich und nicht nötig – stereotype Wörter / Wendungen** oder **Modewörter**, die sehr ungenau sein können oder nur einen geringen Informationsgehalt haben, wie z. B. *innovativ, problematisieren, Diskurs, triftige Gründe, zur Sprache kommen, einen hohen Stellenwert haben*.

10 In einem Ratgeber zum Thema „Sich gewählt ausdrücken", den der Lektor der Klasse 10b zeigt, finden sich die nachfolgenden Tipps. Wählen Sie einen Tipp aus und begründen Sie schriftlich, ob Sie diesem uneingeschränkt zustimmen würden. Beziehen Sie das Textbeispiel unten in Ihre Überlegungen mit ein. Diskutieren Sie anschließend in der Klasse.

- **Tipp 1:** Vermeiden Sie konsequent umgangssprachliche Wendungen!
- **Tipp 2:** Vermeiden Sie falsche Superlative!
- **Tipp 3:** Vermeiden Sie Nominalisierungen!

Text 1

Zur Aufwertung der Medienkompetenzförderung in Schulen

Um zu ermitteln, wie häufig Medien in den Unterricht einbezogen werden und was es Schülerinnen und Schülern bringt, wenn sie sich intensiv mit Medien beschäftigen und sich mit diesen auseinandersetzen, führte eine Forschergruppe der Medienwissenschaften für eine Studie ausgiebige Interviews mit Schülerinnen, Schülern und Lehrkräften.

Das Ergebnis ist echt deprimierend: Zwar finden sich in den Lehrplänen aller Bundesländer inzwischen konkrete Vorgaben zur Förderung von Medienkompetenz, aber deren optimalste Umsetzung ist bei weitem noch nicht erreicht. „Wir haben noch nie gemeinsam ein Computerspiel gezockt und darüber gefachsimpelt oder mal die coolen Apps für Smartphones genutzt", beschwert sich ein Gymnasiast. „Jugendaffine Mediennutzungsgewohnheiten werden per se zu wenig integriert", gibt auch die Forschergruppe zu bedenken.

Verfassertext

10

Satz-Bausteine

Sätze prägnant formulieren

1 „Stilblüten" finden sich nicht nur auf der Wortebene, sondern auch darüber hinaus. Erklären Sie diese Aussage anhand des nebenstehenden Beispiels, das der Lektor der 10b zeigt.

> **Fußballstar droht WM-Aus**
> **Schock für den Verein!**
> Bester Stürmer hat sich Dienstagvormittag im Training das Knie verdreht! Er musste es abbrechen.

2 Erklären Sie mithilfe grammatikalischer Fachbegriffe genauer, wodurch es in dem Beispiel aus Aufgabe 1 zu einem „komischen" Missverständnis kommt. Formulieren Sie den Text so um, dass ein eindeutiger Bezug zwischen den Sätzen entsteht.

3 Übernehmen Sie nun die Arbeit des Lektors. Arbeiten Sie zu zweit oder in Kleingruppen: Notieren Sie, warum die folgenden Beispielsätze aus materialgestützten Kommentaren zum Thema „Verändern Influencer die Gesellschaft?" missverständlich oder fehlerhaft sind.

(1) Sich diesen Erkenntnissen anschließend, sind die Gründe für den Berufswunsch „Influencer" offensichtlich.

(2) Um die zu ihrer Meinung über Influencer befragten Schülerinnen und Schüler nicht durch Mitschriften zu irritieren, wurden die Interviews im Einverständnis mit einem digitalen Diktiergerät aufgezeichnet.

4 Vergleichen Sie Beispielsatz 3 aus einem Kommentar mit der verbesserten Version. Erklären Sie stichpunktartig, was hier genau verändert wurde und warum.

Original	Verbesserung
(3) Die Seitenbetreiber trafen eine Vereinbarung, in Abwesenheit der Influencerin, die sie zur Kennzeichnung von Werbung verpflichtet.	In Abwesenheit der Influencerin trafen die Seitenbetreiber eine Vereinbarung. Diese Vereinbarung verpflichtet die Influencerin zur Kennzeichnung von Werbung.

5 In einem anderen Kommentarentwurf (→ Text 2) wurden verschiedene Möglichkeiten zur Herstellung von Satzbezügen genutzt. Ermitteln Sie diese mithilfe des Kastens.

6 Ergänzen Sie Text 2 um einen weiteren Abschnitt, in dem Sie Ihre Meinung zum Einfluss von Influencern wiedergeben. Stellen Sie bewusst Textkohärenz her.

7 Vergleichen Sie in Kleingruppen Ihre Abschnitte miteinander. Tauschen Sie sich über mögliche Missverständnisse aus und geben Sie sich Tipps, um gegebenenfalls an bestimmten Stellen die Textkohärenz zu verbessern.

Text 2 **Ausschnitt aus einem Kommentarentwurf**

Um der Frage nachzugehen, ob wir in der heutigen Zeit noch auf Influencer verzichten können, muss man sich zunächst einmal vor Augen führen, was „Influencer“ als solche eigentlich ausmacht. Als Influencer oder Multiplikatoren (engl. *to influence* = „einwirken“, „beeinflussen“) gelten seit Anfang des 21. Jahrhunderts Personen, die über internetbasierte Kommunikationskanäle ihre eigenen Konsum- und Lebensgewohnheiten einer breiten Öffentlichkeit zur Schau stellen. Inhalte zu Themengebieten wie „Beauty“, „Fitness“ oder „Ernährungsweise“ werden dabei in Form von kurzen Videosequenzen regelmäßig und häufig in sozialen Netzwerken veröffentlicht, die vor allem von einem jüngeren Zielpublikum genutzt werden.

Indem Influencer in ihren Videos tiefe und vermeintlich unzensierte Einblicke in ihr Privatleben gewähren, wodurch der Influencer als Person authentisch, ehrlich, vertrauensvoll und sympathisch wirken soll, gelingt es den Multiplikatoren, eine emotionale Nähe zu ihren Followern aufzubauen und sich ein gewisses Ansehen zu erarbeiten. Eine solche Nähe und ein solches Ansehen werden dann wiederum genutzt, um für bestimmte Produkte und Lebensweisen zu werben und die Follower zu deren Kauf bzw. Nachahmung zu animieren.

Jeder User von sozialen Netzwerken kann im Prinzip zur Influencerin oder zum Influencer werden, wenn es ihr oder ihm gelingt, die Aufmerksamkeit anderer User auf ein interessantes Themengebiet oder Produkt zu lenken und langfristig dafür zu begeistern. Durch ihre mediale Präsenz und Reichweite sowie die Art und Weise der Kommunikation und Interaktion mit ihren Followern, werden Influencerinnen und Influencer zu Meinungsführern. Was man durchaus kritisch betrachten sollte.

Verfassertext

Das müssen Sie können

So stellen Sie Bezüge innerhalb von und zwischen Sätzen her (Kohärenz)

Verwenden Sie **Proformen** (Personal-, Demonstrativ- und Relativpronomen sowie Pronominaladverbien wie *davon, hierüber, wodurch*), um klare und logische Satz(teil)bezüge herzustellen. Um Missverständnisse zu vermeiden, können Sie auch nochmals den Satzteil aufgreifen, auf den sich eine Proform bezieht.
Rufen Sie für das Thema zentrale Begriffe durch **Rückbezüge** und **Wiederaufnahmen** der Leserschaft erneut ins Gedächtnis.
Nutzen Sie **gliedernde** und **strukturierende Formulierungen**, die nicht nur Bezüge zwischen einzelnen Sätzen / Abschnitten Ihres Textes ermöglichen, sondern auch die thematische Entfaltung (der gedanklichen Ausführung eines Themas) unterstützen:

- **Ober- und Unterbegriffe**, um Zusammenhänge zu markieren,
- **Konnektoren** wie **Konjunktionen** (*denn, doch …*), **Subjunktionen** (*weil, obwohl, nachdem …*) oder **Konjunktionaladverbien** (*deshalb, ferner*), um z. B. **zeitliche** oder **kausale** Verknüpfungen herzustellen,
- gliedernde **Signalwörter und strukturierende Formulierungen** (→ S. 89–91).

8 Ihre Mitschülerin wägt bei der Formulierung einiger Sätze ihres Kommentars zwischen zwei Versionen ab. Helfen Sie ihr bei der Entscheidungsfindung über eine der untenstehenden Aufgaben.

- Bestimmen Sie in Partnerarbeit jeweils die Version, die Sie mehr überzeugt.
- Bearbeiten Sie die blaue Aufgabe und formulieren Sie jeweils eine kurze Begründung für Ihre Entscheidung.
- Prüfen Sie, für welche Beispiele es auch noch eine andere Formulierung geben könnte, und formulieren Sie diese Version aus.

Version 1	Version 2
(4) (Doch auch Influencer sehen diese Entwicklung kritisch.) In ihrem neuesten Video mahnt die Influencerin, die sich selbst, als sie das Video postete, gerade in Frankfurt aufhielt, wo sie eine Fachmesse zur Internetkommunikation besuchte, zum kritischen Umgang mit sozialen Netzwerken.	Die Influencerin mahnt zum kritischen Umgang mit sozialen Netzwerken. Als sie das Video postete, befand sie sich gerade in Frankfurt. Dort besuchte sie eine Fachmesse zur Internetkommunikation.
(5) Auch ich muss zugeben, dass ich selbst schon Videos von Influencern angesehen habe.	Auch ich kann nicht leugnen, dass ich selbst schon Videos von Influencern angesehen habe.
(6) Der Jugendschutz spricht sich vehement gegen die Videos des Influencers aus.	Einer spricht sich vehement gegen die Videos des Influencers aus: der Jugendschutz.
(7) Den Jugendlichen den Zugang zu den Kanälen der Influencer rigoros verbieten – eine wirklich tolle Idee!	Es ist wenig sinnvoll, den Jugendlichen den Zugang zu den Kanälen der Influencer zu verbieten.
(8) Es scheint ganz so, als ob sich die Ministerin der Reichweite von Influencern nicht bewusst ist.	Die Ministerin ist sich anscheinend der Reichweite von Influencern nicht bewusst.
(9) Doch haben Influencer wirklich Einfluss auf alle Jugendlichen? Fraglich!	Es ist fraglich, ob Influencer auf alle Jugendlichen diesen Einfluss haben.
(10) Der Kinder- und Jugendpsychologe sieht diese vorhersehbare Entwicklung kritisch.	Diese Entwicklung, die sich schon mit den ersten Videos ankündigte, sieht der Kinder- und Jugendpsychologe kritisch.

Das müssen Sie können

So „bauen“ Sie prägnante Sätze

- Zerlegen Sie lange und schwer verständliche Hypotaxen in kurze Hauptsätze oder **gut verständliche Haupt-Nebensatz-Konstruktionen**.
- **Vermeiden Sie inhaltsarme Einleitungssätze oder Füllsätze**, d. h. Sätze über die keine (neuen) Informationen transportiert werden. Platzieren Sie lieber die wichtige Information im Hauptsatz.
- Nutzen Sie **in Sätzen** eine **bewusste Wortstellung**, um logische Strukturen zu verdeutlichen, indem Sie z. B. gegensätzliche Begriffe jeweils an den Satzanfang stellen (paralleler Satzbau / Parallelismus).
- **Vermeiden Sie doppelte Verneinungen**, wenn Aussagen leicht verständlich sein sollen.

In Textsorten wie Kommentar, Feature oder Essay, in denen die Leserschaft oft emotional angesprochen wird, können Sie zum Beispiel folgende Kniffe einsetzen:

- Erzeugen Sie durch eine **Setzung von Doppelpunkten** Spannung bzw. heben Sie Aussagekräftiges nochmals besonders hervor. Dieses Verfahren sollten Sie jedoch nur maßvoll einsetzen.
- Ersetzen Sie gelegentlich **indirekte Fragen** durch **direkte Fragen**.
- Durch **Ellipsen**, **doppelte Verneinungen** oder **Ironie** können Sie den Fokus humorvoll auf bestimmte Informationen lenken.

10 Der Lektor bittet die Klasse, die Sätze (11) und (12) zu besprechen, ihre Eignung für verschiedene argumentative Textsorten zu diskutieren und konkrete Verbesserungsvorschläge zu machen.

(11) Ich werde im Folgenden zeigen, welche Auswirkungen die Influencer-Videos auf das Konsumverhalten von Jugendlichen haben.

(12) Die Reichweite von Influencern ist gegenwärtig offensichtlich, kontrovers diskutiert wird dagegen ihre Einflussnahme auf das Konsumverhalten und die Lebensgewohnheiten von Jugendlichen.

11 Die nachfolgenden Sätze könnten für die Verwendung in einem Kommentar noch ansprechender formuliert werden. Arbeiten Sie zu zweit: Formulieren Sie je Satz mindestens eine andere Satzversion. Diskutieren Sie die verschiedenen Vorschläge dann gemeinsam in der Klasse.

(13) Die Heranwachsenden bemerken zu diesem Zeitpunkt noch nicht, wie sie von den Influencern in gewisser Weise beeinflusst werden.

(14) Die Kanalbetreiber versprechen, alles zu versuchen, um die Jugendlichen vor einer negativen Einflussnahme durch Influencer-Videos zu schützen.

Text-Netze

Sich mit Textgestaltung auseinandersetzen

1 Was bedeutet „Glück" für Sie? Vervollständigen Sie dazu die nachfolgenden Sätze: *„Glück" ist … / Glückliche Menschen erkennt man daran, dass … / „Glück haben" bedeutet …*

2 Im Rahmen eines Philosophie-Wettbewerbs wurde der nachfolgende Text einer Schülerin zum Siegertitel gekürt. Lesen Sie sich Text 3 durch und notieren Sie dann stichpunktartig das Kernthema des Essays sowie die Positionierung der Verfasserin zur Frage des Titels.

Text 3

Thema: Müssen wir glücklich sein wollen?

Der Wille zum Glück ist je nach Kontext von Vorteil oder vonnöten

Man stelle sich eine Schule vor – Schüler in den Gängen, Schüler in den Klassenzimmern, lose in den Raum geworfene Worte und Zahlen und Prüfungsstress und die Angst, das Prinzip der Proteinbiosynthese in Chemie nicht zu verstehen. Kollektives Aufstöhnen, wenn ein weiterer Übungsaufsatz bis Freitag aufgegeben wird und wir immer noch nicht gelernt haben, unsere Gedanken ohne den Zwischenschritt Stift-und-Papier beziehungsweise Tastatur-am-Computer greifbar zu machen. Ja, es ist schwer, so ein Schülerleben; schwer und durchzogen von Fäden der Existenzmüdigkeit. Ist es das, was wir wollen? Wahrscheinlich nicht. Was also treibt uns trotzdem weiter? Ist es Glück? Müssen wir (inmitten dieses Chaos, das man uns als Leben verkauft) glücklich sein wollen?

Die große Frage, die wir in all diesen Jahren wahlweise im Ethik-, Deutsch- und Französischunterricht umkreist haben – zu scheu, um uns anzunähern, es gibt hier keine Tatsachen, finde dein eigenes Glück – stellt sich als erstes: Was genau ist Glück denn? Frei assoziiert: Ich bin (fühle mich) glücklich, wenn ich ein wirklich gutes Buch lese und mein Verstand aus Begeisterung über eine bestimmte Aneinanderreihung von sechs Worten Luftsprünge vollführt. Wenn ich in [einem Fantasy-Action-Rollenspiel] den Charakter gezogen habe, auf den ich schon seit drei Wochen warte. Wenn ich eine gute Punktzahl in Englisch erreicht oder gerade Schokolade gegessen habe (halt, letzteres ist ein schlechtes Beispiel, genauso wie Sport und Sex es wären – ich will mir das Konzept „Glück" weniger auf einer biologischen als auf einer philosophischen Ebene ansehen, also tschüss, ihr Endorphine; man nehme die Schokolade als Symbol für eine Handlung, die mir Freude bereitet). Einfache Dinge, möchte man sagen. Die kleinen Momente des Alltags, die alles zusammenhalten.

Aristoteles wiederum meinte, Glück läge im sittlichen Handeln. Handeln also, das an sich, für sich, gut ist, dessen Zweck in sich selbst liegt; Handeln, das sich nicht an äußeren Gütern und Gegebenheiten orientiert. Dem Menschen wohnt eine vernünftige Seele inne, die zu prinzipienorientiertem und angemessenen Handeln anleiten und eine solche Handlung begründen kann. Eine Art Einsicht, die tiefer geht als wissenschaftliche Erkenntnis. Ein Mensch, dessen Vernunft seine Affekte, seine archaischen Triebe, überstimmen kann, führt ein selbstbestimmtes, sittlich richtiges, sittlich gutes Leben. Das, erklärte Aristoteles, wäre Glück. Aristoteles sagte auch, dass die Menschen grundsätzlich nach Glück streben würden, und dass sich dieses Glücksstreben je nach geistigem Entwicklungsstand zunächst nach außen orientiere. Der Mensch will für sich etwas Gutes erreichen. Also: Glück. Aristoteles in allen Ehren – ist es nicht diese Art von Außenorientierung, an die wir zuerst denken, wenn sich die Frage nach einem glücklichen Leben stellt? Bekanntheit, materielle Güter, Reichtum. Ich brauche Geld, um mir Schokolade zu kaufen. Wir gehen in die Schule, um zu studieren, um an einen guten Job zu gelangen, der Geld einbringt. Das ist es, was meine Eltern mir manchmal sagen: Uns ist es egal, ob du später Karriere machst oder nicht, aber denk daran, dass das Leben ohne Geld schwieriger ist. Materialismus, Kapitalismus. Glück ist in diesem Sinne eine Aussicht, ein Ziel, das es wert ist, angestrebt zu werden, das es wert ist, sein ganzes Sein und Wollen darauf auszurichten. Wir müssen glücklich sein wollen, um ein Ziel zu haben.

Werfen wir einen Blick auf unsere Gesellschaft, auf unsere Werte und unser Konsumverhalten. Wir konsumieren gerne und viel, wir kaufen Kleider, Bücher, das neue [Smartphone], weil wir Freude daran haben. Idealerweise. Wir fahren in den Urlaub (je weiter weg, desto besser; je mehr weißer, weiter Sandstrand, je mehr warmes, blaues Meer, desto besser) und teilen die Fotos, die unterwegs mal mehr, mal weniger gestellt entstehen, auf Instagram. Die anderen sind neidisch. Oh, wäre ich doch nur auch auf Bali und hätte das gleiche Sommerkleid – und mit dieser Kamera könnte ich genauso tolle Bilder machen. Die Unternehmen da draußen schalten Werbung und lächeln triumphierend, wenn ihre Kassen klingeln.

Zurück zu uns, in der Schule, mit dem Damoklesschwert „Abitur" über unseren Köpfen, dauergestresst. In der Oberstufe fangen sie an, uns Heftchen und Flyer unter die Nase zu schieben, immer subtil, immer mit Subtext: Achte auf deine Noten, du baust dir gerade deine Zukunft aus Zahlen. Wir fangen an, nach den Sternen zu greifen. Jura, Medizin, ein Studium im Ausland sähe sicher auch gut aus. Der Himmel ist schwarz. Einige von uns werden es hoch hinaus schaffen, an die Börse, nach Harvard, in den Bundesnachrichtendienst. Andere werden daran zerbrechen, dass sie dorthin wollten – sie werden daran zerbrechen, dass sie sich von einer glänzenden Karriere Glück erhofft haben, und sie werden so unglücklich sein wie nie in ihrem Leben. Wieder andere werden sich mit einem Bürojob zufriedengeben und Jahr für Jahr für Jahr arbeiten, auf den Ägyptenurlaub und das neue Auto sparen und irgendwann ihren Blick fest auf die Rente geheftet haben. Nicht mehr arbeiten, endlich Ruhe. Hallo, fünfundsechzig Jahre deines Lebens sind vergangen. Wir können nur hoffen, dass du nicht irgendwann nur noch auf den Tod wartest.

So dreht sich das Rad. So drehen wir uns mit. Dieses Leben ist ein Haufen Karotten vor unserer Nase, in Form von Werbung, sozialen Medien, dem Paar, das händchenhaltend über die Straße vor unserer Wohnungstür geht. Wir rennen dem Geld, dem Erfolg, gesellschaftlich gewogen und für erstrebenswert befundenen Lebenskonstrukten wie Partnerschaft und Familie hinterher und hoffen, dass all das uns glücklich macht. Macht es glücklich? Aristoteles sagt nein. Ich sage nein. Gut für den Kapitalismus, schlecht für das Individuum.

Aber: gut für das Individuum. Die Karotte vor der Nase mag eine Lüge sein, aber sie ist es nur zur Hälfte. Einen Teil ihres Versprechens hält sie: Wir bleiben in Bewegung. Wir streben nach etwas. Wir leben in einer Welt der materiellen Werte, also halten wir uns daran fest. Eine Aussicht auf Glück ist besser als gar nichts. Das Versprechen von Glück ist der Motor für das Leben. Wir müssen glücklich sein wollen, sonst bleiben wir stehen. Und die Unternehmen gehen leer aus. (Eine Runde Mitleid für den Kapitalismus.)

Streben wir also aus einer Art latenter Verzweiflung nach Glück? Weil man es eben tut? Weil man es tun muss, um in einer solchen Gesellschaft zu überleben, weil wir ohne die Idee eines Irgendwann-werde-ich-glücklich-sein, einer Idee des Angekommenseins, die Hoffnung verlieren würden?

Das klingt, wie mein Deutschlehrer sagen würde, sehr negativ. Ich würde es, euphemistisch ausgedrückt, als nüchtern bezeichnen. Aber, nein, man kann sich der Beziehung des Individuums zum Glück auch anders annähern: Glück ist vielleicht gar nicht das Ziel, sondern der Weg. Betrachten wir das Ganze aus einem existenzialistischen Blickwinkel: Wenn es keinen höheren, gottgegebenen Sinn auf dieser Welt gibt, wenn wir uns alle durch ein Labyrinth des Konsums und der unverwirklichten Träume schleppen – muss dann nicht das Leben an sich gut sein? An sich gut werden können, an sich von uns zu etwas Gutem gemacht werden können?

Glück ließe sich hier als eine Art der Selbstverwirklichung auffassen. Sich auf die Suche danach zu begeben, wofür man gewissermaßen geschaffen wurde, was einem gerade im Beruf nicht nur Geld, sondern vor allem Erfüllung beschert; sich eine Identität aufzubauen und den Fokus von der Jagd nach dem Glück auf die Jagd nach sich selbst zu verschieben. Ich kann mit Sprache umgehen, und ich bin glücklich, wenn ich mich damit beschäftige, und vielleicht möchte ich später in diesem Feld studieren. Es inspiriert mich. Für jemand anderen kann es in ähnlicher Weise erfüllend sein, anderen zu helfen, sich politisch zu engagieren, Schach zu spielen oder zu backen. Ist die Bedeutung von Glück, sich selbst zu finden? Und wenn ja – ist es ein Glück, das angestrebt werden kann?

Zum einen: ja. Setzt man sich Selbstverwirklichung zum Ziel – zum laufenden Ziel, das vielmehr eine Idee zur Orientierung ist, das sich in Etappen auf einen lebenslangen Weg verteilt – so kann man dieses auch aktiv vorantreiben; indem man lernt, sich weiterbildet, indem man Dinge ausprobiert, Interessen findet und verwirft. Indem man offen für die Welt ist, in der man sich bewegt. Dieser persönliche Fortschritt ist etwas, das gewollt werden kann, das verfolgt werden kann: folglich hängt das Glück, das sich in der Entfaltung des Einzelnen findet, von uns selbst ab. Wenn wir nicht suchen wollen, finden wir nicht. Wenn „die Existenz […] der Essenz voraus[geht]“ (Jean-Paul Sartre via Wikipedia), wenn unser Wesen in eine Welt hineingeworfen wird, die keine Antwort auf die Frage nach dem Sinn hat, liegt es an uns, ihr Sinn zu geben – auf uns selbst zurückgeworfen ist Selbstverwirklichung (die) eine Quelle des Glücks. Wir müssen glücklich sein wollen, wenn wir Sinn finden wollen.

Zum anderen: nein. Offenheit ist ein gutes Stichwort. Wenn ich um halb drei Uhr nachts mit einem Glas eingelegter roter Beete vor meinem Laptop sitze und Fanfiction schreibe und dann die Eingebung habe, dass das hier doch sehr „Ich" ist – eine Art Essenzmoment, eine Situation, die zu mir selbst kongruent ist – dann war das Zufall. Momente dieser Art lassen sich nicht produzieren oder reproduzieren, sie passieren einfach. Und trotz ihres flüchtigen Charakters provozieren sie das höchste Gefühl von Glück, von Angekommensein, das sich im Leben ergibt. Wir können diese Momente des Glücks nicht wollen, nicht herbeiwünschen. Die kleine Blume am Straßenrand, gelb auf grau; den azurblauen Himmel; das Kakaoherz auf unserem Kaffeeschaum; das Lächeln einer Fremden auf der Poststelle. Einfache Dinge, die kleinen Momente des Alltags, die alles zusammenhalten. Es interessiert sie nicht, was wir wollen, oder dass wir wollen. Sie passieren. Wir müssen sie nur sehen. Und wenn er noch so subtil ist, eher passiv als aktiv: auch hier spielt der Wille mit – er ist die Offenheit, die wir für die Welt, die uns umgibt, übrig haben. Und in diesem Fall ist das eine Entscheidung.

Das ist letztendlich doch die Frage: Müssen wir glücklich sein wollen? Ja, sagt unser konsumorientierter Kapitalismus, und schaltet ein Werbebanner mehr auf deiner liebsten Partnersuche-Website. Du, als Individuum, bist der Motor dieser Gesellschaft, und dein Wollen bringt uns alle voran. Wenn du nicht willst, wenn dir die Karotte egal ist, läuft hier nichts mehr. Ja, sagst du und brichst noch ein Stück Schokolade von der Tafel neben dir ab, deshalb gehe ich doch zur Schule und studiere und mache Karriere. Da vorne muss eine Aussicht sein, sonst geht es nicht weiter. Eines Tages werde ich mit mir selbst im Reinen und glücklich sein. Ja, sagt die Welt. Wenn du nicht nach Glück strebst, verschließt du die Augen vor allen Dingen, und seien sie noch so klein und bedeutungslos, in denen sich Glück äußert. In denen du selbst dich äußerst.

Niemand zwingt dich dazu, glücklich sein zu wollen. Du verpasst dein Leben, wenn du es nicht willst.

Alice Anders, Deutschhaus-Gymnasium Würzburg, 01.11.2020

3 Formulieren Sie einen Forumsbeitrag, in dem Sie Text 3 dahingehend beurteilen, ob dieser Sie bei der ersten Lektüre überzeugen konnte.

4 Untersuchen Sie den Aufbau des Textes genauer, indem Sie diesen in Sinnabschnitte unterteilen und deren jeweilige Funktion im Text angeben.

→ Hilfe S. 289

5 Fügen Sie in Ihre Tabelle eine weitere Spalte ein und bestimmen Sie für die einzelnen Sinnabschnitte jeweils die dominierende Grundform des Schreibens: Erzählen, Informieren, Argumentieren. Stützen Sie Ihre Einschätzung durch Textbeispiele.

Das müssen Sie können

So entfalten Sie das Thema Ihres Textes

„Thematische Entfaltung“ bzw. „Themenentfaltung“ meint die Art und Weise, wie ein Thema in einem Text gedanklich bzw. inhaltlich und sprachlich entwickelt wird.
Wie ein Thema entfaltet wird, hängt dabei in erster Linie von der Schreibintention, der Funktion des Textes und der angedachten Adressatengruppe ab.

Folgende Grundformen der thematischen Entfaltung lassen sich unterscheiden:
- die **deskriptive** (beschreibende) **Themenentfaltung**, bei der ein Thema in Einzelaspekten genauer dargestellt (Spezifizierung) und schließlich in einen bestimmten Kontext (Situierung) eingeordnet wird,
- die **explikative** (erklärende) **Themenentfaltung**, bei der ein Sachverhalt unter Bezugnahme auf andere Sachverhalte genauer erklärt wird,
- die **argumentative** (begründende) **Themenentfaltung**, bei der Behauptungen über einen strittigen Sachverhalt durch Argumente gestützt / widerlegt werden,
- die **narrative** (erzählende) **Themenentfaltung**, bei der ein ungewöhnliches Ereignis dargestellt (Komplikation), dieses dann in einem nächsten Schritt zu einem guten oder schlechten Ausgang geführt (Resolution) und dieser Ausgang schließlich entsprechend bewertet wird (Evaluation).

Bei einigen Textsorten sind auch **Mischformen** bei der thematischen Entfaltung möglich.

6 Überprüfen Sie mithilfe Ihres Vorwissens zur Textsorte „Essay“ (→ S. 95), welche charakteristischen Merkmale Text 3 aufweist. Notieren Sie jeweils konkrete Textbelege.

7 Sehen Sie sich nun die sprachliche Gestaltung von Text 3 genauer an. Bilden Sie dazu Expertenteams und bearbeiten Sie eine der unten angeführten Aufgabenstellungen.

Expertenteam 1: sprachliche Bilder
- Bestimmen Sie bei den im Text blau unterlegten Formulierungen, auf welches sprachliche Bild (→ S. 46, 126) hierbei zurückgegriffen wurde.
- Interpretieren Sie die Sprachbilder, indem Sie ihre Wirkung im Kontext erläutern.
- Suchen Sie drei weitere sprachliche Bilder, bestimmen und interpretieren Sie sie.

Expertenteam 2: Fachsprache
- Übersetzen bzw. umschreiben Sie alle rot unterlegten Wörter / Formulierungen, wie Sie sie im Kontext verstehen.
- Finden Sie zwei weitere fachsprachliche Beispiele und verfahren Sie genauso.
- Ordnen Sie alle Ihre Beispiele einem bestimmten Verwendungskontext (einem Fachbereich, z. B. Philosophie, Biologie, Psychologie, …) zu und interpretieren Sie deren Verwendung im Kontext.

Expertenteam 3: besondere sprachliche Gestaltungsmittel
- Benennen Sie das sprachliche Mittel, auf das die Verfasserin bei den grau unterlegten Textstellen zurückgegriffen hat. Erklären Sie, was gemeint sein könnte und wie Sie die Textstellen verstehen.
- Interpretieren und erläutern Sie die Funktion des Gestaltungsmittels im Kontext.
- Untersuchen Sie die Aussagen in runden Klammern, notieren Sie die Funktion der Aussagen im Kontext.

8 Der Text beginnt mit der eher neutralen Formulierung „Man stelle sich eine Schule vor - ...“. Vergleichen Sie diese Formulierung mit den untenstehenden Varianten und erklären Sie, was sich an der Textwirkung ändern würde:
- Variante 1: *Stellt euch eine Schule vor –*
- Variante 2: *Stellen Sie sich eine Schule vor –*
- Variante 3: *Folgendes Szenario: Schiller-Gymnasium, 10:00 Uhr –*

9 Ein Bewertungskriterium der Jury bei den Essays war auch die „Kohärenz“ bzw. „innere Stimmigkeit“. Zeigen Sie an drei Beispielen, dass die Gewinnerin des Wettbewerbs ihren Text kohärent gestaltet hat (→ Mittel zur Kohärenzbildung S. 221).

10 Diskutieren Sie über Text 3. Wählen Sie dafür eine der Fragestellungen.

- Fänden Sie es angemessen, wenn in Text 3 in den Zeilen 138-150 auch jugendsprachliche Wendungen wie „Yolo“, „fly sein“ oder „läuft bei dir“ zur Verdeutlichung jugendlicher Denkarten und Weltanschauungen vorkommen würden?
- Würde sich die Wirkung von Text 3 ändern, wenn statt des letzten Satzes nur „Aber ...“ stehen würde?
- Neben der bereits erwähnten „Kohärenz“ wurde auch die „Originalität“ der eingereichten Texte von der Jury beurteilt. Wo zeigt sich Ihrer Ansicht nach die „Originalität“ in Text 3?

11 Nutzen Sie Ihre Ergebnisse aus den Aufgaben dieses Teilkapitels: Führen Sie in der Klasse Ihren eigenen Essay-Wettbewerb durch (Essay → S. 95). Verfassen Sie zu folgender Fragestellung ein kurzes Essay (ca. zwei Seiten): „Tut Glück dem Menschen gut?“

12 Vergleichen Sie Ihre Essays in Kleingruppen und wählen Sie ein Siegeressay. Nutzen Sie zur Beurteilung der Essays den Kasten auf → S. 95 sowie die hier genannten Kriterien „Kohärenz“ und „Originalität“. Lassen Sie dann die von Ihnen bestimmten Siegertitel nochmals gegeneinander antreten und küren Sie aus diesen den Siegertitel.

Was Sie schon können!

Kompetenztest

Stilblüten erkennen und vermeiden

1 Erklären Sie, warum die nachfolgenden Aussagen jeweils ungewollt komisch wirken.

Skelettierte Leiche vermutlich schon länger tot!

„Wir sollten uns einmal unter zwei Augen unterhalten."

2 Formulieren Sie die Aussagen aus Aufgabe 1 so um, dass sie eindeutig zu verstehen sind.

3 Formulieren Sie jeweils ein Beispiel für

a) eine mehrdeutige Formulierung und
b) einen Pleonasmus.

Gestaltungsmittel für Prägnanz auf der Wortebene kennen und nutzen

4 Lesen Sie sich die folgenden Sätze durch und formulieren Sie dann einen konkreten Tipp zur Fehlervermeidung.

a) Ich muss mich nicht unlangsam in das Thema „Glück" einarbeiten.
b) Die Jugendschutzbeauftragten sind sich bezüglich ihrer unmittelbar bevorstehenden Entscheidung zur Altersfreigabe des Computerspiels unschlüssig.
c) Die Behinderten sollten das gleiche Recht auf Glück haben wie die normalen Menschen.
d) Am Ende des Tages bedeutet „Glück" für jeden etwas anderes.
e) Schülerinnen und Schüler sind quasi die eigentlichen Medienexperten.

5 Erläutern Sie an drei konkreten Beispielen, wie im nachfolgenden Text Kohärenz innerhalb von und zwischen Sätzen hergestellt wird.

Mittel der Textkohärenz kennen und nutzen

Glück muss man haben: Rentner hat Führerschein im Lotto gewonnen

Stuttgart (dpo) – Für Frührentner Peter Heinzig ist ein Traum in Erfüllung gegangen: Nachdem der 63-Jährige aus Hemmingen in der Nähe von Stuttgart bereits seit Jahrzehnten erfolglos versucht hatte, die Führerscheinprüfung zu bestehen, hat er seine heißersehnte Fahrerlaubnis nun überraschend im Lotto gewonnen.

Als er von seinem Lotto-Gewinn erfuhr, konnte Heinzig sein Glück zunächst nicht fassen: „Ich habe in meinem ganzen Leben noch nie was gewonnen! Irre!", so der 63-Jährige. Er habe sich sofort von einem Bekannten zur Lotto-Annahmestelle fahren lassen, um den Führerschein und sein neues 27-teiliges Besteckset aus Edelstahl abzuholen. Auf dem Heimweg saß Peter Heinzig bereits selbst am Steuer.

Dass dem Frührentner nach wie vor Grundlagen wie das korrekte Schalten, der Schulterblick beim Spurwechsel oder das Einparken Schwierigkeiten bereiten, trübt seine Freude kaum.

Bei seinen regelmäßigen Spritztouren seit dem Lottogewinn wundert sich Heinzig regelmäßig, wie viele andere Verkehrsteilnehmer von seinem Glück erfahren haben: „Immer wenn ich an so umgekehrten Dreiecksschildern vorbeifahre, bremsen alle rechts und links von mir und rufen mir wild gestikulierend zu. Woher die wohl wissen, wie ich zu meinem Führerschein gekommen bin? Muss wohl in der Zeitung gestanden haben."

www.der-postillon.com, 11.11.2014

6 Formulieren Sie die nachfolgenden Sätze so um, dass diese prägnanter werden.

Prägnante Sätze formulieren

a) Die Influencerin hat dieses Video nicht produziert, sie hat es jedoch unter ihren Followern verbreitet.

b) In den Videos greift der Influencer immer wieder das Thema „Cybermobbing" auf, weil er selbst in den sozialen Netzwerken gemobbt wurde.

c) Die Lehrkraft betont, dass die Schülerinnen und Schüler in ihrem Unterricht auch Erfahrungen mit Computerspielen machen dürfen.

d) Anders als beim privaten Mediengebrauch soll eine fest in den Unterrichtsalltag integrierte Medienerziehung die Hinterfragung von Medien anregen und deren verantwortungsvolle Nutzung fördern.

11 Richtig schreiben? – Eine interessante Geschichte

Ausgewählte Phänomene der Rechtschreibung üben

1 Sprechen Sie über die Texte auf der Doppelseite: Zu welchen Kontexten und Situationen könnten sie gehören? Welche Bedeutung haben sie für ein Schulbuchkapitel zum Thema „Rechtschreibung“?

→ Hilfe S. 289

2 Die Texte bilden Schreibweisen ab, die den heutigen orthografischen Regeln nicht entsprechen. Notieren Sie pro Text drei Beispiele: Notieren Sie auch die heute offiziell korrekte Schreibweise dazu und überlegen Sie, warum heute anders geschrieben wird als damals.

3 Das „richtige Schreiben“ gibt es gar nicht! – Diskutieren Sie diese Behauptung aufgrund der Texte.

Was wissen Sie noch? Test unter: 11040–34

Martin Luther
Sendbrief vom Dolmetschen (1530)

Ich hab mich des geflissen in dolmetzschen / das ich rein und klar teutsch geben moechte. Und ist uns wol offt begegnet / das wir vierzehen tage / drey / vier wochen haben ein einziges wort gesuecht und gefragt / habens dennoch zu weilen nicht funden. Im Hiob erbeiten wir also / M. Philips / Aurogallus und ich / das wir yn vier tagen zu weilen kaum drey zeilen kundten fertigen. Lieber / nu es verdeutscht und bereit ist / kans ein yeder lesen und meistern. *Zitiert nach: Wolff, Gerhard: Deutsche Sprachgeschichte von den Anfängen bis zur Gegenwart, 2004. S. 129*

Arthur Schopenhauer
Über die Verhunzung der deutschen Sprache (ca. 1857)

Die ganze allgemeine und höchst schändliche deutsche Sprachverhunzung zeigt von bornirtestem Unverstand: […] ihren letzten Grund aber hat sie in der mehr und mehr einreißenden Unkenntniß der alten Sprachen. Durch diese nämlich lernt man es mit dem Werth und der Gestaltung jedes Wortes scharf und genau nehmen; zumal leistet die das Lateinschreiben. […] Unsere Sprachverbesserer sind gewiß (mit höchst wenigen Ausnahmen) unfähig, ohne Hülfsmittel einen fehlerfreien lateinischen Brief zu schreiben. […] Man merkt es an allen Ecken und Enden: daß Cigarren rauchen, politisiren und Eisenbahn fahren an die Stelle ernster Studien getreten ist […] *Zitiert nach: Wolff, Gerhard: Deutsche Sprachgeschichte von den Anfängen bis zur Gegenwart, 2004. S. 202*

Langeoog, im Sommer 1995

Zur Zeit regnet es leider nur. Niemand möchte bei dem Wetter radfahren. Jakob und ich sind die einzigen, die noch spazierenfahren. Auf einer Schiffahrt haben wir ein 16jähriges Mädchen kennengelernt. Sie macht ein Praktikum in der Beobachtungs- und Meßstation. Sie hat erzählt, daß sie schon freilebende Robben fotographiert habe – eine Handvoll.

Warum schreiben wir eigentlich, wie wir schreiben? Wie verändert sich die Schriftsprache und wie entstehen Rechtschreibregeln? Anhand von Texten, die einen grundsätzlichen Blick auf die Geschichte der deutschen Sprache und ihrer Verschriftlichung werfen, lernen und üben Sie in diesem Kapitel auch einige Rechtschreibphänomene. Insbesondere …

- … wiederholen und üben Sie einige Regeln zur Schreibung von Substantivverbindungen,
- … wenden Sie Regeln zur Kommasetzung in Satzgefügen, bei Infinitiv-, Partizipialkonstruktionen und bei Appositionen an,
- … lernen Sie die Vielfalt an Satzzeichen kennen und anzuwenden.

11

Entwicklung einheitlicher Schreibweisen

Bei der Groß-, Klein-, Getrennt- und Zusammenschreibung sicher werden

1 Die Auftaktseiten zeigen, dass sich Schreibweisen und Schreibregeln immer wieder verändert haben. Sammeln Sie im Klassengespräch Gründe, die jeweils zu Änderungen geführt haben könnten.

2 Lesen Sie Text 1 zweimal. Tauschen Sie sich dann sowohl zum Textinhalt als auch zu dessen Lesbarkeit und den entsprechenden Leseschwierigkeiten aus.

Text 1

Entwicklungen einheitlicher Schreibweisen in der deutschen Sprachgeschichte

vereinheitlichungstendenzeninderdeutschenschriftsprachereichenweitinsmit
telalterzurückschondieschreiberdergeistlichreligiösentextederalthochdeut
schenzeitbemühtensichdarumgesprochenewörterderartdurchdielateinischen
schriftzeichengrafischabzubildendasseinspätererleserdasschreiberzeugnissinn
vollrezipierenundvortragenkonnte100prozentigverbindlicheschreibweisenga
besallerdingskaumoftwurdedieeinheitlichkeitdurcheinsowohlalsauchersetzt
dieabtrennungeinzelnerwörtersowiedieverwendungvongroßbuchstabenzäh
lenzudenfrühenrechtschreibentwicklungenwortgrenzenundabschnitttrennun
genwurdenallerdingsoftdurcheinenschrägstrichangezeigtauchdiekennzeich
nungdeskleinenidurchdenipunktistabdem12jahrhundertbelegt

3 Notieren Sie den Text in korrekter heutiger Schreibung. Markieren Sie Stellen, bei deren Schreibung Sie unsicher sind. Entscheiden Sie sich jeweils für eine bestimmte Schreibung dieser Stellen und bereiten Sie eine Begründung vor.

4 Sammeln Sie in einer Arbeitsgruppe Unsicherheiten, auf die Sie bei Aufgabe 3 gestoßen sind. Besprechen Sie, welche Schreibungen richtig sind, notieren Sie Regeln und Hinweise, die bei der Schreibung geholfen haben. Überprüfen Sie Ihre Entscheidungen mithilfe des Kastens rechts oben sowie eines Rechtschreibwörterbuchs: Korrigieren Sie Ihre notierten Regeln und Hinweise gegebenenfalls.

5 Gestalten Sie einen Zeitstrahl zur weiteren Entwicklung der deutschen Schriftsprache. Beginnen Sie mit den Informationen aus Text 1, beziehen Sie dann die Informationen aus Text 2 ein.

Das wissen Sie bereits

Wortbildung – zusammen oder mit Bindestrich

- **Komposita** werden **meist zusammengeschrieben** (z. B.: Nomen + Nomen: **Holztür**; Adj. + Nomen: **Hochhaus**; Verb + Nomen: **Schreibtisch**; Pron. + Nomen: **Ichsucht**). Unregelmäßig werden Fugenzeichen gesetzt (z. B.: **Straßenbahn**).
- Ein **Bindestrich steht verbindlich** bei zusammengesetzten Wortgruppen (z. B. **Mund-zu-Mund-Beatmung**), Zusammensetzungen mit Abkürzungen (z. B. **Fußball-WM**), Zusammensetzungen mit Einzelbuchstaben (z. B. **x-te**), Verbindungen mit Ziffern und Ableitungssilben (z. B. **ein 100stel-Millimeter**), bei substantivisch gebrauchten Infinitiven mit mehr als zwei Bestandteilen (z. B. **das In-den-Tag-hinein-Träumen**).
- Ein **Bindestrich kann gesetzt werden**, um die Lesbarkeit zu verbessern und um Missverständnisse (z. B. **Musiker-Leben**, **Zoo-Orchester**) zu vermeiden.
- Am besten nutzen Sie ein **Rechtschreibwörterbuch**, um Schreibunsicherheiten in diesem Bereich zu klären. Oft sind verschiedene Schreibweisen möglich.

Text 2

Geschriebene Texte als neue Form der Kommunikation

Auch in der weiteren Geschichte der deutschen Schriftsprache lieferte das lateinische Alphabet die graphischen Pendants zur Abbildung der Sprachlaute, musste aber um die Diphthong-Schreibungen und die Umlautdarstellung erweitert werden. Schon früh wurde deutlich, dass eine Eins-zu-eins-Übertragung gesprochener Laute auf genau zuzuordnende Schriftzeichen nicht möglich war.

Grundsätzlich entwickelten sich die Schriftsprache und die geschriebenen Texte zu einem eigenen, neben dem Gesprochenen existierenden Sujet mit einer neuen Kommunikationssituation: Anders als im direkten Gesprächskontakt war die Leserorientierung ja sehr abstrakt. Wer den Text wann lesen wird, war seinem Urheber nicht immer bewusst. Um die fehlenden Korrekturmöglichkeiten sowie die fehlende gestische und mimische Untermalung der Aussagen zu kompensieren, mussten eindeutige und abgestimmte Regeln und Konventionen – gleichsam ein einheitlicher Code – entwickelt werden.

Mit der Erfindung des Buchdrucks entstand eine weitere Notwendigkeit zur Normierung und zur Vereinheitlichung: Großschreibung, Zeichensetzungen, Absätze sollten das stille, sinn- und inhaltsverstehende Lesen unterstützen. Druck-Erzeugnisse mit großer Verbreitung führten zu weiteren Systematisierungsbewegungen und reduzierten das schriftsprachliche Entweder-oder.

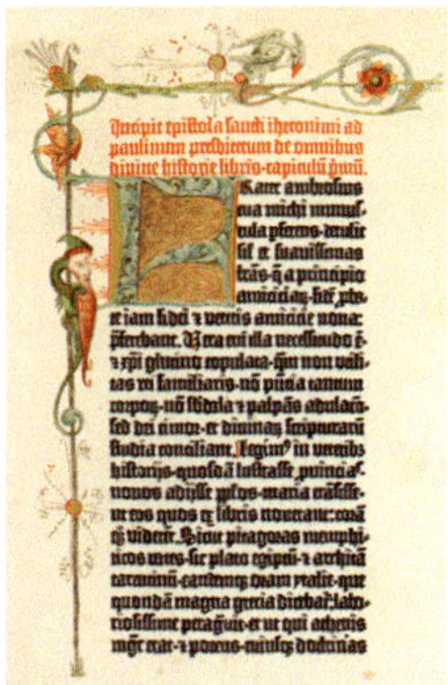

Spätestens in den 1860er- und 1870er-Jahren werden weitere Anpassungsbestrebungen greifbar: Mit zunehmender Entstehung eines einheitlichen Nationalbewusstseins innerhalb des deutschen Sprachraums werden Bemühungen zur Vereinheitlichung der Schriftsprache auch politisch intensiver unterstützt. Die Einführung einer allgemeinen Schulpflicht hat hieran einen großen Anteil. Namentlich nach der Reichsgründung von 1871 sollten die Regularität der Schriftsprache verbindlicher werden. Die Entstehung einflussreicher Rechtschreibwörterbücher spiegelt diese Situation.

Rechtschreibreform …

Politisch und sprachwissenschaftlich motivierte Anstöße zur Reform der Schreibung mit dem Ziel, die Verwendung und Handhabbarkeit der Schriftsprache auf vielen Ebenen zu gewährleisten, gibt es seit den 1930er-Jahren immer wieder. Die jüngste Rechtschreibreform aus dem Jahre 1996 führte zu heftigen Diskussionen einzelner Phänomene. Heutige Konfliktthemen ergeben sich zum Beispiel aus der Entstehung neuer Textformen im Bereich der digitalen Kommunikation, die sich nicht mehr eindeutig als gesprochene oder geschriebene Sprachform definieren lassen, die dabei mit zahlreichen Abkürzungen und Icons agieren, Fremdwörter übernehmen, Groß- und Kleinschreibung vermischen, oder in denen bewusste Regelverstöße als schick gelten.

6 Prüfen Sie Ihre Vermutungen aus Aufgabe 1 im Klassengespräch. Benennen Sie einzelne Erklärungen aus dem Text und diskutieren Sie, ob diese auch heute noch wirkungsvoll im Blick auf Schreibregeln und -veränderungen sind.

7 Ergänzen Sie den Kasten auf Seite 235: Notieren Sie zu jedem Punkt mindestens ein weiteres Beispiel aus dem vorausgehenden Text.

8 Diskutieren Sie in der Klasse, ob Rechtschreibregeln und ihre Berücksichtigung in heutigen digitalen Kommunikationssituationen noch wichtig und bedeutungsvoll sind. Unterscheiden Sie verschiedene Formen und Situationen der Kommunikation.

9 Der Text enthält zahlreiche Fremdwörter, deren Schreibung vielleicht schwierig ist. Ergänzen Sie den folgenden Kasten um weitere Beispiele. Nutzen Sie ein Rechtschreibwörterbuch zur Überprüfung der jeweiligen Schreibung.

Das wissen Sie bereits

Fremdwörter

In deutsche Texte aufgenommene **Fremdwörter** (→ S. 46, 219, 240 f.) können oft sowohl in der Originalschreibung als auch in einer angepassten Schreibung notiert werden (z. B. *circa – zirka*). Auch die teilweise Anpassung ist möglich (z. B. *Orthografie*).

10 Ergänzen Sie die Informationen der folgenden Textabschnitte im Zeitstrahl aus Aufgabe 5.

Text 3

AUFGRUND politischer und wirtschaftlicher Entwicklungen in der Zeit des Spätmittelalters kommt es zu weiteren Vereinheitlichungen der regionalen Sprachformen im damaligen Gebiet des Deutschen Reichs. Wollten Kaufleute nicht **PLEITEGEHEN**, mussten sie Geschäftsbeziehungen über regionale Grenzen hinweg führen. Auch vonseiten der politischen Führung wurde die Verwendung einer **ALLSEITS** verständlichen Sprache unterstützt: Schließlich sollten die Leser in allen Gebieten **IMSTANDE** sein, Anweisungen und Anordnungen zu verstehen.

Text 4 Für weitere Vereinheitlichungen muss man auch Martin Luther **DANKSAGEN**. Trotz des sich verbreitenden Buchdrucks existierten im 16. Jahrhundert noch viele Schreibweisen nebeneinander. Einheitliches Schreiben war **KEINESWEGS** selbstverständlich, **MANCHERORTS** galt das **VARIANTENREICHE** Schreiben sogar als Zeichen von Kreativität, die auch vor offiziellen Texten nicht **HALTMACHTE**. Eine allzu **GLATTGEBÜGELTE** Sprache sollte vermieden werden. Lange Vokale wurden zum Beispiel durch Vokaldopplung, durch ein Dehnungs-h oder bloß durch die einfache Schreibung gekennzeichnet. Niemand stellte **INFRAGE**, dass etwas das lange A in Tal, Saal oder Wahl zwar **GLEICHERMAßEN** lang gesprochen aber unterschiedlich geschrieben wurde.

Text 5 Der Lehrer und Schulleiter Konrad Duden (1829–1911) erkannte die Schwierigkeiten, die sich **ALLERORTS** aus einer nicht verbindlich geregelten Rechtschreibung ergaben. In seiner Schule kamen Menschen aus verschiedenen Regionen zusammen. **RATSUCHEND** wandten sich die Schüler an ihn, da sie recht unterschiedliche Schreibweisen für jeweils dasselbe Wort nutzten und die gegenseitige Verständigung dadurch nicht immer **GEWÄHRLEISTEN** konnten. Duden wollte die Offenheit der Schreibung grundsätzlich **INFRAGE-STELLEN** und bei den Schreibvarianten **MAßHALTEN**. Er formulierte Regeln und schuf Wortlisten, welche die **NOTLEIDENDEN** Schreiber unterstützen sollten. Duden nahm an mehreren Rechtschreibkonferenzen teil. Viele seiner Empfehlungen wurden auf einer Konferenz im Jahre 1902 als **ALLGEMEIN-GÜLTIGE** Regeln übernommen.

Texte 1–5: Verfassertexte

11 Setzen Sie sich mit der Schreibung der groß gedruckten Wörter auseinander.

- Prüfen Sie die Schreibungen im Wörterbuch. Notieren Sie die richtige Schreibung.
- Prüfen Sie die Schreibung der Wörter. Sortieren Sie sie nach den Kategorien des folgenden Kastens.
- Prüfen Sie die Schreibung der Wörter und entscheiden Sie sich für eine Variante. Machen Sie sich die Gründe Ihrer Entscheidung (z. B. Verständlichkeit, besondere Schwerpunktsetzungen) bewusst und notieren Sie diese.

Das wissen Sie bereits

Variantenschreibungen: getrennt – zusammen / groß – klein

Viele Schreibungen erlauben Varianten: **Substantiv + Verb** (z. B. *staubsaugen / Staub saugen*), **Adjektiv + Verb** (z. B. *leer essen / leeressen*), **Verbindung mit Partizipien** (z. B. *allein erziehend / alleinerziehend*), Präposition + Substantiv (z. B. *auf Grund / aufgrund*). Auch hier gilt der Hinweis: Nutzen Sie bei Unsicherheiten ein **Rechtschreibwörterbuch**.

11

Fremdwörter im Deutschen

Die Bedeutung von Sprachkontakt und Mehrsprachigkeit für das Deutsche verstehen

Sofort-Kredit

Guten Appetit!

Neu: Frozen-Yoghurt!

Reparatur-Service

Berühren Sie den Touch-Screen.

diverse Kaffee-Sorten – auch „to go“

1 Beim Gang durch die Fußgängerzone begegnen Ihnen zahlreiche Wörter, die aus anderen Sprachen in das Deutsche übernommen wurden. Versuchen Sie die aufgelisteten Wörter ihren Herkunftssprachen zuzuordnen. Sammeln Sie weitere Beispiele.

2 Wie kommen Wörter aus anderen Sprachen ins Deutsche? Formulieren Sie im Klassengespräch Hypothesen zu dieser Frage.

3 Lesen Sie den folgenden Text: Bestätigen, präzisieren oder verändern Sie Ihre Hypothese aus Aufgabe 2.

Fremd- und Lehnwörter im Deutschen

Im Laufe der Sprachgeschichte wurde eine Vielzahl an Wörtern aus anderen Sprachen in das Deutsche integriert. Viele dieser Wörter sind dabei noch als Fremdwörter erkennbar - vor allem, wenn sie die Schreibung ihrer Herkunftssprache beibehalten haben. Integrierte Wörter, die in der Schreibung und der Grammatik an die deutsche Sprache angepasst wurden, werden als Lehnwörter bezeichnet. Dass es sich um Wörter handelt, die aus anderen Sprachen stammen, ist dabei manchmal nicht mehr zu erkennen.

Der Wortschatz der deutschen Sprache lässt noch heute die großen Wellen erkennen, in denen Wörter aus anderen Sprachen übernommen wurden. Oft spiegeln diese Übernahmen historische Ereignisse, wissenschaftliche und technische Entwicklungen, Kunstepochen oder auch kriegerische Konflikte.

In folgenden Phasen war der Einfluss anderer Sprachen besonders groß: Die „erste lateinische Welle“ erreichte den deutschen Sprachraum während der Römerzeit zwischen 50 v. Chr. bis 500 n. Chr. Ihr folgte eine „zweite lateinische Welle“ in der Zeit der Christianisierung der germanischen Gebiete (500–800). In der „höfischen Zeit“ des frühen Mittelalters galt es an den Höfen als modern, wenn man Französisch sprach. Viele Wörter aus dem Französischen wurden ins Mittelhochdeutsche entlehnt. Die gebildeten Wissenschaftler in der Zeit des

Humanismus (Ende des 15. Jahrhunderts–16. Jahrhundert) bedienten sich wieder der Sprache der Kirche: dem Lateinischen. Es erfolgte damit also eine „dritte lateinische Welle“. Teilweise parallel zu diesen Entwicklungen übernahm man im 15. Jahrhundert viele Wörter der italienischen Buchführung und des Geldwesens. Italienische Wörter wurden auch durch die Einwirkung der Musik verbreitet. Während des Dreißigjährigen Krieges (1618–1648) nahm man sich nochmals die französische Kultur als Vorbild, erneut flossen viele französische Wörter ins Deutsche ein. Weitere wissenschaftliche Fortschritte in verschiedenen Bereichen ließen international verständliche Wörter auf lateinischer oder griechischer Grundlage in die europäischen Sprachen einfließen. Eine letzte feststellbare Welle aus heutiger Sicht kam nach dem 2. Weltkrieg auf: Zahllose englisch-amerikanische Wörter werden seither von der deutschen Sprache aufgenommen. *Verfassertext*

4 Beginnen Sie mit der Gestaltung eines übersichtlichen Plakats (Größe ca. DIN A3): Übertragen Sie Informationen aus dem Text in einen Zeitstrahl.

5 Die folgenden Textschnipsel enthalten Beispiele für die einzelnen Phasen des Sprachkontakts. Übertragen Sie die Beispiele an die passenden Stellen des Zeitstrahls auf dem Plakat.

M1 Beispiele, die wir kennen: Jeans, Babysitter, Playback, Layout, Stewardess, Spray, Comic.

M2 Die Dichtung und Ritterkultur an den Höfen der Adligen bringen viele Wörter aus dem damals modernen und beliebten Französischen in die deutsche Sprache ein. Etwa altfranzösisch tornei ‚Turnier‘, lance ‚Lanze‘, danse ‚Tanz‘. Auch die Wörter Fischerei, Zauberei und buchstabieren, parlieren, hausieren tragen in der Betonung und in den Endungen französische Elemente.

M3 Die neuen Wörter kommen über die verschiedenen Wissenschaftsbereiche in die neue Sprache, wobei vor allem lateinische und griechische Wörter beliebt werden. Hierher gehören etwa: Advokat, Testament, Nerv, Patient, Epidemie, Arrest, Polizei, Parallele, Produkt, multiplizieren, Konjugation, Konsonant, Student, Professor, Akademie, Examen, Rektor, Gymnasium.

M4 Durch zahlreiche Auseinandersetzungen mit den Römern kommen die Germanen mit deren Kriegs- und Alltagskultur in Berührung. Zahlreiche, noch heute bekannte Substantive werden aus dem Lateinischen übernommen und verändern sich im Laufe der Sprachgeschichte. Wörter, die in dieser Zeit in das Deutsch übernommen wurden sind lateinisch pilum ‚Pfeil', caseus ‚Käse', frucuts ‚Frucht', vinum ‚Wein', murus ‚Mauer'.

M5 Mit der Übernahme des Geldwesens aus Italien festigten sich auch die dazugehörenden Wörter im Deutschen: z.B. Konto, Giro, Bank, Netto, Brutto.

M6 Nach dem Dreißigjährigen Krieg (1618–1648) überwiegt noch einmal der französische Einfluss auf die deutsche Sprache. Frankreich gilt in ganz Europa als politisch und kulturell führende Nation. Wörter aus der damaligen Zeit sind Mode, Kostüm, Parfüm, frisieren, Serviette, Tasse, Ragout.

M7 Viele neue Wörter werden aufgrund des großen Einflusses der Kirchen- und Klosterkultur in den deutschen Wortschatz aufgenommen. Beispiele sind hier: mittellateinisch clostrum ‚Kloster', altare ‚Altar', petrosilium ‚Petersilie', rosa ‚Rose', viola ‚Veilchen'.

Das müssen Sie wissen

Fremdwörter und Lehnwörter

Die Sprachwissenschaft unterscheidet bei den Wörtern, die aus anderen Sprachen übernommen wurden, zwischen Fremdwörtern und **Lehnwörtern**. Als Lehnwort wird dabei jedes Wort bezeichnet, das aus einer anderen Sprache in die Zielsprache übernommen wurde. Oft werden die übernommenen Wörter in der Schreibung und in der Grammatik an die Zielsprache angepasst. **Fremdwörter** im eigentlichen Sinne sind diejenigen übernommenen Wörter, denen man noch gut ansieht, dass sie aus einer anderen Sprache übernommen wurden. Der Übergang zwischen assimilierten, also angepassten Lehnwörtern, und gut erkennbaren Fremdwörtern ist fließend.

6 Sammeln Sie im Klassengespräch Beispiele für Wörter, die in der Schreibung deutlich an die deutsche Sprache angepasst sind, und solche, deren Schreibung noch deutlich auf die Herkunftssprache hinweist. Sammeln Sie auch Beispiele für Wörter, für die inzwischen verschiedene Schreibweisen bestehen.

7 Der Text zu den Fremd- und Lehnwörtern endet bei der Darstellung der Sprachgeschichte nach dem Zweiten Weltkrieg. Tragen Sie im Klassengespräch weitere Situationen zusammen, in denen das Deutsche auch danach intensiven Kontakt mit anderen Sprachen hatte. Sammeln Sie zunächst Hypothesen, vielleicht auch Beispielwörter.

Ausgewählte Phänomene der Rechtschreibung üben

8 Recherchieren Sie im Internet nach entsprechenden jüngeren Beispielen für Sprachkontakte und die Aufnahme von Fremdwörtern ins Deutsche. Nutzen Sie zum Beispiel Suchbegriffe wie „Sprachkontakt" oder „Fremd- und Lehnwörter im Deutschen".

Link: 11040-35

9 Ergänzen Sie Ihr Übersichtsplakat um die Ergebnisse der Aufgaben 6–8.

Das müssen Sie können

So schreiben Sie Fremdwörter richtig

Einige Fremdwortschreibungen lassen sich systematisch benennen. Wenn Sie sich bei der Schreibung eines Worts unsicher sind, sollten Sie aber dennoch im Wörterbuch nachschauen. Grundsätzlich gilt:

- Falls unterschiedliche Wortschreibungen möglich sind, bleiben Sie in Ihrem Text konsequent bei einer ausgewählten Schreibung. Schreiben Sie entweder *Friseur* oder *Frisör*.
- Merken Sie sich Wörter, bei denen eine bestimmte **Schreibung vorgeschrieben** ist. Beispiele sind: *Strophe, Katastrophe, Triumph, Philosophie, Visagist*.
- Denken Sie daran, dass Wörter mit ***Rh, Ch*** **oder *y* unverändert** bleiben. Beispiele sind: *Rhythmus, Rhetorik, Charakter*.
- Bilden Sie den **Plural englischer Lehnwörter** korrekt: Beispiel: *Hobby* → *Hobbys*
- Berücksichtigen Sie, dass einige **Fremdwörter der deutschen Schreibung angepasst** werden können (Beispiel: *Bravour* – *Bravur*), andere allerdings nicht. Beispiele sind: *Saison, Milieu, Chance, Plot, Publicity*.
- Beachten Sie, dass das **französische *é* als *ee*** geschrieben werden kann. Beispiele sind: *Dekolleté* – *Dekolletee, Exposé* – *Exposee*.
- Merken Sie sich die Schreibung der **Suffixe** *-tion*, *-ieren* und *-tät*. Zum Beispiel in: *Intention, sensibilisieren, Authentizität*.

10 Üben Sie die Schreibung von Fremdwörtern weiterhin:

- Stellen Sie für ein kurzes Wortdiktat zehn Fremd- oder Lehnwörter zusammen, deren Schreibung Ihnen Probleme bereiten könnte.
- Gestalten Sie einen kurzen Diktattext zur Überschrift: Fremdwörter in der Fußgängerzone. Nehmen Sie möglichst viele bekannte Lehn- und Fremdwörter auf.
- Gestalten Sie ein Kreuzworträtsel: Notieren Sie Umschreibungen und fragen Sie nach einzelnen Fremdwörtern.

11

Sprachwandel: Lebendigkeit oder Sprachzerfall?

Kommasetzung üben

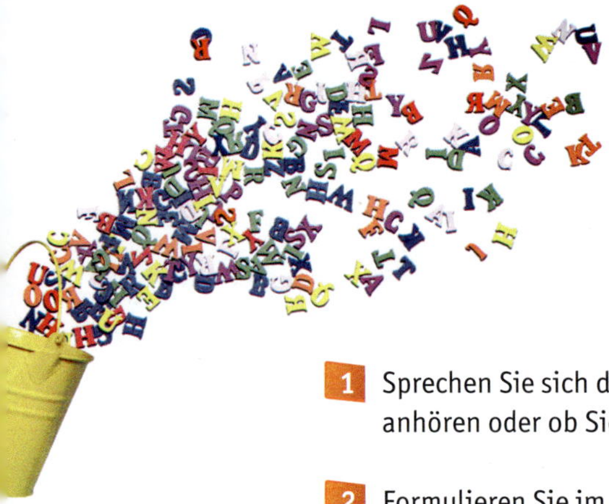

„Wir brauchen nicht einkaufen gehen."

„Ich habe mich wegen dem kalten Wetter erkältet."

„Von der Farbe her gefällt mir die Hose."

„Ich kann leider nicht, weil meine Tochter ist krank."

1 Sprechen Sie sich die Sätze halblaut vor. Notieren Sie, ob sie sich „richtig" oder „falsch" anhören oder ob Sie sich unsicher sind.

2 Formulieren Sie im Klassengespräch Hypothesen: Welche formalen Fehler enthalten die Sätze gegebenenfalls? Welche Unsicherheiten werden deutlich? Sprechen Sie auch über mögliche Ursachen Ihrer Unsicherheit.

3 Lesen Sie Text 1: Prüfen Sie Ihre Vermutungen aus Aufgabe 2 und bereiten Sie eine Erklärung des jeweiligen Phänomens vor. Verwenden Sie die Fachbegriffe aus dem Text.

Text 1 **„Von der Sprache her" – Das hätte man früher so nicht sagen können**

Der Sprachwandel bewirkt, dass wir immer mehr Möglichkeiten haben, Dinge auszudrücken. Doch welche Sprachphänomene sind neu? Was hätte man früher noch nicht sagen können?

Das Deutsche befindet sich in einem stetigen Wandel. Kritiker sprechen gar von einer „Verhunzung des Deutschen" oder vom „Sprachzerfall". […] Doch welche Phänomene sind damit überhaupt gemeint? Wie kommunizieren wir in den sozialen Medien und wie im alltäglichen Gespräch?

Antworten gibt der „Zweite Bericht zur Lage der deutschen Sprache", den Forscher der Deutschen Akademie für Sprache und Dichtung im September 2017 veröffentlicht haben. Darin haben die Sprachforscher Veränderungen in der deutschen Sprache aus dem Alltag und in der Schriftsprache dokumentiert. Fazit: Der Bericht zeigt, dass sich die Deutschen heute komplexer ausdrücken. Wir haben uns sieben sprachliche Phänomene aus dem 330-seitigen Bericht herausgepickt und erfahren, wie diese entstanden sind und warum wir diese im Alltag meist ungefragt übernehmen:

[1] […] Die „von-her"-Konstruktion war ursprünglich für reine Ortsbestimmungen gedacht, wie in „vom Walde komm ich her". Erst in den 1980er-Jahren

weitete sich die Bedeutung aus, die man am ehesten mit „hinsichtlich“ vergleichen kann. Im Mündlichen wird teilweise sogar das „her“ weggelassen: „Das Brot ist vom Geschmack noch frisch.“

[2] […] Vor zehn Jahren hat man die Verabredung abgesagt, „weil meine Tochter krank ist“. Heute sagt man ab, „weil meine Tochter ist krank“. Klingt in vielen Ohren vielleicht noch ungewöhnlich, kommt aber häufig vor. Hören Sie mal genau hin. Dieses Phänomen ist laut Sprachwissenschaftler Peter Eisenberg keineswegs eine Übernahme der englischen Konstruktion („I can‘t come, because my daughter is sick“) oder eine Folge vom sogenannten „Migrantendeutsch“. Den Nebensatz wie einen einfachen Hauptsatz zu gestalten, geht auf eine alte Satzstruktur des Deutschen zurück. Für den Sprecher ist es zudem sprachökonomischer – er muss sich weniger anstrengen.

[3] […] „Du brauchst nicht kochen“ oder „Ich brauch das nicht lernen“: Was haben diese Sätze mit Sprachwandel zu tun? „Brauchen“ war ursprünglich gar nicht in einer solchen Konstruktion einsetzbar. „Normale“, sogenannte Vollverben, wie malen oder singen, bilden den Infinitiv immer mit „zu“. Brauchen ist ursprünglich ein Vollverb – wandelte sich aber zu einem Modalverb. Dazu gehören beispielsweise auch die Wörter *müssen, dürfen* oder *wollen*. Das „zu“ wird bei diesen Verben nicht mehr gebraucht.

[4] […] Spätestens nach Bastian Sicks Bestseller „Der Dativ ist dem Genitiv sein Tod“[1] ist vielen der Genitiv-Schwund im Deutschen bekannt. „Wegen dem Wetter ist der Besuch von meinem Opa ausgefallen“ wird eher gesagt als: „Wegen des schlechten Wetters ist der Besuch meines Opas ausgefallen.“ Von Kritikern wird allerdings oft nicht dazugesagt, dass der Genitiv sich nicht das erste Mal in der Sprachgeschichte verändert. Im 19. Jahrhundert trank man gerne ein „Glas gutes Weins“, heute eher ein „Glas guten Weins“ oder „ein Glas vom guten Wein“. Der Schwund des Genitivs ist also nichts Neues, er entwickelt sich nur weiter.

Bastian Sick

[1] populäre Buchreihe zwischen 2004 und 2006 mit Kolumnen zu grammatischen Hürden und Pointen der alltäglichen Sprachverwendung

[5] […] Zum Schluss noch ein Phänomen, das im Geschriebenen auftaucht und auf einer Verwechslung beruht: das sogenannte „Vorfeldkomma“. Es wird fälschlicherweise gesetzt, wenn die Art und Weise, der Ort, der Zeitpunkt oder der Grund einer Handlung am Anfang eines Satzes festgelegt werden. Diese Bestimmungen werden dabei mit einem Nebensatz verwechselt. Ein solcher Irrtum kann langfristig allerdings dazu führen, dass sich die Sprache wandelt. Wer weiß – in hundert Jahren (,) nimmt der Duden das Vorfeldkomma vielleicht sogar auf.

[…] Die Forscher der Deutschen Akademie für Sprache und Dichtung sehen den Sprachwandel entgegen der Meinung vieler Kritiker als eine Bereicherung für die deutsche Sprache. Ihr Wortschatz ist in den letzten hundert Jahren um 1,6 Millionen Wörter gewachsen. Veraltete Grammatik- und Sprachregeln werden mit neuen spielerisch kombiniert. Wir haben mehr Möglichkeiten denn je uns auszudrücken. Auch wenn man sich an einige Veränderungen erst einmal gewöhnen muss.

Judith Stark, www.t-online.de, 07.04.2018

11

4 Bereiten Sie mithilfe des Textes 1 eine kurze mündliche Erklärung vor: Wodurch und wie verändert sich die deutsche Sprache? Nutzen Sie einen Stichwortzettel.

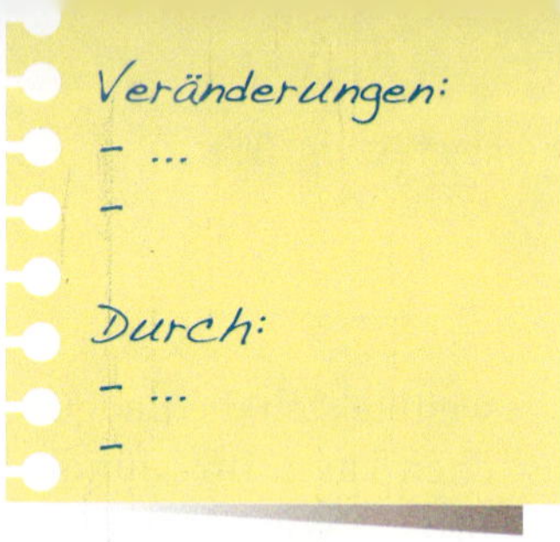

5 Finden Sie weitere Beispiele für die im Text 1 beschriebenen Sprachveränderungen? Notieren Sie – falls möglich – jeweils ein weiteres Beispiel.

6 Sprachwandel: Zeichen der Lebendigkeit einer Sprache oder Symptom eines „Sprachzerfalls“? – Diskutieren Sie diese Frage im Klassengespräch. Beziehen Sie auch die Positionen des Textes von Judith Stark ein (→ Text 1).

7 Sprechen Sie zunächst über den Inhalt des Textes 2: Erklären Sie die Entstehung und die Absicht der genannten Sprachgesellschaften. Beziehen Sie sich auch auf die Fragestellung in Aufgabe 6.

Text 2

Sprachpflege in der „Fruchtbringenden Gesellschaft“

[1] Obwohl die deutsche Sprache seit der Reformationszeit an Ansehen gewonnen hatte,[1] galt sie auch im 16. und 17. Jahrhundert noch eher als unkultivierte Alltagssprache niedrigerer Gesellschaftsschichten. Vor allem das Französische,[2] das seine Sprecher im Adel und im höheren Bürgertum fand,[3] wurde zur zeitgemäßen Prestigesprache. Es gab noch kaum Bemühungen,[4] das Deutsche zu pflegen und aufzuwerten. Deutschland setzte sich aus unterschiedlichen Regionen zusammen,[5] die jeweils eine eigene Form des Deutschen sprachen. Ein kulturelles Zentrum fehlte,[6] sodass es auch kaum Literatur mit überregionaler Verbreitung und überregionalem Anspruch gab. Wissenschaftliche Texte wurden auf Latein,[7] der damaligen Wissenschaftssprache,[8] verfasst.

ACHTUNG FEHLER!

[2] Dennoch schlossen sich in der „Fruchtbringenden Gesellschaft“ die im Jahr 1617 in Weimar gegründet wurde Adlige und Privilegierte zusammen um die deutsche Sprache aufzuwerten. Man orientierte sich an entsprechenden Gruppierungen in Frankreich und Italien und bemühte sich darum Schreib- und Sprechnormen zu etablieren die überregional genutzt und akzeptiert wurden. Den Wortschatz des Deutschen seit langer Zeit prägend sollten auch Fremdwörter durch deutsche Begriffe ersetzt werden. Im Zuge dieser „Reinigungsbemühungen“ dem sogenannten Sprachpurismus (zu lat. *purus* ‚rein‘) entstanden Begriffe wie *Anschrift* für *Adresse* und *Verfasser* für *Autor*

[3]
- heute: Charakter und Bedeutung der deutschen Sprache unterscheiden sich sehr von der Situation nach dem Dreißigjährigen Krieg
- dennoch im Januar 2007: Neugründung der alten Sprachgesellschaft als „Neue fruchtbringende Gesellschaft"
- ihre Aufgabe: beobachtet und kommentiert Entwicklungen des Deutschen kritisch
- Mittel dazu: Projekte der Sprachforschung und -förderung, Schreibwettbewerbe, Preise

Verfassertext

8 Üben Sie weiter die Kommasetzung. Wählen Sie eine der Aufgaben:

- Notieren Sie zu den Sätzen in Abschnitt 1 jeweils, warum das Komma steht.
- Schreiben Sie Abschnitt 2 ab, ergänzen und erklären Sie fehlende Kommas.
- Übertragen Sie die Stichwörter in Abschnitt 3 in einen Fließtext, der sich an den Regeln zur Kommasetzung aus dem folgenden Wissenskasten orientiert.

Das wissen Sie bereits

Kommasetzung in Satzgefügen, bei Infinitiv- und Partizipialkonstruktionen und bei Appositionen

In **Satzgefügen** (Hypotaxen) werden Haupt- und Nebensatz durch ein Komma voneinander getrennt. Unterscheiden Sie attributive Nebensätze (v.a. Relativsätze) und adverbiale Nebensätze (z. B. temporale, kausale oder modale Nebensätze).

Bei **Infinitivgruppen** steht ein verpflichtendes Komma,
- wenn sie durch **um, ohne, statt, anstatt, außer, als** eingeleitet werden: *Um die Sprache zu pflegen, werden Schreibwettbewerbe organisiert.*
- wenn der Infinitiv eine **Wiederaufnahme** darstellt. Signalwörter sind dabei *so, das, damit , daran, darauf, es*: *Die Sprache zu pflegen, das ist ihr Ziel. Ich denke daran, das Komma zu setzen.*
- wenn der Infinitiv von einem **Substantiv** abhängt: *Sie spielten sogar mit dem Gedanken, die Verwendung von Fremdwörtern zu verbieten.*

Bei **erweiterten Partizipien** haben Sie die Wahl, ob Sie ein Komma setzen: *Ehrlich gesagt[,] ist dies eine schwere Entscheidung.* Wenn ein **eingeschobenes erweitertes Partizip** mit einem Komma eingeleitet wird, muss es auch wieder mit einem Komma beendet werden. *Das ist[,] ehrlich gesagt[,] eine schwere Entscheidung.*

Appositionen sind nachgestellte nähere Bestimmungen, die im gleichen Kasus stehen wie das Bezugswort. Hier stehen auf jeden Fall Kommas: *Wörter aus bestimmten Bereichen, etwa dem Bankwesen, stammen aus dem Italienischen.*

11

Semikolon, Klammer, Bindestrich und Co.

Die Vielfalt an Satzzeichen kennen und anwenden

„Das Semikolon, so feinsinnig wie raffiniert, ist in unserer lärmenden Smartphone-Sprache ein aussterbendes Satzzeichen – retten wir es!“
(Klaus Brinkbäumer)

1 Sprechen Sie in der Klasse über die Aussage: Welche Bedeutung hat das Semikolon als Satzzeichen, wenn Sie einen Text schreiben? Muss / soll es gerettet werden?

Das vergessene Satzzeichen. Wir sollten mehr Strichpunkte wagen;

Ob es dem kleinen Semikolon wohl gut geht, dort oben zur Schau gestellt und so ganz allein in der Überschrift? Friert es, fürchtet es sich? Es kennt das nicht; das Semikolon, jenes „Satzzeichen, das etwas stärker trennt als ein Komma, aber doch den Zusammenhang eines größeren Satzgefüges verdeutlicht“ (Duden), ist an Gesellschaft gewöhnt, weil es ja eingekuschelt oder bisweilen auch eingeklemmt sein Leben verbringt: Das Semikolon hat zwischen zwei gleichrangigen Sätzen zu stehen; so verlangen es die Regeln der deutschen Sprache. Das Semikolon ist nicht ganz ein Punkt; es lässt uns Leser innehalten und darum fühlen und denken, während es Komplexes verbindet; es sortiert und gewichtet, während es schwebt und die Wörter in seiner Umgebung mitschweben lässt. Es ist der bessere Gedankenstrich. Es ist mein allerliebstes Satzzeichen. Autoren, die das Semikolon schätzen, werden von den anderen übrigens für manieriert[1] gehalten. Wir Selbstverliebten; wir Schnörkelschnösel! Neulich habe ich zusammen mit einem ansonsten ganz wundervollen Kollegen ein ZEIT-Dossier verfasst, und dieser Kollege schätzt das Semikolon nicht. Es hätte zwischen uns kaum schlimmer kommen können; ich versprach, einige Semikola zu streichen, aber welche? Der Trennungsschmerz kostete mich einen Arbeitstag. [...] Gänzlich übel und verdammenswert immerhin ist meine Gesellschaft nicht.

[1] **manieriert, hier.** gekünstelt, unnatürlich, altmodisch

Thomas Mann[2] schreibt, „daß Tony auf ihren Gängen durch die Stadt alle Welt kannte und mit aller Welt plauderte; der Konsul zumal war hiermit einverstanden, weil es keinen Hochmut, sondern Gemeinsinn und Nächstenliebe verriet". In seine „Buddenbrooks" streute Mann 760 Semikola hinein, oft vor einem „denn" oder einem „aber"; und gleiten wir nicht deshalb durch diesen Text, getragen und niemals fallen gelassen von einer schwingenden Sprache inklusive ihrer Interpunktion?

Die Griechen verwendeten Strich und Punkt erstmals gemeinsam, für sie aber war's noch ein Fragezeichen. Der Drucker Aldus Manutius, ein Italiener, hinterließ uns 1494 das erste schriftliche Semikolon in unserem Sinne; es trennte noch Gegensätze. Aus jenem 15. Jahrhundert stammt auch der Name: „semi" ist lateinisch für „halb", „ktlon" ist im Griechischen ein Körper- oder ein Satzteil.

George Orwell[3] war nicht überzeugt und weigerte sich, das Semikolon zu verwenden. Elfriede Jelinek[4] wiederum liebt's und scheut sich „geradezu vor dem Punkt und dem Neuanfang eines Satzes." [...] Stirbt es trotzdem aus? [...]

Linguisten[5] schreiben mir, dass die Sache entschieden sei. Unsere lärmende Smartphone-Sprache habe das Ausrufezeichen den Wettstreit der Satzzeichen gewinnen lassen, auf Platz zwei lägen die drei scheinnachdenklichen Pünktchen, und auf Platz drei: gar keine Interpunktion mehr, sie sei dem Nachwuchs zu aufwendig. Die „Neue Zürcher Zeitung" beschrieb den „Niedergang des Strichpunkts" schon vor fünf Jahren, ordentlich belegt natürlich: In Jane Austens „Verstand und Gefühl", 1811 veröffentlicht, stand noch in jedem dritten Satz ein Semikolon; in J.K. Rowlings „Harry Potter und der Stein der Weisen" bloß noch in jedem 49. Satz.

Kolumnen dürfen zur Revolte aufrufen. Stellen wir uns also dem Trend entgegen. Lassen wir die Ausrufezeichen weg; wählen wir das Semikolon. Und tja nun, die gestrenge Regel des Duden mag uns zwar ebendies untersagen, doch leider, leider müssen wir sie brechen: Mit allem denkbaren Vergnügen setzen wir ab sofort sogar zwischen Haupt- und Nebensatz ein Semikolon; weil wir's können.

Klaus Brinkbäumer, www.tagesspiegel.de, 09.03.2020

[2] **Thomas Mann** (1875–1955), dt. Schriftsteller

[3] **George Orwell** (1903–1950), engl. Schriftsteller

[4] **Elfriede Jelinek** (*1946), österr. Schriftstellerin

[5] **Linguistik:** Sprachwissenschaft

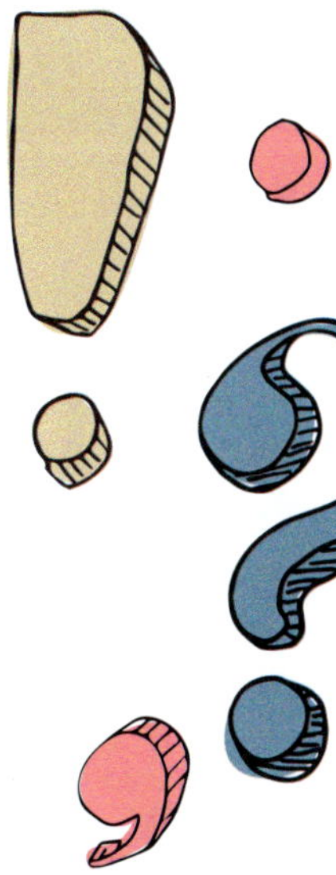

2 Bereiten Sie eine mündliche Zusammenfassung der Aussagen des Textes vor. Notieren Sie Stichwörter und kurze Zitate.

3 Bereiten Sie auch eine Textbeschreibung vor: Um welche Textsorte könnte es sich handeln? Welche sprachlichen Auffälligkeiten stellen Sie fest? Welche Absichten verfolgt der Text?

4 Untersuchen Sie die Zeichensetzung im Text genauer und ergänzen Sie den Kasten auf der folgenden Seite. Bearbeiten Sie die folgenden Arbeitsschritte, soweit Sie kommen:

- Übertragen Sie weitere Zeichen samt Beispielsätzen in die ersten drei Spalten der Tabelle.
- Notieren Sie die Funktionen der Satzzeichen in der letzten Tabellenspalte.
- Kennen Sie noch weitere Satzzeichen? Ergänzen Sie die Tabelle.

Das wissen Sie bereits

Funktionen von Satzzeichen

Satzzeichen übernehmen verschiedene Funktionen in einem Text. Sie dienen zum Beispiel zur **unterschiedlichen Kennzeichnung des Satzendes**. Außerdem gibt es Satzzeichen, die zur **inneren Gliederung eines Satzes** verwendet werden. Manche Satzzeichen nutzt man zur **Hervorhebung oder Kennzeichnung** von ausgewählten Äußerungen und Textstellen. Andere wiederum werden beim Schreiben zum **Markieren von Auslassungen** eingesetzt.

Satzzeichen	Bezeichnung	Beispiel aus dem Text	Funktion
.	Punkt	Das Semikolon hat zwischen zwei gleichrangigen Sätzen zu stehen; so verlangen es die Regeln der deutschen Sprache.	Kennzeichnung des Satzendes – in Aussagesätzen

5 Diskutieren Sie Brinkbäumers Appell in der Klasse (→ Z. 43–47): Was bringt eine solche Verwendung gegen die Regeln (auch anderer Satzzeichen) mit sich?

6 Nutzen Sie das folgende Zitat als Einstieg in die weitere Beschäftigung mit Satzzeichen: Sammeln Sie in der Klasse erste Positionen zu den Gender-Satzzeichen. Welche Schreibweisen kennen Sie?

„Bestimmte Zeichen werden inzwischen auch genutzt, um die Sprache geschlechtergerechter zu gestalten. Der Gender-Schrägstrich wie bei „Schüler/innen" hat inzwischen zahlreiche Alternativen."

7 Beziehen Sie die beiden folgenden Texte, ggf. auch die Erklärungen (→ Links) in ihr Gespräch ein: Welche Thesen und Argumente werden formuliert?

Link: 11040-36

Rat für deutsche Rechtschreibung

Geschlechtergerechte Schreibung: Empfehlungen vom 26.03.2021

Der Rat für deutsche Rechtschreibung bekräftigt in seiner Sitzung am 26.03.2021 seine Auffassung, dass allen Menschen mit geschlechtergerechter Sprache begegnet werden soll und sie sensibel angesprochen werden sollen. Dies ist allerdings eine gesellschaftliche und gesellschaftspolitische Aufgabe, die nicht allein mit orthografischen Regeln und Änderungen der Rechtschreibung gelöst werden kann. Das Amtliche Regelwerk gilt für Schulen sowie für Verwaltung und Rechtspflege. Der Rat hat vor diesem Hintergrund die Aufnahme von Asterisk („Gender-Stern"), Unterstrich („Gender-Gap"), Doppelpunkt oder anderen verkürzten Formen zur Kennzeichnung mehrgeschlechtlicher Bezeichnungen im Wortinnern in das Amtliche Regelwerk der deutschen Rechtschreibung zu diesem Zeitpunkt nicht empfohlen.

Queer-Referat der Studierendenvertretung der LMU München
Handreichung Gendergerechte Sprache (Auszug; 2020/2021)

Oft verwenden wir das generische Maskulinum mit dem Verweis, dass alle Geschlechter mitgemeint seien. Leider werden dabei häufig Frauen* und nichtbinäre Menschen nicht gleichermaßen adressiert bzw. diejenigen, die nicht direkt angesprochen sind, fühlen sich eben nicht mitgemeint. In unserer Vorstellungskraft werden beim Lesen, Schreiben und Sprechen tradierte Vorstellungen unserer Gesellschaft aktiviert, welche Geschlechterrollen existieren: Männer* werden eher mit einflussreichen Berufen und Tätigkeiten assoziiert (z. B. Richter, Ärzte, Politiker) sowie mit körperlich anspruchsvollen Arbeiten (z. B. Handwerkstätigkeiten, Waldarbeiten, Bauerntum), wohingegen Frauen* eher mit Fürsorgetätigkeiten (z.B. Kindererziehung, Pflege von Angehörigen) oder -berufen (z. B. Pflegeberufe, Kinderbetreuung/-erziehung), Berufen im Einzelhandel (z. B. Bekleidungsbranche) oder Berufen mit filigranen Arbeiten assoziiert werden.

Link:
11040-37

8 Prüfen und besprechen Sie Ihre eigene Wahrnehmung: Untersuchen Sie, wie die Sachtexte dieses Kapitels auf den S. 242 f. und 246 f. mit den Geschlechterkennzeichnungen umgehen und wie Sie dies während der jeweiligen Arbeitsphasen wahrgenommen haben.

9 Gestalten Sie einen Hinweiskasten für dieses Kapitel: Tragen Sie Möglichkeiten zusammen, die das gendergerechte Schreiben unterstützen könnten. Unterscheiden Sie zwischen der Verwendung von Satzzeichen (z. B. Schüler:innen) und anderen Möglichkeiten (z. B. die Schülerinnen und Schüler).

10 Erörtern Sie die Vor- und Nachteile der jeweiligen Schreibweise in einer Gruppenarbeit. Unterscheiden Sie zwischen der schreibenden und der lesenden Person sowie mögliche Ansichten zum Thema Diskriminierung.

11 Gestalten Sie in der Arbeitsgruppe ein Plakat als Leitfaden zur Umsetzung der geschlechtergerechten Sprache in Ihrer Klasse.

11

Was Sie schon können!

Kompetenztest

Spiegelt das grammatische Maskulinum eine Grundeinstellung?

Trägt die Verwendung von Gendersternchen wirklich zur Gleichbehandlung der Geschlechter bei? Besteht tatsächlich ein derart intensiver Zusammenhang zwischen der Wortwahl und der Denkweise der Gesellschaft in der Jetztzeit? Oder ist der Wirkungskreis entsprechender Sprachformen nicht größer als der Schreibtisch, an dem sie ihren Weg aus dem Schreibwerkzeug auf's Papier finden? Erweist sich der Verwender des grammatischen Maskulinums als neutrales Gewohnheitstier oder spiegelt seine Sprachverwendung die Symptome einer seit Jahrzehnten verbreiteten männlichen Ichsucht, eines chauvinistischen Selbstverständnisses und eines allzu festgefahrenen Denkhorizontes wider? – Derartige Erörterungen sind längst kein Niemandsland des Genderdiskures mehr. Textuntersuchungen, Forschungsprojekte und öffentliche Auseinandersetzungen offenbaren eindeutige Positionen: Längst ist der enge Zusammenhang zwischen den Sprachgepflogenheiten und der gesellschaftlichen Werteebene eine akzeptierte und bewiesene Grundannahme entsprechender Gegenüberstellungen. *Verfassertext*

Die Schreibung von Wortbildungen mit Nomen üben

1 Notieren Sie jeweils drei im Text vorkommende Beispiele für zusammengeschriebene Verbindungen aus …

a) Nomen und Nomen
b) Adjektiv und Nomen
c) Verb und Nomen
d) Pronomen und Nomen

2 Notieren Sie zwei Beispiele aus dem Text für Zusammensetzungen, die ein „Fugen-s" verwenden.

Die Verwendung des Bindestrichs üben

3 Notieren Sie ein Beispiel für eine Zusammensetzung, die besser mit Bindestrich geschrieben werden sollte. Begründen Sie die Bindestrichschreibung kurz.

Anglizismen: Störfaktor in der Sprache oder Zeichen ihrer Lebendigkeit?

Es gibt ein weiteres Phänomen der Sprachentwicklung,[1] welches sehr unterschiedlich bewertet wird: Die Verbreitung von englischsprachigen Elementen,[2] sogenannten Anglizismen, im Deutschen. Im Wesentlichen bedingt durch den Einfluss englischsprachiger Musik und Filme übernimmt die Sprache eine Fülle an Begriffen und Satzmustern des Englischen. Auch Fachbegriffe bestimmter Branchen werden integriert.

Grundsätzlich ist es nichts Ungewöhnliches,[3] dass eine Sprache sich entsprechend offen verhält. Obwohl das Deutsche auch Fremdwörter aus anderen Sprachen,[4] etwa dem Französischen und dem Italienischen, aufgenommen hat,[5] sind manchem Sprachpfleger gerade die Anglizismen ein Dorn im Auge. Englische Begriffe wie *Internet, Browser, User* oder *Follower* zu verwenden,[6] verstehen sie als eine Art Bankrotterklärung gegenüber der eigenen Sprache an.
Eine genau gegenteilige These sieht in derartigen Entwicklungen ein Zeichen für die Lebendigkeit der Sprache,[7] die sich eben in Veränderungen und Anpassungen ausdrückt: Ohne sich an die Lebenswelt ihrer Sprecher anzupassen,[8] würde eine Sprache an Präzision und Ausdrucksfähigkeit verlieren. Dass das Deutsche sich entsprechend verändert,[9] wird dann als Zeichen seiner Kreativität und Vitalität verstanden. Ehrlich gesagt,[10] finden sich oft ja kaum passende und angemessene Übersetzungen der englischen Wörter. Vielleicht hat mancher Leser,[11] während er diesen Text gelesen hat, die verwendeten Fremdwörter aus anderen Sprachen bemerkt: Die *Branche* stammt aus dem Französischen, *Bankrott* hat italienische Wurzeln. Viele Bezeichnungen sind längst in unsere Sprache übernommen,[12] ohne dem Sprecher dabei aufzufallen. Auch dies ist,[13] sachlich betrachtet, ein Argument gegen eine allzu heftige Abneigung gegenüber den Anglizismen.
Eine interessante Entwicklung,[14] die bei der Beschäftigung mit Anglizismen nicht vergessen werden sollte, stellen die sogenannten Schein-Anglizismen dar. Obwohl Wörter wie *Handy, Beamer, Public Viewing* oder *Streetworker* englischsprachige Elemente enthalten,[15] existieren sie im Englischen und Amerikanischen nicht oder haben zumindest eine andere Bedeutung. Das sollte der Sprecher berücksichtigen,[16] wenn er sich als Urlauber in einem entsprechenden Land aufhält.

Verfassertext

4 Erklären Sie die nummerierten Kommas. Notieren Sie dabei jeweils, ob das Komma notwendig (+) oder nur möglich (–) ist.

Regeln zur Kommasetzung kennen und erklären

5 Formulieren Sie Ihre eigene Meinung zu den Anglizismen kurz: Störung der Sprache oder Zeichen ihrer Lebendigkeit? Begründen Sie mit mindestens einem Argument.

Sprachveränderungen und Sprachpflege beurteilen

6 Wie geht der Text mit der Genderproblematik um?
Notieren Sie eine Antwort auf die Frage und belegen Sie Ihre Feststellung mit zwei Beispielen aus dem Text.

Gendern als aktuelles Phänomen der Sprachentwicklung beschreiben

7 Übertragen Sie den letzten Satz des Textes in drei verschiedene Versionen einer gendergerechten Schreibweise.

Schreibweisen der gendergerechten Sprache kennen und vergleichen

8 Welche der Versionen aus Aufgabe 7 würden Sie wählen?
Begründen Sie Ihre Wahl in zwei bis drei Sätzen.

[Wissen aus Klasse 9: 11040-38]

Vor den vier zentralen Lernbereichen finden Sie nachfolgend in einem Kasten kurz zusammengefasst, was Sie bereits aus Jahrgangsstufe 9 wissen und können sollten. Genauere Erläuterungen zu den einzelnen Punkten sind über den jeweiligen Mediencode abrufbar.

Das können Sie bereits im Lernbereich „Sprechen und Zuhören":

- Funktion und Wirkung mündlicher Kommunikation kennen
- Kommunikationsstörungen erkennen und vermeiden
- verschiedene Argumentationsstrategien unterscheiden
- Diskussionen planen und führen
- die eigene Meinung überzeugend äußern sowie auf Aussagen anderer fair und sachlich eingehen
- Kurzreferate adressatenorientiert planen

Kommunikation in ihrer Vielschichtigkeit begreifen

Kommunikationsmodelle kennen und für gelingende Kommunikation nutzen → S. 15 u. 17

Um ein tiefergehendes Verständnis für die Funktionen und Wirkweisen gesprochener wie geschriebener Sprache zu entwickeln, lohnt es, sich einmal mit dem Phänomen „Kommunikation" aus wissenschaftlicher Perspektive auseinanderzusetzen.

Das Kommunikationsmodell von Friedemann Schulz von Thun/ „Vier-Ohren-Modell":

Nach Schulz von Thun umfasst jede Äußerung eines Sprechers gleichzeitig vier Botschaften, die sich wie folgt definieren lassen:

- Sachinformation: inhaltliche Füllung einer Äußerung, d. h. die Informationen, die einem Empfänger vermittelt werden sollen
- Selbstkundgabe: Gefühle / Gedanken / Meinungen, die der Sender über seine Äußerung bewusst oder unbewusst übermittelt
- Beziehungsseite: Hinweis darüber, wie der Sender sein Verhältnis zum Empfänger einstuft bzw. was er von diesem und dessen Ansichten hält
- Appellebene: Aufforderung an den Empfänger zum Ausführen einer (sprachlichen) Handlung

Diese vier Botschaften kommen jedoch nicht automatisch auf vier „Ohren" des Empfängers an, was bisweilen zu Kommunikationsstörungen führen kann.

Kommunikation kann – vor allem in Teamgesprächen – spannungsreich und konfliktträchtig sein. Um Kommunikationssituationen für die an ihr Beteiligten gewinnbringend und förderlich zu gestalten, hilft ein Blick auf ein Handlungskonzept mittels dessen sich Gruppen leiten und (Kommunikations-)Prozesse beeinflussen lassen.

Kommunikationsprozesse positiv beeinflussen → S. 21

Themenzentrierte Interaktion (TZI) nach Ruth Cohn:

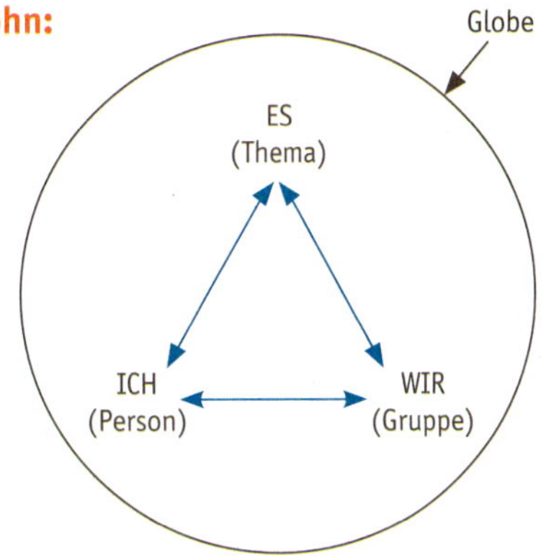

Nach der „TZI“ wird die Zusammenarbeit von Menschen in Gruppen von vier Faktoren bestimmt:

- ES: Thema mit dem sich alle Beteiligten auseinandersetzen
- ICH: jede einzelne Person der Gruppe mit ihren individuellen Gefühlen, Bedürfnissen und Fähigkeiten
- WIR: Beziehungen und Interaktionen zwischen den Beteiligten
- GLOBE: äußere Rahmenbedingungen / Einflüsse

Nur wenn alle diese vier Faktoren und Wechselwirkungen zwischen diesen gleichermaßen berücksichtigt werden, kann eine gute Teamarbeit /-kommunikation gelingen. Werden die Bedürfnisse Einzelner oder potenzielle Konfliktgründe ignoriert, kann dies hingegen die Zusammenarbeit / das Arbeitsergebnis negativ beeinflussen.

Um eine faire und rücksichtsvolle Art der Kommunikation in Teams zu gewährleisten, bietet die „TZI“ daher u. a. folgende Regeln zur Orientierung:

- Senden von Ich-Botschaften sowie Vermeiden von Verallgemeinerungen: Sprechen Sie von „ich“ statt von „wir“ / „man“, wenn Sie Ihre eigenen Ansichten und Meinungen zum Ausdruck bringen wollen. Interpretieren Sie nichts in andere Personen und deren Aussagen hinein, sondern erläutern Sie, was Äußerungen anderer bei Ihnen auslösen.
- Nacheinander-Sprechen und Aussprechen-Lassen: Gestehen Sie jedem am Gespräch Beteiligten dieselbe Redezeit /-dauer zu.
- Stellen von Fragen: Fragen Sie bei Unklarheiten oder möglichen Missverständnissen nach und verdeutlichen Sie Ihrem Gegenüber, warum es Ihnen wichtig ist, an bestimmten Stellen im Gespräch noch einmal nachzuhaken.
- Ernstnehmen von Seitengesprächen: Verurteilen Sie keine Personen, die sich aus dem Gespräch ausklinken und sich unter vier Augen miteinander unterhalten. Fragen Sie lieber nach, ob es möglicherweise Probleme gibt, die gemeinsam lösbar sind.

Mit anderen sprechen

Angemessen kommunizieren → S. 20

Wenn Kommunikation auf Augenhöhe stattfinden und demokratisch sein soll, fördert und erfordert sie, dass jeder seine eigene Meinung zu einem Thema offenlegen kann und will, dass anderen und deren Perspektiven mit Empathie und Verständnis begegnet wird und eine aktive Zuhörkultur gewährleistet ist. Auch die Art und Weise „wie" gesprochen wird, kann zudem den Kommunikationsverlauf beeinflussen.

So kommunizieren Sie angemessen:

Um zu einer gelingenden Kommunikation beizutragen und sich mit anderen angemessen auszutauschen, sollten Sie sich bewusst für ein bestimmtes Sprachregister entscheiden. Wählen Sie demzufolge eine der (Kommunikations-)Situation, dem Kontext und dem Adressaten charakteristische Sprechweise, bei der Sie auf eine bestimmte Wortwahl oder Syntax achten.

Während Sie in informellen Kommunikationssituationen auf umgangssprachliche Wendungen oder Dialekt zurückgreifen können, sollten Sie sich in formellen Gesprächen – vor allem mit Autoritätspersonen – gewählter ausdrücken. Wer jedoch nur Fachbegriffe / Fremdwörter verwendet, die sein Gegenüber nicht kennt, oder schwer verständliche Sätze formuliert, kommuniziert ebenfalls nicht angemessen.

Debatten planen und führen → S. 22

Meinungsfreiheit gilt für alle gleichermaßen – doch wer seinen Standpunkt vertreten will, sollte dabei immer sachlich und fair bleiben.

So planen und führen Sie eine Debatte:

Im Gegensatz zu einer Diskussion, bei der die Klärung einer offenen Fragestellung im Fokus steht und bei der im Idealfall eine Konsensbildung angestrebt wird, stellt die Debatte ein Streitgespräch zu einer klaren Entscheidungsfrage dar, bei dem die Teilnehmenden eindeutige Pro- und Kontra-Positionen zur Fragestellung einnehmen und diese dann überzeugend darlegen. Die Art und Weise, wie die Debattierenden ihre Argumente vorbringen, erfolgt dabei nach klaren Regeln wie z. B. einer zeitlichen Beschränkung der Redezeit.

Um Ihre eigene Position sachlich vertreten zu können, sollten Sie sich vorab intensiv mit der Fragestellung auseinandersetzen und dabei auch mögliche Argumente der Gegenseite andenken.

Auch wenn Sie im Rahmen der Debatte nur Ihre eigene Position vertreten, sollten Sie der Gegenseite gegenüber immer fair und sachlich bleiben und auf Aussagen Ihres Gegenübers eingehen (→ S. 269).

Argumente sind vor allem dann überzeugend, wenn sich die darin enthaltenen Aussagen gut belegen lassen sowie für einen längeren Zeitraum Gültigkeit besitzen und sie grundsätzliche Werte (z. B. Freiheit) betreffen. Dies erhöht die Wahrscheinlichkeit für die Akzeptanz der Argumente.

Verschiedene Arten von Argumenten unterscheiden → S. 82

So unterscheiden und nutzen Sie verschiedene Arten von Argumenten:

- Faktenargumente: Diese Argumente stützen sich auf nachprüfbaren Tatsachen (z. B. durch Bezug auf wissenschaftliche Quellen wie Studien oder Statistiken).
- Autoritätsargumente: Hier werden Expertenmeinungen und -aussagen für ein Argument herangezogen (z. B. Ansichten von Wissenschaftlerinnen und Wissenschaftlern oder Fachkräften).
- normative Argumente: Diese Argumente beziehen sich auf Gesetze, Handlungsvorschriften und Regeln, die für die Gesellschaft (schriftlich) festgelegt sind. Oftmals liegen dabei bestimmten Normen moralische und ethische Werte zugrunde (z. B. Meinungsfreiheit, Gerechtigkeit, Toleranz etc.).
- eigene Erfahrungen: Erfahrungen können als Grundlage für ein Argument herangezogen werden, sind aber gegebenenfalls nur eingeschränkt überzeugend, je nachdem wie viele andere Menschen die gleiche Erfahrung teilen.

Einzelne der eben angeführten Argumentationsarten können innerhalb einer Argumentationsführung auch miteinander kombiniert werden. Wenn sich Argumente aus Fakten, Expertenaussagen, Regeln und Erfahrungswerten ableiten lassen und logisch sind, spricht man von so genannten „logischen Schlüssen", die gezogen werden.

Bei einer Fishbowl-Diskussion werden gleichzeitig ein Thema diskutiert sowie die Art und Weise der Diskussion beobachtet.

Eine Fishbowl-Diskussion durchführen

Wählen Sie eine überschaubare Anzahl an Personen für das Diskussionsteam (z. B. fünf Personen). Eine Person übernimmt die Rolle des Moderators. Setzen Sie sich so in die Mitte des Klassenraums, dass Sie gut Blickkontakt zueinander aufnehmen können. Alle anderen bilden einen Stuhlkreis um diese Gruppe herum und machen sich Notizen zum Verlauf der Diskussion. Ein Stuhl in der Mitte kann frei bleiben, damit sich der Außenkreis bei Bedarf in die Diskussion einbringen kann.
Nach Abschluss der Diskussion können sowohl Inhalt als auch die Art der Diskussion besprochen werden.

● Sprecher/in der Gruppen ● Moderator/in ● leerer Stuhl ● übrige Schüler/innen

Literarische Gespräche führen
→ S. 117

Literatur und deren Wirkung wird oftmals greifbarer, wenn man mit anderen darüber diskutiert.

So führen Sie literarische Gespräche:

In einem literarischen Gespräch haben Sie die Möglichkeit, Ihre eigene Deutung eines Textes mit anderen zu teilen und in Folge über verschiedene Textdeutungen zu diskutieren. Um im Idealfall einen effektiven Meinungsaustausch zu ermöglichen, sollten Sie sich gemeinsam vor dem Gespräch nochmals die Regeln der Themenzentrierten Interaktion (→ S. 21) vor Augen führen.
Für die Durchführung eines literarischen Gesprächs können Sie sich an folgender Struktur orientieren:

- Textbegegnung: Sie können den zu besprechenden Text zunächst leise für sich und dann laut in der Gruppe (mit verteilten Rollen) lesen, um sich den Textinhalt nochmals zu vergegenwärtigen.
- Äußern erster Eindrücke: Geben Sie jedem am Gespräch Teilnehmenden die Möglichkeit, seine ersten Assoziationen zum Text völlig wertfrei zu äußern.
- Führen eines offenen Gesprächs: Hören Sie sich die Ideen und Gedanken der anderen zum Text an, fragen sie bei Unklarheiten oder missverständlichen Äußerungen nach und bringen Sie Ihre eigenen Wahrnehmungen und Ihr Textverständnis ein. Nehmen Sie sich auch Zeit zum Nachdenken bzw. zum Reflektieren über das Gesagte. Bestimmen Sie eine/n Moderatorin/Moderator, die/der das Gespräch lenken oder neue Impulse (z. B. durch Nachfragen) setzen kann.
- Abschließen des Gesprächs: Lassen Sie am Ende des Meinungsaustauschs die Moderatorin/den Moderator die von Ihnen im Laufe des Gesprächs entwickelten Deutungsmöglichkeiten des Textes nochmals zusammenfassen. Für die Weiterarbeit mit den Ergebnissen können Sie auch Stichpunkte schriftlich festhalten.
- Reflektieren Sie abschließend auch, wie Sie das Gespräch und die gemeinsame Suche nach dem Textsinn wahrgenommen und empfunden haben.

Vor anderen sprechen

Wenn Sie im Unterricht vor anderen sprechen, dann geht es meist darum, einer Zuhörerschaft Informationen zu einem Thema in strukturierter und anschaulicher Form zu übermitteln. Dabei können Sie bisweilen auch gezielt Medien nutzen, um Ihre Ausführungen an gegebener Stelle zu unterstützen.

Präsentationen gestalten → 69 f.

So planen und gestalten Sie eine Präsentation:

- Für eine Präsentation, bei der Sie einen Kurzvortrag sinnvoll mit einem Medieneinsatz (hier: Folien, die über einen Beamer an die Wand projiziert werden) verknüpfen, sollten Sie zunächst Ihre Zielgruppe in den Blick nehmen und überlegen, über welches Vorwissen diese verfügt und welche möglichen Fragen diese zu Ihren Ausführungen stellen könnte.
- Alle Informationen in analoger wie digitaler Form, die Sie in Ihrer Präsentation nutzen möchten, sollten Sie zunächst kritisch prüfen und bei Übernahme als Zitate kennzeichnen. In einem Quellenverzeichnis können Sie dann die genauen Quellenangaben auflisten (→ S. 261).

Bei der Gestaltung von Folien für Ihre Präsentation sollten Sie folgende Punkte beachten:

- Präsentieren Sie auf einer Einstiegsfolie die Gliederung Ihrer Präsentation: Die Gliederung sollte den Einstieg in Ihr Thema, die einzelnen Teilaspekte und Thesen, ein Fazit / einen Ausblick sowie ein Literatur- und Quellenverzeichnis als Gliederungspunkte beinhalten.
- Vor oder nach der Gliederung können Sie einen „Impuls“, der das Interesse der Zuhörerschaft weckt und der auf die Themenformulierung vorbereiten soll, in Form einer Fragestellung, eines Zitats, einer Karikatur / Grafik oder einer kurzen Video- oder Audiodatei platzieren.
- Nutzen Sie für die Folien ein einheitliches Layout: Wählen Sie einen farblich dezenten Hintergrund, fügen Sie gegebenenfalls eine Kopfzeile mit dem Thema Ihrer Präsentation auf allen Folien ein, entscheiden Sie sich für eine einheitliche Schriftart und Schriftgröße (26 Punkt bei Überschriften und mindestens 14 Punkt bei den Stichworten). Wichtiges können Sie gegebenenfalls durch Markierungen wie Fett- oder Kursivdruck hervorheben.
- Greifen Sie die Gliederungspunkte aus der Gliederung auf den einzelnen Folien wieder auf, damit Ihr Publikum den Überblick behält. Geben Sie zentrale Informationen und Aussagen stichpunktartig wieder.
- Ergänzen Sie Bilder, Fotos, Grafiken oder kurze Audio-/ Videosequenzen an passenden Stellen zur Veranschaulichung.

Wissen aus Klasse 9: 11040-39

Das können Sie bereits im Lernbereich „Schreiben“:

- Texte planen, formulieren und überarbeiten
- journalistische Textsorten unterscheiden und verfassen
- Kerninformationen aus Materialien herausarbeiten und sichern
- informierende Texte planen und gestalten
- argumentierende Texte planen, gliedern, überzeugend aufbauen sowie schlüssige und überzeugende Begründungen ausformulieren und die Texte überarbeiten

Texte planen, formulieren und überarbeiten – am Beispiel „Essay“

Journalistische Textsorten verfassen → S. 95

Der bzw. das „Essay“ ist eine argumentative Abhandlung, in der ein Thema aus dem wissenschaftlichen, kulturellen oder gesellschaftlichen Bereich geistreich, differenziert und pointiert betrachtet wird. Im Fokus dieser Textsorte steht die subjektive Auseinandersetzung der Verfasserin / des Verfassers mit einem Sachverhalt.

Das Essay als meinungsbildende journalistische Textsorte:

Intention / Sprache:
In einem Essay versucht der Schreibende seine Gedanken direkt vor den „Augen“ seines Lesepublikums zu entwickeln. Diese Entwicklung folgt jedoch keinen strikten Regeln, vielmehr zeichnen sich die Texte durch eine gewisse Leichtigkeit, stilistischen Feinschliff sowie humorvolle und / oder ironische Einschübe aus. Neue Begriffe werden eingeführt, Schritte folgen einer logischen Abfolge und Zitate werden deutlich als solche markiert. Bildhafte Sprache sowie unterschiedliche Register (z. B. Alltagssprache, Fachsprache) werden abwechselnd genutzt.

Aufbau:
In einer Einleitung, die das Interesse der Leserschaft wecken soll, wird eine These oder Leitfrage formuliert.
Im Hauptteil steht dann der in der Regel lineare Argumentationsstrang im Vordergrund, d. h. der Schreibende führt Argumente für oder gegen die in der Einleitung aufgestellte These an. Jeder neue Gedanke wird dabei in einem neuen Absatz eingeführt.
Der Schlussteil beinhaltet dann ein Fazit / einen Ausblick. Oftmals wird auch die Leitfrage aus der Einleitung nochmals aufgegriffen und beantwortet (Ringkomposition).

Bestimmte Planungsschritte helfen Ihnen, erste Ideen in einen konkreten Text zu übertragen.

Ein Essay planen

So verfassen Sie ein Essay Schritt für Schritt:

- Vor dem Verfassen des Textes steht zunächst das genaue Erfassen der Aufgabenstellung und des Rahmenthemas. Nähern Sie sich letzterem an, indem Sie erste Assoziationen dazu – z. B. in einer Mind-Map – notieren.
- Machen Sie sich die Adressaten und die Intention Ihres Textes bewusst.
- Recherchieren Sie nach passenden Materialien. Sichten Sie diese und beurteilen Sie diese nach ihrer Brauchbarkeit und Seriosität. Halten Sie relevante Informationen sowie Zitate (inkl. Quellen) in einem Exzerpt / Schaubild fest.
- Erstellen Sie einen Schreibplan (Grobgliederung). Vergleichen Sie verschiedene Gliederungsmöglichkeiten für Ihren Text.
- Nutzen Sie für Ihr Essay poetische und rhetorische Gestaltungsmittel. Sprechen Sie z. B. Ihre Leserschaft durch rhetorische Fragen direkt an, heben Sie bestimmte Argumente durch Alliterationen, Wiederholungen sowie Metaphern hervor oder spielen Sie mit Andeutungen oder Mehrdeutigkeiten.

(Professionelle) Texte, die veröffentlich werden, entstehen immer in einem Prozess und werden in mehreren Bearbeitungsschleifen überarbeitet. Dies trifft sowohl für analoge als auch für digitale Texte zu.

Ein Essay überarbeiten → S. 67

So prüfen und überarbeiten Sie Ihren Text:

Folgende Fragen können Sie bei Ihrer Textprüfung und -überarbeitung zugrunde legen:
- Entspricht der Text den Kriterien der jeweiligen Textsorte? Stimmt der Umfang? Sind der Stil und das Layout angemessen?
- Wurde beim Verfassen des Textes die potenzielle Adressatengruppe berücksichtigt? Wird der Text deren Erwartungen gerecht und ist er für diese in seinen Aussagen verständlich? Werden unbekannte Begriffe und komplexe Zusammenhänge näher erläutert?
- Ist der Text inhaltlich korrekt? Wurden Quellen und Materialien sachlich korrekt ausgewertet?
- Folgen die Abschnitte einer logischen Reihenfolge und sind sie sinnvoll miteinander verknüpft?
- Werden Zitate und Belege als solche markiert und passend als direkte oder indirekte Rede in den Text eingebunden?

Materialien für eigene Texte sichten und auswerten

Brauchbarkeit und Seriosität von Quellen prüfen → S. 56 u. 61

In Ihren Texten können Sie zur Untermauerung Ihrer Ausführungen Informationen und Meinungen aus Fremdtexten integrieren. Diese sollten Sie jedoch kritisch prüfen und dann entsprechend korrekt in Ihre Texte einbauen.

So prüfen Sie die Brauchbarkeit und Seriosität von (digitalen) Materialien:

Prüfen Sie zunächst, ob das Material bzw. die darin enthaltenen Informationen inhaltlich zur Fragestellung passen: Achten Sie auf die Überschrift, auf Untertitel, Vortexte, Zwischenüberschriften, Hervorhebungen und Bilder.
Prüfen Sie zudem, auf welche Fragen der Text antwortet.
Ob ein Material als seriös eingestuft werden kann, hängt auch davon ab,

- ob die/der Verfasserin/Verfasser angegeben und ob sie/er als Expertin/Experte für das entsprechende Thema ausgewiesen ist.
- ob es sich um einen vertrauenswürdigen Veröffentlichungsort handelt. Bei Internetquellen sollten Sie darauf achten, welche Angaben im Impressum gemacht werden bzw. ob überhaupt ein Impressum vorliegt. Zudem gilt es immer zu überprüfen, ob die Betreiber einer Website auch wirklich existieren. Recherchieren Sie Informationen zu den angegebenen Personen und werten Sie diese aus. Wissenschaftliche Texte finden Sie über die Onlinekataloge der Universitäten. Veröffentlichungen, bei denen man grundsätzlich Seriosität voraussetzen kann, sollten auch einbezogen werden, z. B. gut recherchierte Lexika.
- ob die Aussagen des Materials mit denen aus anderen Materialien übereinstimmen.
- ob die Gestaltung des Materials (z. B. Schriftbild, Orthografie, Sprache im Allgemeinen) bestimmten Qualitätsansprüchen genügt.

Korrekt zitieren → S. 63 u. 66

Wenn Sie Aussagen / Meinungen Dritter in Ihre Texte integrieren, dann sollte beim Zitieren der jeweilige Aussagewert nicht verfälscht werden. Unterscheiden Sie zwischen Vermutungen, Behauptungen und sicheren Belegen.

So integrieren Sie Zitate richtig:

Übernehmen Sie Aussagen Dritter wörtlich / direkt, werden diese in Anführungszeichen gesetzt. Indirekte Zitate (indirekte Rede mit verschiedenen Formen der Redewiedergabe) sowie Paraphrasen (Übernahme von Aussagen Dritter nach dem Wortsinn in eigenen Worten) werden nicht in Anführungszeichen gesetzt.
Die genaue Quelle zitierter Passagen geben Sie jeweils am Ende Ihres Zitats in runden Klammern an, wobei Sie bei indirekten Zitaten und Paraphrasen noch ein „vgl." einfügen. Sollten Sie bei direkten und indirekten Zitaten Auslassungen von einzelnen Wörtern / Satzteilen / kompletten Sätzen vornehmen, dann müssen Sie dies durch eckige Klammern mit drei Auslassungspunkten [...] verdeutlichen. Gleiches gilt für von Ihnen vorgenommene Erläuterungen / Ergänzungen, z. B. *Sie [die Umweltministerin]* ... oder grammatikalische Anpassungen, z. B. ... *gehe[n] dabei wie folgt vor:* ....

Informierende Texte planen und gestalten

Wenn Sie mit mehreren Materialquellen arbeiten, auf deren Grundlage ein Text oder eine Präsentation basieren soll, empfiehlt es sich, die Quellen zu exzerpieren.

Exzerpte verfassen / Zitate korrekt wiedergeben → S. 62 u. 66

So verfassen Sie ein Exzerpt:

Beim Exzerpieren eines Quellentextes können Sie wie folgt vorgehen:

- Notieren Sie die Überschrift des Textes und fassen Sie dessen Aussagen knapp zusammen. Die Zusammenfassung sollte so formuliert sein, dass sie auch ohne erneuten Blick in die Originalquelle verständlich bleibt.
- Zitate, die beim Verständnis eines Textabschnitts helfen und die sich eignen, um später in den eigenen Text oder die Präsentation aufgenommen zu werden, notieren Sie als direktes – mit Anführungszeichen – oder indirektes Zitat / Paraphrase jeweils unter Angabe der genauen Zeilen-/ Seitenzahl.
- Legen Sie für Ihre Quellen ein Quellenverzeichnis an. Geben Sie die einzelnen Quellen dabei wie auf dem Merkblatt aufgeführt an.
- Wenn ein Text digital vorliegt, kann auch direkt im Dokument exzerpiert werden. Notieren Sie die zusammenfassenden Notizen in einem Text- oder Kommentarfeld direkt im Text. Textstellen, die sich später als Zitate eignen, können Sie direkt farbig im Text markieren.

Merkblatt: 11040-40

In Form eines Wikis oder einer Broschüre können Sie anderen Informationen auf anschauliche Art und Weise in schriftlicher Form übermitteln.

Ein Wiki oder eine Broschüre gestalten → S. 64 f.

So gestalten Sie ein Wiki oder eine Broschüre:

- Beachten Sie, für welchen Anlass und für welche Zielgruppe (mit/ohne Vorwissen zum Thema) Sie die Broschüre gestalten. Passen Sie entsprechend den Umfang und die verwendete Sprache (Sprachregister/Sprachstil) an ihre Leserschaft an.
- Denken Sie daran, gegebenenfalls unbekannte Begriffe/komplexe Sachverhalte in Randnotizen oder Infokästen zu erklären.
- Unterteilen Sie das Gesamtthema in passende Teilthemen, zu denen Sie aussagekräftige Überschriften formulieren.
- Nutzen Sie Bilder/Zeichnungen/Grafiken, um Inhalte bzw. Zusammenhänge zu veranschaulichen.
- Achten Sie auf korrektes Zitieren und die genaue Angabe der verwendeten Quellen.

Pragmatische Texte analysieren → S. 51, 148 u. 173

Das Ziel der Analyse eines pragmatischen Textes ist es, über Inhalt, Struktur sowie dessen argumentative und sprachliche Gestaltung zu informieren. Dabei sollen das Zusammenwirken dieser Aspekte sowie der Adressatenbezug und die Intention des Textes begründet erläutert werden.

So verfassen Sie die Analyse eines pragmatischen Textes:

Bei der Analyse können Sie sich an folgendem Aufbauschema orientieren:

Einleitung
- Informationen zum Text (Autorin / Autor, Titel, Textsorte, Erscheinungsort und -datum)
- Kernaussage zum Thema / Inhalt
- Verstehensentwurf (erste Gesamteinschätzung des Analyseergebnisses und damit des Textverständnisses, das der folgenden Analyse als „roter Faden" dient)

Hauptteil

a) strukturierte Inhaltswiedergabe
- präzise, auf das Wesentliche reduzierte Zusammenfassung des Inhalts der einzelnen Sinnabschnitte oder nach thematischen Aspekten mit eigenen Worten
- Herausarbeiten der Text- bzw. Argumentationsstruktur: Klären und Benennen der Funktion der einzelnen Sinnabschnitte / thematischen Aspekte im Aufbau des Textes

b) ausführliche Textbeschreibung und Analyse der Wirkung
- Beschreibung des Aufbaus und der thematischen Entfaltung: Aufbau des gesamten Textes; Darlegen der Funktionen und der Abfolge der einzelnen Abschnitte
- Analyse der sprachlichen Gestaltungsmittel und ihrer Funktion: z. B. Satzbau (v. a. Parataxe oder Hypotaxe); Wortwahl, rhetorische Mittel

Schluss
- Fassen Sie Ihre wichtigsten Analyseergebnisse nochmals zusammen und prüfen Sie Ihren Verstehensentwurf. Formulieren Sie gegebenenfalls eine verbesserte Version dieser Gesamtaussage.
- Weiterführende Auseinandersetzung mit dem Text: Je nach Aufgabenstellung werden Sie eventuell dazu aufgefordert, die Textqualität einzuschätzen oder Ihre eigene Position zur zentralen Textaussage (z. B. in Form eines Kommentars) auszuformulieren.

Tipps zur Bearbeitung:
Setzen Sie Ihre Feststellungen immer wieder in Bezug zur Absicht des Textes. Belegen Sie Ihre Beobachtungen durch Verweise auf konkrete Textstellen. Geben Sie dazu die konkrete Zeilen-/ Seitenzahl an bzw. markieren Sie Zitate entsprechend.

Bei der genaueren Analyse eines pragmatischen Textes können Sie sich mit bestimmten Aspekten, die im Folgenden angeführt werden, intensiver auseinandersetzen.

Struktur und Themenentfaltung eines Textes beschreiben → S. 33

So beschreiben Sie Struktur und Themenentfaltung:

Gehen Sie bei der Beschreibung der Textstruktur und der Themenentfaltung wie folgt vor:
Stellen Sie fest, in welche Abschnitte der Text eingeteilt werden kann und beschreiben Sie die Art und Weise der thematischen Entfaltung. Prüfen Sie dabei folgende Aspekte:

- Funktion (z. B. Darlegung / Begründung / Erläuterung von Sachverhalten) einzelner Textabschnitte in Bezug auf die Ausgangsthematik und im Blick auf andere Abschnitte
- Art und Weise der Leserlenkung
- Bezug einzelner Abschnitte auf eine oder auf mehrere Ausgangsthemen
- Vermischung von Informationen und Argumenten und die damit verbundene Wirkung
- Darlegung einer oder mehrerer Sichtweisen auf die Ausgangsthematik

Argumentation eines Textes beschreiben → S. 39

So beschreiben Sie die Argumentation eines Textes:

Orientieren Sie sich bei der Beschreibung einzelner Aspekte an folgenden Hilfsfragen:

Hilfsfragen zur Analyse einzelner Abschnitte:

- Welchen Bezug hat der Abschnitt zum Gesamtthema? Werden z. B. einzelne Aspekte genauer erklärt, schweift die Verfasserin/der Verfasser vom eigentlichen Thema ab oder erfolgt eine Auseinandersetzung / Entkräftung mit Gegenargumenten?
- Wie ausführlich ist der Abschnitt gestaltet (knapp-reduziert vs. umfassend-multiperspektivisch)?
- Formuliert er nur ein (Ober-)Thema oder entwickelt er weitere Unterthemen?
- Werden Aussagen mit Beispielen und Erfahrungen untermauert?
- Sind die Ausführungen eher faktenbezogen-sachlich oder wertend-emotional?
- Welche Arten von Argumenten (z. B. Faktenargumente) werden verwendet?

Hilfsfragen zur Analyse der sprachlichen Gestaltung der Abschnitte:

- Wie sind Argumente, Veranschaulichungen, Erklärungen, Erzählungen und Abschweifungen sprachlich ausgestaltet und miteinander verbunden?
- Durch welche sprachlichen Mittel erfolgt eine Leserlenkung bzw. die besondere Hervorhebung bestimmter Aspekte?
- Wie sachlich oder unsachlich fallen Äußerungen aus?

Literarische Texte interpretieren → S. 148 u. 173

Bei der Interpretation literarischer Texte können Sie sich an einem gewissen Aufbauschema orientieren. Je nach Textgattung ergeben sich dann unterschiedliche Untersuchungsschwerpunkte.

So verfassen Sie einen Interpretationsaufsatz zu einem literarischen Text:

Allgemeines zur Planung und zum Aufbau Ihres Interpretationsaufsatzes:
- Erschließen Sie zunächst die Themenstellung, indem Sie Vorüberlegungen zum Aufbau sowie zu den Schwerpunkten Ihres Aufsatzes anstellen.
- Arbeiten Sie dann mit der Textvorlage: Lesen Sie den Text aufmerksam, bilden Sie Sinnabschnitte, markieren Sie Auffälligkeiten und machen Sie sich Randnotizen.
- Planen Sie daraufhin Ihren eigenen Text und erstellen Sie einen Schreibplan, der Ihre Analyseergebnisse zur Aufgabenstellung beinhaltet.

Einleitung:
- Gehen Sie in einer einleitenden Passage in einem Basissatz auf zentrale Aspekte der literarischen Textvorlage ein, wie z. B. Name der Autorin/des Autors, Textgattung/Textsorte, (sofern bekannt) Erscheinungsort und -jahr des Textes, Textinhalt, ggf. Entstehungskontext. Formulieren Sie dann eine erste Deutungshypothese, in der Sie den inhaltlichen Kern des Textes zusammenfassen und eine erste Vermutung zu einer möglichen Wahrnehmung bzw. Deutung des Textes anführen.

Hauptteil:
- Fassen Sie den literarischen Text zunächst strukturiert, d. h. den Aufbau berücksichtigend, und prägnant in eigenen Worten zusammen. Vermeiden Sie in diesem Teil Zitate. Interpretieren Sie dann in einem nächsten Schritt die inhaltliche, formale und sprachliche Gestaltung des Textes – je nach Aufgabenstellung – mit besonderer Konzentration auf einzelne Aspekte (vgl. nachfolgende Untersuchungsaspekte). Beziehen Sie sich bei Ihren Ausführungen immer wieder auf die von Ihnen bereits formulierte Deutungshypothese.

Schluss:
- Im Schlussteil Ihres Aufsatzes ziehen Sie ein Resümee in Bezug auf die Deutungshypothese. Bestätigen, präzisieren oder verändern Sie sie aufgrund Ihrer vorangegangenen Interpretation. Zudem können Sie dann den literarischen Text historisch einordnen, einen Ausblick geben oder einen aktuellen Bezug herstellen. Prüfen und überarbeiten Sie Ihren Text abschließend im Hinblick auf Inhalt, Schlüssigkeit in der Darlegung, Sprachrichtigkeit sowie Stil.

Je nach Textgattung/-sorte können Sie in den Aufgabenstellungen dann unter anderem zusätzlich mit den folgenden Untersuchungsaspekten konfrontiert werden:

Erzählende Texte (→ vgl. ausführlich S. 273–275):
- Erzählinstanz
- Raumstruktur
- Figurenkonzeption und -konstellation
- Handlungsverlauf und zentrale Motive
- sprachliche Gestaltung

Lyrische Texte (→ vgl. ausführlich S. 276):
- Inhalt, z. B. Thema des lyrischen Textes (Was wird dargestellt?) oder Sprechinstanz (z. B. lyrisches Ich oder verborgen)
- Form, z. B. verwendetes Metrum und Reimschema
- Sprache, z. B. Bildhaftigkeit

Dramatische Texte (→ vgl. ausführlich S. 277):
- Figurenkonzeption und -konstellation
- Dialogführung (Verhältnis Monologe / Dialoge und deren sprachliche Gestaltung im Hinblick auf Wortwahl oder Syntax; Redezeit/-anteile einzelner Figuren; Sprechakte (z. B. Fragen, Aufforderungen, Zugeständnisse), Sprachstil/-register, Bildhaftigkeit der Sprache (Verwendung rhetorischer Mittel, Aussagen zwischen den Zeilen)

Argumentationen verfassen
→ S. 88

Argumentierende Texte planen und gestalten

Sie können Argumentationen sowohl linear als auch antithetisch aufbauen. Dabei können Sie – je nach Intention des Textes – auf verschiedene „Bauarten" zurückgreifen.

So verfassen Sie lineare und antithetische Argumentationen:

Bei einer linearen Argumentation setzen Sie sich als Verfasserin / Verfasser nur mit einer Position (Pro oder Kontra) auseinander.
Ordnen Sie die Argumente zu Ihrer Position nach deren Überzeugungskraft steigernd an, d. h. vom schwächsten zum stärksten bzw. überzeugendsten Argument.
Die Gliederung zu Ihrer Argumentation sollten Sie im Nominalstil verfassen.

In einer antithetischen Argumentation werden zwei gegenteilige Positionen (Pro und Kontra) zu einer Entscheidungsfrage im Detail erfasst und gegeneinander abgewogen. Die Intention dahinter ist es, zu einer begründeten, oft als Kompromiss oder Lösungsansatz formulierten, eigenen Position zu gelangen.

Der Hauptteil lässt sich bei antithetischen Argumentationen differenziert gestalten:

- nach Pro und Kontra geordnet (Sanduhr-Prinzip):
  Hier ordnen Sie die Argumente der anderen Position vom stärksten zum schwächsten Argument an, um daraufhin die eigene Position nach ihrer Überzeugungskraft steigernd angeordnet auszuführen und die Synthese vorzubereiten. Um die Synthese vorzubereiten, ist es hilfreich, eine Überleitung zwischen beiden Positionen zu formulieren, in der die Gegenposition knapp zusammengefasst und zur eigenen Position übergeleitet wird.

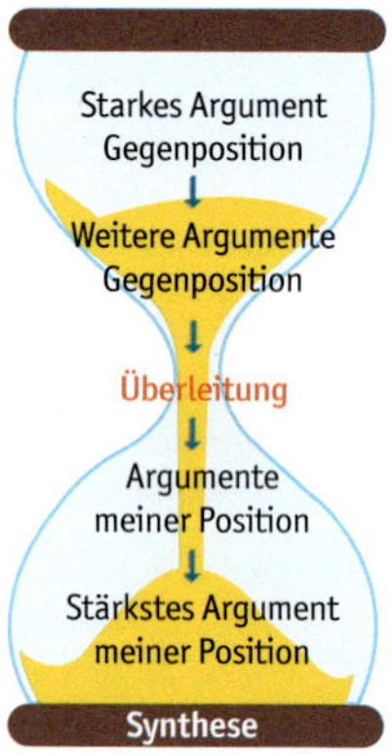

- nach Sachaspekten / Teilbereichen sortiert (Block-Prinzip):
  Hier ordnen Sie die Argumente, die die Pro- und Kontra-Position eines Sachaspekts beleuchten, nacheinander an und runden die Ausführungen durch ein Zwischenfazit ab, bevor der nächste Aspekt behandelt wird. Die Aspekte werden dabei steigernd vom unwichtigsten zum wichtigsten Aspekt angeführt. Diese Strukturierung ermöglicht eine intensive Abwägung der einzelnen Aspekte, wobei es zu beachten gilt, die eigene Position bei jedem Sachaspekt überzeugender darzustellen.

Für eine überzeugende Synthese werden beide Seiten noch einmal zusammengefasst, gegeneinander abgewogen und die Argumente gewichtet, wobei das entscheidende Beurteilungskriterium genannt wird. Nehmen Sie klar Stellung zu einer Position und formulieren Sie gegebenenfalls einen Kompromiss oder Alternativvorschlag.

Ob linear oder antithetisch – in beiden Fällen ist es sinnvoll, sich das Diskussionsthema Schritt für Schritt zu erschließen.

Argumentierende Texte planen → S. 77

So erschließen Sie das Thema einer Argumentation und werten Materialien aus:

- Klären und formulieren Sie das Thema möglichst präzise, sodass eine klare Positionierung (Pro und / oder Kontra) zu diesem möglich ist. Nutzen Sie dazu konkrete Hilfsfragen und arbeiten Sie Schlüsselbegriffe heraus.
- Beginnen Sie eine strukturierende Stoffsammlung zunächst mit Ihren eigenen Ideen. Diese können Sie in einer Mind-Map festhalten.
- Prüfen Sie die Ihnen für Ihre Argumentation zur Verfügung stehenden Materialien hinsichtlich deren Brauchbarkeit und Seriosität und fertigen Sie dann entsprechende Exzerpte (→ S. 261) an. Notieren Sie sich passende Zitate und geben Sie zu diesen jeweils die korrekte Quelle an (→ S. 261), damit Sie später nicht lange danach suchen müssen.

Damit Sie Ihre Position Ihrer Leserschaft überzeugend vermitteln können, sollten Sie Ihre Argumentation immer logisch aufbauen und Ihre Argumente sinnvoll miteinander verknüpfen.

Argumente überzeugend aufbauen → S. 79

So bauen Sie eine antithetische Argumentation überzeugend auf:

Bei einem argumentativen Text stützen Sie eine Position mit Argumentengruppen. Ein Argument ist in der Regel besonders überzeugend, wenn es die „vier Bs" enthält:

Behauptung	Begründung	Beispiel	Bezug zur Position
konkrete Aussage zur Position	nachvollziehbarer Grund zur Behauptung	Beweis zur Veranschaulichung	Folgerung: Bezug zwischen Argument und Position

Noch stichhaltiger werden Argumente, wenn sie Gegenargumente entkräften (→ S. 269) oder Konsequenzen (für die Zukunft / die Gesellschaft) aufzeigen.

Argumentierende Texte überzeugend aufbauen → S. 90 f.

Ihre Argumentationsführung können Sie dann wie folgt aufbauen:

Die einleitende Passage einer antithetischen Erörterung zeigt die Bedeutsamkeit und den Sinn der folgenden Argumentation auf und bereitet die Abwägung der beiden Positionen zu einer Leitfrage vor. Dementsprechend werden die konträren Positionen (Pro- und Kontra-Position zu einer Entscheidungsfrage) benannt, wobei jedoch noch keine Wertung oder Schwerpunktsetzung vorgenommen wird.

Als Einstieg können Sie Redewendungen, eine aktuelle Fragestellung, ein Zitat, eine Begriffsdefinition oder einen mit dem Thema verwandten Aspekt (z. B. ein politisch relevantes Ereignis) anführen.

Zum Hauptteil der Argumentation können Sie dann mit folgenden Formulierungen überleiten: *Vor diesem Hintergrund gilt es zu klären, ...Im Folgenden soll der Frage nachgegangen werden, ob ...*

Im Hauptteil wägen Sie die in der einleitenden Passage benannten Positionen schließlich gegeneinander ab, indem Sie eine These (Pro-Seite) und eine Gegenthese / Antithese (Kontra-Seite) formulieren und diese jeweils mit Argumenten stützen.
Die beiden Positionen werden durch eine Überleitung voneinander abgetrennt.

Um trotz einer differenzierten Argumentation mit Einräumungen überzeugend argumentieren zu können, gilt es, die eigene Position nochmals klar herauszustellen und mit einer Synthese abzuschließen.
Mit dieser Synthese können Sie die Abwägung der Positionen gegeneinander abrunden, indem Sie

- die wichtigsten Ergebnisse kurz zusammenfassen und gewichten und
- die eigene Position nochmals klar herausstellen bzw. gegebenenfalls einen Kompromiss formulieren und diesen entsprechend begründen.

Formulierungshilfen für die Zusammenfassung der zentralen Ergebnisse:
Abschließend / Zusammenfassend kann festgehalten werden, dass ...
Aus den bisherigen Ausführungen kann geschlussfolgert werden, dass ...
Betrachtet man ... kann festgehalten werden, dass ...
Die vorangegangene Argumentation hat gezeigt, dass ...

Formulierungshilfen für die Synthese:
Nach eingehender Abwägung zeigt sich, dass ...
Wägt man beide Positionen schließlich ab, fällt auf, dass ...
Vor allem im Hinblick darauf, dass sich ... kann festgehalten werden, dass ...

Mit dem Schluss runden Sie die Auseinandersetzung mit der Themafrage ab. Sie können diesen als Appell, Vorschlag, Forderung oder auch Ausblick gestalten.

Eine professionelle und wirkungsvolle antithetische Argumentation berücksichtigt bereits mögliche Gegenargumente. Das Eingehen auf die Position der Gegenseite ist einerseits wertschätzend, kann andererseits aber auch die eigene Position bekräftigen.

Auf Gegenargumente reagieren
→ S. 80 u. 89

So reagieren Sie sprachlich versiert auf Gegenargumente:

Auf Gegenargumente können Sie direkt nach deren Äußerung eingehen oder diese bereits vorwegnehmen und entsprechend entkräften.
Um die Überzeugungskraft eines Gegenarguments zu mindern, können Sie anmerken,

- dass sich die Aussage der Gegenseite nur auf einen Einzelfall bezieht,
- die angeführten Fakten nicht (korrekt) belegt wurden bzw. ziemlich vage sind oder
- die angeführten Argumente nur einen beschränkten Geltungsbereich haben.

Formulierungshilfen für die Entkräftung von Gegenargumenten sowie für Einräumungen:

Zwar … aber … / Obwohl …
Sicherlich kann behauptet werden, dass …/ Doch …
Grundsätzlich ist trotz einzelner Gegenbeispiele … / Obgleich …
Nicht von der Hand zu weisen ist, … / Trotz …
Eingeräumt werden muss … / Auch wenn … / Fraglich ist, ob …
Zugzugestehen ist … / Zugegebenermaßen …
Einen berechtigten Einwand stellt der Verweis auf … dar … / Doch …
Betrachtet man diesen Sachverhalt aus einem anderen Blickwinkel, dann …
Bei allem Verständnis für… sollte jedoch nicht außer Acht gelassen werden, dass …/ Kritiker wenden an dieser Stelle… ein, doch …berücksichtigt werden muss auch, … dass …
Dagegen … / Hingegen … / Demgegenüber …
Indessen … / Auf der anderen Seite … / Im Gegensatz dazu …

Argumentierende Texte überarbeiten

So überarbeiten Sie einen argumentativen Text:

- Prüfen und überarbeiten Sie die Struktur bzw. den Aufbau Ihres Textes: Haben Sie eine einleitende Passage, einen Hauptteil mit den Argumenten (für und / oder gegen eine Position) sowie eine abschließende Passage ausformuliert? Wurden Argumente durch Absätze voneinander getrennt?
- Prüfen Sie die formale Gestaltung: Haben Sie auf einen angemessenen Sprachstil sowie präzise Formulierungen zurückgegriffen? Sind Sätze und Argumente mithilfe von Strukturwörtern und Konnektoren überzeugend miteinander verknüpft? Haben Sie auf eine korrekte Orthografie und Grammatik geachtet?
- Überprüfen Sie Ihre Argumente: Wurden alle Argumente gemäß der „vier Bs" aufgebaut und in eine sinnvolle Reihenfolge gebracht? (→ S. 267)

Wissen aus Klasse 9: 11040–41

Das können Sie bereits im Lernbereich „Mit Texten und weiteren Medien umgehen"

- verschiedene literarische Textgattungen /-sorten (erzählende, lyrische, dramatische) und deren Charakteristika erschließen
- Lesetechniken bei der Lektüre anspruchsvoller Fachtexte anwenden
- Qualität und Seriosität pragmatischer Texte beurteilen
- Medien: mediale Adaptionen als Deutung eines Originaltextes erkennen; Gestaltung einer *Graphic Novel* untersuchen; filmsprachliche Mittel kennen und nutzen; sich gestaltend mit Texten / Medien auseinandersetzen

Sich mit Charakteristika und Formen von Literatur auseinandersetzen

Über den „Text"- und „Literatur"-Begriff reflektieren → S. 31 u. 200

„Text" und „Literatur" sind zentrale Grundbegriffe der Literaturwissenschaft, dennoch lassen sie sich bisweilen nicht eindeutig definieren.

Zum „Text"- und „Literatur"-Begriff

Der „Text", entlehnt aus lat. textus = ‚Aufeinanderfolge', ‚Gewebe', einer Bildung zu lat. texere = ‚weben', ‚zusammenfügend verfertigen', lässt sich als Geflecht untereinander in Beziehung stehender Wörter / Sätze verstehen.

Von der Wortherkunft her lässt sich „Literatur" von lat. litterātūra = ‚Buchstabenschrift', ‚Sprachlehre', einer Bildung zu lat. littera = ‚Buchstabe', ‚Handschrift' bzw. im Plural ‚Schriftstück' ableiten. Bis ins 18. Jahrhundert verstand man unter diesem Wort die ‚Gesamtheit des Schrifttums', v. a. aber Werke der ‚schöngeistigen Literatur'.

In der Literaturwissenschaft stehen sich ein enger, normativer Literaturbegriff und ein weiter, deskriptiver Literaturbegriff gegenüber. Wird im ersten Fall „Literatur" als sprachlich anspruchsvolles Kunstwerk mit einer besonderen Ästhetik betrachtet, umfasst „Literatur" im zweiten Fall jegliche Form schriftlich fixierter Texte.
In der Wissenschaft existiert zudem noch das Wort „Fachliteratur", unter dem sich beispielsweise alle Texte zu einem Fachgebiet subsumieren lassen.

Mit der Entwicklung der digitalen Medien hat sich auch das Verständnis von „Text" erweitert. „Text" ist nicht mehr länger ein abgeschlossenes Produkt, sondern lässt sich nahezu unbegrenzt variieren, erweitern und neu „verflechten". Ein Text wird demnach nicht nur eindimensional wiedergegeben, sondern mit weiteren Elementen etwa in Form von Bildern, Grafiken, Videosequenzen oder Podcasts verknüpft. Diese Elemente können sichtbar in der Start-Oberfläche angezeigt oder durch Verlinkungen in den Text eingebettet werden. Durch diese Art der Verknüpfung – (Knoten / *knots*) – entsteht ein Hypertext als vieldimensionales Bezugssystem aus verschiedenen Medienformen.

Literatur in größeren Kontexten begreifen → S. 105

Literatur folgte und folgt zu bestimmten Zeiten ihren ganz individuellen Gesetzen. Welche Texte entstehen, hängt dabei oftmals auch von politischen oder gesellschaftlichen Umständen ab.

Literatur der Aufklärung:

Als Aufklärung wird eine Phase der Geistes- und Kulturgeschichte zwischen ca. 1720 und 1800 bezeichnet. Auf der Grundlage naturwissenschaftlicher Erkenntnisse sowie Positionen der englischen, französischen und deutschen Philosophie entstand zu jener Zeit ein neues Welt- und Menschenbild, das sich deutlich vom Mittelalter und der Barockzeit abhob.

Geprägt ist die Aufklärungszeit von dem Bestreben, das Denken mit den Mitteln der Vernunft und der wissenschaftlichen Erkenntnis von veralteten Vorstellungen, Vorurteilen und Ideologien zu befreien. Die Welt gilt als objektiv erforschbar und beschreibbar. Der Mensch wird als eigenständiges, selbst denkendes und verantwortlich handelndes Individuum betrachtet. Unterdrückungen durch politische, gesellschaftliche und kirchliche Hierarchien werden in Frage gestellt und kritisiert.

Die absolutistische Staatsform entwickelt sich zum aufgeklärten Absolutismus weiter. Innerhalb der gesellschaftlichen Schicht des Bürgertums entsteht ein neues Selbstbewusstsein gegenüber dem Adel. Mitmenschlichkeit und Tugend werden zu ethischen Leitbegriffen dieser Zeit.

Auch die Literatur nimmt sich der Aufgabe an, den Menschen zu einem verantwortungsbewussten und moralischen Handeln zu erziehen. So entstehen in dieser Zeit vor allem zahlreiche Lehrgedichte, Erziehungsromane, Fabeln und Aphorismen, die den Menschen ihr eigenes Denken und Handeln vor Augen führen.

Als einer der bekanntesten deutschen Schriftsteller der Aufklärung gilt Gotthold Ephraim Lessing (1729–1781).

Mit Dramen wie „Emilia Galotti" (1772) oder „Nathan der Weise" (1779) sowie zahlreichen theoretischen Schriften beeinflusste Lessing nachhaltig die Entwicklung des Theaters und die Wahrnehmung von Literatur im Allgemeinen. Seine Werke werden bis heute – ohne zeitliche Unterbrechung – immer wieder inszeniert.

Lernbereich

Sich erzählende Literatur erschließen

Epische Kurz- und Langformen untersuchen → S. 111 u. 138

„Literatur" umfasst zahlreiche Gattungen und Genres mit ihren jeweils eigenen Charakteristika.

Parabel:

Parabeln (von altgr. parabolé = „Nebeneinanderwerfung"/„Vergleichung") zählen als Texte zu den epischen Kurzformen, die ihrer Leserschaft anhand des erzählten Inhalts eine bestimmte Einsicht oder Lehre vermitteln wollen. Wie bei einem Gleichnis lässt sich das Erzählte dabei bildhaft deuten und auf das eigene Leben übertragen.
Die erzählte Handlung bezeichnet man als die Bildebene („das Gesagte"), die auf eine Sach- oder Gedankenebene („das Gemeinte") übertragen werden kann. Die Themen und Aspekte, die zu beiden Ebenen passen, stellen das *tertium comparationis* (lat. „das Dritte des Vergleichs") dar. Parabeln haben oft ein offenes Ende. Von Fabeln unterscheiden sie sich vor allem dadurch, dass Menschen als handelnde Figuren vorkommen. Parabeln enthalten keine ausdrücklichen Lehrsätze.

Novelle:

Eine Novelle – von lat. novus = ‚neu' – ist eine Erzählung mittlerer Länge, in der häufig ein ungewöhnliches, bisweilen auch rätselhaftes Ereignis aufgegriffen wird.
Die Handlung führt dabei geradlinig auf einen Höhe- oder Wendepunkt hin.
Die straffe Struktur ist gekennzeichnet von Vorausdeutungen und Leitmotiven bzw. so genannten „Dingsymbolen", die die Handlung begleiten und intensivieren. Häufig ist die Haupthandlung in einen Erzählrahmen eingebettet.

Leseeindrücke und Deutungshypothesen formulieren → S. 123

Bevor Sie sich intensiv mit einem literarischen Text auseinandersetzen, kann Ihnen die Formulierung erster Leseeindrücke sowie das Ausformulieren einer Deutungshypothese den Zugang zur Textvorlage erleichtern.

So formulieren Sie Leseeindrücke und Deutungshypothesen:

Die Formulierung Ihrer Leseeindrücke dient dazu, einen ersten Zugang zu einem literarischen Text zu erhalten. Leseeindrücke entstehen z. B. auf der Basis des Handlungsverlaufs, der Handlungsweise der Figuren, der Sprache, des Vergleichs mit anderen Texten oder eines allgemeinen subjektiven Geschmackurteils.
Eine Deutungshypothese stellt den Ausgangspunkt und den Bezugspunkt für eine gründliche Interpretation (Deutung) dar. In ihr umreißen Sie kurz den Inhalt der Textvorlage und formulieren eine Idee, wie man den literarischen Text verstehen kann. Beispielformulierung: *In (Text/Textauszug) geht es um ..., wobei die (sprachliche/ inhaltliche/formale) Gestaltung nahelegt, dass ...*

Die Erzählinstanz steht als Vermittlungsinstanz zwischen der erzählten Welt und dem Lesepublikum. Sie gibt die Handlung einer Erzählung auf eine bestimmte Art und Weise wieder, um so eine Wirkung zu erzielen.

Sich mit der Erzählinstanz literarischer Texte auseinandersetzen → S. 133

So bestimmen Sie die Erzählinstanz mit Fachbegriffen

Die Erzählinstanz steht zwischen der erzählten Welt und der Leserschaft und vermittelt die Geschichte auf eine besondere Art und Weise, um eine bestimmte Wirkung bei den Lesenden zu erzielen. Um den Text und seine Wirkung besser zu verstehen, können Sie die Erzählinstanz genauer untersuchen, indem Sie Antworten auf Fragen zur Form, zur Perspektive, zum Erzählerwissen und seinem Verhalten finden. Diese Kategorien basieren auf der Erzähltheorie von Gérard Genette.

In welcher Form wird erzählt? **Erzählform**	• Ich-Erzähler • Er-/Sie-Erzähler
Aus welcher Perspektive wird erzählt? **Erzählperspektive**	• **Erzähler = Figur** a) innerhalb der Handlung b) außerhalb der Handlung • **Erzähler = verborgen** (nicht als Figur erkennbar)
Was weiß die Erzählinstanz? **Erzählerwissen**	**… über die Figuren: Erzählsicht** a) Außensicht b) Innensicht (einer Figur/mehrerer Figuren) c) uneingeschränkte Sicht (aller Figuren)
Wie wird die Geschichte wiedergegeben? **Erzählverhalten**	**Darstellungsweise:** • Erzählerberich: Zusammenfassung oder szenische Darstellung der Handlung, Beschreibung von Figuren und Räumen, Kommentare zu Figuren und ihrem Handeln • Figurenrede: a) direkte Rede, b) innerer Monolog, c) erlebte Rede **Erzählhaltung:** • neutral • wertend / kommentierend (z. B. ironisch, empathisch etc.)

Die sog. Erzählhaltung beschreibt die Einstellung der Erzählinstanz zum Erzählten. Die Leserschaft wird damit in eine bestimmte Richtung gelenkt oder in ihrer Wahrnehmung von Handlung oder Figuren beeinflusst.

Literarische Figuren charakterisieren → S. 145

Literarische Figuren lassen sich unter bestimmten Aspekten genauer charakterisieren.

So charakterisieren Sie eine literarische Figur:

Bei der Charakterisierung einer literarischen Figur lassen sich äußere und innere Merkmale voneinander unterscheiden:

- Unter äußeren Merkmalen versteht man allgemeine Informationen über die Figur wie deren Namen, Alter, Aussehen, Lebensumstände (z. B. Beruf, Herkunft), Sprache (z. B. Sprachregister wie Hochsprache / Dialekt / Jugendsprache, Sprechen mit Akzent, grammatikalisch korrekte oder eher fehlerhafte Ausdrucksweise).
- Zu den inneren Merkmalen zählen das Verhalten der Figur in wesentlichen Situationen (z. B. dominant, unterwürfig), ihre Charaktereigenschaften (abgleitet von Verhaltensweisen oder aus der Wortwahl in Gesprächen), ihre Vorlieben und Abneigungen, ihre Stärken und Schwächen sowie ihre Beziehungen zu anderen Figuren.

Die Charakterzüge und die Beziehungen der Figuren zueinander können Sie auch vom Verhalten und den Aussagen einer Figur über sich und von anderen ableiten.
Zudem lassen sich Aussagen über die Entwicklung einer Figur (z. B. Reifung, Erwachsenwerden, Befreiung von sozialen Zwängen) und gegebenenfalls über deren Position vor einem historischen Kontext (z. B. Stellung der Frau im 19. Jahrhundert) treffen.

Figurenkonstellation zu einem literarischen Text erstellen → S. 144

Die Beziehungen zwischen Figuren eines literarischen Textes lassen sich grafisch darstellen und dadurch besser veranschaulichen.

So erstellen Sie eine Figurenkonstellation zu einem literarischen Text:

Eine Figurenkonstellation ist ein Schaubild, in dem die handelnden Figuren und ihre Beziehungen zueinander dargestellt werden. Die Art und Weise der Beziehungen lässt sich dabei mit Symbolen verdeutlichen, z. B. ein Blitz für ein angespanntes Verhältnis oder ein Herz für eine Liebesbeziehung.
Eine Figurenkonstellation lässt sich auch durch ein Standbild erarbeiten. In diesem wird eine entscheidende Situation aus einem literarischen Werk ausgewählt und die auftretenden Figuren in einer bestimmten Konstellation positioniert, die ihre Nähe / Distanz zueinander sowie ihre Über-/Unterordnung verdeutlicht.
Das Standbild wird schließlich einem Publikum präsentiert und der „Standbildbauer" erläutert die Ideen hinter dessen Gestaltung oder die Betrachtenden deuten das Standbild und äußern sich dann begründet dazu, wie dieses auf sie wirkt.

Die Handlung eines erzählenden Textes ereignet sich innerhalb eines bestimmten Zeitraums und findet an Orten (Schauplätzen) und in Räumen statt, die bewusst schriftstellerisch ausgewählt und gestaltet werden.

Raum- und Zeitgestaltung erzählender Texte analysieren → S. 140 f.

So analysieren Sie die Raum- und Zeitgestaltung in literarischen Texten:

Die Raumgestaltung kann z. B. folgende Funktionen haben:
- Wiedergabe einer Stimmung einer Figur
- bestimmte Wahrnehmung einer Figur
- Bezug zur Entwicklung einer Figur, z. B. bei einer Grenzüberschreitung

Bei der Zeitgestaltung eines literarischen Textes wird zwischen „Erzählzeit" und „erzählter Zeit" unterschieden. Die „Erzählzeit" entspricht in etwa dem Zeitraum, den das Lesen einer Geschichte in Anspruch nimmt. „Erzählte Zeit" hingegen meint die Dauer der erzählten Handlung.
Das Verhältnis von Erzählzeit und erzählter Zeit (Erzähltempo) kann wie folgt variieren:
- Zeitraffung: erzählte Zeit < Erzählzeit
- Zeitdehnung: erzählte Zeit > Erzählzeit
- Zeitdeckung: erzählte Zeit = Erzählzeit

Die sog. „Frequenz" beschreibt die Wiederholung von Ereignissen und Aussagen. Geschieht etwas regelmäßig, so kann dies iterativ (einmal erzählt) oder repetitiv (wiederholt erzählt) ausgedrückt werden. Außerdem kann die chronologische Darstellung durch Rückblenden und Vorausdeutungen unterbrochen und erläutert werden.

Die sprachliche Gestaltung eines Textes kann dessen Wirkung bzw. Wahrnehmung zusätzlich beeinflussen.

Sprachliche Gestaltung eines erzählenden Textes analysieren → S. 46, 126, 128 u. 285

So analysieren Sie die sprachliche Gestaltung eines erzählenden Textes:

Zur Ermittlung des Stilprofils eines Textes können Sie folgende Aspekte beleuchten:
- Satzbau: Verwendung verschiedener Satzarten: Komplexität der Sätze (Satzreihe, Satzgefüge) sowie die Satzlänge
- Wortwahl: poetische, sachliche oder alltagssprachliche Wörter / Formulierungen: Wortfelder, die u. a. zur Bildlichkeit des Textes beitragen
- rhetorische Stilmittel: Bildlichkeit (z. B. Verwendung von Vergleichen und Metaphern) zur Veranschaulichung/zum Spannungsaufbau/zum Verleihen von mehr Nachdruck; Figuren der Reihung (z. B. Anapher, Parallelismus, Enumeratio) und der Wiederholung (z. B. Repetitio, Anapher, Emphase) für mehr Eingängigkeit
- Zum Erschließen der Bildlichkeit untersucht man die Herkunft des sprachlichen Bilds (*Aus welchem Bereich oder Sachgebiet kommt der Begriff?*), man ermittelt die inhaltliche Bedeutung und schließlich die Funktion oder die Wirkung bzw. den Mehrwert, den der bildhafte Ausdruck dem Gesagten verleiht.

Lyrische Texte untersuchen

Lyrische Texte und ihre Charakteristika untersuchen → S. 159, 163, 167, 169

Lyrische Texte setzen sich aus vielen „Bausteinen" zusammen, die letztendlich zu einem Gesamtkunstwerk führen. Deshalb lohnt bisweilen auch ein detaillierter Blick.

Untersuchungsaspekte im Hinblick auf lyrische Texte:

Inhalt:

- Themen und Themenentfaltungen
- zentrale Motive, die als thematische Elemente immer wieder im Text auftauchen, wie z. B. „Einsamkeit"
- verdichtete / verkürzte Darstellung von Ereignissen, Wahrnehmungen und Urteilen

Form:

- (keine) Gliederung in Strophen und Verse
- Formulierung in einem bestimmten Metrum (Versmaß), das die Abfolge von betonten (x́) und unbetonten (x) Silben regelt, wie z. B. Jambus (xx́), Trochäus: (x́x), Daktylus (x́xx), Anapäst (xxx́) oder freie Rhythmen
- Erkennbarkeit eines bestimmten Reimschemas wie z. B. Paarreim *(aabb)*, Kreuzreim *(abab)*, umarmender Reim *(abba)* oder von unregelmäßigen Reimen bzw. auf den gänzlichen Verzicht von Reimen
- traditionelle vs. moderne Gestaltungsmittel, z. B. Orientierung an Formvorgaben in der Barockzeit, wie z. B. der Form des Sonetts mit der Verbindung aus zwei Quartetten und zwei Terzetten als ordnendes Element in einer von Wirren geprägten Zeit vs. produktiver Umgang mit Formvorgaben über Mischungen oder Neu-Kombinationen wie z. B. bei *Slam Poetry*, um bestimmten Stimmungen oder Gefühle unmittelbarer zum Ausdruck bringen zu können

Sprache:

- Wortfelder
- Bildhaftigkeit z. B. in Form von Metaphern, Personifikationen, Vergleichen oder Symbolen, mit denen Gefühle und Stimmungen zum Ausdruck gebracht werden können
- Sprechinstanz (z. B. lyrisches Ich vs. Sprecher im Verborgenen)

textimmanente vs. über den Text hinausgehende Deutung:

Bei der Analyse des lyrischen Textes können Sie sich gänzlich auf die Textvorlage beziehen, diese also textimmanent deuten, und / oder bei der Deutung den Zeitbezug sowie biografische Informationen zur Autorin / zum Autor miteinbeziehen. Vor allem in der „politischen Lyrik" spiegeln sich politische und gesellschaftliche Kontexte wider, die zur Entstehungszeit des Textes aktuell waren oder es noch sind. Oftmals enthalten die Texte kritische Aussagen zu bestimmten Entwicklungen oder die Aufforderung, das eigene Verhalten und die eigene Position kritisch zu überdenken oder zu ändern. Auch Existenzängste oder das Überwinden von bzw. Scheitern an persönlichen Krisen können in lyrischen Texten thematisiert werden.

Dramatische Texte untersuchen

Viele Dramatiker orientieren sich bei der formalen Gestaltung ihrer Texte an den formalen Aufbauregeln des antiken Dramas, die auf die „Poetik" des Aristoteles zurückzuführen sind.

Sich mit der formalen Gestaltung von Dramen auseinandersetzen
→ S. 183

Fünf-Akt-Schema und geschlossenes Drama:

Am Beispiel des Trauerspiels „Emilia Galotti" lassen sich die formalen Aufbauregeln verdeutlichen, die auf die antike Dramenkonzeption zurückgehen: Der erste Akt (Aufzug) führt die Figuren ein und stellt die Konflikte vor (Exposition). Im zweiten Akt entfaltet sich die Handlung schrittweise (steigende Handlung), bevor sie im dritten Akt den Höhepunkt erreicht. Im vierten Akt fällt die Handlung wieder (fallende Handlung) und führt im fünften Akt in eine Katastrophe. Der Schriftsteller und Literaturtheoretiker Gustav Freytag (1816–1895) nennt die Situation, welche die zentrale Handlungsentwicklung auslöst, erregendes Moment. Die Situation, an der sich die Handlung derart entwickelt, dass es keinen Ausweg mehr zu geben scheint, nennt er Wendepunkt. Ein Ereignis, dass die Katastrophe doch noch einmal verzögert, nennt er retardierendes Moment.

Die Wirkung eines dramatischen Textes und hierbei vor allem auch der darin handelnden Figuren lassen sich im Rahmen von Inszenierungen genauer beleuchten.

Figurenkonzeption und Dialogführung unter aufführungsbezogenen Aspekten untersuchen
→ S. 184 u. 189

So deuten Sie die Figurenkonzeption und die Dialogführung unter aufführungsbezogenen Aspekten:

Neben den gewählten (traditionellen vs. modernen) Kostümen sowie Requisiten, lassen sich Stimmungen von Figuren und deren Beziehung zueinander auch über die Körpersprache, die Sprechweise und die Positionierung der Akteure im Bühnenraum herausarbeiten. Durch den gezielten Einsatz dieser Komponenten wird jede Inszenierung eines Theaterstücks zu einer individuell intendierten Interpretation einer Textvorlage. Je nach Sprechweise und Körpersprache lassen sich Konflikte innerhalb und zwischen Figuren traditionell oder moderner gestalten bzw. sich den Sehgewohnheiten und der Lebenswirklichkeit des Publikums anpassen.
Welche Position eine Figur in einem dramatischen Text einnimmt, können Sie auch über die Dialogführung herausarbeiten. Gehen Sie hierbei der Frage nach, wie viel Redezeit einer Figur zugestanden wird (gleichberechtigte oder eher untergeordnete Stellung) und über welche Möglichkeiten diese verfügt, sich anderen mitzuteilen.
Um Zusammenhänge zu verstehen, sollten Sie sich zudem bewusst machen, dass sprachliche Äußerungen in konkreten Kommunikationssituationen auch bestimmte sprachliche Handlungen repräsentieren. In solchen „Sprechakten" verbindet der Sprecher mit seiner sprachlichen Äußerung einen bestimmten Zweck, der im Moment des Aussprechens erreicht wird. Dies wird vor allem deutlich, wenn man jemanden um etwas bittet, jemandem etwas verzeiht, jemanden verurteilt (v. a. in der Position einer Richterin / eines Richters) oder jemandem etwas androht. Wieviel Wirkkraft diesem Sprechakt zukommt, hängt dabei vom jeweiligen Kontext ab.

Sachtexte lesen und analysieren

Pragmatische Textsorten unterscheiden → S. 30

Es ist wichtig die Merkmale und Intentionen einiger journalistischer Textsorten zu kennen, um Texte besser verstehen zu können.

Journalistische Textsorten:

- informierend: Nachricht, Bericht, Reportage (persönliche gefärbt), Feature, Interview, Umfrage
- meinungsbildend bzw. argumentierend: Kommentar (subjektive Meinung, Deutung und Bewertung von Sachverhalten, pointierte sprachliche Mittel wie Ironie, Übertreibung, Umgangssprache, Vergleiche), Kritik (Wertung einer künstlerischen Leistung), ironisch polemische Glosse (satirisch zugespitzte Kritik), Essay (differenzierte und pointierte Abhandlung)

Kommunikationssituation und Intention pragmatischer Texte ermitteln → S. 28

Wer sich der Intention bewusst ist, wird den Text und seine Aussage besser begreifen.

So erschließen Sie sich die kommunikative Situation und Intention eines Textes:

Orientieren Sie sich an folgenden Hilfsfragen:

- Wer (Presse, Institution) wendet sich in welcher Form (Zeitungs-/ Zeitschriftenartikel, Informationstext auf Homepage, Flyer, Blogeintrag, Leserbrief) über welches Vermittlungsmedium (Printmedien vs. digitale Medien) und mit welcher Intention (informieren, Meinung bilden, appellieren etc.) an welche Adressatengruppe (junges / älteres / gemischtes Lesepublikum, Frauen und / oder Männer, Laien oder Experten)?
- Welche Gesamtaussage und welche Teilaussagen werden im Text formuliert?
- Welche Gestaltungselemente (Sprachebene, Hypertextelemente, Layout: Strukturierung, Bildgestaltung / Illustration) werden wie genutzt?
- Welche Kommunikationswege (Medium, Verfügbarkeit) wurden gewählt? Was könnte der Grund dafür sein?

Um Brauchbarkeit und Seriosität von Informationen zu hinterfragen, empfiehlt es sich, Gemeinsamkeiten und Unterschiede zwischen Texten herauszuarbeiten.

Pragmatische Texte vergleichend untersuchen → S. 40

So untersuchen Sie Texte vergleichend:

Untersuchen Sie die Texte und machen Sie sich zu folgenden Aspekten Notizen: Thema, Absicht der Texte, Entstehungskontext und -zeit, Zielgruppe, Textsorte, Entfaltung des Themas, formale und sprachliche Besonderheiten der Texte, Layout.
Belegen Sie Ihre Feststellungen mit passenden Textstellen. Eine Tabelle als Form unterstützt die Übersichtlichkeit der Ergebnisse.

Lesetechniken und -strategien können Ihnen das Lesen und Verstehen komplexer Sachtexte erleichtern. Die Auswahl hängt von der jeweiligen Leseaufgabe und Ihrer Leseabsicht ab.

Anspruchsvolle Fachtexte lesen → S. 33 u. 39

So nutzen Sie Lesetechniken und Lesestrategien beim Lesen pragmatischer Texte:

Lesetechniken:

- Verschaffen Sie sich zunächst durch diagonales Lesen, d. h. durch ein Überfliegen des Textes, einen groben Überblick über dessen zentrales Thema sowie seinen Aufbau und die mögliche Absicht. Sie können dazu z. B. nur den jeweils ersten Satz eines Absatzes, hervorgehobene Textstellen, bestimmte Schlüsselwörter rund um Aufzählungen oder kurze Zusammenfassungen lesen.
- Um die Entfaltung des Themas erfassen zu können, müssen Sie den Text, vollständig und gründlich seinem Aufbau folgend lesen (sequenzielles Lesen).
- Beim punktuellen Lesen und selektiven Lesen lesen Sie nur diejenigen Stellen in einem Text, die Ihnen Informationen zu Ihren Fragen an den Text liefern. Dazu „springen" Sie in gewisser Weise zwischen einzelnen Textstellen hin und her.

Lesestrategien:

Bei Textkopien können Sie den Text während des Lesens „bearbeiten". Markieren Sie z. B. Schlüsselbegriffe oder Unklarheiten, formulieren Sie zu Sinnabschnitten Zwischenüberschriften oder notieren Sie Fragen oder Symbole.

Umfangreiche und anspruchsvolle Texte lesen sich nicht einfach „nebenbei". Um diese besser erschließen und verstehen zu können, helfen Ihnen daher die nachfolgenden Tipps.

Anspruchsvolle Fachtexte lesen → S. 114

So lesen Sie anspruchsvolle Texte:

- Aktivieren Sie Ihr Vorwissen zum Thema eines Textes, bevor Sie mit dessen Lektüre beginnen. Machen Sie sich bewusst, in welchen thematischen Zusammenhängen ein Text steht und was Sie selbst bereits schon über das Thema wissen.
- Ermitteln Sie die Verfasserin / den Verfasser, die Textsorte, das Vermittlungsmedium sowie die mögliche Zielgruppe. Treffen Sie, sofern möglich, auch Aussagen zum Entstehungshintergrund des Textes.
- Verschaffen Sie sich durch Überfliegen des Textes (diagonales Lesen) einen groben Überblick und nehmen Sie Lesehilfen, die der Text anbietet, bewusst wahr, z. B. Zwischenüberschriften, Hervorhebungen oder Grafiken und Bilder.
- Überfliegen Sie den Text und führen Sie sich so genannte „Verstehensinseln" vor Augen, d. h. Aspekte, die Sie bereits verstanden haben.
- Lesen Sie den Text dann nochmals vollständig und gründlich seinem Aufbau folgend (sequenzielles Lesen). Versuchen Sie dabei, die Verstehensinseln auszuweiten und zu präzisieren. Bringen Sie den Text gegebenenfalls in eine grafische Darstellungsform, wie z. B. in Form einer Strukturskizze.
- Suchen Sie bei Detailfragen nach bestimmten Textstellen (punktuelles Lesen) oder Schlagwörtern (selektives Lesen).
- Erstellen Sie ein Exzerpt, wenn Sie längerfristig mit dem Text arbeiten wollen.

LERNBEREICH

Medien untersuchen und nutzen

Sich mit digitaler Literatur auseinandersetzen → S. 207

„Digitale Literatur" geht auch über das reine Digitalisieren von Text hinaus, indem sie neben der digitalen Speicherung auch Möglichkeiten der Programmierung von Text nutzt.

So unterscheiden Sie verschiedene Formen digitaler Literatur:

- Hyperfiction / Hyperpoetry als multilineare Texte, die auf dem Prinzip der Verlinkung basieren und zum Treffen von Entscheidungen und zum individuellen Zusammenfügen von Textteilen auffordern
- multimediale Dichtung, in der Text, Bild, Musik neu kombiniert werden
- Texte, die mithilfe von Textgeneratoren entstanden sind (Neuanordnung von Textbausteinen zur Erschaffung neuer Texte)
- literarische Computerspiele / E-Book-Apps, die die Grenzen zwischen Spiel und Text verschwimmen lassen und dazu auffordern, in eine Handlung einzugreifen
- Mitschreibprojekte / Weblogs, bei denen User Webinhalte mitgestalten, wodurch sich Grenzen zwischen Autorschaft und Leserschaft auflösen
- Fan-Ficition: eigenständige, kreative Texte von Laien bzw. nicht professionellen Schriftstellerinnen und Schriftstellern, die bestehende Geschichten (aus Literatur, Filmen, Serien, Computerspielen etc.) ergänzen oder weiterführen; digital erfolgt eine Vernetzung der Texte und ein Austausch darüber

Sich mit Gestaltungsmöglichkeiten audiovisueller Medien auseinandersetzen → S. 209 f.

Um Bilder eindrucksvoll zum Leben zu erwecken, kann die Filmindustrie auf eine Vielzahl von Techniken und Animationsverfahren zurückgreifen.

So unterscheiden Sie verschiedene Animationstechniken:

2D-Animationen sind „flache" Animationstechniken, bei denen über die Aneinanderreihung von senkrecht von oben abfotografierter Einzelbilder die Illusion einer Bewegung entsteht. Beispiele:

- Legetrickfilme und Flachfigurenfilme *(Cutout-Animation)*: Festhalten einer manuellen Bewegung von Gegenständen / gezeichneten Figuren in Einzelbildern
- Zeichentrickfilme: Aneinanderreihung gezeichneter Bewegungsphasen (1 Sekunde Film = 24 Bilder)

Bei 3D-Animationen erfasst die Kamera Figuren aus allen möglichen Perspektiven. Beispiele:

- Stop-Motion-/ Objekt-Animationen: Aufnahme von dreidimensionalen Modellen (Plastilin-Figuren → Knetanimation / *Claymotion*, Figuren aus Lego®steinen → Brickfilm, Handpuppen → Puppenfilm) in Einzelbildern mit geringfügiger Veränderung von Bild zu Bild

Bei 2D-/ 3D-Computeranimationen werden in der Regel zunächst Zeichnungen oder Modelle angefertigt, die in einem nächsten Schritt am Computer digital bearbeitet werden können. Die Animation kann aber auch vollständig computergeneriert sein.

Über die reflektierte Auseinandersetzung mit den Möglichkeiten des Einsatzes filmsprachlicher Mittel erweitern Sie Ihre Fähigkeit, (Kurz-)Filme zu „lesen“ und diese selbst zu gestalten.

Filmsprachliche Mittel kennen und deren Wirkung beurteilen
→ S. 211

So erkennen Sie filmsprachliche Mittel und beurteilen deren Wirkung:

- Kameraperspektive: Blickwinkel auf das Gezeigte; schafft Nähe oder Distanz
- Kameraeinstellung: Festlegung des Bildausschnitts; schafft Nähe oder Distanz

Normalsicht: Betrachter befindet sich auf Augenhöhe mit gezeigter Person
Detail: Zeigen eines vergrößerten Bildausschnitts

Vogelperspektive: Blick von oben nach unten gerichtet
nah: gezeigt wird eine Figur vom Kopf bis zum Bauch

Froschperspektive: Blick von unten nach oben gerichtet; nah

Normalsicht; Totale: Betrachter erhält einen Gesamtüberblick über die gezeigte Situation, wobei einzelne Figuren aber erkennbar sind

Der Verlauf der Handlung lässt sich durch Kamerabewegungen (z. B. Schwenk, Kamerafahrt auf Personen / Gegenstände zu bzw. von ihnen weg) und die Verwendung bestimmter Schnitttechniken (z. B. weiche / harte Schnitte, Auf- und Abblenden) und Montagetechniken (straight cut / jump cut oder Zwischentitel) steuern.

Auch der Filmton kann eine Handlung im Film begleiten bzw. diese erweitern oder verändern. Zu ihm zählen Geräusche, (Hintergrund-)Musik, die gesprochene Sprache der Figuren selbst oder in Form einer Voice-Over aus dem Off, d. h. der Sprecher ist nicht im Bild wahrnehmbar.

Der bewusste Einsatz von Licht und Schatten kann Situationen, Gegenstände oder Personen mehr oder weniger Bedeutung verleihen sowie eine entspannte oder eine eher spannungsgeladene Szenerie schaffen.

Die Innensicht einer Figur kann durch die Kombination verschiedener filmsprachlicher Mittel wahrnehmbar gemacht werden:

- Kombination aus subjektiver Kamera und Voice Over der Figur, d. h. Betrachter sieht Szene durch Augen einer Figur und „hört“ deren Gedanken
- Mindscreen: Visualisierung von Tagträumen, Vorstellungen oder Gedanken einer Figur + Verfremdungseffekt (z. B. veränderte Bildfarbe/-schärfe, andere Musik, hallende Stimmen)

Wissen aus Klasse 9: 11040-42

Das können Sie bereits im Lernbereich „Sprache und Sprachgebrauch untersuchen und reflektieren":

Sprache als Verständigungsmittel untersuchen
- sprachliche Diskriminierung erkennen und vermeiden
- sprachliche Manipulationstechniken erkennen
- Sprache und ihre Wirkung untersuchen und beschreiben

Sprache als System untersuchen
- Konjunktiv I und II sowie die Umschreibung mit *würde* bilden und in der indirekten Rede verwenden
- Modalverben und ihre Bedeutungen unterscheiden sowie bei der Redewiedergabe nutzen
- Gliedsätze, Gliedteilsätze und Adverbialsätze unterscheiden
- Möglichkeiten der sprachlichen Verdichtung kennen und nutzen
- durch Textkohärenz die Wirkung von Texten beeinflussen

Richtig schreiben
- die eigene Rechtschreibung mithilfe von Rechtschreibstrategien verbessern
- Rechtschreibregeln kennen und nutzen
- korrekte Zeichensetzung bei Infinitiv- und Partizipialkonstruktionen sowie bei direkten Zitaten verwenden

Sprache als Verständigungsmittel untersuchen

Stilfehler vermeiden → S. 217

Durch eine unpassende Wahl / Verknüpfung von Wörtern oder Wortgruppen kann es innerhalb von Kommunikationskontexten zu Missverständnissen oder Unklarheiten kommen. Wirken diese unfreiwillig komisch, spricht man von so genannten „Stilblüten".

So erkennen und vermeiden Sie Stilfehler:

„Stilblüten" entstehen unter anderem durch
- falsche oder unpassende Wortwahl
- Doppeldeutigkeit / Mehrdeutigkeit von Wörtern oder Formulierungen
- Übersetzungsfehler, die bei Übertragungen von Fremdwörtern in die deutsche Sprache entstehen
- unpassende Kontaminationen, d. h. unsinnige Verschmelzungen von Bestandteilen zweier oder mehrerer Wörter zu einem neuen Wort, wie z. B. *abscheußlich* als Zusammensetzung aus *abscheulich* und *scheußlich*
- falsche Metaphern oder Redewendungen, wie z. B. das *Weiße vom Himmel lügen*
- Pleonasmen, d. h. Aneinanderreihungen oder Häufungen sinngleicher/-ähnlicher Wörter wie z. B. *nasser Regen*

Während in Gesprächen unangemessene Formulierungen oder Missverständnisse schnell korrigiert werden können, gilt es bei Texten präzise, anschaulich und leicht verständlich zu formulieren, um Missverständnissen oder Unklarheiten vorzubeugen.

Den sprachlichen Ausdruck verbessern → S. 219 u. 223

So verbessern Sie Ihren sprachlichen Ausdruck auf der Wortebene

- Nutzen Sie Fremdwörter nur dann, wenn Sie deren Schreibung beherrschen und die jeweilige Bedeutung kennen. Vermeiden Sie unnötige Anglizismen.
- Nutzen Sie passende Fachbegriffe, sofern Sie deren Grammatik beherrschen.
- Ersetzen Sie (zu) abstrakte durch konkrete Begriffe bzw. finden Sie anschauliche Umschreibungen für komplexe Sachverhalte.
- Verletzen Sie andere nicht durch unsensible Wortwahl (z. B. Diskriminierung durch Wörter, die rassistisch / sexistisch sind, Randgruppen oder Menschen mit körperlichen / psychischen Einschränkungen abwerten oder die einen historisch fragwürdigen Hintergrund haben).
- Vermeiden Sie unnötige Füllwörter, die keinerlei Mehrwert in sich tragen.
- Vermeiden Sie stereotype Wörter / Wendungen oder Modewörter, die sehr ungenau sind oder nur einen geringen Informationsgehalt haben, wie z. B. *innovativ, triftige Gründe*.

So verbessern Sie Ihren Ausdruck auf der Satzebene:

- Zerlegen Sie lange und schwer verständliche Hypotaxen in kurze Hauptsätze oder gut verständliche Haupt-Nebensatz-Konstruktionen.
- Vermeiden Sie inhaltsarme Einleitungssätze oder Füllsätze, d. h. Sätze über die keine (neuen) Informationen transportiert werden. Platzieren Sie lieber die wichtige Information im Hauptsatz.
- Nutzen Sie in Sätzen eine bewusste Wortstellung, um logische Strukturen zu verdeutlichen, indem Sie z. B. gegensätzliche Begriffe jeweils an den Satzanfang stellen (paralleler Satzbau / Parallelismus).

In Textsorten wie Kommentar, Feature oder Essay, in denen die Leserschaft oft emotional angesprochen wird, können Sie darüber hinaus folgende Kniffe einsetzen:

- Erzeugen Sie durch eine Setzung von Doppelpunkten Spannung bzw. heben Sie Aussagekräftiges nochmals besonders hervor.
- Ersetzen Sie gelegentlich indirekte Fragen durch direkte Fragen.
- Durch Ellipsen, doppelte Verneinungen oder Ironie können Sie den Fokus humorvoll auf bestimmte Informationen lenken.

Textkohärenz schaffen → S. 221

Damit sich ein Textsinn für andere erschließt, ist es wichtig, dass Sie innerhalb von und zwischen Sätzen in Ihren Texten logische Verknüpfungen bzw. Textkohärenz herstellen. Nur so werden Zusammenhänge und Ihre Gedankengänge für die Adressaten nachvollziehbar.

So stellen Sie logische Bezüge innerhalb von und zwischen Sätzen her:

Nutzen Sie innerhalb von Sätzen Proformen (Pronomen: Personal-, Demonstrativ-, Interrogativ- und Relativpronomen; sowie Pronominaladverbien: *da, wo, hier* + Präposition), um Gesagtes noch einmal aufzugreifen oder vorwegzunehmen und somit klare und logische Satz(teil)bezüge herzustellen. Um Missverständnisse zu vermeiden, können Sie auch nochmal den Satzteil aufgreifen, auf den sich eine Proform bezieht. Verwenden Sie gliedernde und strukturierende Formulierungen, wie z. B. in Form von Ober- und Unterbegriffen, Konnektoren (Konjunktionen *denn, aber …*, Subjunktionen *weil, obwohl…* oder Konjunktionaladverbien *deshalb, ferner …*, um zeitliche und kausale Verknüpfungen herzustellen sowie Signalwörter und andere strukturierende Formulierungen *erstens, zweitens …; einerseits…, andererseits …; zuerst … dann …; Zunächst…; Es folgt …; Im Folgenden …*).
Mithilfe dieser Formulierungen lassen sich nicht nur Bezüge zwischen einzelnen Sätzen / Abschnitten Ihres Textes ermöglichen, sondern auch die thematische Entfaltung des Textes unterstützen.

Thema eines Textes entfalten → S. 228

„Thematische Entfaltung“ bzw. „Themenentfaltung“ meint die Art und Weise, wie ein Thema in einem Text auf gedanklicher / inhaltlicher sowie sprachlicher Ebene entwickelt wird. Das Vorgehen hängt dabei in erster Linie von der Schreibintention, der Funktion des Textes und der angedachten Adressatengruppe ab.

So entfalten Sie das Thema Ihres Textes:

Folgende Grundformen der thematischen Entfaltung lassen sich unterscheiden:

- die deskriptive (beschreibende) Themenentfaltung, bei der ein Thema in Einzelaspekten genauer dargestellt (Spezifizierung) und schließlich in einen bestimmten Kontext (Situierung) eingeordnet wird,
- die explikative (erklärende) Themenentfaltung, bei der ein Sachverhalt unter Bezugnahme auf andere Sachverhalte genauer erklärt wird,
- die argumentative (begründende) Themenentfaltung, bei der Behauptungen über einen strittigen Sachverhalt durch Argumente gestützt / widerlegt werden,
- die narrative (erzählende) Themenentfaltung, bei der ein ungewöhnliches Ereignis dargestellt (Komplikation), dieses dann zu einem guten / schlechten Ausgang geführt (Resolution) und dieser Ausgang schließlich entsprechend bewertet wird (Evaluation).

Bei einigen Textsorten sind auch Mischformen bei der thematischen Entfaltung möglich.

Sprachliche Gestaltung eines Textes untersuchen → S. 46

Die sprachliche Gestaltung eines Textes trägt viel dazu bei, wie wir diesen wahrnehmen und deuten. Daher ist das Untersuchen der Gestaltungsmittel wichtig.

So untersuchen Sie die sprachliche Gestaltung eines Textes:

Lesen Sie Ihre Textvorlage zunächst aufmerksam durch und markieren Sie sprachliche Auffälligkeiten, die Ihnen sofort ins Auge springen. Machen Sie sich Randnotizen, warum Ihnen die Textstelle aufgefallen ist und welche Wirkung diese auf Sie hat. Untersuchen Sie den Text dann genauer, indem Sie Wortebene, Satzebene, besondere Gestaltungsmittel und Adressatenbezug bewusst unter die Lupe nehmen.
Beantworten Sie für sich folgende Fragen:
- Was sagt die sprachliche Gestaltung über den Autor / die Autorin aus?
- Für welche Leserschaft ist der Text geschrieben und ist die gewählte sprachliche Gestaltung für diese Zielgruppe angemessen? Finden sich (bewusste) Stilbrüche und wie wirken sich diese auf die Textwahrnehmung aus?
- Welche Intention lässt sich – z. B. auch über bestimmte Wörter/Begriffe – ableiten?

Im Detail können Sie sich dann mit folgenden Aspekten beschäftigen:
Wortebene
- Wortarten und damit verbundene Wortkomplexität, z. B. Nominalstil vs. Verbalstil, Verwendung verschiedener Modi des Verbs (Indikativ, Konjunktiv I und II), Verwendung von Fremd-/Lehnwörtern, Verwendung bestimmter Fachbegriffe (vgl. hierzu auch Sprachstil/-register → S. 46)
- Verwendung von Wortfeldern, Neologismen (Wortneuschöpfungen), Wortspielen oder Sprichwörtern und Redewendungen

Satzebene
- Satzbau (logische Abfolge von Satzbausteinen vs. Satzbrüche (Anakoluth), Ellipsen, eingeschobene Satzteile in Form von Parenthesen, Nachträge)
- Satzlänge (einfache vs. komplexe Sätze, Parataxe vs. Hypotaxe)
- Satzart (z. B. Aussagen, (rhetorische) Fragen, Ausrufe), Satzform (Haupt- vs. Nebensatz)
- Aufbrechen der Syntax durch Herausstellung am Anfang

rhetorische Gestaltungsmittel auf Wort- und/oder Satzebene:
- Alliteration: gleicher Anlaut bei aufeinanderfolgenden Wörtern
- Klimax: stufenartige Steigerung von Ausdrücken
- Hyperbel: Übertreibung z. B. durch die Wahl gesteigerter Adjektive
- Litotes: doppelte Verneinung oder Verneinung des Gegenteils
- sprachliche Bilder wie Vergleiche, Metaphern, Personifikationen oder Symbole
- Anapher: Wiederholung eines Worts (oder einer Wortgruppe) an Satzanfängen
- Epipher: Wiederholung eines Worts (oder einer Wortgruppe) an Satzenden
- Repetitio: Wiederholung einzelner Satzglieder
- Enumeratio: erschöpfende Aufzählung der Teile eines übergeordneten Ganzen
- Correctio: der Sprechende berichtigt sich selbst
- Parallelismus: paralleler Satzbau
- Chiasmus: kreuzweise entgegengesetzter Satzbau
- Antithese: Gegenüberstellung von Gegensätzen

Rechtschreibkenntnisse nutzen und vertiefen
→ S. 235 ff. u. 240 f.

Über orthografische Besonderheiten reflektieren

Mit einem sich vertiefenden Bewusstsein für Sprache sowie der Kenntnis von Rechtschreibstrategien und -regeln wird es Ihnen zusehends leichter fallen, Fehler in der Orthografie zu erkennen und langfristig zu vermeiden.

So nutzen Sie Ihre differenzierten Rechtschreibkenntnisse:

- Wenden Sie bei Unsicherheiten bezüglich einer korrekten Schreibung Ihnen vertraute Rechtschreibstrategien (z. B. Verlängern, Ableiten, Zerlegen von Wörtern, Achten auf Signalwörter) an.
- Prüfen Sie Markierungen kritisch, die von Rechtschreibprogrammen vorgenommen werden. Manchmal wird eine korrekte Schreibung als fehlerhaft angezeigt, eine wirklich fehlerhafte Schreibung hingegen nicht als solche erkannt.

Korrekte Schreibung bei Wortbildungen:
Ein Bindestrich muss stehen in Zusammensetzungen mit Wortgruppen *(Mund-zu-Mund-Beatmung)*, mit Abkürzungen *(Fußball-WM)*, einzelnen Buchstaben *(x-te)*, Verbindungen mit Ziffern und Ableitungssilben *(ein 100stel-Millimeter)* sowie zu Gründen der besseren Lesbarkeit bei substantivisch gebrauchten Infinitiven mit mehr als zwei Bestandteilen *(das In-den-Tag-hinein-Träumen)*.

Ein Bindestrich kann gesetzt werden, um Bestandteile einer Zusammensetzung hervorzuheben *(Ich-Sucht)*, um Missverständnisse zu vermeiden *(Druck-Erzeugnisse)*, um unübersichtliche Zusammenhänge verständlicher zu machen *(Mehrzweck-Theaterbühne)* oder bei der Aufeinanderfolge gleicher Buchstaben *(Kaffee-Ersatz)*.

Korrekte Schreibung von Fremdwörtern:
Sprachwissenschaftlich lassen sich Wörter aus anderen Herkunftssprachen in Fremdwörter und Lehnwörter einteilen.
Während bei Lehnwörtern oftmals die Wörter an Schreibung und Grammatik der Zielsprache angepasst werden, sieht man Fremdwörtern ihre Herkunft bei der Schreibung oftmals noch an.
Berücksichtigen Sie aber, dass einige Fremdwörter ebenfalls der deutschen Schreibung angepasst werden können wie z. B. *Friseur* vs. *Frisör* oder *Exposé* vs. *Exposee*.
Falls unterschiedliche Wortschreibungen möglich sind, sollten Sie in einem Text konsequent bei einer ausgewählten Schreibung bleiben.
Merken Sie sich Wörter, bei denen eine bestimmte Schreibung vorgegeben ist wie z. B. *Triumph* oder *Philosophie*. Denken Sie auch daran, dass Wörter mit *rh*, *ch* oder *y* unverändert bleiben wie z. B. *Rhetorik* oder *Charakter*.

Variantenschreibungen: Getrennt- oder Zusammenschreibung, Groß- oder Kleinschreibung
Viele Schreibungen erlauben Varianten: Substantiv + Verb (z. B. *staubsaugen* vs. *Staub saugen*), Adjektiv + Verb (z. B. *leer essen* vs. *leeressen*), Verbindung mit Partizipien (z. B. *allein erziehend* vs. *alleinerziehend*), Präposition + Substantiv (z. B. *auf Grund* vs. *aufgrund*). Nutzen Sie bei Unsicherheiten ein Rechtschreibwörterbuch.

Zeichensetzung korrekt anwenden

So nutzen Sie korrekte Zeichensetzung bei komplexen Sätzen, Infinitiv- und Partizipialkonstruktionen sowie bei Appositionen:

Finite Verben regieren Sätze wie Könige ihr Königreich. Bei zusammengesetzten Sätzen, also Satzreihen (Parataxen) und Satzgefügen (Hypotaxen), gibt es mehrere Könige, deren Königreiche durch Kommas begrenzt werden müssen. Das erleichtert das Lesen eines Textes.

Beispiel:

Infinitivgruppen werden durch ein Komma abgetrennt, wenn
- der Infinitiv erweitert ist und durch *als, (an)statt, außer, ohne* oder *um* eingeleitet wird, z. B. *Um an Ihrem sprachlichen Ausdruck zu arbeiten, sollten Sie viele Fremdtexte lesen.*
- sie von einem vorausgehenden Substantiv abhängen, wie z. B. *Sie spielten sogar mit dem Gedanken, die Verwendung von Fremdwörtern zu verbieten.*
- der Infinitiv eine Wiederaufnahme von bereits Gesagtem darstellt und durch Signalwörter wie *so, das* oder es angekündigt wird.

Partizipialkonstruktionen müssen durch ein Komma abgetrennt werden,
- wenn das konjugierte Verb des Hauptsatzes erst nach der Partizipialkonstruktion folgt.
- ein Wort wie z. B. *so* auf den Partizipialsatz hinweist,
- die Konstruktion als Zusatz oder Nachtrag anzusehen ist. Das eingeschobene erweiterte Partizip muss dann am Anfang und am Ende durch ein Komma markiert werden.

Bei erweiterten Partizipien haben Sie die Wahl, ob Sie ein Komma setzen: *Ehrlich gesagt [,] ist dies eine schwere Entscheidung.*

Wenn ein eingeschobenes erweitertes Partizip mit einem Komma eingeleitet wird, muss es auch wieder mit einem Komma beendet werden, z. B. *Das ist[,] ehrlich gesagt[,] eine schwere Entscheidung.*

Appositionen sind nachgestellte nähere Bestimmungen, die im gleichen Kasus stehen wie das Bezugswort. Sie werden immer durch ein Komma abgetrennt, z. B. *Wörter aus bestimmten Bereichen, etwa dem Finanzwesen, stammen aus dem Italienischen.*

Korrekte Zeichensetzung bei Satzgefügen, Infinitiv- und Partizipialkonstruktionen sowie Appositionen verwenden
→ S. 245

Hilfen zu den Aufgaben

Seite 18
Hilfe zu Aufgabe 2
Bereiten Sie sich einen Zettel für Ihre Notizen vor, um das Gehörte strukturiert mitschreiben zu können. Achten Sie beim Zuhören auf bestimmte Schlagwörter, die für Ihre Aufgabe relevant sind. Blaue Aufgabe: Arbeitswelt früher (Cluster); Rote Aufgabe: Veränderungen / Neuerungen (Cluster); Schwarze Aufgabe: Vorteile der heutigen Arbeitswelt, Nachteile der heutigen Arbeitswelt (zweispaltige Liste)

Seite 45
Hilfe zu Aufgabe 10
Tipp: Manchmal werden mehrere gestalterische Mittel kombiniert, um die Wirkung zu steigern. Bei den Beispielen finden Sie folgende: Alliteration, Anapher, Antithese, Enumeratio, Herausstellung durch Nachtrag, Hyperbel.

Seite 56
Hilfe zu Aufgabe 2
Nutzen Sie folgendes Muster für die Definition: Nennen des Worts, Angabe der Herkunft und des Verwendungsbereichs (*Fachbegriff aus dem Bereich der …*), Erklärung der Bedeutung samt Angabe von Verwendungs- und Erscheinungsbeispielen.

Seite 56
Hilfe zu Aufgabe 5
Nutzen Sie die folgende Tabelle zur Auswertung und Sicherung:

Nr.	Absicht und Themen insgesamt	einzelne Themen und Aussagen	Zitate (kurz, samt Zeilennummern)

Seite 79
Hilfe zu Aufgabe 6

Einleitung: z. B. über ein aktuelles Ereignis oder eine Fragestellung Position:			
Behauptung	Begründung	Beispiel/Beleg	Bezug zur Position
konkrete Aussage zur Position	nachvollziehbarer Grund zur Behauptung	zur Veranschaulichung/als Beweis	Folgerung: Bezug zw. Argument und Position
…	…	…	…
Schluss: Fazit und Aufgreifen des Ereignisses / der Fragestellung aus der Einleitung			

Seite 79
Hilfe zu Aufgabe 7
Folgende Formulierungshilfen zeigen Ihren Gedankengang zum Beispiel sprachlich nachvollziehbar auf:
Behauptung: *Ein wichtiger Grund ist …, … spricht dafür / dagegen, dass …*
Begründung: *daher, denn, weil*
Beispiel: *beispielsweise, Das zeigt auch die Aussage von …, Ich verweise hier auf …*
Bezug: *Das hat zur Folge …, Daraus ergeben sich …, … ist also (nicht) förderlich für …*
Ein **Gegenargument** können Sie folgendermaßen einführen und entkräften:
Zwar ist es richtig, dass …, aber …, Dem ist entgegenzusetzen …, Obwohl …

Seite 97
Hilfe zu Aufgabe 11
Weitere mögliche Essay-Persönlichkeiten: belehrender Besserwisser, idealistischer Weltverbesserer. Beantworten Sie für Ihre Essay-Persönlichkeit folgende Fragen:

- Welche Sprachregister nutzt Ihre Persönlichkeit? → Standardsprache, Umgangssprache, Fachsprache, Jugendsprache
- Welcher Stilebenen bedient sie sich? → alltagssprachlich, sachlich, poetisch, wertend, ironisch, salopp, gehoben, veraltet
- Welchen Wortschatz verwendet sie? → eher Nominalstil oder Verbalstil, eher einfache oder komplexe Wörter, Fremdwörter, Modewörter, Wortspiele, Redewendungen, wiederholend oder abwechslungsreich
- Wie komplex ist ihr Satzbau? → einfache Sätze, komplexe Sätze (eher Parataxen oder Hypotaxen), eher lange oder kurze Sätze, wenige oder viele Herausstellungen, Parenthesen oder Nachträge
- Welche Satzarten wären typische für diese Persönlichkeit? → Aussagesätze, Fragesätze, Aufforderungssätze, Ausrufesätze, rhetorische Fragen
- Wie bildreich ist ihre Sprache? → Vergleich, Metapher, Personifikation, Symbol
- Welche besonderen Gestaltungsmittel wären typisch für Ihre Essay-Persönlichkeit? → Repetitio, Enumeratio, Alliteration, Emphase, Parallelismus, Ellipse, Klimax, Antithese, Hyperbel
- Wie interagiert sie mit der Leserschaft? → direkte Ansprache (durch Pronomen oder Apelle) oder indirekte Ansprache (über Indefinitpronomen wie *man* oder *jemand*)

Seite 133
zu Aufgabe 6
Arbeiten Sie auf der Grundlage Ihrer Ergebnisse aus den Aufgaben 1–5 und nutzen Sie den Kasten auf S. 133 als Checkliste.
Formulieren Sie Ihre Ergebnisse passend zur folgenden Deutungshypothese:
Die Erzählinstanz verdeutlicht die anfängliche Fremdheit zwischen Nils und Sanela und auch ihre Annäherung aneinander.

Seite 151
Hilfe zu Aufgabe 7
Notieren Sie für die folgenden sprachlichen Gestaltungsmittel Zeilenangaben aus dem angegebenen Textabschnitt:
Hypotaxe, Relativsatz, Parallelismus, Repetitio, Vergleich, direkte Rede (Güls einzige direkte Rede), Gegensatz, Wortwahl: Gefühle

Seite 152
Hilfe zu Aufgabe 8
Diese sprachlichen Gestaltungsmittel müssten in Ihren Notizen zu finden sein: wertende Wortwahl (Abwertung – Aufwertung), Hyperbel, Verallgemeinerung, Gegensätze / Antithese.

Seite 185
Hilfe zu Aufgabe 3
Sprechakte könnten zum Beispiel so benannt werden: vergraulen – tadeln – leugnen – für etwas werben – herausfordern – Mitleid erregen – ein Versprechen abgeben – verunsichern – überzeugen – drohen – verzeihen – etwas erklären – sich beschweren – erschrecken – kritisieren – beschämen – lügen – beschimpfen – warnen – jemanden von etwas abhalten – jemanden täuschen – Schmerz ausdrücken

Seite 193
Hilfe zu Aufgabe 6

Checkliste	ja	zu verbessern
Ist der Gesprächsverlauf lückenlos nachvollziehbar?		
Sind die Sprechakte benannt und mit der Handlungsabsicht der Figuren verknüpft?		
Sind sprachliche Besonderheiten mit den zugehörigen Fachbegriffen benannt, am Text belegt und in ihrer Funktion erschlossen?		
Sind die Zitate korrekt verwendet?		
Ist die eigene Interpretation so ausführlich und logisch begründet, dass sie für andere nachvollziehbar ist?		
Führt die Interpretation zu einem schlüssigen Ergebnis?		
Sind die angeführten Aussagen für die Belegung der Interpretationsthese relevant?		

Seite 227
Hilfe zu Aufgabe 4
Nutzen Sie die folgende Tabelle für die Bearbeitung der Aufgabe.

Sinnabschnitt	Zeilen	Kerninhalt	Funktion für Text
1			*(z. B. in das Thema einleiten, etwas einräumen, Information vermitteln, eine Position begründen)*
2			

Seite 232
Hilfe zu Aufgabe 2
Um die Fehler zu finden, können Sie auf folgende bereits bekannte Strategien zur Fehlervermeidung zurückgreifen:
- Verlängern Sie ein Wort oder leiten Sie es von einem verwandten Wort ab (Stammprinzip).
- Zerlegen Sie das Wort in Sprechsilben (Silbenprobe).
- Achten Sie auf Signalwörter (z. B. Artikel und Adjektive), die die Großschreibung anzeigen.
- Untersuchen Sie die Funktion von das / dass: Relativpronomen am Anfang eines Attributsatzes = *das*; Subjunktion am Anfang eines Subjekt-, Objekt- oder Adverbialsatzes = *dass*.
- Nutzen Sie Wörterbuch oder das Rechtschreibprogramm, wenn Ihnen die Strategien nicht weiterhelfen.

Lösungen

Lösungen zu den Lernständen: 11040-43

Kompetenztest 1

1 gelingend: Ich-Botschaften, keine Pauschalurteile; Kommunikation auf Augenhöhe (faire Verteilung der Redezeit, Vorwissen); misslingend: Fehlinterpretation von verbalen/nonverbalen Signalen; negative Beziehung

2 Blickkontakt suchen; Verstehen/Zustimmung signalisieren; keine verschränkten Arme

3 Betonung von „Du"/„ein Jahr": Zweifel an ernsthaften Absichten des Sprechers; Betonung von „ein Jahr"/„also": Vorwurf; Zusammenspiel von Gesagtem + Körpersprache: Ironie

4 Tim geht nicht sachlich auf einen Vorschlag ein, sondern greift Laura persönlich an; Lauras Rückfrage beantwortet er nicht, Laura wird auch persönlich

5 Sachinformation: Feststellung: Licht brannte Selbstkundgabe: Sprecherin kritisiert dies; Beziehungsseite: Sprecherin wirft den anderen fehlerhaftes Verhalten vor; Appellebene: Licht soll zukünftig ausgeschaltet werden

6 nur zentrale Sachinformationen und keine Wertungen festhalten; Namen der Person und Aussagen stichpunktartig festhalten; verständliche Abkürzungen/Symbole nutzen

7 Entscheidungsfrage formulieren – Entscheidung für eine Position (Pro/Kontra) treffen – in Gruppen Argumente zu eigener Position sammeln – Argumente gewichten und stichhaltige Begründungen formulieren – mögliche Gegenargumente überzeugend entkräften

8 ... die Körpersprache der Debattierenden und deren Wirkung / die Art und Weise wie Gegenargumente auf- oder vorweggenommen und entkräftet werden / eine sachliche und faire Argumentationsführung.

9 Sicherlich ist das Belegen eines zusätzlichen Wahlkurses mit einem erhöhten Zeitaufwand verbunden, allerdings sollte man bedenken, dass Fähigkeiten, die man sich in solch einem Kurs aneignet, zu einem enormen Zeitgewinn im Berufsleben beitragen können. Wenn man jetzt etwa den Umgang mit bestimmten Computerprogrammen erlernt, dann muss man sich dieses Wissen später nicht aneignen.

10 Die Sprecherin bezieht mit einem „Wir" vermeintlich die Ansichten anderer ein. Allerdings liegt hier eine Verallgemeinerung vor. Andere Sichtweisen werden nicht berücksichtigt.

Kompetenztest 2

1 c)

2 ... eher von Männern ... (aber alle möglich), ... Schönheitsideale zukünftig kritisch betrachtet werden.

3 Kommentar → subjektive Meinung; Sachverhalt wird gedeutet und bewertet; pointierte sprachliche Mittel wie Ironie oder Vergleich

4 Links: Fotos der Personen, Studie

5 Abschnitt 2: Schönheitsideale auch in Kultur/Wissenschaft → Untermauerung der Ausführung durch konkrete Beispiele / Abschnitt 3: psychologische Studie zu anderer Körperwahrnehmung außerhalb Europas → Gegenbeispiel zu den europäischen Schönheitsidealen / Abschnitt 4: mögliche Lösungsansätze → ironische Verstärkung der subjektiven Sichtweise und Appell zum Umdenken

6 Behauptung: Auch intellektuelle Menschen, die es besser wissen müssten, unterwerfen sich dem Schönheitsideal. Begründung: -; Beispiele: Unterwäschefotos und Bizepsfoto

7 Z. 25: „reicht jedenfalls schon mal nicht" → umgangssprachlich, flapsig, kritisierend; Z. 29 f. „unauslöschlich ... eingebrannt" → Übertreibung, bildhafte Sprache; Das Verhalten wird auf humorvolle Art kritisiert.

Kompetenztest 3

1 „Brainfood" (engl. *brain* = „Gehirn" und *food* = „Nahrung") bedeutet übersetzt „Nahrung fürs Gehirn". Gemeint sind Lebensmittel, deren Verzehr sich positiv auf die eigene Leistungsfähigkeit auswirken kann. Wer sich beispielsweise in einer Prüfungsphase befindet und auf volle Konzentration angewiesen ist, sollte seinem Körper Nahrungsmittel mit komplexen Nährstoffen zuführen.

2 a) (–) Z. 6 f.; b) (+) Z. 9 f. u. 19 f.; c) (–) Z. 23 ff.

3 seriös: Fachwortschatz, Erläuterung von Fachbegriffen, sachliche und korrekte Sprache, nachvollziehbare Inhalte, Angabe des Autoren; weitere Prüfung: Fundort, Impressum, Vergleich mit anderen Texten, Studien / Belege für Aussagen

4 Neuro-Enhancement/Hirndoping: Körper zumeist in Form von chem. Supplementen zugeführt; Ausmaß von Nebenwirkungen wissenschaftl. noch nicht vollständig ergründet; Brainfood=„Nahrung fürs Gehirn": Nahrungsmittel mit komplexen Nährstoffen ↗ Leistungs- und Konzentrationsfähigkeit

5/6 Unter Brainfood subsummiert man „Nahrungsmittel [mit] überdurchschnittlich viele[n] komplexe[n] Nährstoffe[n]“, die „den Körper [...] in seiner Leistungsfähigkeit unterstützen.“ (Sylvio Gerlach: 9 Lebensmittel für mehr Konzentration, aus: studeo.de, 12.11.2015, Z. 15 f.)

7 🍽 ↗ ↘ → 🛏 🍽

+- **Aufgabe** Unmittelbar nach dem Verzehr von Weizenmehlprodukten steigt der Insulinspiegel rasch an. Da er ebenso rapide wieder fällt, wird der Körper aber nur kurzfristig mit Energie versorgt. Anstatt sich positiv auf Leistung und Konzentration auszuwirken, führt der Konsum eher zu Müdigkeit und Heißhungerattacken.

Kompetenztest 4

1 An allen Schulmensen in Bayern sollte es verpflichtend einen Veggie Day pro Woche geben.

2 rot: rational; blau: plausibl; grün: moralisch-ethisch

3 M1 „Zunahme der Treibhausgasemission durch erhöhten Fleischkonsum“ → Beispiel zum roten Punkt; M2 „Verpflichtung als falsche Strategie“ → neuer Hauptast

4 Aufbau des Arguments: Behauptung – Begründung - Beispiel – Einräumung (M3) – Entkräftung (M3) – Rückbezug

5 Behauptung (unterstützen) - Begründung (da) – Beispiel (Ich verweise hier auf) – Einräumung (Auch wenn) – Entkräftung mit Fakten und Zitat (laut Greenpeace, „87 Prozent“) – Rückbezug (Folglich, Veggie Day, entlasten)

6 Während der Veggie Day für die Förderung der Aspekte „Gesundheit“, „Umweltschutz“ und „Nachhaltigkeit“ einen wertvollen Impuls setzt, lässt sich auf der anderen Seite nicht von der Hand weisen, dass die Vorgabe eines bestimmten Essverhaltens die Freiheit des Einzelnen beschränkt. Um den positiven Ruf vegetarischer Ernährung zu wahren, sehe ich es daher als zielführender an, wenn ein Veggie Day nicht verpflichtend eingeführt wird.

7 M1 informierend, M2 argumentierend und reflektierend

Kompetenztest 5

1 aufgehende Sonne: Vernunft; Alltägliches wird wissenschaftlich erklärbar; Menschen auf Reise: „geistige“ Reise, Horizonterweiterung; Kirchturm: nun überholte religiöse Konzepte der Welterklärung; wachsender Baum: Aufkeimen und Weiterentwicklung der aufklärerischen Sicht auf die Welt

2/3 a) Schreiben wird mit selbstständigem Denken verglichen. Beides muss geübt werden.

4 1) Aphorismus → einen die Botschaft zum Nachdenken über das eigene Leben anregt.
2) Fabel → Fehlverhalten und menschliche Charakterzüge aufgezeigt werden, die man vermeiden sollte.
3) Theaterstück → sie sich mit den Figuren identifizieren und Konflikte und Ausgänge auf das eigene Leben übertragen werden können.

5 Emilia Galotti spricht deutlich aus, dass sie sich dem Prinzen nicht „blind“ hingeben wird. Sie will nicht untätig sein und sich ihrem Schicksal ergeben. Dies verdeutlicht, dass Emilia in der Lage ist, ihren eigenen Verstand zu gebrauchen.

6 a) Wecken von Empathie und ein In-Beziehung-Setzen zur eigenen Lebenswelt b) Darstellung von leidvollen Erfahrungen einzelner Figuren in der Gesellschaft

7 Im Stück sind nicht Adelige und Helden die Handlungs- und Entscheidungsträger, sondern zunächst recht unscheinbare Figuren. Die Konflikte, die aus Liebe, Eifersucht, Selbstverliebtheit und Angst entstehen sowie die innere Zerrissenheit der Figuren, die dem Publikum in Ansätzen vertraut sind, erleichtern eine Identifikation mit den Charakteren.

8 Der Aufkleber setzt Immanuel Kants theoretischen Überlegungen zur „Aufklärung“ in den Konjunktiv und suggeriert damit, dass der Mensch immer noch nicht fähig zum selbstständigen Denken ist.

Kompetenztest 6

1 Der Text hinterlässt ein Gefühl von Traurigkeit / Fremdheit / Verlorensein ... in mir.

2 In der Erzählung „Eine Stadt“ von Robert Walser kehrt der Ich-Erzähler in eine Stadt zurück, in der er früher einmal zuhause war. Er stellt fest, dass ihm alles fremd geworden ist, auch weil seine einstige Liebe nicht mehr in der Stadt lebt. Im Text wird deutlich, wie sehr Fremdheit und Vertrautheit den Blick auf die Welt verändern.

3 Z. 1–5: Ankunft in der ehemals vertrauten Stadt; Z. 5–28: Suche nach Bekanntem, Enttäuschung über die Fremdheit des sonst Vertrauten; Z. 28–40: Mutmaßungen über den moralischen Verfall der Stadt; Z. 40–47: Verzweiflung des Ich-Erzählers; Z. 47–57: Aufsuchen der ehemaligen Wohnung und erneutes Gefühl der Fremdheit; Z. 57–68: Erinnerung an einstige Liebesbeziehung und Suche nach der Geliebten; Z. 68–74: endgültige Resignation und Weggang aus der Stadt

4 (Z. 5 f.) Personifikation; Stadt wirkt wie eine Person, aus der jede Lebensenergie verschwunden ist; (Z. 15 f.) Vergleich; Personen körperlich anwesend, aber nicht mehr als Menschen greifbar; (Z. 28 ff.) Personifikation sowie Vergleich Häuser und Fenster als Verbindungsglied zwischen Innen und Außen wirken nicht einladend, sondern eher furchteinflößend; → Das Innenleben des Ich-Erzählers spiegelt sich in seiner Umwelt wider. Er fühlt sich ausgegrenzt, fremd und bedroht und so wirkt auch sein Umfeld auf ihn.

5 Im vorliegenden Abschnitt liegen häufig unverbundene, teilweise auch parallel angeordnete Satzreihen vor. Über diese wird die Fremdheit des Ich-Erzählers nochmals verdeutlicht. Dieser kann ebenfalls keine Verbindungen zu seiner ehemaligen Heimat erkennen und reiht nur für ihn fremd erscheinende Eindrücke aneinander.
6 Erzählform: Ich-Erzähler; Erzählperspektive: Ich-Erzähler als Figur innerhalb der Handlung; Erzählsicht: Außen- und Innensicht; Erzählhaltung: wertend, resignierend
7 Die äußere Handlung beginnt mit der Ankunft in der Stadt (vgl. Z. 1 f.) und endet mit dem Weggang aus dieser (vgl. Z. 73 f.). ... auf ein Zimmer (vgl. Z. 52 ff.); trostlos und fremd (vgl. Z. 52 ff.)
8 Erzählzeit > erzählte Zeit → Beim vorliegenden Textbeispiel wird zeitraffend erzählt. Die Ankunft in einer Stadt, das Durchschreiten dieser sowie das Aufsuchen der ehemaligen Wohnung die Suche nach der ehemaligen Geliebten und der Weggang aus der Stadt werden sehr komprimiert wiedergegeben.

Kompetenztest 7

1 d)
2 Verstädterung → vgl. V. 1; Konsumsucht → vgl. V. 11; Vergänglichkeit des Ruhms → vgl. V. 13
3 „Wenn jemand Geld hat, hat er auch Kredit." (V. 2) -> manche Menschen finanziell deutlich besser gestellt sind als andere in der Gesellschaft; „Firmenpleiten" (V. 13) → aufgebaute Betriebe müssen schließen
4 Strophenzahl: 3 / Verse je Strophe: 5 / Reimschema: Kreuzreim mit jeweils einem zusätzlichen Glied im vierten Vers / Metrum: Jambus / Sprachliche Bilder: Personifikation („*Die Städte wachsen.*" V. 1), Metapher („*Die Zeit fährt Auto.*" V. 6), Vergleich („*Das Leben fliegt wie ein Gehöft vorbei.*" V. 7) / Lautliche Besonderheiten: Anaphern („*Die Städte ...*" V. 1, „*Die Konten ...*" V. 3, „*Die Menschen ...*" V. 4); Parallelismus („*Die Menschen sperren aus. Die Menschen streiken.*" V. 4)
5 ... sehr regelmäßig ... steht im Einklang ... da das konstante Fortschreiten der Zeit und die aktuellen Entwicklungen keine Rücksicht auf den Menschen nehmen.
6 individuelle Stellungnahme zum heutigen Umgang mit Geld, Entwicklung, Umwelt, Mitmenschen

Kompetenztest 8

1 Der Prinz ist nicht mehr Herr seiner Sinne, was ihm sein Berater Marinelli auch vor Augen führt. Dadurch, dass er nicht mehr handlungs- und entscheidungsfähig ist, begibt er sich in Abhängigkeit von Marinelli. Durch seine Äußerungen verunsichert Marinelli den Prinzen.
2 B → Begründung: Unterlegenheit des Prinzen gegenüber Marinelli wird deutlich
3 Marinelli schweigt zunächst und ignoriert dadurch das Hilfegesuch des Prinzen (vgl. Z. 4). Nach einem vermeintlichen Ausdruck der Verwunderung (vgl. Z. 5) weist er schließlich den Prinzen ob dessen emotionaler Entgleisung zurecht und distanziert sich von ihm(vgl. Z. 13 f.). Gleichsam erwartet er aber auch eine Handlung des Prinzen(vgl. Z. 15). Als diese nicht erfolgt, gibt Marinelli dem Prinzen Anweisungen, wie sich dieser zu verhalten habe. Er beschwichtigt den Prinzen, kontrolliert zusehends das weitere Geschehen (vgl. Z. 17, 20 ff.). Marinelli wird somit zum zentralen Handlungs- und Entscheidungsträger.
4 Marinelli macht deutlich (vgl. Z. 13 f.), dass sich der Adel in seinem Denken und Handeln jenseits jeglicher Vernunft befindet – ein Umstand unter dem dann andere zu leiden haben.
5 „Inszenierung" heißt immer auch, eine Textvorlage zu bearbeiten und inhaltliche Schwerpunkte zu setzen. Ziel ist es, dem Stück über ein individuelles In-Szene-Setzen (z. B. Kostüme/Requisiten/Bühnenbilder) eine unverkennbare Aussagekraft zu verleihen. Auf dem Szenenfoto wird beispielsweise über die Tierköpfe als Jagdtrophäen die vermeintliche Überlegenheit des Adels angedeutet. Die Figur der Emilia wird modernisiert (Jeansjacke). Die Handlung wird abgewandelt: Odoardo „herzt [Emilia] [...] zu Tode" (vgl. Pause, Z. 6), anstatt sie zu erstechen.

Kompetenztest 9

1 individuelle Antworten
2 Zeichnungen können in ihrer Ästhetik von Erwachsenen anders wahrgenommen werden; Gleiches gilt für intertextuelle Bezüge (z. B. zu „Alice im Wunderland") und mediale Verknüpfungen (z. B. analoge/digitale Medien)
3 „Flying Books" vereint reine Computeranimationen (z. B. Gang Mr. Lessmores durch Bibliothek) mit 2D-Animationen (z. B. Humpty-Dumpty-Buch → Daumenkino).
4 Kameraperspektive: Vogelperspektive bei Kommunikation zwischen altem Buch und Mr. L. → Wecken von Zweifel, ob der klein und zerbrechlich wirkende Mr. L. Buch auffangen kann; Kameraeinstellung: Nahaufnahme in Szenen, bei denen Emotionen beim Lesen von Büchern gezeigt werden → Schaffen größerer Nähe zu Figur und deren Gefühlen; Kamerabewegung: am Anfang des Films Kamerafahrt auf Mr. L. → Wahrnehmungslenkung auf eine bestimmte Figur; Schnitt / Montage: Blende bevor Mr. L. aufwacht → Zeitraffung; Filmton: v. a. Musik, z. B. bei Klavierszene → Erzeugen von Stimmungen zwischen Leichtigkeit und Hoffnungslosigkeit; Farbe: Schwarz-Weißtöne nach Sturm, der alle Bücher und Buchstaben fortträgt → Verstärkung des Eindrucks der Tristheit

5 Im Kurzfilm lässt sich die Handlung u. a. auch über die Körpersprache und die Mimik der Figuren erschließen. Musik und Farbe machen Stimmungen wahrnehmbar.
6 Innovation bei Erzählinstanz: Tod erzählt die Geschichte Liesels; junge Heldin als Identifikationsfigur; sprachliche Gestaltung, die den Leser durch Text „trägt", ihn also nicht im Unklaren lässt; Balance zwischen Leichtigkeit und Ernsthaftigkeit
7 dreiundzwanzig: Projekt, bei dem für jede Minute eines Tages ein Beitrag verfasst werden soll; ja; Mitschreibprojekt, an dem sich jeder beteiligen kann

Kompetenztest 10

1 A) → „vermutlich" regt hier zum Schmunzeln an, da ein weit zurückliegender Todeszeitpunkt bei einem Skelett naheliegend ist; B) → falsche Übernahme des englischen Genitiv-Apostrophs; C) → missverständliche Textkohärenz; D) falsche Redewendungen
2 A) Menschliches Skelett gefunden/Vermisster wohl schon länger tot; B) Laden geöffnet; C) Von Staumauern, Dämmen und Brücken aus ist das Angeln verboten.; D) „Wir sollten uns einmal unter vier Augen unterhalten."
3 Beispiel für mehrdeutige Formulierung: Mein bester Freund hat einen Vogel. → Tatsache, dass Freund einen Vogel als Haustier besitzt vs. umgangssprachliche Formulierung dafür, dass Freund „verrückt" ist / Beispiel für einen Pleonasmus: Die weibliche Lehrerin betrat das Klassenzimmer.
4 a) Die doppelte Verneinung erschwert das Erfassen der Aussage oft, nutze lieber das eigentlich Gemeinte, wenn es kein besonderes Stilelement sein soll. b) Abstrakte Begriffe wie „unschlüssig" durch konkrete Begriffe ersetzen bzw. genauer erläutern, was gemeint ist. c) Diskriminierenden Sprachgebrauch vermeiden. d) Wendungen aus anderen Sprachen (*at the end of the day*) nicht zu oft ins Deutsche übertragen, sondern gängigere Formulierungen wie „letztendlich" verwenden. e) inhaltsleere Füllwörter wie „quasi" besser vermeiden.
5 eindeutige Wiederaufnahmen: Frührentner, Peter Heinzig, er, der 63-Jährige; Adverbialsätze und Adverben, z. B. für temporale Bezüge: Als … (Z. 6 f.); sofort (Z. 8); Doppelpunktkonstruktion in Z. 1 f.
6 a) Produziert hat die Influencerin dieses Video nicht. Sie hat es jedoch unter ihren Followern verbreitet. b) Es gibt einen guten Grund, warum der Influencer immer wieder das Thema „Cybermobbing" aufgreift: Er wurde selbst in den sozialen Netzwerken gemobbt. c) Die Lehrkraft betont, die Schülerinnen und Schüler dürfen in ihrem Unterricht auch Erfahrungen mit Computerspielen machen. d) Durch den Umgang mit Medien im Unterricht solle der reflektierte Umgang mit diesen gefördert werden.

Kompetenztest 11

1 Beispiele für Zusammenschreibungen aus dem Text → Nomen + Nomen: z. B. Grundeinstellung, Gendersternchen; Adjektiv + Nomen: Gleichbehandlung; Adverb + Nomen: Jetztzeit; Verb + Nomen: z. B. Denkweise, Schreibtisch; Pronomen + Nomen: Ichsucht, Niemandsland
2 Beispiele für Zusammensetzungen mit Fugen-s: *Wirkungskreis, Gewohnheitstier, Forschungsprojekt, Niemandsland*
3 Bei dem Wort „Werteebene" könnte eine Schreibung mit Bindestrich – „Werte-Ebene" – einer möglichen Beeinträchtigung des Leseflusses vorweggreifen.
4 obligatorisch 1) folgender Relativsatz; 2) folgende Apposition; 3) nachgestellter Subjektsatz; 4) folgende Apposition; 5) vorangehender Konzessivsatz; 7) folgender Relativsatz; 8) vorangehende Infinitivkonstruktion, eingeleitet durch *ohne*; 9) vorangehender Subjektsatz; 11) nachgestellter Temporalsatz; 12) nachgestellte Infinitivkonstruktion, eingeleitet durch *ohne*; 14) folgender Relativsatz; 15) vorangehender Konzessivsatz; 16) nachgestellter Konditional-/Temporalsatz / fakultativ: 6) vorangehender einfacher Infinitiv; 10) vorangehende Partizipialkonstruktion; 13) folgende, eingeschobene Partizipialkonstruktion (Beginn/Ende jeweils mit oder ohne Komma)
5 Zum Beispiel: Die Anglizismen stehen exemplarisch dafür, dass die Sprache sich weiterentwickelt. Wenn Texte aufgrund zu vieler Anglizismen aber unverständlich werden, kann das durchaus auch kritisiert werden.
6 Der Text unterscheidet nicht zwischen männlichen und weiblichen Handelnden, z. B. *Sprachpfleger* Z. 10, *Sprecher* Z. 15.
7 1) Das sollte die Sprecherin/der Sprecher berücksichtigen, wenn sie/er sich als Urlauberin/Urlauber …
2) Das sollte die/ der Sprecher*in berücksichtigen, wenn sie/ er sich als Urlauber*in …
3) Das sollte die/der Sprecher_in berücksichtigen, wenn sie/er sich als Urlauber_in …
8 Zum Beispiel: Ich würde die Sternchen-Schreibweise bevorzugen, weil es alle Menschen einschließt.

Sachregister

Autoren- und Quellenverzeichnis

29 Airoldi, Simona: Sexiest Man Alive 2020:
Was braucht ein Mann, um wirklich sexy zu sein? (24.11.2020), aus: https://www.gq-magazin.de/entertainment/artikel/sexiest-man-alive-2020-michael-b-jordan-was-braucht-ein-mann-um-sexy-zu-sein, zuletzt besucht am 18.01.2022

205 Allkemper, Alo u. Norbert Otto Eke: Literaturwissenschaft, Paderborn: Wilhelm Fink Verlag 2004, S. 284 f.

224 Anders, Alice: Müssen wir glücklich sein wollen?, aus: https://www.faphibay.org/siegeressay-2020, zuletzt besucht am 11.07.2022

213 Arbeitskreis Jugendliteratur: Jurybegründung zu Markus Zusaks „Die Bücherdiebin", aus: https://www.jugendliteratur.org/buch/die-buecherdiebin-74-9783570132746/?page_id=1, zuletzt besucht am 27.01.2022

52 Bähr, Julia: Muskelmänner, 08.04.2020,
© Alle Rechte vorbehalten. Frankfurter Allgemeine Zeitung GmbH, Frankfurt. Zur Verfügung gestellt vom Frankfurter Allgemeine Archiv https://www.faz.net/aktuell/feuilleton/maennliche-schoenheitsideale-maenner-im-magazin-von-men-s-health-16716094.html, zuletzt besucht am 18.01.2022

177 Bazinger, Irene: In achtzig Minuten um Lessings Welt (14.07.2009), aus: https://www.welt.de/kultur/theater/article4100158/In-achtzig-Minuten-um-Lessings-Welt.html, zuletzt besucht am 27.01.2022

122 f. Bernhard, Thomas: Vorurteil (1978), aus: ders., Werke, hrsg. von Martin Huber und Wendelin Schmidt-Dengler, Bd. 14, Frankfurt/Main: Suhrkamp 2003, S. 251 ff.

75 Bieri, Peter: Wie wollen wir leben? (07.06.2007), aus: https://www.zeit.de/2007/24/Peter-Bieri/komplettansicht, zuletzt besucht am 19.01.2022 (Auszug)

158 Biermann, Wolf: Ermutigung. Für Peter Huchel, aus: Niemals eine Atempause. Handbuch für politische Poesie im 20. Jahrhundert. Hrsg. v. Joachim Sartorius. Köln: Kiepenheuer und Witsch 2014, S. 190

160 Brecht, Bertolt: Gedanken über die Dauer des Exils, aus: Svendborger Gedichte. In: Ders.: Gesammelte Werke. Band 9: Gedichte 2, hrsg. in Zusammenarbeit mit Elisabeth Hauptmann, Frankfurt a. M.: Suhrkamp 1967, S. 719 f.

146 Brecht, Bertolt: Wer kennt wen?, aus: ders., Werke, Bd. 18: Prosa 3 (Sammlungen und Dialoge), Suhrkamp Verlag, Frankfurt a. M., 1995, S. 28 f.

246 f. Brinkbäumer, Klaus: Das vergessene Satzzeichen. Wir sollten mehr Strichpunkt wagen; (09.03.2020), aus: https://www.tagesspiegel.de/kultur/das-vergessene-satzzeichen-wir-sollten-mehr-strichpunkte-wagen/25621952.html, zuletzt besucht am 01.02.2022

96 BUND: Nachhaltige Entwicklung, aus: https://www.bund.net/ueber-uns/nachhaltigkeit/, zuletzt besucht am 24.01.2022

58 Bundesministerium für Bildung und Forschung: „Hirndoping" – lernen leicht gemacht mit Pillen?, aus: https://www.gesundheitsforschung-bmbf.de/de/hirndoping-lernen-leicht-gemacht-mit-pillen-6120.php, zuletzt besucht am 08.07.2022

167 Can, Safye: Stell dir vor, aus: http://www.safiyecan.de/stell-dir-vor-3/, zuletzt besucht am 27.01.2022

115 Cavallar, Georg: Gescheiterte Aufklärung? (Interviewantworten, 05.10.2018), aus: https://blog.kohlhammer.de/geschichte/gescheiterte-aufklaerung-interview-mit-georg-cavallar/, zuletzt besucht am 25.01.2022

215 de Clapiers, Luc: Zitat zum Sprachstil,
aus: https://www.zitate.eu/autor/luc-de-clapiers-vauvenargues-zitate/100918, zuletzt besucht am 31.01.2022

215 Cocteau, Jean: Zitat zum Sprachstil, aus: https://www.zitate.eu/autor/jean-cocteau-zitate/64496, zuletzt besucht am 31.01.2022

159 Delius, Friedrich Christian: Geschichte vom Rheinfisch, aus: Niemals eine Atempause. Handbuch für politische Poesie im 20. Jahrhundert. Hrsg. v. Joachim Sartorius. Köln: Kiepenheuer und Witsch 2014. S. 319

86 Deppe, Kerstin: M4 und M6 zum Minimalismus (19.03.2020), aus: https://www.planet-wissen.de/gesellschaft/wirtschaft/minimalismus/index.html, zuletzt besucht am 24.01.2022

79 deurag: Statt Schule zur Demo: Ist das erlaubt?, aus: https://www.deurag.de/blog/schwaenzen-fuer-fridays-for-future/, zuletzt besucht am 30.06.2022

27 Erken, Rebecca /SPIEGEL.de: Junge Influencer, „Instagram hat ein Monster kreiert", 14.07.2018, aus: https://www.spiegel.de/spiegel/unispiegel/influencer-in-sozialenmedien-instagram-hat-ein-monster-kreierta-1219044.html, zuletzt besucht am 18.01.2022

215 © Ernst Ferstl – „Unter der Oberfläche" Edition VA BENE, Wien, 1996

215 Feuerbach, Anselm: Ein Vermächtnis, hg. von Henriette Feuerbach, München 1920

142 f. Fontane, Theodor: Effi Briest, Große Brandenburger Ausgabe, Bd. 15, Berlin: Aufbau Verlag 2002, S. 52 ff.

167 Fried, Erich: In der letzten Zeit, aus: Gesammelte Werke. Gedichte und Prosa. Hrsg. von Volker Kaukoreit und Klaus Wagenbach. Berlin: Verlag Klaus Wagenbach, 1993

101 Friedrich II: Politisches Testament (1752, Auszug), aus: Friedrich II. von Preußen: Schriften und Briefe. Aus dem Französischen übersetzt von Herbert Kühn. Hrsg. v. Ingrid Mittenzwei. Leipzig: Reclam 1985, S. 183 ff.

203 Funke, Cornelia: Tintenherz, Hamburg: Dressler Verlag 2003, S. 9

72 Gerlach, Sylvio: 9 Lebensmittel für mehr Konzentration in der Klausur (12.11.2019), aus: https://studeo.de/blog/lebensmittel-klausur-konzentration/, zuletzt besucht am 19.01.2022 (Auszug)

215 Gibbon, Edward: Zitat zum Sprachstil, aus: https://www.aphorismen.de/zitat/180137, zuletzt besucht am 31.01.2022

194 Goethe, Johann Wolfgang von: An Johann Gottfried Herder, aus: http://www.zeno.org/Literatur/M/Goethe,+Johann+Wolfgang/Briefe/1772, zuletzt besucht am 27.01.2022

206 de Goldi, Kate: abends um 10 (The 10 PM Question, 2008), a. d. Engl. v. Ingo Herzke, Hamburg: Carlsen 2011, S. 265 f.

130 ff. Gorelik, Lena: Null bis unendlich, Berlin: Rowohlt 2015, S. 24-31 (Auszug)

215 Gottsched, Johann Christoph: Zitat zum Sprachstil, aus: https://gutezitate.com/zitat/220225, zuletzt besucht am 31.01.2022

203 Grass, Günter: Der Butt, Göttingen: Steidl 1997, S. 9

166 Grass, Günter: Nach kurzer Krankheit, aus: Ders.: Novemberland. 13 Sonette. Für Peter Rühmkorf. Göttingen: Steidl 2001, S. 27

164 Gryphius, Andreas: Thränen des Vaterlandes / Anno 1636, aus: Fünfzig Gedichte des Barock, Stuttgart: Reclam 2001, S. 29

36 Haaks, Nikola: Lasst uns wieder mehr Respekt haben – vor uns und unserem Körper! (2017), aus: https://www.brigitte.de/gesund/entspannung/achtsamkeit/den-koerper-respektieren---warum-das-wichtig-ist-10950130.html, zuletzt besucht am 18.01.2022

157 Heine, Heinrich: An einen politischen Dichter, aus: In: 1000 deutsche Gedichte und ihre Interpretationen. Hrsg. v . Marcel Reich-Ranicki. Vierter Band: Von Heinrich Heine bis Friedrich Nietzsche. 3. Auflage: Frankfurt am Main, Leipzig: Insel 1996, S. 21

168 Heine, Heinrich: Die schlesischen Weber, aus: Politische Lyrik. Deutsche Zeitgedichte von der Französischen Revolution bis zur Wiedervereinigung, hrsg. v. Gunter Grimm, Stuttgart: Reclam 2008, S. 34

32 f. Hoffmann, Helen, Das neue Frauenbild: Bei «Miss Germany» geht es jetzt um innere Werte, ©dpa 16.12.2020 https://www.ovb-heimatzeitungen.de/weltspiegel/2020/12/16/innere-werte-statt-schoener-schein-2.ovb, zuletzt besucht am 27.03.2021

159 Hoffmann von Hoffmannswaldau, Christian: Was ist die Welt, aus: Fünfzig Gedichte des Barock, Stuttgart: Reclam 2001, S. 65

195 Hofmann, Jürgen: Kritisches Handbuch des westdeutschen Theaters. Berlin: Guhl, 1981, S. 224

48 f. Homann, Bettina: Fetisch Schönheit (21.08.2020), aus: https://www.tagesspiegel.de/themen/mode/ueber-neue-schoenheitsideale-fetisch-schoenheit/26117300.html, zuletzt besucht am 12.05.2021

84 f. Joerg: The Cult of Less (29.04.2016) und M1, aus: https://simplizist.de/wie-viel-minimalismus-brauchen-wir/, zuletzt besucht am 24.01.2022; Minimalismus – Durchstarten mit Entrümpeln, aus: https://simplizist.de/minimalismus-erste-schritte/, zuletzt besucht am 24.01.2022

127 Kafka, Franz: Der Nachbar, aus: ders., Erzählungen und andere ausgewählte Prosa, Frankfurt a. M.: Fischer 1996, S. 318 ff.

161 Kaléko, Mascha: Im Exil, aus: Frauen dichten anders. 181 Gedichte mit Interpretationen. Hrsg. v. Marcel Reich-Ranicki. Frankfurt am Main und Leipzig: Insel-Verlag 1998, S. 393

112 f. Kant, Immanuel: Beantwortung der Frage: Was ist Aufklärung?, aus: Was ist Aufklärung. Thesen und Definitionen. Hrsg. v. Erhard Bahr, Stuttgart: Reclam 2000, S. 9-17

174 Kästner, Erich: Die Zeit fährt Auto, aus: Ders.: Zeitgenossen, haufenweise. Gedichte. Hrsg. v. Harald Hartung. In Zusammenarbeit mit Nicola Brinkmann. München und Wien: Carl Hanser 1998, S. 40

99 Keilen, Annika: Fleischlos ist nicht gleich klimafreundlich (26.04.2020), aus: https://www.fr.de/wissen/fleischlos-nicht-gleich-klimafreundlich-13717312.html, zuletzt besucht am 24.01.2022

125 Koeppen, Wolfgang: Amerikafahrt, aus: ders., Gesammelte Werke in sechs Bänden, Bd. 4: Berichte und Skizzen, Frankfurt a. M.: Suhrkamp 1986, S. 287

92 Körner, Torsten: Die Verteidigung des Kapuzenpullovers (17.05.2015), aus: https://www.deutschlandfunk.de/kleidung-die-verteidigung-des-kapuzenpullovers-100.html, zuletzt besucht am 24.01.2022

67 Krengel Martin: Bestnote – Lernerfolg verdoppeln, Prüfungsangst halbieren. Eazybookz, 2012

104 Lichtenberg, Georg Christoph: Aphorismen. Zitiert nach: Aufklärung, Traum oder Albtraum? Erarbeitet von Bernd Bald und Friedel Schardt, Stuttgart: Klett 202, S. 36 f.

118 Lichtenberg, Georg Christoph: Aphorismen, zitiert nach: Aufklärung, Traum oder Albtraum?, erarbeitet von Bernd Balg und Friedel Schardt, Stuttgart: Klett 202, S. 36 f.

100 Lessing, Gotthold Ephraim: Brief an Friedrich Nikolai, 13. November 1756, aus: Gotthold Ephraim Lessing, Moses Mendelssohn, Friedrich Nicolai: Briefwechsel über das Trauerspiel (1756/57). Hrsg. v. Jochen Schulte-Sasse. München: Winkler 1972, S. 55

102 Lessing, Gotthold Ephraim: Der Tanzbär (1771), aus: Ders.: Werke. Band 1, München: Carl Hanser Verlag 1970, S. 197 f.

118 f. Lessing, Gotthold Ephraim: Emilia Galotti. Ein Trauerspiel in fünf Aufzügen, Stuttgart: Reclam 1993, S. 76

178 ff. Lessing, Gotthold Ephraim: Emilia Galotti. Ein Trauerspiel in fünf Aufzügen, Stuttgart: Reclam 2001, S. 15 ff. (1. Aufzug, 6. Auftritt)

181 ff. Lessing, Gotthold Ephraim: Emilia Galotti. Ein Trauerspiel in fünf Aufzügen, Stuttgart: Reclam 2001, S. 27 ff. (2. Aufzug, 6. Auftritt)

184 ff. Lessing, Gotthold Ephraim: Emilia Galotti. Ein Trauerspiel in fünf Aufzügen, Stuttgart: Reclam 2001, S. 40 ff. (3. Aufzug, 1. Auftritt)

188 f. Lessing, Gotthold Ephraim: Emilia Galotti. Ein Trauerspiel in fünf Aufzügen, Stuttgart: Reclam 2001, S. 69 f. (4. Aufzug, 7. Auftritt)

190 f. Lessing, Gotthold Ephraim: Emilia Galotti. Ein Trauerspiel in fünf Aufzügen, Stuttgart: Reclam 2001, S. 83 ff. (5. Aufzug, 7. Auftritt)

196 Lessing, Gotthold Ephraim: Emilia Galotti. Ein Trauerspiel in fünf Aufzügen, Stuttgart: Reclam 2001, S. 58 (4. Aufzug, 2. Auftritt)

119 Lessing, Gotthold Ephraim: Hamburgische Dramaturgie. Hrsg. u. kommentiert v. Klaus L. Berghahn, Stuttgart: Reclam 1995, S. 77

194 f. Lessing, Gotthold Ephraim: Hamburgische Dramaturgie, 32. Stück. Herausgegeben und kommentiert von Klaus L. Berghahn, Stuttgart 1981, S. 166 f.

107 Lessing, Gotthold Ephraim: Nathan der Weise. Ein dramatisches Gedicht in fünf Aufzügen. Anmerkungen von Peter von Düffel, Stuttgart: Reclam 1997, S. 71-75

233 Luther, Martin: Sendbrief vom Dolmetschen, aus: Wolff, Gerhard: Deutsche Sprachgeschichte von den Anfängen bis zur Gegenwart, Stuttgart: UTB 2004, S. 129

68 Mahler, Sabine: Neuroenhancer haben starke Nebenwirkungen (08.06.2017), aus: https://www.gesund-vital.de/gehirndoping-wie-gefaehrlich-sind-neuro-enhancer, zuletzt besucht am 19.01.2022 (Auszug)

203 Mann, Klaus: Der Wendepunkt: Ein Lebensbericht. Mit Textvarianten und Entwürfen im Anhang, hrsg. von Fredric Kroll, Reinbek/H.: Rowohlt 2012, S. 25

101 Mendelssohn, Moses: Über die Frage: was heißt aufklären?, aus: Was ist Aufklärung. Thesen und Definitionen. Hrsg. v. Erhard Bahr, Stuttgart: Reclam 2000, S. 4

85 Mittag, Jasmin von Minimalismus JETZT!: Minimalismus als Lebensstil, aus: Instagram, Post vom 17.03.2020, zuletzt besucht am 24.01.2020

30 Moorstedt, Michael / Süddeutsche Zeitung: Falsche Ideale (17.09.2020), aus: https://www.tagesanzeiger.ch/falsche-ideale-472394639474, zuletzt besucht am 18.01.2022

121 Morrison, Jim: People are strange (The doors), aus: https://www.songtexte.com/songtext/the-doors-of-perception/people-are-strange-2b5d7886.html, zuletzt besucht am 26.01.2022

96 Nasemann, Marie: Circularity, aus: https://www.fairknallt.com/circularity, zuletzt besucht am 08.07.2022

162 Niksada, Yasser: Spuren, aus: The Poetry Projects, Übs.: Aarash D. Spanta, https://thepoetryproject.de/yasser-niksada-spuren/, zuletzt besucht am 11.07.2022

197 Pause, André: Große Gefühle erst zum Schluss, aus: https://www.neue-braunschweiger.de/grosse-gefuehle-erst-zum-schluss, zuletzt besucht am 07.06.2022

98 Prosinger, Annette: Der „Veggie-Day“ der Grünen, eine dumme Idee (05.08.2013), aus: https://www.welt.de/debatte/kommentare/article118713752/Der-Veggie-Day-der-Gruenen-eine-dumme-Idee.html, zuletzt besucht am 24.01.2022

249 Queer-Referat der Studierendenvertretung der LMU München: Handreichung Gendergerechte Sprache (Auszug: 2020/2021), aus: https://stuve.lmu.de/stuve/referate/queer/geschlechtergerechte-sprache/gendergerechte-sprache.pdf, zuletzt besucht am 11.07.2022

248 Rat für deutsche Rechtschreibung: Geschlechtergerechte Schreibung: Empfehlungen vom 26.03.2021, aus: https://www.rechtschreibrat.com/geschlechtergerechte-schreibung-empfehlungen-vom-26-03-2021/, zuletzt besucht am 11.07.2022

34 f. Renz, Ulrich: Schön und gut. Die Geschichte eines Missverständnisses (Auszug), aus: Ders.: Schönheit: eine Wissenschaft für sich. Berliner Taschenbuch Verlag, Berlin 2007, S. 201 f.

43 Riegler, Birgit: Mein selbstgebackener Brot, meine Balkonpflanzen, meine Yoga-Verrenkung sind das neue mein Haus, mein Auto, mein Boot (23.05.2020), aus: https://www.derstandard.de/story/2000117574059/wie-man-auf-instagram-so-richtig-angibt, zuletzt besucht am 18.01.2022

101 Rousseau, Jean-Jacques: Emil oder Über die Erziehung (1762, Auszug). Übersetzt von Ludwig Schmidt. Paderborn: Schöningh 1998, S. 69 f., S. 104

57 Schleim, Stephan: Gehirndoping und Neuroenhancement: Fakten und Mythen (30.12.2020), aus: https://www.heise.de/tp/features/Gehirndoping-und-Neuroenhancement-Fakten-und-Mythen-4995894.html, zuletzt besucht am 19.01.2022 (Auszug mit Kürzungen)

203 Scholl, Sabine: Was ist gute Literatur?, aus: Der Hammer. Die Zeitung der Alten Schmiede (2016), Nr. 82, S. 3

233 Schopenhauer, Arthur: Über die Verhunzung der deutschen Sprache, aus: Wolff, Gerhard: Deutsche Sprachgeschichte von den Anfängen bis zur Gegenwart, Stuttgart: UTB 2004, S. 202

86 Schulz, Christoph: Minimalismus – So funktioniert das minimalistische Leben! (01.04.2020), aus: https://www.careelite.de/minimalismus-lebensstil/, zuletzt besucht am 24.01.2022

203 Schwens-Harrant, Brigitte: Gute Literatur? Anmerkungen zu einer einfachen Frage, die ziemlich komplexe Antworten fordert, in: „Booklet", Beilage zu „Die Furche", Nr. 45 vom 10.11.2016, S. 2-3

59 Specker, Manuela: Gefährliches Hirndoping (03.03.2020), aus: https://www.myjob.ch/ratgeber/artikel/773/gefaehrliches-hirndoping, zuletzt besucht am 19.01.2022 (Auszug)

242 f. Stark, Judith: „Von der Sprache her" – Das hätte man früher so nicht sagen können (07.04.2018), aus: https://www.t-online.de/nachrichten/wissen/id_83494838/sprachwandel-das-haette-man-frueher-so-nicht-sagen-koennen.html, zuletzt besucht am 01.02.2022

134 ff. Storm, Theodor: Der Schimmelreiter (Auszug 1), Klagenfurt: Eduard Kaiser Verlag, S. 143-151

138 f. Storm, Theodor: Der Schimmelreiter (Auszug 2), Klagenfurt: Eduard Kaiser Verlag, S. 151-154

166 Stramm, August: Patrouille, aus: Niemals eine Atempause. Handbuch für politische Poesie im 20. Jahrhundert. Hrsg. v. Joachim Sartorius. Köln: Kiepenheuer und Witsch 2014, S. 37

165 Szyrocki, Marian: Die Welt ist aus den Fugen, aus: 1000 deutsche Gedichte und ihre Interpretationen, hrsg. v. Marcel Reich-Ranicki. Erster Band: Von Walther von der Vogelweide bis Matthias Claudius. Dritte Auflage. Leipzig: Insel-Verlag 1996, S. 132 f.

78 ZEIT online, **Teune, Simon,** Interviewantworten zum Thema „Demonstrieren", in: Schrader, Hannes: Was tun? Was tun!, 01.12.2016, zuletzt besucht am 21.01.2022

215 Vauvenargues: Unterdrückte Maximen, übersetzt von Fritz Schalk, in: Die französischen Moralisten, 1938

154 Walser, Robert: Eine Stadt, aus: ders., Dichtungen in Prosa IV, Fritz Kochers Aufsätze. Die Rose und kleine Dichtungen, hrsg. von Carl Seelig, Verlag Helmut Kossodo, Genf und Frankfurt a. M., 1959, S. 245 ff.

78 Willner, Anja: Aussage über protestierende Schülerinnen und Schüler (11.03.2019), aus: https://www.focus.de/politik/deutschland/aussage-ueber-protestierende-schueler-sache-fuer-profis-lindner-wird-noch-leid-tun-wie-er-kuenftige-waehler-abwatscht_id_10436089.html, zuletzt besucht am 21.01.2022

Ohne Autor / Autorin

77 Bayerisches Gesetz über das Erziehungs- und Unterrichtswesen: Art. 1 und 2, aus: https://www.gesetze-bayern.de/Content/Document/BayEUG-G1, zuletzt besucht am 19.01.2022 (Auszüge)

55 Beipackzettel Equasym Retard, aus: https://www.apotheken-umschau.de/medikamente/beipackzettel/equasym-retard-30-mg-hartkmvera-endwst-frs-3806287.html?file=ac63345f1c14e8d3e6433e-3e5c4a085b, zuletzt besucht am 07.07.2022

202 Beurteilungskriterien, aus Handreichung zum Deutschen Jugendliteraturpreis 2021/22: https://www.jugendliteratur.org/_uploads_media/files/kriterien_deutscher_jugendliteraturpreis_2020_2022_023031.pdf, zuletzt aufgerufen am 27.01.2022

77 Das Grundgesetz: Versammlungsfreiheit Artikel 8 (1), aus: https://www.bpb.de/politik/grundfragen/politik-einfach-fuer-alle/236736/versammlungsfreiheit, zuletzt besucht am 19.01.2022

98 Fleischkonsum pro Kopf, aus: http://veggieday-konstanz.de/, zuletzt besucht am 24.01.2022

77 Fridays-for-Future-Bewegung erwartet Rekordteilnahme (29.11.2019), aus: https://www.welt.de/regionales/hamburg/article203906734/Klimastreik-in-Hamburg-Fridays-for-Future-Bewegung-erwartet-Rekordteilnahme.html, zuletzt besucht am 19.01.2022

231 Glück muss man haben: Rentner hat Führerschein im Lotto gewonnen, aus: https://www.der-postillon.com/2014/11/rentner-hat-fuhrerschein-im-lotto.html, zuletzt besucht am 28.01.2022

57 Hirndoping für Studierende: Alternativen zu leistungssteigernden Medikamenten (28.06.2021), aus: https://www.zentraljob.ch/ratgeber/artikel/352/hirndoping-fuer-studierende-alternativen-zu-leistungssteigernden-medikamenten, zuletzt besucht am 19.01.2022

78 Politikverdrossenheit, aus: https://protestinstitut.eu/wp-content/uploads/2019/08/ipb-working-paper_FFF_final_online.pdf

87 Presse- und Informationsamt der Bundesregierung: Senkung der Mehrwertsteuer (01.Juli 2020 – 31.12.2020), aus: https://www.bundesregierung.de/breg-de/aktuelles/faq-mehrwertsteuersenkung-1764364, zuletzt besucht am 24.01.2022

177 Theaterkritik zu „Emilia Galotti", aus: Hamburgische Neue Zeitung, 47. Stück: 21.03.1772 (Wiederabdruck in Hans Henning: Lessings Emilia Galotti S. 169)
41 f. Ungeschminkte Wahrheit: Der neue Natürlichkeitstrend in sozialen Netzwerken (03.01.2021), aus: https://t3n.de/news/mut-haesslichkeit-neue-sozialen-1341154/, zuletzt besucht am 18.01.2022
27 Werbeverbot Schönheits-OPs, aus: https://www.bundesgesundheitsministerium.de/ministerium/meldungen/2019/werbeverbot-schoenheits-ops.html, zuletzt besucht am 18.01.2022
27 22 Tipps für besseres Aussehen, aus: https://www.fitforfun.de/beauty/attraktivitaet-22-tipps-fuer-besseres-aussehen_did_2584.html, zuletzt besucht am 18.01.2022

Verfassertexte

50 f. Ebben, Alena: Anglizismen: Störfaktor in der Sprache oder Zeichen ihrer Lebendigkeit?
250 Ebben, Alena: Spiegelt das grammatische Maskulinum eine Grundeinstellung?
96 Silbernagl, Maria: Definition Lebensstil
219 Trumm, Tanja: Ausschnitt aus einem Kommentarentwurf
217 Trumm, Tanja: Zur Aufwertung der Medienkompetenzförderung in Schulen
234 Zimmer, Thorsten: Entwicklung einheitlicher Schreibweisen in der deutschen Sprachgeschichte
235 ff. Zimmer, Thorsten: Geschriebene Texte als neue Form der Kommunikation (Texte 1-5), Fremd- und Lehnwörter im Deutschen
106 Zimmer, Thorsten: Informationen zum Theaterstück „Nathan der Weise"
112 Zimmer, Thorsten: Infotext zu Kants „Was ist Aufklärung?"
233 Zimmer, Thorsten: Langeoog, im Sommer 1995
236 f. Zimmer, Thorsten: Sprachpflege in der „Fruchtbringenden Gesellschaft"
64 Zimmer, Thorsten: Was ist ein Wiki?

Bildquellen

AdobeStock / Juulijs – S. 208; - / LALSSTOCK – S. 109; - / LE CONCIERGE – S. 163; - / prima91 – S. 204 // akg-images – S. 102, 118, 170, 173 (2), 174, 194, 204; - / Ruth Berlau – S. 160; - / IMAGNO, Theatermuseum – S. 188 // Alamy Stock Photo / CHROMORANGE – S. 5, 100, 101; - / Photo 12, Moonbot Studios – S. 210 // Bayerische Staatsbibliothek München, Res/Per. 156-4, S. 481 – S. 113 // © Volker Beinhorn Fotografie – S. 197 // © 2020 Bibliographisches Institut GmbH (Duden), Berlin – S. 235 // © Bundeszentrale für politische Bildung/bpb – S. 83 // Safiye Can, Kinder der verlorenen Gesellschaft, Gedichte / © Wallstein Verlag, Göttingen 2017 – S. 167 // Deutscher Bundestag / Achim Melde – S. 157 // Freepik.com / pch.vector – S. 177 // Getty Images Plus / iStockphoto, Vasif Bagirov – S. 42; - / iStockphoto, bernadbodo – S. 40; - / iStockphoto, danielvfung – S. 121; - / iStockphoto, deberarr – S. 124; - / iStockphoto, dies-irae – S. 230; - / iStockphoto, doble-d – S. 216; - / iStockphoto, FollowTheFlow – S. 84; - / iStockphoto, Derick Hudson – S. 238; - / iStockphoto, ikopylov – S. 40; - / iStockphoto, Insh1na – S. 166; - / iStockphoto, ioanmasay – S. 159; - / iStockphoto, Jupiterimages – S. 121; - / iStockphoto, kadmy – S. 13 (2); - / iStockphoto, Katharina13 – S. 150; - / iStockphoto, Russian Labo – S. 86; - / iStockphoto, LiliGraphie – S. 168; - / iStockphoto, Tamara Luiza – S. 247; - / iStockphoto, mariakbell – S. 122; - / iStockphoto, nndanko – S. 242; - / iStockphoto, prospective56 – S. 128, 129; - / iStockphoto, standret – S. 13; - / iStockphoto, Studio Light and Shade – S. 86; - / iStockphoto, SUNG YOON JO – S. 244; - / iStockphoto, sv_sunny – S. 6, 120, 121; - / iStockphoto, tanda_V – S. 239; - / iStockphoto, Oleksandr Todorov – S. 199; - / iStockphoto, vittaya25 – S. 230; - / iStockphoto, Wavebreakmedia – Cover; - / iStockphoto, yvonnestewarthenderson – S. 155; - / iStockphoto, Zenina – S. 168; - / Yuri – S. 3, 12 // imago images / BildFunkMV – S. 188; - / DRAMA-Berlin.de – S. 188; - / Eibner – S. 106; - / Everett Collection – S. 143; - / Christian Grube – S. 166; - / Martin Müller – S. 188; - / UIG – S. 208 // iStockphoto / ewg3D – S. 8, 198, 199; - / Grafissiomo – S. 235; - / onurdongel – S. 199; - / sturti – S. 13 // Mauritius Images / Alamy Stock Photo, Niday Picture Library – S. 164; - / Alamy Stock Photo, UPI – S. 6, 156, 157; - / Alamy Stock Photo, ZUMA Press, Inc. – S. 28; - / Memento – S. 146 // picture-alliance – S. 135; - / akg-images – S. 125, 143, 204; - / Werner Baum – S. 33; - / CPA Media Co. Ltd – S. 127; - / DB Electronics Arts GmbH – S. 199; - / dpa-infografik, Globus Infografik – S. 130; - / dpa-Zentralbild, Bernd Wüstneck – S. 7, 118, 176, 177; - / IMAGNO, Votava – S. 123; - / Jens Kalaene – S. 131; - / Lenz – S. 149; - / Photoshot – S. 48; - / Patrick Seeger – S. 33; - / UPI – S. 33; - / Bernd Weißbrod – S. 76; - / Georg Wendt – S. 77; - / zb, Ralf U. Heinrich – S. 243; - / ZB, Peter Förster – S. 216 // © Rottkay für ThePoetryProject.de – S. 162 // Shutterstock / Cranach – S. 121; - / Colin Dewar – S. 43; - / GaudiLab – S. 223; - / Kicking Studio – S. 41; - / Alexandra Lande – S. 3, 26, 27; - / MattLphotography – S. 70; - / vladwel – S. 70, 178; - / woocat – S. 70; // SPLENDID RESEARCH GmbH – S. 31 // © t3n – digital pioneers – S. 42 // ullstein bild / Fotografisches Atelier Ullstein – S. 161 // Umweltbundesamt – S. 85 // United Nations – S. 4, 74, 75 // www.wikimedia.org / Merker Berlin – S. 9, 232, 233; - / www.rijksmuseum.nl – S. 144 // Markus Zusak, Die Bücherdiebin, erschienen im cbj Verlag, in der Penguin Random House Verlagsgruppe GmbH – S. 213

Datenschutz

Hinweise zu Bild- und Tonaufnahmen in der Schule

- Jede Person hat das Recht, selbst zu bestimmen, welche persönlichen Informationen weitergegeben werden.
- Für pädagogische Zwecke dürfen allerdings Bild- und Tonaufnahmen gemacht werden (z. B. für rhetorische Übungen), wenn diese sofort nach der Auswertung im Unterricht wieder gelöscht werden.
- Sind Bild- oder Tonaufnahmen für eine Veröffentlichung gedacht (z. B. bei Projektwochen), muss das Einverständnis bei den Erziehungsberechtigten der Abgebildeten oder der Sprecher eingeholt werden – ab dem 14. Lebensjahr auch von diesen selbst.
- Die Einwilligung kann jederzeit zurückgenommen werden. Eine Mitwirkung, z. B. bei Projekten, ist auch möglich, ohne aufgenommen zu werden, indem die Aufgaben in der Arbeitsgruppe entsprechend verteilt werden.

→ Link: https://www.datenschutz-bayern.de/5/videoaufnahmen.html